China Galland

# Grüne Tara und Schwarze Madonna

WV

China Galland

# *Grüne Tara und Schwarze Madonna*

Abenteuerliche Suche
nach dem weiblichen Antlitz Gottes

Walter Verlag
Solothurn und Düsseldorf

Originaltitel: China Galland, Longing for Darkness. Tara and the Black Madonna,
Pinguin Books USA 1990, © China Galland.
Ins Deutsche übertragen von Dr. Gertraude Wilhelm

Die Deutsche Bibliothek – CIP-Einheitsaufnahme
Galland, China:
Grüne Tara und Schwarze Madonna : Abenteuerliche Suche nach dem weiblichen Antlitz
Gottes / China Galland. [Aus dem Engl. von Gertrude Wilhelm]. – Soluthurn ;
Düsseldorf : Walter, 1993
Einheitssacht.: Longing for the darkness <dt.>
ISBN 3-530-25130-5


Satz: Utesch Satztechnik, Hamburg
Druck und Einband:
Kösel GmbH & Co., Kempten
Printed in Germany
ISBN 3-530-25130-5

# Inhalt

# 1. Der Buddha und die Buddha-Tara

*Katmandu, Nepal, Oktober 1980*

Dorfbewohner kommen jetzt hinter mir herauf, ziehen diesen engen, wolkenverhangenen Steig, der sich wie ein dünner Faden drei- bis vierhundert Meter über einer jäh abstürzenden Schlucht langwindet. Mir zittern die Beine. Doch es bleibt mir nichts anderes übrig, als weiterzuwandern, es gibt keine Stelle, wo ich einmal anhalten könnte. Ich bin mit einer Gruppe auf einem Treck unterwegs in den Vorbergen des Himalaya in dem kleinen Königreich Nepal.

Mein Kopf ist benommen, infolge der Höhe – inzwischen über 2400 Meter – jagt der Puls. Mein Körper will sich nicht anpassen, trotz des zweitägigen Zwischenaufenthalts in Katmandu auf über 1300m Höhe. Ich wohne sonst auf Meereshöhe, kann mich nur langsam akklimatisieren. Heute ist der dritte Tag unserer Tour, und wir sind schon wieder 900m höher. Die Pfade sind steil, es geht auf und ab, auf und ab, und bergab spüre ich meine Knie gar noch mehr. Es ist spät am Nachmittag, ich brauchte Schlaf, wirklich eine ganze Nacht lang. Die Luft streicht kühl über mein Gesicht. Die Zeit des Monsuns ist gerade vorbei, wir verlassen die Reisterrassen und wandern unter dem grauen Wolkenhimmel durch helles Grün. Die Monsunregen verschlimmern die Auswirkungen der Abholzung im Himalaya. Sie schaffen eines der größten Erosionsprobleme der Welt und beeinflussen den gesamten indischen Subkontinent, wenn die Berge ins Meer hinabgespült werden. Unser Pfad ist voller Löcher, die durch Auswaschungen entstanden sind.

Beim Dahinwandern fällt mein Blick auf eine tiefblaue Blume zu meiner Linken. Sie gleicht einer enormen Winde, sie ist so groß, daß innen eine Spinne ihr Netz webt. Ich gehe langsamer, drehe mich, um die Spinne zu beobachten. Ich will die Dörfler, die Sherpas und die Träger nicht aufhalten, die an die hundert Pfund schleppen und hinter mir heraufkommen. Meine Aufmerksamkeit gilt der Blume und dem Spinnennetz, meine Beine sind unsicher, mein Kopf ist benommen. Beim Umdrehen, bei der Anstrengung, diesen grünen Berg hinauf nicht stehen zu bleiben, übersehe ich eine Auswaschung auf dem Steig. Der nächste Schritt katapultiert mich in eine

Welt, die sich absolut meiner Kontrolle entzieht. Ich rutsche den Berghang hinab, Schmutz und Geröll fliegen herum. Innerhalb von Sekunden finde ich Halt, verhindere, daß ich in den schäumenden Sun Kosi Fluß stürze, der etwa 300 Meter unter mir tost. Einen Augenblick lang bleibt mir die Luft weg. Ich bin höchsten fünf Meter gefallen, aber irgend etwas ist nicht in Ordnung; ich spüre es in dem Moment, da ich meinen Fall aufhalten kann. Ein brennender Schmerz durchzieht blitzschnell meinen ganzen Körper. Als ich mich mit Hilfe von anderen, die sich mir entgegenstrecken, zur Kante des Steigs hinaufziehe, ist klar, daß ich meinen Knöchel gebrochen oder heftig verstaucht habe. Er schwillt im Handumdrehen an. Ich sitze unter Schock am Wegrand, lache und weine abwechselnd.

«Kannst Du ihn überhaupt bewegen?» «Schnüre Deine Schuhe auf!» «Setze ihn auf keinen Fall einer Belastung aus», so lautet der ständige Strom von Anweisungen, die mir die Leute geben und die ich kaum hören kann. Der den Treck begleitende Arzt erscheint, dreht und drückt den Fuß, bis ich schließlich laut aufschreie. «Es schmerzt, nicht wahr», stellt er sachlich fest. «Sie werden es überstehen. Es kann gebrochen sein, es kann auch nur eine schlimme Verstauchung sein. Schwer zu sagen. Kommen Sie schon», drängt er mich, «ich werde eine provisorische Schiene anlegen, dann können Sie aufstehen und versuchen zu gehen.»

Er gibt mir zwei Schmerztabletten, schient den Knöchel und gibt mir zu verstehen, daß ich aufstehen soll. Mein Bein knickt unter mir zusammen. Ich kann nicht gehen, und ich kann nicht glauben, daß er eben das von mir verlangt. Dawa, ein junger Sherpa, kommt lächelnd heran und nimmt mich auf seinen Rücken, als wöge ich nicht mehr als ein dreijähriges Kind. Wir setzen den Marsch den Berg hinauf fort, eilen nun, um unser Lager vor Einbruch der Nacht zu erreichen. Meine Beine unter seinen Armen durchgeschoben, meine Arme auf seinen Schultern, klammere ich mich fest, bin hin und hergerüttelt und weine immer mal wieder vor Schmerz. Aber es ist auch die Wirkung der Medikamente, die Verlegenheit und die Dankbarkeit für den Rücken dieses Mannes, der mich mit so erstaunlichem Großmut trägt. Dawa schleppt mich viele Meilen, er unterhält sich dabei mit den anderen Sherpas und Trägern, lacht, stoppt gelegentlich, um mich an der Bergseite anzulehnen und sich etwas auszuruhen. Dann nimmt er mich wieder auf seinen Rücken und marschiert weiter. Mit seinem dürftigen Englisch versichert er mir, daß mein Gewicht kein Problem für ihn sei. Er ist jung und stark. Die Sherpas sind tibetische Buddhisten, ihre Heimat ist die Region Solu Kumbhu am Fuße des Mount Everest.

Ich hatte gehofft, Solu Kumbhu rechtzeitig zum Mani Rimdu zu erreichen, die alle halben Jahre stattfindende Vollmondzeremonie im Tengpoche Kloster in einer Höhe von fast 4500 Metern. Dawa besaß eine Art unermüdlicher Lustigkeit und Fröhlichkeit, und ich sollte bald lernen, daß sie für viele Tibeter typisch ist, trotz der brutalen Inbesitznahme ihres Heimatlandes durch die chinesische Regierung. Ich hatte erst vor kurzem begonnen, mich mit dem tibetischen Buddhismus eingehender zu beschäftigen, doch Mitleid und liebevolle Güte besaßen Priorität und waren eindeutig Werte, an die sich viele seiner Anhänger hielten, ganz gleich ob sie Tibeter oder Nepalesen waren.

An diesem Abend entwickeln wir mit Hilfe unseres *sirdar*, dem Sherpaführer, der für die verschiedenen uns begleitenden Träger und Köche zuständig ist, und der amerikanischen Trekkingleiterin einen Plan für meinen Transport und legen eine Route fest. Pasang, einer der Sherpas, und jemand aus dem Treck werden mit mir nach Charikot gehen, einem Dorf, das eine Tagesreise entfernt ist und eine Bushaltestelle sowie einen Schweizer Arzt hat. Der wird das Bein noch einmal untersuchen, er hat – falls nötig – das richtige Material für einen Gipsverband und wird endgültig entscheiden, ob es tatsächlich gebrochen oder nur verstaucht ist. Am Morgen bekomme ich ein Pony, auf dem ich in das Dorf reiten kann. Es ist nicht einfach, in diesen Bergen ein solches Tier aufzutreiben. Man versichert mir, daß ich großes Glück habe. Wir müssen uns von der Gruppe trennen, der Pfad, den sie benutzt, ist für ein Pferd und einen Reiter zu schmal, aber wir werden sie in zwei Tagen in einem Lager in Charikot wiedertreffen.

«Es besteht kein Zweifel, das Bein ist direkt über dem Knöchel gebrochen und vielleicht sogar zweimal», sagt mir der Schweizer Arzt. «Ich kann Ihnen einen vorläufigen Gips anlegen, aber Sie müssen mit dem nächsten Bus zurück nach Katmandu. Es geht einer am Morgen. Wenn Sie dort sind, muß das Bein geröntgt und richtig gegipst werden. Das Missionskrankenhaus hat einen Orthopäden. Sie haben Glück. In ganz Nepal gibt es nur zwei.»

Das erneute Zusammentreffen mit der Gruppe am Abend an unserem Campingplatz liegt für mich unter einem Schleier aus Schock, Nichtglaubenwollen und der Wirkung der Schmerzmittel. Die Enttäuschung läßt sich nicht mehr unterdrücken. Es hat beinahe ein Jahr gebraucht, um diese Trekkingtour zu organisieren. Freunde sind von den USA mit mir hierhergekommen. Wir sind nicht einfach eine zufällige Gruppe von Fremden.

Auch wenn ich sie verlassen muß, die Gruppe ist in guten Händen. Wir haben einen zuverlässigen nepalesischen *sirdar*, und unsere Trekkingleiterin ist eine kompetente Amerikanerin, sie kennt die Route und spricht fließend Hindi und Urdu. Ununterbrochen bellen Hunde, als eine australische Expedition neben uns versucht, sich mit Hilfe von Taschenlampen und Flüchen einzurichten. Es ist eine unruhige Nacht, und ich schlafe kaum.

Am nächsten Morgen verabschiede ich mich von der Gruppe. Ein sehr hübsches nepalesisches Mädchen, ungefähr acht Jahre alt, schiebt mir mit einem Lächeln eine hellrosa Rhododendronblüte in die Tasche, als wolle sie sagen: «Recht bald gute Besserung.» Pasang Sherpa und ich besteigen den Bus. Wir winken aus dem Fenster, als er die staubige Straße hinabdonnert. Der Bus ist gestopft voll mit Dorfbewohnern, innen wie außen. Die Leute sitzen auf dem Dach, quetschen sich zwischen Ersatzreifen und Kisten. Küken piepsen, ein Zicklein auf dem Schoß eines Einheimischen mir gegenüber ist durch das Schaukeln eingeschlafen, und ein betrunkener alter Mann kotzt hinten aus dem Bus. Es ist eine fünfzehnstündige Fahrt zurück nach Katmandu auf dieser knochenstauchenden Straße voller Haarnadelkurven.

Die Nepalesen und die Sherpas sind freundliche Leute, und obwohl ich nicht viel mehr sagen kann als ein paar einfache Grußworte, zeigen sie auf mein eingegipstes Bein, nicken verständnisvoll mit dem Kopf und machen lange Gesichter voller Mitgefühl, um gleich darauf in ein schüchternes Lachen auszubrechen. Während der Rückfahrt im Bus komme ich zu dem Schluß, daß ich ja fähig war, mit meinem gebrochenen und nur provisorisch geschienten Bein auf einem Pony zu reiten. Demzufolge könnte ich gewiß die Tour fortsetzen, sobald in Katmandu mein Bein ordentlich eingegipst würde. Es müßte möglich sein, in das 3300 Meter hochgelegene Lukla zu fliegen, wo es eine Piste gab und wo die Gruppe in ein paar Tagen eintreffen wird. Dort werde ich wieder ein Pony mieten oder vielleicht ein Yak und mit den anderen weiterziehen.

Die Verrücktheit einer solchen Idee ging mir noch nicht auf. Ich brauchte noch den Glauben, daß ein gebrochenes Bein nicht mehr als eine zeitweilige Verzögerung, eine Schwierigkeit bedeute. Der Gedanke, daß ich den Treck nicht bis ans Ende mitmachen würde, kam mir überhaupt nicht. Pasang Sherpa trug mich spät am Abend auf seinem Rücken in die Hotellobby. Ich war erschöpft. Man gab mir ein Zimmer mit Blick auf den Garten. Am nächsten Morgen, ich war noch immer schwach und hatte inzwischen Fieber, wurde ich ins Krankenhaus geschleppt und mit einem uralten Apparat geröntgt. Korrekt diagnostizierte der Arzt das Bein als «gebrochen». Er legte mir einen neuen, schweren Gips an, gab mir ein Paar Krücken und schickte mich hinkend in den lauten, überfüllten, engen Flur des Missionskrankenhauses.

Am folgenden Tag ignorierte ich Schmerz, Fieber und Schock und nahm ein Taxi zum Büro der Trekkingagentur. Mit Hilfe von Schmerzmitteln und eiserner Willenskraft hielt ich mich aufrecht. Ich trug dem Geschäftsführer meinen Wunsch vor, mich der Gruppe wieder anzuschließen, und redete und redete, als sei ein gebrochenes Bein nichts anderes als eine angestoßene Zehe. Ich war zuversichtlich, daß er mir helfen könnte. Schließlich war er Engländer, und damit symbolisierte er jene Art affektierter, aber bewundernswerter Arroganz angesichts von großen Widrigkeiten. Er zuckte mit keiner Wimper, als ich ihm meinen Plan vortrug, erklärte sich vielmehr höflich bereit, den Versuch zu unternehmen, einen Flug in das Solu Kumbhu-Gebiet zu buchen, als sei dies ein durchaus vernünftiges Anliegen. Damit hätte ich drei Tage gewonnen, um die Gruppe zu treffen und eine Chance, ein Yak oder Pony als Reittier zu finden. Er schlug vor, daß ich in zwei Tagen wiederkommen sollte. Wir hätten genügend Zeit, versicherte er mir, die logistischen Probleme zu klären.

Doch als ich zwei Tage später wieder erschien, warnte er mich: «Sie müssen verstehen, gnädige Frau, selbst wenn wir es schaffen, noch einen Platz im Flugzeug für Sie zu bekommen, so ist es unseren Kontaktleuten bisher nicht gelungen, einen Dorfbewohner zu finden, der bereit wäre, ein Pony oder ein Yak für längere Zeit wegzugeben. In diesen Bergen Ponys zu bekommen, ist nicht einfach, Sie hatten Glück. Und was Yaks angeht, so finden die sich zwar überall, aber sie können sehr unangenehm sein. Manche sind einfach bösartig und unberechenbar. Sie verhalten sich keineswegs wie Reitpferde. Dennoch werden wir weiter versuchen, etwas zu arrangieren, damit Sie wieder zu Ihrer Gruppe gelangen können. Bitte kommen Sie übermorgen wieder. Vielleicht wissen wir dann etwas.» – Er war entweder zu höflich, oder es war ihm zu peinlich, mich zu fragen, ob ich wirklich glaubte, ich könnte diese Trekkingtour fortsetzen. Es war offensichtlich: die Möglichkeit, daß ich nicht weiter mitgehen konnte, war mir überhaupt noch nicht in den Sinn gekommen. Ich stand da mit Krücken, vom linken Fuß bis zur Hüfte in Gips, dankte ihm für seine Bemühungen und erklärte mich einverstanden, zu jedwedem von ihm vorgeschlagenen Termin wieder vorbeizukommen.

Als ich von der Trekkingagentur in mein Hotel zurückkam, klopfte das Blut in meinem Bein. Zufällig begegnete ich einem Bergsteiger, den ich vor kurzem kennengelernt hatte, und ging mit ihm auf einen Drink in die Bar. Er war ein alter Praktiker, was Nepal anbelangte, er hatte mit Unterbrechungen Jahre da verbracht. Ich legte mein gebrochenes Bein auf einen Stuhl und fing an, Brandys zu bestellen. Er war ein zu schroffer, rauher Mann, als daß man seine Reise so nennen könnte, aber er war gekommen, um eine Art Pilgerfahrt an das Grab eines Freundes zu unternehmen, der vor Jahren bei einem Bergunfall umgekommen war.

«Wir waren auf dem Everest, auf ungefähr 5700 Meter im Kumbhu-ice-fall um die Mittagszeit. Wir gingen zwischen zwei Eistürmen, schlängelten uns durch ein Labyrinth von Gletscherspalten, als eine riesige Eiswand von der Größe eines Hauses herunterkam und die ersten drei Bergsteiger unter sich begrub. Es war wie eine Explosion. Alles wurde blendend weiß. Als der Eisstaub sich gelegt hatte, herrschte eine unheimliche Stille. Überall Eisblöcke, aber keine Menschen. Ich war unmittelbar hinter ihnen gegangen. Ich fiel fünfzehn Meter, blieb aber relativ unverletzt. Als ich nach oben zum ersten Seil kletterte, fand ich zwei Männer ziemlich verstört und schwer verletzt – einer baumelte kopfüber in einer Gletscherspalte –, und der dritte hatte eine Gehirnerschütterung, schien aber leichter verletzt. Von der Stelle, wo ich sie fand, führte das Seil, an dem sie hingen, zurück und verschwand unter einem Eisblock von der Größe eines Eisenbahnwaggons. Darin lag noch einer unserer Bergsteiger, ein sehr enger Freund von mir. Er war so gut wie tot, wenn er es nicht schon war. Es gab keine Möglichkeit, das festzustellen. Ich rief nach ihm, stundenlang wie mir schien, bis ich heiser war. Keine Antwort. Nur diese fürchterliche Stille. Die Nacht würde bald hereinbrechen, ich zitterte und merkte, daß ich dabei war, mir Erfrierungen zu holen.

Ich hatte zwei verletzte Männer auf dem Halse, die sterben würden, wenn wir nicht schnell abstiegen. Ich war der einzige, der jetzt fähig war, eine Entscheidung zu treffen. Dann traf es mich wie ein Blitz. Ich mußte das Seil durchschneiden. Ich konnte nichts weiter tun. Zum letzten Mal rief ich nach ihm. Ich schrie so laut, daß ich dachte, ich löse eine Lawine aus. Aber hier herrschte nur Schweigen und Eis. Nichts. Der Augenblick war gekommen. Ich zog mein Messer heraus und fing an, das Seil durchzuschneiden so schnell ich konnte. Fertig.

Gerade als wir mit den Abstieg begonnen hatten, hörte ich einen seltsamen Laut, und mein Herzschlag setzte aus. Oh, mein Gott, hatte ich die falsche Entscheidung getroffen? Konnte er noch am Leben sein? Unmöglich. Dann hörte ich es wieder. Es war ein dumpfer, erstickter Schrei, der aus dem Eis kam und wie ein Schnitt durch mich hindurchging. Dann sah ich es. Es war ein *gorak*, ein Rabe, der direkt aus der Gletscherspalte aufflog, in der unser Freund war. Es war zum ersten Mal, daß ich so hoch in den Bergen Raben sah, aber hier war er, glänzend und schwarz. Darüber bin ich niemals hinweggekommen. Zehn Jahre später kam seine Leiche aus dem Gletscher. Eine andere Expedition fand ihn. Vor ein paar Jahren wurde er endgültig im Tengpoche-Kloster begraben, wohin Sie gehen. Und wohin ich mich aufmache.»

Am nächsten Morgen in Katmandu wachte ich sehr zeitig auf. Der Tag war kühl, der Himmel bedeckt und grau. Selbst der Gesang der Vögel schien durch die Wolken gedämpfter. Es war seltsam, daß ich hier mit einem Gipsbein im Garten eines Hotels saß, statt in den Bergen des Himalaya zu wandern. Daß das für mich nach den monatelangen Vorbereitungen für den Treck innerhalb eines Augenblicks aus und vorbei sein sollte, war mehr, als ich verkraften konnte.

Ich saß im Freien auf einem Gartenstuhl, vor mir war ein Tisch aufgestellt, damit ich lesen und schreiben konnte. Kleine, weiße Schmetterlinge flatterten dicht über dem Rasen. Ein kleiner Stupa, ein Schrein, stand auf einem Hügel in der Mitte des Gartens: auf jede der vier Seiten waren die zwei Augen Buddhas gemalt, die alles sahen. Ich dachte zurück an den Weg, auf dem ich vor Jahren aufgebrochen war, und der mich hierher geführt hatte.

Die Probleme einer alleinerziehenden Mutter lasteten auf meinen Schultern. Streng katholisch erzogen, heiratete ich mit neunzehn Jahren. In meiner Familie hatte es noch niemals eine Scheidung gegeben. Doch nach knapp zwei Jahren riet mir ein katholischer Priester, zu meiner und meiner Kinder Sicherheit die Scheidung einzureichen und gleichzeitig eine Annullierung meiner Ehe zu beantragen. Die Scheidung würde vor einem Zivilgericht stattfinden, eine Annullierung aber müßte von der Kirche ausgesprochen werden. Ich hatte ein Kind und war mit dem zweiten schwanger, als ich mit einundzwanzig geschieden wurde. – Eheannullierungen in der katholischen Kirche wurden in Rom entschieden. Man konnte als geschiedene Person Mitglied der Kirche bleiben, doch ohne Annullierung konnte man nicht wieder kirchlich heiraten. Ich entschied mich zu warten, bis die Annullierung durch sei; ich hatte aussichtsreiche Argumente, und ich ging nicht mit Männern aus. Nach einem Jahr empfahl man mir, einen Rechtsanwalt der Kirche nach Rom zu schicken, um meinen Fall voranzutreiben. Den üblichen Dienstweg einzuhalten, hätte bedeuten können, daß ich sieben Jahre warten mußte.

Ich traf meine erste Entscheidung als Erwachsene: ich verließ die Kirche. Ich war nicht gewillt, einer Gruppe von Männern, die dem Zölibat verpflichtet waren und niemals eine Familie hatten, diese Art Macht über mein Leben einzuräumen. Ohne eigenes Geld und ohne durchsetzbare Verfügung über eine Unterstützung der Kinder war der gutgemeinte und praktische Vorschlag, daß ich einen Priester beauftragen sollte, nach Rom zu fliegen, ein grausamer Scherz. – Mit dieser Entscheidung begrub ich die spirituelle Seite in mir. Ich ging wieder mit Freunden aus, nahm am gesellschaftlichen Leben teil, besuchte Parties, trank. Ich arbeitete, ging zur Schule, betreute meine Kinder – alles wie betäubt und wie unter einem unausgesprochenen Schock. Vier Jahre später heiratete ich erneut und bekam mein drittes Kind. Nach sieben Jahren war diese Ehe zu Ende.

Danach zog es mich mit Macht in die Wälder. Es war wie ein innerer Zwang. Zu Hause nahm ich meinen Schlafsack und schlief, nachdem die Ehe in die Brüche gegangen war, im Freien. Wiewohl ich physisch präsent war, hatten meine Kinder praktisch ihre Mutter verloren. Nur bei den Bäumen konnte ich mich verstecken, nur die Flüsse konnten mich beruhigen. – Wann immer ich mich in der Einsamkeit aufhielt, wurde mein Bedürfnis nach spiritueller Orientierung offensichtlich und deutlich. Nachdem meine zweite Ehe gescheitert war, konnte ich diesen Teil meiner selbst nicht länger verleugnen. Ich versuchte, wieder in die katholische Kirche einzutreten.

Im Januar 1977 stand ich vor dem Christus des Wüstenklosters von Abiquiu in Neu-Mexiko. Ich sehe es ganz deutlich vor mir, selbst hier im Hotelgarten in Nepal, wo ich sitze, Tausende von Kilometern entfernt und drei Jahre später: Der frischgefallene Schnee knirscht unter meinen Stiefeln. Ich wandere um drei Uhr in der Frühe zur Kapelle. Der Himmel über der Wüste ist schwarz und klar, übersät mit strahlenden Sternen. Seit Jahren bin ich in keiner Kirche gewesen. – Die Frühmesse dauert eine halbe Stunde, danach gehe ich kurz schlafen und stehe um 5.30 wieder auf für die Sechs-Uhr Frühmesse. Die Außentemperatur beträgt –11° Celsius. Innen drängen wir uns auf einer kleinen Fläche zusammen, die gegen die Kälte mit durchsichtigen Plastikplanen abgeschirmt ist. Jetzt sprechen sie wieder die Worte: «Und Gott gab dem Mann die Herrschaft» «Unser

Vater»; «Sein Leib», «Sein Blut»; «Ehre sei dem Vater». Jedesmal, wenn ich höre «Gott, der Vater», «Sein», «Mann» fühle ich mich kleiner und kleiner, als ob etwas in dem Raum mich erstickt. Das Abendmahl wird gereicht, und ich empfange es in gutem Glauben, habe ich doch zum erstenmal in sieben Jahren die Beichte abgelegt. Meine Beine zittern, als der Priester die Hostie auf meine Zunge legt. Mein Herz klopft wie wild, ich kann kaum atmen. Sobald die Messe vorbei ist, gehe ich zu einer Seitenkapelle, wo eine Statue der Muttergottes steht, und knie nieder. Luft. Dann kommen die Tränen, schwemmen die Frustrationen und Sorgen heraus, das Chaos von Gefühlen, das hervorbricht, weil ich wieder nach Hause gekommen bin, auf einem so langen Weg, nur um herauszufinden, daß ich eine Fremde bin.

Ich bin getröstet durch die Gegenwart der Jungfrau Maria, durch die Idee der Gnadenmutter, aber sie ist so fern! Unerträglich gut, unmenschlich rein, ist sie für mich unerreichbar. Ein gläserner Vorhang, eine unsichtbare Barriere steht zwischen uns. Warum ich weine, weiß ich nicht, nur daß ich nicht aufhören kann. Es schüttelt mich. Pater Peter beugt sich über mich und fragt, was mir fehle. Ich sehne mich schmerzlich nach Trost durch die Gottesmutter, doch ihre Vollkommenheit und Reinheit lassen mich in Verzweiflung zurück. Ich bin voller Fehler. Ich habe mein Leben außerhalb der Kirche aufgebaut. Es gibt keinen Weg zurück. Ich schüttele meinen Kopf, weiß nicht, was ich sagen, wie ihm beibringen soll, daß einfach die Worte der Messe mich mit Kummer erfüllen. Das bedeutet, daß hier für mich kein Platz ist, es hält mich draußen, macht mich zum Außenseiter.

Es ist früh am Morgen nach einem weiteren Tag, den ich lesend und im Hotelgarten sitzend verbrachte. Lakschmi und Bhawaghita, zwei junge nepalesische Frauen, werden gleich erscheinen, um das Zimmer sauberzumachen. Sie bringen auch frische Blumen für den behelfsmäßigen Altar, den ich auf dem Schreibtisch gegenüber von meinem Bett errichtet habe.

Jeden Morgen, während die eine die Bettwäsche wechselte, half mir die andere beim Baden und Anziehen, bürstete mein Haar und machte es in nepalesischem Stil zurecht, indem sie es zu einem Zopf flocht, der durch eingebundene leuchtendrote Quasten verlängert wurde, wodurch er bis zur Taille herabhing. Sie verwöhnten mich. Wir konnten uns sprachlich zwar kaum verständigen, dennoch lehrten sie mich einige elementare nepalesische Sätze und erklärten mir, daß Lakschmis Name auch der Name von Lakschmi, der großen hinduistischen Göttin des Glücks und des Reichtums sei, Vischnus Gemahlin.

Lakschmi und Bhawaghita lösten mir auch das Rätsel, warum manche Nepalesen mich so befremdet ansahen, wenn ich ihnen meinen Namen nannte. In Nepal bedeutet der Klang der Silben *Chi-na* in etwa «Ich habe keinen», weshalb die Leute dachten, ich teilte ihnen mit, daß ich keinen Namen hätte. Lakschmi und Bhawaghita kringelten sich vor Lachen, als über mein Gesicht der Ausdruck des Verstehens huschte. «Kein Wunder» sagte ich verlegen und versuchte auch zu lächeln, nachdem ich nun schließlich verstand. «Kein Wunder!» Ich fühlte mich durch diese Tatsache gleichermaßen unbehaglich und eigenartig erfreut.

Den größten Teil des Tages verbrachte ich wieder im Garten des Hotels. Vor morgen war von der Trekkingagentur keine Nachricht wegen des Flugs nach Lukla zu erwarten. Auch war ich nicht darauf erpicht, in und aus Rikschas zu humpeln. Der Garten war ruhig und abgeschirmt. Noch immer zerbrach ich mir den Kopf, wie ich in diese mißliche Lage geraten war. Irgendein unlösbarer Widerspruch war da. Ich mußte mir in Gedanken eine Chronologie zusammenstellen. Ich erinnerte mich, daß ich bald, nachdem ich bei dem Christus im Wüstenkloster von Abiquiu Zuflucht gesucht hatte, anfing, mich für den Buddhismus zu interessieren.

Die Green Gulch Farm von San Franciscos Zen-Zentrum lag keine Meile von unserem Haus entfernt. Nach meinem fehlgeschlagenen Versuch, in die katholische Kirche zurückzukehren, begann ich sonntags morgens dahin zu gehen. Sie kümmerten sich um die Kinder, veranstalteten Lyriklesungen, hatten auch Frauen als Priesterinnen und sprachen nicht über Gott. Die Antwort befand sich vor meiner eigenen Haustür.

Green Gulch war eine Viehranch gewesen und lag in einem sich zum Pazifik öffnenden Tal direkt im Norden von San Francisco. Der große Heuschober mit dem Blechdach war zu einem *zendo*, einer Meditationshalle, umgewandelt worden. Die alten Pferdeställe darunter blieben unverändert. Das sparsam möblierte *zendo* mit seinem blitzsauberen, blankpolierten Holzboden wurde meine Zuflucht. Ich begann um fünf Uhr früh, bevor meine Kinder aufstanden, zur Meditation, *zazen*, zu gehen, und war rechtzeitig zurück, um das Frühstück zuzubereiten. Der einzige blauemaillierte, mit Holz zu heizende Ofen im *zendo*, konnte den Raum niemals erwärmen. Der Holzboden war hart und kalt unter den nackten Füßen. Doch ich liebte die ruhige, schlichte Praktik, in der Gemeinschaft von anderen Menschen schweigend zu sitzen und einfach nur zu atmen.

Nichts schien simpler, als auf dem *zafu*, dem runden, schwarzen Meditationskissen zu sitzen, aber der wilde Affe meines Geistes kletterte in mir überall herum, schwang sich von der Zukunft zur Vergangenheit, von der Vergangenheit zur Zukunft, und ließ sich kaum jemals im jetzigen Augenblick nieder. Wenn es irgendeinen Endpunkt gab, der mich verstehen ließe, so müßte er im Hier und Heute zu entdecken sein. Ohne diesen Vorsatz fand ich mich oft in die Vergangenheit abgleiten oder über die Zukunft beunruhigt, und dabei überschwemmten mich die ganze Zeit Gefühle aller Art, die von beiden ausgelöst wurden.

«Denke an den Atem, zähle bis zehn und fange dann wieder von vorn an» sagte der Meditationslehrer. «Denke an gar nichts. Mach Deinen Kopf leer. Wenn ein Gedanke kommt, laß ihn gehen. Leiste keinen Widerstand, aber lade ihn auch nicht ein. Wende Dich wieder dem Atmen zu. Gehe immer auf den Atem zurück.» – «Akzeptiere es», sagte man mir, «gib nicht auf. Höre nicht auf, Dich dem Atmen zuzuwenden. Deshalb wird es spirituelle *Praktik* genannt. Wir müssen wieder und wieder zum Atem zurückgehen, bevor wir den Geist zähmen können. Wenn Du aufgibst, wirst Du niemals Fortschritte machen. Der Atem, gehe auf den Atem zurück. Sei ein bißchen demütig. Selbst der Buddha brauchte Jahre, um das zu beherrschen.»

Daß der Buddha so darauf bestand, er sei in keiner Weise göttlich, zog mich an. Er war völlig und zutiefst menschlich. Seine Erleuchtung, so behauptete er, resultiere letztendlich daraus, daß er ganz und gar Mensch sei. Erleuchtung, daran hielt er fest, ist für jeden möglich. Siddhartha Gautama, Schakyamuni Buddha, der historische Buddha, wurde im 6. Jahrhundert vor Christus in Nordindien in Lumbini geboren, dem heutigen Rummindei in Nepal. Aus dem Geschlecht der adligen Schakyas stammend, war sein eigentlicher Name Prinz Siddhartha Gautama bis zu seiner Erleuchtung unter dem Bodhibaum bei Bodh Gaya in Indien, was für die Buddhisten als das größte Ereignis in der Geschichte der Menschheit gilt. Historiker schätzen, daß dieses Ereignis um 560 v.Chr. stattfand, als Siddhartha Gautama etwa 35 Jahre alt war. Danach wurde er der Buddha, «der Erleuchtete» genannt.

Statt zurückgezogen als Einsiedler zu leben, beschloß Gautama Buddha, in die Welt zurückzukehren und die Einsichten, die er gewonnen hatte, zu lehren. Er wurde achtzig Jahre alt, zog zu Fuß umher und hatte als Schüler Männer wie Frauen, Brahmanen, Könige, Räuber, Ausgestoßene und Bettler. Er lehnte es ab, die Kastenunterschiede anzuerkennen, womit er für seine Zeit eine ungemein radikale Position einnahm. Seine Lehren waren für alle, die zuhören wollten. – Die Entscheidung des Buddha für die Lehre ist ein Beispiel für den Pfad des Bodhisattva, sicher eines der ermutigendsten Konzepte in den Weltreligionen. Ein Bodhisattva ist jemand, der die Erleuchtung erreicht hat, der es aber freiwillig aufschiebt, ins Nirvana einzugehen, jenen Zustand, in dem alles Leiden aufgehört hat. Der Bodhisattva bleibt in der Welt, um anderen zu helfen, die «höchste Befreiung» der Erleuchtung zu erreichen.

Der Buddha verbrachte seine Kindheit beschirmt vor der Außenwelt hinter Palastmauern, wo ihm aller Luxus zur Verfügung stand, den der Reichtum seines Vaters Schuddhodana bot. Er wurde jung mit der schönen Yaschodhara vermählt, die ihm sein einziges Kind, einen Sohn, Rahula, gebar. Eines Tages trat Siddhartha gegen den Willen seines Vaters aus dem Palast, und er sah zum erstenmal, daß es in der Welt Leiden gab, Alter, Krankheit und Tod. Fortan ließ ihn der Gedanke nicht mehr los, daß er einen Weg finden müsse, das Leiden zu beenden. Er trennte sich von seiner Familie, verließ den Palast, verschenkte seine prächtigen Gewänder und zog sich als wandernder Sucher in die Wälder zurück.

Sechs Jahre lang unterzog er sich strenger physischer Askese, hungerte sich fast zu Tode. Schließlich erkannte er, daß es einen mittleren Weg zur Erlangung des Heils geben müsse, und gab die strengen Übungen, denen er sich unterworfen hatte, auf. Ohne seinen Körper, so schloß er, gab es keine Erleuchtung, keine Erlösung. Dieses zerbrechliche Gefäß, dieser stoffliche Körper war gerade das Mittel, durch das er die Erweckung erlangen konnte, die er so aufrichtig suchte. Als ihm dies klar wurde, akzeptierte er eine Schüssel voll Milch und Reis, die ihm eine Frau aus einem Dorf in der Nähe anbot. Wieder zu Kräften gekommen, begann er, seinen eigenen Weg zu begründen.

Er ging unverzüglich zu einem nahen Bodhi-Baum, setzte sich darunter und schwor, dort zu bleiben, bis er sich erleuchtet fühlte. Er würde sich nicht regen! Er wollte den Grund des Leidens verstehen und den Weg, durch den die Geschöpfe – alle Geschöpfe – erlöst werden könnten. – Tag und Nacht verharrte der Buddha. Mara, der König der Dämonen, erschien mit seinem Gefolge, um ihn in Versuchung zu führen, und sie bestürmten ihn mit Ablenkungen, Anfechtungen und Visionen, aber Gautama ließ sich in seiner Konzentration nicht stören. Trotz des Angriffs durch Mara empfing Gautama Erleuchtung, und er bat die Erde selbst, in Gestalt der Göttin Prithivi, dies zu bezeugen. In dem Augenblick, da seine Finger die

Erde berührten, waren Mara und seine Dämonenschar besiegt und verschwanden.

Weisheit erfaßte ihn, und kurz bevor es zu dämmern begann, beim Anblick des Morgensterns, soll Gautama die höchste Stufe der vollen Erleuchtung erreicht haben. Gautama verstand, daß Leiden existiert, daß es einen erkennbaren Grund hat, und daß man – in diesem Leben – völlig davon erlöst werden kann, wenn man die spirituellen Grundsätze des Pfades ausübt. Diese Einsichten werden «die vier edlen Wahrheiten» genannt, und sie bilden die Grundlage der Lehren, die er in den nächsten fünfundvierzig Jahren predigte. Er legte besonderen Nachdruck darauf, Mitleid, liebende Güte und Verständnis für die ganze, unentwirrbare, wechselseitige Abhängigkeit aller Phänomene zu entwickeln.

Der Buddha ist mehr als eine historische Persönlichkeit: Er symbolisiert die Möglichkeit der Erleuchtung bei allen Lebewesen. Schon vor ihm hat es Buddhas gegeben, und nach ihm werden noch weitere kommen. – Paraphrasierend riet Schakyamuni Buddha seinen Anhängern, bevor sie seine Lehren akzeptierten, sollten sie sich verhalten wie Goldschmiede, die Gold testen. Die Lehren seien wie ein roher Goldklumpen, den ein Goldschmied genau betrachtet, dann hämmert, mit den Zähnen prüft, ja sogar dem Feuer aussetzt, bevor er entscheidet, ob er echt und den Ankauf wert ist. Die Lehren sollten nicht angenommen werden, bevor sie sich nicht durch direkte persönliche Erfahrung als wahr erwiesen haben. Der Buddha war ein Pragmatiker. Er nannte seine Lehren ein Floß, ein Boot zum Übersetzen, und nicht etwas, mit dem man umhergetragen wird, nachdem man einmal das andere Ufer erreicht hat. Einer seiner meistzitierten Aphorismen lautet: «Schau nach innen, Du bist der Buddha.»[1]

Die Worte, die der Buddha für seine Anhänger fand, zogen mich an, und ich wurde eine Schülerin des Zen-Buddhismus. Die Erklärungen des Buddha waren das geeignetste Gegenmittel zu meiner römisch-katholischen Erziehung, in der alles von oben kam und gläubig hingenommen werden mußte: die jungfräuliche Geburt, die Erbsünde, die Unbefleckte Empfängnis, Fleischverbot am Freitag, der Verlust der Seele meines Vaters, weil er ein Methodist war, die Vorhölle, die Auferstehung, das Fegefeuer, die päpstliche Unfehlbarkeit.

Das Zen-Zentrum von San Francisco gehörte zur Soto Zen Schule, einer japanischen Variante des Mahayana-Buddhismus, dem «Großen Fahrzeug», einer der beiden Hauptformen des Buddhismus in der heutigen Welt. Therawada, «die Schule der Alten», ist die andere Hauptform und wird als der «ursprüngliche orthodoxe Buddhismus» betrachtet.[2] – Im Mahayana-Buddhismus liegt die Betonung auf dem großen altruistischen Denken des Buddha – «Möge ich um aller Wesen willen erleuchtet werden!» Man entwickelt Erleuchtung zum Wohle aller Geschöpfe, nicht nur für sich selbst. Einer der Kernpunkte des Buddhismus ist es, die dualistische Vorstellung, daß wir Einzelwesen sind, aufzubrechen. In dem Prozeß, für alle Erleuchtung zu gewinnen, werden wir selbst erleuchtet; aber das ist ein Nebenprodukt, nicht das Ziel. Es gibt kein separates, unabhängiges Selbst, nur die große Vernetzung allen Seins, das steigt und fällt wie eine hohe Woge, nicht mehr abgetrennt als eine Welle vom Meer.

Innerhalb eines Jahres wurde ich Zen-Schülerin, widmete mich allen Praktiken und dem Studium des Buddhismus. Green Gulch war ein großes Geschenk. Hier war eine Gemeinschaft von Menschen, die wie ich traditioneller religiöser Herkunft (oder auch deren Absenz) waren und fühlten, daß es noch einen anderen Weg geben müsse. Doch sie waren weiter gegangen. Aktiv hatten sie sich dem Studium und der Entwicklung eines spirituellen Lebensweges gewidmet, der sich auf den Weg des Buddha gründete. Morgens 4.30 Uhr aufzuwachen, um in Green Gulch in Versenkung zu sitzen (*zazen*), wurde zum Bestandteil des täglichen Lebens.

Ich saß und saß und saß. Ich wünschte, ich könnte mit meinem Sitzen durch mein schwarzes Kissen, durch das Holz des *zendo*-Fußbodens in die darunterliegenden Pferdeställe, in den Schmutz, in die Erde hineingelangen. Wenn ich einfach meditierend sitzenbleiben könnte, würde ich den ganzen Weg durch die Welt hindurch sitzen und auf der anderen Seite wieder herauskommen. Wie lange würde das dauern? Reichte meine Zeit dazu? Wenn ich nur einfach ruhig sitzen und meinen Atem zählen könnte, ohne mich zu rühren!

Es gab da eine Frau, die mittwochs früh nach dem *zazen* das Singen anführte. Es war dunkel, wenn sie begann. Leah Asher hatte eine volle, tiefe Stimme, die jede Ecke des Raumes füllte. Ihr Klang war intensiver als das Geräusch der Regentropfen, die auf das Blechdach fielen. Sie fachte im Ofen am Ende des Raumes das Feuer an und ließ es knistern. Ihre Stimme überflutete mich wie frisches, warmes Wasser, badete mich. Ihren Worten unterlegt, durch ihren Ton sagte sie mir: sitze, sei ruhig, gib nicht auf, du kannst das, atme, singe mit mir, du bist nicht allein. Sie sang die Sonne herauf. Sie sang von einem Ort, den ich erinnerte, an dem ich aber noch nie gewesen war. Ich hüllte mich in ihre Stimme wie in einen dicken Schal, und sie wärmte mich.

Doch dann erzählte mir eines Tages jemand in Green Gulch von einer weiblichen Buddha-Gottheit in der buddhistischen Tradition Tibets. Ihr Name war Tara. Trotz des traditionellen buddhistischen Glaubens, daß eine Person nur in einem männlichen Körper Erleuchtung erlangen konnte, hatte diese Tara vor Tausenden von Äonen, in einer Zeit vor der Zeit geschworen, nur in einem weiblichen Körper Erleuchtung zu erlangen, und sie hatte ihren Schwur gehalten.

Ich war wie elektrisiert, als ich diesen knappen Hinweis auf die Geschichte der Tara hörte. Sie rüttelte mich auf aus der anhaltenden unterschwelligen Frustration, eine Frau zu sein, die versuchte, sich den traditionellen, durch Regeln festgelegten Religionen zu unterwerfen und sie zu praktizieren. In der katholischen Kirche durfte keine Frau Priesterin werden. Auch wenn man es im Zen-Zentrum nicht anerkannte, so gab es doch im Buddhismus weithin die unerfreuliche Tradition, daß Frauen Erleuchtung nicht erlangen könnten. Diese Tradition wurde heruntergespielt, als der Buddhismus im Westen Fuß faßte, doch der Glaube hatte seine Wirkung getan, ganz gleich, was jetzt gesagt wurde. Seinerzeit konnte man den Anteil an Lehrerinnen im ganzen Land an den Händen abzählen.

Daß ich hier in Green Gulch eines Morgens nach der Vorlesung von der Buddha-Tara hörte, aktivierte mich. Die Nachricht, daß eine Frau vor so langer Zeit die traditionelle Vorstellung ablehnte und gelobte, in einem weiblichen Körper Erleuchtung zu erlangen und dies auch fertiggebracht hatte, inspirierte mich, mich auf die Suche nach ihr zu machen. Das sollte mich um die halbe Welt führen. – Eine Frau hatte gesagt: «Genug». Einen weiblichen Körper zu haben, ist gut genug. Der Körper einer Frau kann einen über den Fluß des Leidens tragen, er kann die Welt des Leidens, *samsara*, zur Welt des Friedens, *nirvana*, umgestalten. Er kann zeigen, daß es nichts zu überqueren, daß es keine andere Seite gibt.

Außer Stephan Beyers Buch *The Cult of Tara*[3] fand ich kaum etwas über Tara, das aus dem Tibetischen übersetzt war. Sein Werk bestärkte mein Gefühl, daß die Buddha-Tara eine bedeutende Persönlichkeit war, über die wir viel mehr wissen müßten.[4] Jetzt, nach mehr als zweijährigen Studien und *zazen*-Praktik, wollte ich mehr über den tibetischen Buddhismus wissen. Die japanische Zen-Schule, die ich studierte, war zwar elegant, für mich aber lagen ihre engen Grenzen auf der nachdrücklichen Betonung der mönchischen Praxis. Wiewohl Kannon das japanische Gegenstück zur Tara ist (in China ist sie Kuan Yin), fand ich im japanischen Zen-Buddhismus doch wenige weibliche Verkörperungen.

*Weiße Tara, Nepal, 18. Jahrhundert.*

Ich fuhr fort, Zen zu praktizieren. Um über Tara alles zu erfahren, was sich finden ließ, vertiefte ich mich nun in Bücher über den tibetischen Buddhismus. Innerhalb Jahresfrist beschloß ich, einen Treck nach Nepal zu organisieren. Ich hatte gelesen, daß die Tara besonders von den Sherpas verehrt wurde, frommen tibetischen Buddhisten, die im Solu Kumbhu-Distrikt des Himalaya zu Hause waren, am Fuße der Chomolungma, der Großen Mutter, die wir im Westen Mount Everest nennen. Ich hatte davon geträumt, im Himalaya zu wandern, dem höchsten Gebirge der Welt. Dort, wo sie gekannt und geliebt wurde, unter den Menschen, die sie verehren, würde ich etwas über die Buddha-Tara erfahren.

In Katmandu feierte man gerade das Fest der Durga, der hinduistischen Göttin und Kriegerkönigin. Ich nahm vom Hotel eine Rikscha, um die festliche Menge zu beobachten. – In vielen Teilen der Stadt fanden Tieropfer statt. Beim Durgafest floß Blut. Überall Blutlachen und Blumen, Rosen und leuchtend gelbe Tagetes, deren Blütenblätter schon in den schmutzigen Straßen verstreut lagen. Der schwere Geruch von Fäkalien und Blumen hing in der Luft. Vor mir auf der Straße brüllte laut ein Wasserbüffel, als wüßte er, daß er gleich geschlachtet würde. Ich zwang mich zuzuschauen, wie einer Ziege der Hals durchgeschnitten wurde. Ihr Blut fing man in einer kleinen Kupferschale auf und trug es in den Tempel. Dünne Blutrinnsale zogen ihre Spur auf den Straßen. Ich machte mich auf den Weg zurück ins Hotel, vorbei an Obstverkäufern, im Freien aufgebauten Fleischständen, deren fliegenübersäte Ware auf Holzkisten ausgelegt war; vorbei an Schmuckläden, Blumenständen und einem buddhistischen Stupa, den die Mönche betend im Kreis umwandelten, wobei sie bei jedem dritten Schritt innehielten und einen Fußfall machten, als könnten sie für die Schlächterei büßen. Buddhisten glauben nicht an Tieropfer, sie sind verboten. Auch viele Hindus lehnen sie ab. Aber während des Durgafestes dominierten hier in Nepal die Anhänger dieses Opferkultes.

Die Geschichte der Durga, die mit diesem Fest gefeiert wurde, zog mich an. Es ist die Geschichte ihres Sieges über Mahischa oder Mahischasura, den großen Dämon in Büffelgestalt. Dieser kosmische Kampf mit dem Büffeldämon wird in Katmandu wie überall in ganz Indien jeden Herbst nachvollzogen und stellt eines der wichtigsten Feste des Hinduismus dar. Aus diesem Kampf zwischen Durga und Mahischa ging die Hindugöttin Kali hervor. Zu dem Schlachtbericht gehört die Geschichte von Durgas Erschaffung.[5] Sie verdient es, erzählt zu werden.

Rasch schlugen Mahischa und seine Dämonen die Götter in der Schlacht. In Kürze würde Chaos herrschen. Bald würden nicht nur die Götter selbst vernichtet sein, sondern auch die Ordnung der Welt. Die Götter beteten zur Tochter des Himalaya. Sie wußten, daß ihre einzige Hoffnung eine Frau war. Mahischa war nämlich ein Segen verliehen, der ihn gegenüber allen Feinden unverwundbar machte, es sei denn, eine Frau erhöbe sich gegen ihn. Die Götter vereinigten alle ihre Kräfte in Strömen von Feuer und schufen die alles überragende Gestalt der Durga, «deren Pracht sich über das gesamte Universum verbreitete.»[6] Ihr Name bedeutet «die Unerreichbare». – Durga war so mächtig, daß sie sich ihre weiblichen Heerscharen erschaffen konnte, einfach indem sie seufzte. Ein sanfter Laut von ihren Lippen, und bewaffnete Bataillone entstanden, ohne daß sie sich anstrengte. Martialische und blutige Kriege wurden geführt, Mahischa und seine Dämonen sahen sich wieder und wieder besiegt. Dabei wechselten Mahischa und Durga ständig ihre Erscheinungsformen. Schließlich wurde Mahischa enthauptet, als er die Form eines büffelgestaltigen Dämons angenommen hatte. Dennoch drangen seine Dämonen, die *asuras*, weiterhin zu Durga vor.

Sie hatte sich aus der Schlacht zurückgezogen, saß auf ihrem Löwen auf der Spitze eines Berges, lächelte über die Niederlage des Büffeldämons. Als sie sah, daß zwei *asuras* sich näherten, wurde sie wütend. Ihr Gesicht färbte sich vor Zorn dunkel wie Tinte.[7] Aus ihrer Stirn entsprang Kali, in voller Größe, eine schreckenerregende schwarze Hexe, in einer Hand ein Schwert, in der anderen eine Schlinge. Kalis wildes Gelächter erfüllte die Himmel, als sie in die Schlacht stürmte. Sie stürzte sich auf Dämonenheere, stopfte sich ganze Elefanten und Reiter in den Rachen, verschlang sie mit einem Biß, zermalmte mit jedem Schritt Wagen und Pferde. Kali war die Siegerin.

Doch in dieser Geschichte hatte Durga noch einen letzten Kampf zu führen. Sie fühlte sich herausgefordert, als der Dämon Schumbha sie beschimpfte, weil sie Kali und deren Armeen zu Hilfe gerufen hatte. Durga nahm deshalb Kali und all ihre vielen Formen wieder in sich zurück. Durga und Schumbha standen sich allein gegenüber. Ihre Auseinandersetzung auf der Erde wuchs sich zu einer kosmischen Schlacht im Himmel aus. Der Kampf schien eine Ewigkeit zu dauern, schließlich durchbohrte Durga mit einer letzten Anstrengung Schumbha mit ihrem Pfeil, und er stürzte besiegt vom Himmel.

Durga, die Kriegerkönigin, nach der die männlichen Götter gerufen hatten, als das kosmische Gleichgewicht verloren zu gehen drohte, war die einzige, die die Harmonie wiederherstellen und die Welt befrieden konnte. Der Himmel klärte sich wieder auf, die Flüsse kehrten in ihren Lauf zurück, es wurde wieder gesungen und getanzt. Durga versprach, wenn es nötig wäre, zurückzukehren und die Welt mit Nahrung zu versehen, die aus ihrem Körper erwuchs. Stets bezwang sie ihre Feinde und segnete ihre Anhänger. Die Götter sangen Lobpreisungen ihr zu Ehren, nannten sie die «Königin des Universums», «die Leuchte des Verstehens», diejenige, «die allen das Leiden nimmt». Dann verschwand sie ganz einfach, um nur zurückzukehren, wenn sie gebraucht würde.

Durgas Geschichte gefiel mir. Hier war ein furchtloses Wesen, eine brillante Taktikerin, unabhängig, tapfer und fürsorglich. Ihre Stärke war überragend. Sie machte von ihrer Wildheit nur Gebrauch, wenn es nötig war, die Ordnung der Welt zu schützen und wiederherzustellen. Zur gleichen Zeit war sie es, die aus ihrem Körper Nahrung wachsen ließ, um die Welt in Zeiten der Not bei Kräften zu halten.

Ich war auf der Suche nach der buddhistischen Tara gekommen, statt dessen fand ich die Göttinnen Durga und Kali. Kali, die aus Durga Entsprungene, Kali, die Töterin und die Lebenverleihende, das Ende und der Beginn der Zeit. Sie war eine Göttin von solchen Dimensionen, wie ich es bisher nur über den Gottvater der Christenheit vernommen hatte. Die Tatsache, daß Kali dunkel und weiblich ist, machte mir meine christliche Erziehung wieder bewußt. Sie ist nackt, «himmelsbekleidet», weil sie alle Illusion abgelegt hat; manche sagen, ihr sei nichts verborgen. Es heißt, sie sei schwarz, weil schwarz die Farbe ist, in der alle Unterschiede aufgelöst sind, andererseits wird auch geäußert, sie sei schwarz, weil sie die ewige Nacht darstellt.[8] Das *Tantra der großen Befreiung*[9] besagt, daß sie Schöpferin, Schützerin und Zerstörerin in einem ist. Wenn man Kali nicht kennenlernt, heißt es, ist der Wunsch nach Befreiung vergeblich.

Kali ist die Dunkelheit vor der Zeit und das formlose Dunkel, das wiederkommen wird. *Kala* bedeutet Zeit, und Kali verschlingt sie. Die schreckliche, schwarze Kali mit ihrer langen, roten Zunge, die aus dem Mund heraushängt, einer Halskette aus Schädeln, Ohrringen aus toten Kindern, Waffen in ihren vier Armen, mit fliegendem Haar, aufrecht, nackt, ekstatisch tanzend auf ihres Gemahls, Schivas, schlafendem Körper – oder war es sein Leichnam? Ich wußte es nicht, ich verstand nichts, ich war schockiert, vor allem, weil ich diese Bilder erkannte, sie waren mir vertraut, obgleich ich nicht wußte woher. Sie zu sehen, war wie die Erfahrung, Wörter für Gefühle zu finden, die ich lange in mir bewahrt, von denen ich aber niemals gewußt hatte, wie ich sie ausdrücken sollte. In Katmandu schienen sie mich überall zu umgeben: auf Hauswänden, in Tempeln, Statuen, Büchern, Bildern, auf Postkarten, im Souvenirladen des Hotels. Sie brachen durch und rissen die falschen Vorstellungen nieder, die ich von mir hatte. Sie kratzten mir den schönen Schein zarter Empfindung ab. Ich sah Kali: rasend, kampfbereit, alles, was ihr vor Augen kam, zerstörend, und Durga: königlich in ihrer Pracht, gelassen, klar, ruhig und tödlich. Ich erkannte sie beide in mir. Kali und Durga waren wie Spiegel, sie reflektierten alles in mir selbst, wovor ich Angst hatte.

Ich war erleichtert, daß ich eine Schülerin des Buddhismus und nicht des Hinduismus war. Ich fand, daß Kali und Durga einem Energie verliehen, aber auch erdrückend waren. Meine Suche galt immer noch der Tara, wie umständlich der Weg auch sein mochte. In jener Nacht fiel ich erschöpft in den Schlaf.

Die Zeit, um einen Flug nach Lukla zu bekommen, war fast verstrichen. Ich mußte mich bald wieder im Büro der Trekkingagentur melden, doch heute noch nicht. Ich hatte ein paar Leute in Katmandu kennengelernt, sie luden mich ein, einige abgelegene Tempel im Tal zu besichtigen. Unterwegs wollten wir ein Picknick machen. Keith Dowman, seine Frau Meryl White und mehrere andere lebten seit Jahren in Katmandu. Heute abend sollte es ein nepalesisches Essen geben.

Wir starteten am Morgen auf alten Motorrädern, fuhren in Dörfer, in denen die Zeit stehengeblieben schien, nahmen Straßen, die sich manchmal ewig hinzogen und zur Folter wurden, staubig, immer wieder von Seitenwegen gekreuzt, die Spur verwischt, fast unerkennbar. Dann wieder ging es schnell dahin auf modernem Pflaster oder Teer, so daß meine Zöpfe flogen. Ich hielt meine Krücken unter den Arm geklemmt, dicht über den Unebenheiten. Jeder Halt bot eine Lektion in tibetischem Buddhismus und Hinduismus und zeigte, wie sie sich überschnitten. Das Katmandutal hat seine eigene einheimische Newari-Kultur, die diese einzigartige kulturelle Mischung noch um neue, verflochtene Beziehungen erweitert. Es gibt Tausende von Hindu-Göttern und vielleicht ebensoviele im tibetischen Buddhismus. Die Konturen dieser Vielzahl von Göttern begannen sich abzuschwächen und zu verschwimmen, sie liefen ineinander wie Wasserfarben auf noch nassem Papier.

Der Tag fand einen Höhepunkt mit dem Besuch eines Hinduschreins, wo eine Familien-*puja*, eine religiöse Zeremonie für eine Gottheit, stattfand. Geld, Blut, Blumen, Glocken und Wasser – alles wurde Schiva geopfert, einem der höchsten hinduistischen Götter und Kalis Gemahl. Wir hatten Mühe, unser Mittagessen herunterzuschlucken, das Brot war pappig, die Erdnußbutter dick und ölig. Wir spülten es mit Tee und nepalesischem Whisky herunter. Das linderte alles.

Keith war dabei, ein Buch über Yesche Tsogyel[10] zu schreiben, die berühmte tibetische Lehrerin, Gemahlin und bedeutendste Schülerin des Guru Padmasambhava aus dem achten Jahrhundert. Yesche Tsogyel wurde von ihm in alle *termas*, die heimlichen Lehren, eingeführt. Tsogyel, die «Sternentänzerin», bewahrte und überlieferte Padmasambhavas Lehren, die Basis der Nyingmapa-Schule, eine der vier Hauptsekten des Buddhismus in Tibet. Yesche Tsogyel wird ebenfalls als eine Manifestierung von Tara angesehen. Keith und Meryl hatten eine Zeitlang tibetischen Buddhismus studiert. Sie versuchten geduldig, einiges von dem, was wir tagsüber gesehen hatten, zu erklären, darunter die Darstellung von Gottheiten in geschlechtlicher Vereinigung, die an vielen Orten zu finden ist. Ich hatte von tantrischen Praktiken gehört, die Sexualität als Mittel der Befreiung und der Vereinigung mit dem Göttlichen benutzten.

Die Tara ist eine der Hauptgöttinnen des Tantrismus. Zum Hinduismus wie zum Buddhismus in Tibet gehören tantrische Praktiken, doch hat man mir gesagt, daß sie nicht gleichgesetzt werden können, daß sie nicht dasselbe sind. Mir ist nicht klar, worin sie sich unterscheiden; doch habe ich verstanden, daß die Bilder von Gottheiten in geschlechtlicher Vereinigung symbolisch sind und metaphorisch interpretiert werden müssen. In der tantrischen Tradition deutet die geschlechtliche Vereinigung Harmonie oder die Aufhebung der Zweiheit an und hebt damit das Konzept eines individuellen Selbst, die hauptsächliche Wurzel der Selbsttäuschung, auf. – Ob symbolisch oder buchstäblich, tibetisch oder hinduistisch, die Darstellung der geschlechtlichen Vereinigung als etwas Heiliges wirkte erfrischend auf mich. Zuerst war ich entsetzt, Bilder von männlichen und weiblichen Gottheiten im Liebesakt zu sehen, aber es strahlte etwas Lebensbejahendes aus. Dies war heilige Kunst.

Es gibt in Nepal eine schöne Bronzestatue, die eine weibliche Gottheit mit einem Phallus darstellt. Sie ist sowohl männlich wie weiblich.[11] Die Statue zeigt, in welch früher Zeit man schon eine biologische Wahrheit verstand, die die Naturwissenschaft erst in unserem Jahrhundert erfaßt hat. Männer wie Frauen verfügen gleichermaßen über männliche und weibliche Chromosome. Als Embryos gehen wir alle durch ein Stadium, welches Embryologen als «indifferenten Abschnitt» bezeichnen – eine Entwicklungsstufe, die ununterscheidbar männlich wie weiblich ist.[12] Wir übernehmen die Attribute des einen oder anderen Geschlechts kraft eines oder zweier Chromosomen. Ganzheit ist ein Kompositum oder eine Vereinigung dessen, was wir als weiblich und männlich kennen; es ist kein modernes psychologisches Verständnis, sondern eine biologische Tatsache.

An diesem Abend beim Essen hörte ich von Ugratara, einer dunklen, grimmigen Form der Tara. Man versicherte mir, daß die Tara ziemlich wild sein kann, wenn auch dieser Aspekt von ihr weniger bekannt ist.[13] Sie hat viele Aspekte, in einigen Texten einundzwanzig, in anderen einhundertacht. Auch als die Grüne Tara ist sie wohlbekannt. (Im Tibetischen kann das Wort für «grün» auch «dunkel» oder «schwärzlich» bedeuten.) Am üblichsten ist sie in ihrer grünen oder weißen Form, beide sind friedvoll und schön.

Ein alter Tibeter saß in einer Ecke des Raums, betete die *mala*, einen tibetischen Rosenkranz. Ich fragte mich, wie ich je die komplexen Beziehungen verstehen würde, die sich bei meinem Versuch, die Tara zu finden, auftaten. Ich hatte die Vorstellung, ich befände mich in einem alten Labyrinth, das sich drehte und wand und in sich selbst zurückführte, alles miteinander verband, aber niemals klar den Weg enthüllte. Es gab keine einfache Antwort, keinen genau festgelegten Ursprung der Tara.

Tibeter, mit denen ich sprach, bestreiten jede Verwandtschaft zwischen Kali und Tara; dabei gibt es hinduistische Texte, die Kali als Tara ansprechen. «Sie, die Kali, die höchste Vidya, ist auch die Tara.»[14] Ramprasad, der große, bengalische, religiöse Dichter des 18. Jahrhunderts, benutzt beinahe austauschbar die Namen Kali und Tara. Er beschreibt Kalis Haut als «ein Dunkel, das die Welt erhellt», ihr Name war für ihn ein Schwert, der Taras ein Schild.[15] Er besang Durgas Namen, bis er die Sonne zum Aufgehen brachte. Er säte Kalis Namen in sein Herz, knotete Taras in sein Haar. Ihm waren sie alle beide Mutter.[16]

Die Dunkelheit dieser weiblichen Gottheiten beruhigte mich. Ich fühlte Balsam auf der Wunde der endlosen weißen Männlichkeit, die wir im Westen vergöttlicht hatten. Diese Göttinnen stellten die andere Seite von allem dar, das ich seit je über Gott gewußt hatte. Eine dunkle, weibliche Gottheit. O, ja!

Kali schien mir vertraut und in diesem Augenblick lebensechter als die Gottesmutter, ihr Bild befrachteter und komplizierter als das der Jungfrau, eine größere Wahrheit enthaltend. Dennoch wurde ich nicht von Kali angezogen, sondern nur von der Buddha-Tara. Ich hielt mich an die fragmentarische Geschichte der Tara, die ich nun kannte, wie an den Rosenkranz, mit dem ich als Kind schlief, um keine bösen Träume aufkommen zu lassen. Ihr Schwur, Erleuchtung im Körper einer Frau zu erlangen, verhieß mir, daß ich irgendwie meinen Weg zurückfinden könnte, daß dieser menschliche, kindergebärende Körper, der mir so schwierig erschien, erlöst werden könnte.

Die Abendgesellschaft saß bis spät in die Nacht zusammen, mein Kopf drehte sich, als mich jemand ins Hotel zurückbrachte. Die frische, kalte Oktoberluft strich belebend über mein Gesicht, als ich auf dem Rücksitz eines Motorrads hing, die Krücken an mich gepreßt. Von dem langen Tag pochte der Schmerz in meinem Bein.

Mir wurde übel. Bei unserer Rückkehr ins Hotel merkte ich, daß etwas Seltsames geschah. Plötzlich war mir ganz heiß. Als ich in meinem Zimmer an einem der Betten stand, traten meine Freundinnen Ann und Maggie herein. Doch bevor ich noch irgend etwas sagen konnte, überkam mich eine Art Lähmung. Es begann mit einem brennenden Schmerz im Nacken. Ich erkannte ihn. Ja, er kommt zurück. Ich kenne diesen Schmerz von früher. Aber diesmal brennt auch das Fieber in mir. Kaum habe ich mich von der Stelle gerührt, wird mir übel. So schnell ich kann, eile ich an ihnen vorbei ins Badezimmer und übergebe mich. Dann setzt die Diarrhöe ein. Mir ist schwindlig. Der Durchfall, das Erbrechen werden aus meinem Körper herausgeschleudert. Wenige Minuten später bin ich ausgeleert, geschwächt und fiebernd. Ich gehe in den Flur zurück. Meine Freundinnen sagen immer wieder: «Bist Du in Ordnung? Fehlt Dir etwas?»

Die Lähmung kriecht von meinem Nacken hinab in den Rücken, bald werde ich mich überhaupt nicht mehr bewegen können. Ich erkenne die Empfindungen wieder. Ann und Maggie stehen überrascht und hilflos da. Eben sprechen wir noch über Besichtigungen und ihre morgige Abreise von Katmandu, und in der nächsten Minute bin ich schwer krank. Als gute Freundinnen können sie mich doch nicht in diesem Zustand allein lassen und morgen abreisen, fragen sie. – Es ist der Höhepunkt der herbstlichen Trekking-Saison. Der Verkauf von Flugtickets geschieht höchst willkürlich, sie sind nahezu überhaupt nicht zu erhalten. Es hat sie mehrere Tage gekostet, um schließlich welche zu bekommen, und jetzt werde ich krank. Aber ich weiß, daß sie fort können und müssen. Ich war vor neun Monaten gelähmt, und nun ist die Lähmung zurückgekehrt. Sie können nichts dabei tun. Es schießt durch meinen Körper, selbst als ich hier im Flur stehe und mich unterhalte, es bewegt sich vom Nacken, durch den Rücken hinab. Ich kann es beschreiben, wenn es geschieht. «Mein linker Arm ist nicht mehr zu fühlen», sage ich ihnen, als ich mich auf das Bett zubewege, «und jetzt der rechte.»

«Geht. Das ist mir schon früher passiert. Ich bin in Ordnung. Ich werde mich hinlegen. Lucy kommt, ich bin nicht allein. Sie wollte mich zum Abendessen abholen. Sie wird mir helfen. Laßt Eure Tickets nicht verfallen, reist ab, jetzt da Ihr die Möglichkeit habt. Was Ihr tun könnt, ist, Dr. Banskota, den Orthopäden, zu finden, der sich um mein Bein gekümmert hat. Ich habe Vertrauen zu ihm. Verständigt Dr. Banskota, A. K. Banskota im Missionskrankenhaus. Sagt ihm, daß er kommen soll. Gebt mir keine Medikamente, bringt mich unter keinen Umständen ins Krankenhaus. Das müßt Ihr mir versprechen. – Ich habe das vor neun Monaten schon einmal gehabt. Die gleiche Lähmung. Hört mir zu. Ich wurde ins Krankenhaus gebracht, mit Valium vollgepumpt, und es half nichts. Deshalb der Rückfall. Ich habe damals allen, den Ärzten und meinem Bruder, der da war, gesagt, daß dies kein medizinisches Problem ist, daß es sich um etwas anderes handelt. Es geht nicht um den Schmerz in meinem Arm, nicht um die Muskelkrämpfe. Ich bat sie, mich nicht ins Krankenhaus zu bringen, aber sie hörten nicht. Die Ärzte, die Schwestern, mein Bruder, sie alle sagten: ‹Wir wissen es am besten, hier, wir geben Dir diese Medizin, dann entspannen sich deine Muskeln und der Schmerz vergeht.› Wir waren inzwischen in der Notaufnahme, sie hatten mich mit der Ambulanz dahin gebracht, und sie begannen, mir intravenös Valium zu geben. Es half nichts. Deshalb gebt mir keine Medikamente, bringt mich nicht ins Krankenhaus, was immer auch geschieht. Es ist wiedergekommen. Was es auch sein mag, diesmal muß ich es durchstehen. Es gibt keinen anderen Weg. Geht. Verständigt Dr. Banskota.»

Innerhalb kurzer Zeit bin ich vollständig gelähmt. Ich kann nichts bewegen – Arme, Beine, Kopf, nichts. Ich liege auf dem Rücken auf meinem Bett im Hotelzimmer. Das Fieber ist hoch, der Schmerz füllt mich ganz aus, wie Geburtswehen. Ich gleite in einen anderen Bewußtseinszustand. Ich weiß nicht, ob ich halluziniere oder ob das, was ich sehe, real ist; es ist so lebendig. – Ich sehe einen Berg vor meinem Fenster im Garten. Aber anders als der Mount Everest, Chomolungma, die Muttergöttin der Erde, die *der* Berg für die Nepalesen ist und den ich von einem Aufstieg über

Tengpoche zu sehen gehofft hatte, ist dieser Berg, den ich vor mir habe, nicht schneebedeckt. Es ist ein Berg der Dunkelheit. Da ist ein Berg im Dunkeln. Ich gehe hinein in die Dunkelheit des Berges. Meine Kinder sind innen im Berg. Ich kann in den Berg hineinschauen. Ich sehe das Herz der Welt. Ist die Tara in diesem Berg? Kommt die Berg-Tara zu mir?

Es sind meine Kinder, die jetzt zu mir kommen, in einer Art, wie ich sie nie zuvor gehabt habe. Jetzt ist Dr. Banskota hier. Ich kann ihn rechts von mir hören. Er spricht leise. Er sagt mir, daß ich meine Hand bewegen soll, meine rechte Hand. Es macht nichts, wenn ich sie nur ein winziges bißchen bewegen kann, sagt er. Er will, daß ich weiß, ich kann es, ich kann dies, ich kann mich bewegen, wenn auch nur ein ganz klein wenig. Er will mich wissen lassen, daß er mir die Wahrheit sagt, daß ich nicht für immer gelähmt sein werde. Ich werde eines Tages fähig sein, mich wieder zu bewegen. Sieh, gerade als er mir sagt, ich solle jetzt meine Hand bewegen, bewege ich mit der größten Anstrengung und Konzentration meine Finger auf beinah unmerkliche Weise. Meine Hand ist ausgestreckt, meine Finger, ausgestreckt durch diesen plötzlichen Anfall, diese komplette Lähmung meines Körpers.

Ich habe meinen Körper verloren. Ich kann meinen Körper nicht finden. Es ist eine entsetzliche Erfahrung, plötzlich vollständig gelähmt zu sein. Doch der Schrecken geht schnell vorbei, wie ein Wolkenschatten vorbeizieht, der sich an einem sonnigen, windigen Tag weit oben bewegt, und ich sehe in das Herz dieses Berges. Vor meinem Fenster steht ein riesiger, namenloser Himalayaberg. Ich sehe ihn aus einiger Entfernung, denn ich kann ihn in seiner Gänze sehen. Aber er nimmt das Fenster völlig ein, der Garten ist nicht mehr vorhanden. Mein Fieber steigt auf 40°. Wie kann ich diesen Berg sehen? Dr. Banskota steht zu meiner Rechten, hält meine Hand. «Ja, versuchen Sie es noch einmal», sagt er. «Sie können es. Sie werden wieder in Ordnung kommen, Sie werden wieder gehen können. Ja, das wird vorbeigehen. Ich habe so etwas schon gesehen, Sie werden sich wieder gut fühlen.»

Und nun ist er gegangen. Aber jemand ist hier, ich weiß nicht wer. Ich weiß nur, daß eine Frau immer da ist, vom Beginn bis zum Ende. Drei Tage lang ist sie um mich. Lucy. Von Anfang an wußte ich, daß sie bei mir sein würde, daß die anderen ruhig gehen könnten, daß Lucy bleiben würde, daß die Lähmung wiederkommen würde, daß ich nicht fortlaufen konnte, daß irgend etwas in meinem Körper geschah, das mich nicht gehen lassen würde, das mit mir nicht fertig war. Es war nicht weggegangen, als man mich vor neun Monaten im Krankenhaus intravenös mit Medikamenten behandelte, es war noch immer in mir. Jetzt würde es mir seinen Willen aufzwingen. Jetzt wie damals fühlte ich, daß Krankenhäuser und Medikamente nichts nützten, daß das, was geschah, auch wenn es sich in meinem Körper abspielte, etwas in meiner Seele war.

Ich liege auf dem Bett. Der Arzt ist wieder da. Es ist Nacht geworden, und noch immer kann ich mich nicht bewegen. Der Berg ist im Garten. Ich kann meinen Kopf nicht bewegen, wie sollte ich diesen Berg sehen, aber ich sehe ihn. Ich muß nicht ganz bei Sinnen sein, doch ich habe mich niemals klarer gefühlt.

Ich höre eine Stimme im Inneren des Berges. Die Stimme sagt mir, daß es nichts zu fürchten gibt. Ich weiß, Dr. Banskota wird denken, ich bin verrückt, aber es kümmert mich nicht. Die Stimme sagt, daß ich mich nicht zu fürchten brauche. Dr. Banskota hält meine Hand, und ich versuche, ihm zu sagen, was ich höre, doch was ich an Worten stammele, kann die Klarheit dessen, was ich höre, nicht wiedergeben. Ich rede wirres Zeug. Ich erkläre Dr. Banskota, als er meine Hand hält, daß ich in das tiefste Innere der Welt schaue, daß es im Kern der Welt keine Zufälle gibt. Der Kern der Welt brach mein Bein, hinderte mich an der Weiterreise, hält mich fest, zwingt mich, hier zu liegen, weil ich mich selbst nicht stoppen konnte. Ich weiß, daß das gut ist. Ich fange an zu singen.

Schwitzend, fiebernd, in meinem Körper gefangen. Dann setzen die Schmerzen ein, tief in meinem Unterleib. Sie zerreißen mich. Der Schmerz stößt mich in den Berg hinein, er bewegt sich, der Berg wandert innen in meinen Körper, der Berg ist schwer. Es ist gräßlich, einen Berg in sich zu haben, zu fühlen, wie sich dieser Berg in mir bewegt, und ich stoße zurück, ich beginne gegen diesen Berg in mir zu drücken, presse, arbeite mit dem Schmerz, wie ich es bei der Niederkunft tat.

Ich atme ein, wenn der Schmerz kommt, atme aus, atme ein, halte meinen Atem an und presse, es kommt, und ich bin wieder in dem Klinikzimmer, wo ich meinen ersten Sohn bekam. Sie haben meine Beine und Handgelenke mit Manschetten an einem stählernen Entbindungstisch festgebunden. Ich weiß nicht, was geschieht, weiß nur, daß ich eine Uhr sehe, daß ich gegen meinen Willen festgehalten werde, nicht aufstehen kann, daß ich dachte, ich bekäme ein Baby, aber wo ist das Baby, das Baby kommt nicht, warum kommt das Baby nicht? Irgend etwas ist nicht in Ordnung. Es ist eine Steißlage, es kämpft um sein Leben, die Nabelschnur hat sich verwickelt, hat sie sich um seinen Hals geschlungen? Wie kann er in mir gefangen sein, warum kann ich ihn nicht herausbringen, ihn retten, ihm das Leben geben? Aber ich bin angebunden, wie eine Maschine, die Schachteln produziert, nicht einen Menschen mit einem Verstand und einem Herzen; bin nicht eine Mutter, die ihr Kind gebärt.

Die Stimme innerhalb des Berges spricht zu mir, sagt mir wieder, keine Angst zu haben, sagt mir, daß es in dieser Welt nur Liebe gibt. Wir haben zwischen Lieben und Hassen zu wählen. Aber die Liebe zu wählen, bedeutet, einen Berg in sich zu haben. Es bedeutet, daß du das Innerste der Welt in dir hast, bedeutet, daß du das Leid des anderen in deinem eigenen Körper fühlen und weinen wirst. Du wirst vor dem Schmerz der Welt nicht geschützt sein, denn du wirst ihn als deinen eigenen erkennen. Du wirst verstehen, daß dieser Schmerz dein eigener ist, weil du nicht getrennt bist, weder vom Leben noch von sonst irgend jemandem oder irgend etwas. Doch du wirst in ein Vergessen fallen. Vielleicht stirbst du, bevor du dich erinnerst. Du wirst vergessen, daß du dies weißt, wieder und wieder. Hab keine Angst. Der Körper erinnert sich, er vergißt nie. Es ist dein eigenes Wissen, das du versteckst, und du weißt es nicht.

Jetzt kann ich die Wehenschmerzen spüren, und der Arzt ist hier, und ich presse, und ich weiß, das ist richtig. Ich sage Dr. Banskota, daß ich endlich niederkomme, daß ich meinen Sohn zur Welt bringe, Matthew (den ich vor 20 Jahren geboren habe), und er sagt «gut» und hält meine Hand, während ich presse. Ich liege in meinem Kot und Urin, und jetzt ist es Madelon (die ich vor 13 Jahren geboren habe), und ich presse, presse immer wieder, Kot kommt heraus, keine Babys, aber ich habe Wehen, die ich nie hatte, die Erfahrung, wie sich die Muskeln zusammenziehen und das Baby in den Geburtskanal drücken. Es ist das Austreibungsstadium, und diesmal kann ich den Arzt hören, kann zuhören, kann verstehen, kann sprechen, selbst wenn ich mich nicht bewegen kann, und ich atme, halte meinen Atem an, presse, und dann bin ich erschöpft; dann kommt eine dritte Wehe, und ich bin so müde, wie kann das weitergehen? Nein, es ist nicht mein drittes Kind, Benjamin, mit dem ich niederkomme. Ich weiß nicht, wer dies ist. Ein letztes Mal presse ich, schweißnaß, noch immer fiebernd, heiß, dort, ist es die Nachgeburt? Ich bin unfähig mich zu bewegen, erschöpft. Fertig.*

* Es handelt sich hier offenbar um ein psychogenes Phänomen mit symbolischer Bedeutung. Wenn man träumt, ein Kind zur Welt zu bringen, bedeutet dies oft, daß man psychisch etwas lebendig Neues hervorbringt. Hier scheint diese seelische Produktion so stark zu sein, daß sie sich auch körperlich ausdrückt, seelisch erlebt als das Gebären eines heiligen Berges, z. B. der Tara, wie in Indien ja auch der Mount Everest als große Göttin angesehen wird (s. S. 23). Siehe auch S. 64 f. (Anmerkung des Verlegers)

# 2. Unter der Oberfläche

*Kalifornien, Februar 1981*

Eine andere Geschichte lagert unter dieser, hinter ihr, ihr nahe, überall darum herum, nur nicht an der Oberfläche. Ich war Alkoholikerin. Eine Zeitlang war ich auch von verschreibungspflichtigen Medikamenten abhängig. Nichts in meinem Leben gab Sinn, bis ich mir diese Tatsache eingestand und mich daraus rettete. Ich begann mit diesem Prozeß vier Monate nach meiner Rückkehr aus Nepal im Februar 1981.

Es war sechs Uhr abends, und ich dachte, es sei Morgen. Ich war auf der Couch eingeschlafen, nachdem ich mich bis zur Bewußtlosigkeit betrunken hatte, wobei ich sprach, telefonierte, meine Tochter anschrie. Ich konnte mich an nichts erinnern, bis sie mir die Episode wieder ins Gedächtnis rief. Dann kam es bruchstückhaft zurück, schwebend wie ein Traum, an den man sich kaum mehr entsinnt und nur weiß, daß man ihn geträumt hatte, den man aber nicht beschreiben konnte. Als ich aufwachte, wußte ich, das irgend etwas nicht stimmte. Ich bat Madelon, mir ein weiteres Glas Wein einzugießen. Sie weigerte sich. Sie lehnte es ab, mein Glas zu füllen, und sie lehnte es auch ab, die Entschuldigungen zu akzeptieren, von denen ich instinktiv wußte, daß ich sie ihr schuldete. Ich hatte sie so oft gemacht. Sie hatte genug. Sie war dreizehn Jahre alt, und sie ließ sich nicht täuschen. Ich wußte, das war das Ende. Ich war am Ende. Sie hatte mich durchschaut und ließ es darauf ankommen. Sie machte nicht länger mit und spielte nicht mehr ihre Rolle in der Alkoholikerfamilie. Ich griff nach dem Telefon und rief um Hilfe.

Kein Alkohol, keine Medikamente – absolute Abstinenz –, das war die Voraussetzung, um nüchtern zu werden. Doch auf diesem Weg zu bleiben, wieder geheilt zu werden – das war eine andere Geschichte. Es ging nicht darum, nicht zu trinken oder keine Medikamente zu nehmen, es ging darum, meine Psyche von innen nach außen zu wenden, alle gebrochenen Teile locker zu schütteln und abzustoßen, was verdorben war oder nicht mehr funktionierte. Abhängigkeit stiehlt Seelen. Meine war fast verlorengegangen.

Es gibt eine direkte Beziehung zwischen Abhängigkeit und Spiritualität.

Von mancher Seite wird Abhängigkeit heute als ein spiritueller Notstand beschrieben.[1] Ich mußte meine Abhängigkeit von einer Substanz, also etwas Materiellem, ersetzen durch etwas Nichtsubstantielles, Immaterielles. Ich mußte die Kontrolle aufgeben, mußte mich auf etwas verlassen, das größer war als meine falsch verstandene Idee von einem individuellen Selbst – Ich mußte einen Weg finden, um mir eine Kraft vorzustellen, die größer war als ich selbst, und einen Weg, um die potentielle Beziehung dazu zu verbessern. Zu dem Gott zurückkehren, mit dem ich aufgewachsen war, konnte ich nicht, und Meditation allein genügte nicht. Ich mußte auf das hören, was andere von ihrer Sucht geheilte Alkoholiker mir berichteten. Meine Fähigkeit, nüchtern zu bleiben, würde von meiner spirituellen Verfassung abhängig sein. Ein täglicher Aufschub – das war alles, was ich hatte. Ich wollte nicht wieder trinken, ich war bereit, nichts unversucht zu lassen, um damit aufzuhören. Die Suche nach der Tara nahm eine neue Dimension an. Dahinter stand jetzt mehr als ein leidenschaftliches Interesse und ein Sehnen. Die Tara zu finden, wurde zu einer Sache auf Leben und Tod.

Ich hatte fünf Jahre «kontrolliert» getrunken, nachdem mir das erste Mal aufging, daß ich ein Alkoholproblem haben könnte. Jahrelang hatte ich mir strenge Vorschriften auferlegt: monatelang nicht zu trinken, nicht zum Mittagessen zu trinken, nicht am Morgen zu trinken, zu joggen, eine Zen-Schülerin zu werden, Touren in einsame Gegenden zu organisieren, keinen Wodka, Gin, Bourbon oder irgendwelche harten Getränke zu mir zu nehmen, überhaupt keinen Alkohol im Hause zu haben; nur «ein wenig», «nur zum Abendessen» Weißwein oder Bier zu trinken, nur einen Drink nach dem Laufen am Abend, wenn ich in Green Gulch um fünf Uhr früh *zazen* praktiziert hatte und am Abend drei Meilen zu den Muir-Wäldern und zurück gelaufen war. Hatte ich das geleistet, bedeutete das, daß ich mir zwei Bier oder zwei Gläser Weißwein im Pelican Inn gestatten durfte, bevor ich nach Hause ging, um das Abendessen für meine Kinder zuzubereiten. Ich hatte mir mental ein kompliziertes System von Kontrollen und Gegengewichten ausgearbeitet. Manchmal funktionierte es, manchmal nicht. Offensichtlich wurde, daß ich mich nicht auf meine Fähigkeit verlassen konnte, bei dem Limit, das ich mir setzte, tatsächlich aufzuhören. Diese Unfähigkeit, mich auf mich selbst zu verlassen, war unerklärlich, widerlegte mich in meinen unaufhörlichen Versuchen. Es war zutiefst erniedrigend und demütigend, wenn ich immer wieder versagte.

Ganz gleich, was alles ich unternahm, um mich rundum gut zu fühlen, wie viele Perioden *zazen* ich in Green Gulch saß, wie viele Meilen ich lief, wie unberührt die Wildnis war, in der ich wanderte, wie weit, wie aufregend die Floßfahrt, wie erfolgreich der Kletterkurs oder wie viele Therapiesitzungen ich hinter mich brachte, wie viele Bücher ich las, wie eine Beziehung verlief, wie viele Pfunde ich abnahm, es wurde alles vom Alkohol ausgelöscht. An einem Abend konnte ich am Restaurant Halt machen, ein Glas Wein trinken, mit Freunden und Nachbarn sprechen und nach Hause gehen. Kein Problem. Ein andermal kam ich um 17.30 auf ein Glas und hatte etliche mehr getrunken, bis ich mich um 20.30 oder 21 Uhr am Telefon fand, um meinen Kindern zu sagen, ich käme «bald», sie sollten schon anfangen, etwas zu essen und ihre Hausaufgaben zu machen. Das hatten sie schon vor Stunden getan und waren jetzt dabei, zu Bett zu gehen. – Diese Erfahrung machte ich wieder und wieder, gegen meine besten Vorsätze, gegen all meine Willenskraft, gegen die Vernunft, gegen alles, was meines Wissens eine gute Mutter zu sein hatte, gegen meine Erziehung, gegen alle meine Versprechungen mir selbst und meinen Kindern gegenüber. Daß diese Erfahrung sich wiederholte, ohne *Voraussehbarkeit*, warf mich zu Boden. Die Zeiten, da ich aufhören konnte zu trinken, waren eher verführerisch, sie machten mir falsche Hoffnungen, nährten die Illusion, daß ich tatsächlich mein Trinken unter Kontrolle hätte, stützten mein zerfallendes Selbstwertgefühl. Ich betrat die Kneipe immer mit guten Absichten. Doch wenn ich sie verließ, hatte ich die Kontrolle über mich verloren.

Jetzt verläßlich nüchtern bleiben zu können, bedeutete eine radikale Änderung. Am Leben bleiben, hieß nüchtern bleiben. Ich hatte Depressionen mit Selbstmordabsichten und Blackouts durchgemacht. Ich war total und hoffnungslos demoralisiert gewesen. Wieder zu trinken, bedeutete, den Selbstmord zu riskieren. Die Tatsache, daß ich fast starb, nachdem mir geträumt hatte, daß mein und meiner Kinder Leben in Gefahr sei, unterstrich den Ernst der Situation. Die Botschaft war klar. Ich mußte ernsthaft noch einmal ganz von vorn anfangen, auf einer Ebene, die tiefer war als alles, was ich jemals zuvor gekannt hatte. Ich mußte mein Leben auf eine spirituelle Grundlage stellen oder sterben. – C. G. Jung gab uns vor Jahren die alchemistische Formel, um Alkoholismus und Abhängigkeit zu heilen – «*Spiritus contra spiritum*», man braucht das Spirituelle, um von den Spirituosen zu heilen.[2] In den frühen dreißiger Jahren heilte Jung einen Mann, von dem keiner mehr annahm, daß er es durchhalten könnte, nüchtern zu bleiben. Jung verordnete nur eine spirituelle Umwandlung.[3] Er schrieb später, daß er es nicht für einen Zufall hielt, daß wir im Lateinischen «dasselbe Wort für die höchste religiöse Erfahrung wie für das verwerflichste Gift benutzen»: *Spiritus.* Das war die Antwort.[4]

## 3. Tara und Schwarze Madonna

*Cambridge, Massachusetts, Oktober 1983*

Ich kam spät an, es war schon längst dunkel. Irgend jemand öffnete die Tür, und vom Ende des Flurs konnte ich eine Leinwand erkennen, auf der Dias von Nepal gezeigt wurden. Ich war noch nie im Haus meiner Freundin Johnnie gewesen. Sie war verreist, aber die Frau, die unten wohnte, versicherte mir, es sei genug Platz. «Komm her, bleibe hier, es geht in Ordnung», hatte sie mir am Telefon gesagt, als ich anrief. – «Es ist genug Platz. Außer mir ist niemand hier. Ich bin Tara. Tara Doyle. Ich zeige heute abend Dias von Nepal. Vielleicht möchtest Du sie gern mitanschauen?»

Als ich in das abgedunkelte Zimmer trat, wechselte gerade das Dia. Auf der Leinwand war jetzt ein Bild des Tengpoche Klosters im Solu Kumbhu Distrikt zu sehen. Über dem Hof, am Balkon stehend, erkannte ich mindestens drei Teilnehmer des Trecks von 1980, bei dem ich dabeigewesen war und den ich hatte verlassen müssen. Überrascht platzte ich heraus: «Wie hast Du diese Bilder bekommen? Das sind meine Freunde, sie gehören zu jener Gruppe, mit der ich wanderte, links ist meine Nachbarin. Warst Du auch dabei?» – «Ja, ich war mit einer Freundin unterwegs, aber ich traf diese Leute bei den Lama-Tänzen», antwortete sie. «Wo warst Du?»

Auf der Leinwand leuchtete der Himmel über dem Tengpoche Kloster in einem klaren, azurnen Blau. Hoch in den Bergen des Himalaya ist die Luft wie reingewaschen, trocken und scharf. Ich wußte nicht, wie ich ihr in Kürze berichten sollte, was mich Jahre kosten würde, um es zu Papier zu bringen. So erzählte ich ihr nur, daß ich mein Bein gebrochen hatte und in Katmandu gewesen war. Ich sagte, daß ich gern zurückkehren wollte, daß ich sehr an der Buddha-Tara interessiert sei. Offensichtlich wüßte sie etwas über sie, sonst hätte sie nicht ihren Namen angenommen.

«Das stimmt», begann sie. Tara Doyle studierte an der Harvard Divinity School und war Mitbegründerin des Buddhistischen Studienprogramms in Bodh Gaya in Indien, das vom Antioch College ausgerichtet wurde. Sie verbrachte mehrere Monate im Jahr in Indien und Nepal.

«Hast Du von dem Bild der Tara gehört, das in Pharping in Nepal aus dem Felsen wächst?» fragte sie. Pharping ist ein kleines Dorf im Tal von Katmandu. «Ich werde Dir ein Bild von ihr zeigen. Ich sah sie zuerst 1976 und dann erneut im letzten Jahr. Es scheint, daß sie wächst, zumindest glauben das die Tibeter und Nepalesen. Als das Bild zum ersten Mal im Felsen erschien, war es nur etwa fünf cm groß. Jetzt ist es mindestens zwanzig cm hoch. Das alles spielte sich in den letzten Jahren ab.»

Bevor ich in jener Nacht einschlief, blätterte ich durch Tara Doyles Exemplar von *Mutterverehrung*, einer Sammlung von anthropologischen Studien und Feldforschungen über Muttergöttinnen in der ganzen Welt. Ich entdeckte darin die Fotografie von der Schwarzen Madonna in der Schweiz, Unsere Liebe Frau von Finsterwalden in Einsiedeln. Eine schwarze Madonna in der Schweiz weckte mein Interesse als ein seltsames und bemerkenswertes Ereignis. Es war mir nicht gewärtig, daß es im Christentum irgendwelche dunklen weiblichen Gottheiten gab. Ich dachte, sie kämen einzig in Religionen wie dem Hinduismus oder Buddhismus vor. Ich konnte mich praktisch an keine dunkle oder schwarze Madonna erinnern, trotz meiner langjährigen katholischen Erziehung.

War die Schwärze der Jungfrau eine Verbindungschnur zu Tara, Kali oder Durga, oder war es nur Zufall? Eine schwarze Madonna in Afrika wäre unmittelbar verständlich. Aber was bedeutete eine kohlschwarz bemalte Jungfrau in der Schweiz? Ihre Gesichtszüge schienen die einer Weißen zu sein. Der Essay «Warum die Jungfrau schwarz ist»[1] erwähnte mehrere solcher Madonnen in Europa. Ich las es mit großer Neugier, dann schlief ich ein.

Vor Ende meines Aufenthalts in Cambridge faßten Tara und ich den Plan einer Reise nach Nepal. Sie würde im Frühjahr 1985 einen buddhistischen Studientreck für ‹Women in Wilderness›, eine amerikanische Frauengruppe, zum Tengpoche Kloster führen. Ich wollte versuchen, mich ihnen anzuschließen, um doch noch die Trekkingtour zu beenden, die ich 1980 mit einem gebrochenen Bein aufgeben mußte. Doch ganz gleich, ob ich rechtzeitig eintreffen konnte oder nicht, Tara würde mich zur Buddha-Tara in dem Felsen nahe dem Dorf Pharping führen.

Einige Monate später fiel mein Blick auf eine kurze Meldung in der Zeitschrift *Newsweek*. Man berichtete, daß die Jungfrau Maria in mindestens drei Dörfern in Polen in der Rinde von Bäumen sichtbar wurde.[2] Ich glaubte eigentlich nicht daran, aber mich faszinierte die Ähnlichkeit mit der Erscheinung, die von der Tara in Pharping erzählt wurde. Ich fragte mich, was im *spiritus mundi*, dem Geist der Welt, vor sich ging, daß Berichte von weiblichen Gottheiten, die buchstäblich aus Felsen und Bäumen hervortraten, sowohl im Osten wie im Westen auftauchten. Die Gleichzeitigkeit war von symbolischer Bedeutung. Mein wachsendes Interesse an Polen nahm noch zu durch die Tatsache, daß die Schutzpatronin Polens eine der berühmtesten Schwarzen Madonnen Europas ist, die Schwarze Madonna von Czestochowa (Tschenstochau), dem Kleinod des Klosters Jasna Góra.

Der Zufälle wurden immer mehr. Gilles Quispel, Religionshistoriker an der Universität Utrecht und ein Schüler von C. G. Jung, kam in das Jung-Institut in San Francisco, um einen Vortrag über die Schwarze Madonna zu halten. Quispel spielte eine wichtige Rolle bei der Erwerbung, Übersetzung und Veröffentlichung von christlichen gnostischen Evangelien, wie dem Thomasevangelium. Elaine Pagels Buch *The Gnostic Gospels* erwähnt die frühe Bedeutung Quispels bei den internationalen Bemühungen von Gelehrten, diese frühen Texte wiederherzustellen und zu übersetzen. Einige der Originale könnten christliche Überlieferungen enthalten, die älter sind als das Neue Testament.[3] Die in Leder gebundenen Papyrus-Manuskripte wurden 1945 in einem Tongefäß in Nag Hammadi in Oberägypten gefunden. Für Quispel spielt die Schwarze Madonna eine wesentliche, übernatürliche Rolle. Er beschreibt sie in den Termini von Jung als Symbol der Erde, der Materie, des Weiblichen im Mann und des Selbst in der Frau. Er hatte schon früher dargelegt, daß, bevor nicht Männer und Frauen gleichermaßen sich dieser uralten Vorstellung der Schwarzen Madonna bewußt werden und sie in sich selbst integrieren, die Menschheit unfähig sein würde, die Probleme des Materialismus, Rassismus, der Frauenemanzipation und alles, was sie mit beinhalten, zu lösen.[4] Ich konnte es kaum erwarten, ihn zu hören. Es kamen so viele Besucher zu seinem Vortrag, daß die Unitarische Kirche sie gar nicht alle fassen konnte.

Quispel brachte in seinem Vortrag eine neue Dimension in das Thema ein. Für ihn ist die Schwarze Madonna das einzige noch vorhandene lebendige Symbol der Christenheit. Er stellte ihre Beziehung zur frühen christlichen gnostischen Überlieferung her, in der die Mutter auch «Weisheit», «Heiliger Geist», «Erde», «Jerusalem», sogar «Herrgott» genannt wurde.[5] Die frühen jüdischen Christen sahen den Heiligen Geist als Mutter personifiziert und beteten zu ihr, denn sie war gleichermaßen Gott.[6] Jesus nannte im *Hebräerevangelium* den Heiligen Geist seine Mutter.

Unter den frühen christlichen Texten, die in Nag Hammadi gefunden wurden, befindet sich ein von einer weiblichen Macht gesprochenes Gedicht, das mehr nach Kali als nach der Muttergottes klingt:

*Donner, vollkommener Geist*

Denn ich bin die Erste und die Letzte.
Ich bin die Verehrte und die Verachtete.
Ich bin die Hure und die Heilige.
Ich bin die Ehefrau und die Jungfrau...
Ich bin die Unfruchtbare,
    und zahlreich sind ihre Söhne...
Ich bin das Schweigen, das unbegreiflich ist...
Ich bin das Sagen meines Namens.[7]

Es war eine mächtige Stimme, verloren an das Schweigen der Wüste, wo sie über 2000 Jahre begraben lag. In der Zwischenzeit entwickelte sich die Liturgie außerhalb der Traditionen, in denen der Heilige Geist weiblich war. Zu der Zeit, da Rom die Kontrolle über die Kirche übernahm, wurde der Heilige Geist in lateinischer Sprache definiert als *spiritus sanctus*, und somit unbestreitbar männlich.[8]

Die Schwarze Madonna übte eine weitverbreitete Wirkung auf die westliche Kultur aus, gleich ob wir von ihr gewußt haben oder nicht. Sie ist das Symbol der polnischen Nation. Sie war Goethes Inspiration für das Ewig-Weibliche im *Faust*. Der Heilige Ignatius übergab der Schwarzen Madonna in Montserrat sein Schwert, wurde ein Priester und gründete den Jesuitenorden.

Ephesus, das antike Kultzentrum der großen Göttin Artemis/Diana war der Ort, wo Maria von den frühen Christen am 22. Juni 431 auf dem Dritten Ökumenischen Konzil zur Muttergottes, Theotokos, Gottesgebärerin, erklärt wurde, unter kontroversen Diskussionen und Feiern[9], Fackelzügen durch die Straßen und Hochrufen wie «Ruhm sei Theotokos». – Der Tempel der Diana in Ephesus, der Hauptstadt der römischen Provinz Asia, galt als eines der sieben Weltwunder. Diana ist die römische Form der griechischen Artemis. Nach Quispel war die archaische griechische Holzstatue in dem Tempel schwarz wie der Meteorit, der ihr vorausgegangen war, der *Diopetes*, das heißt «herabgefallen aus dem Himmel». Die Artemis in Ephesus in der heutigen Westtürkei wurde schon verehrt, bevor die Griechen um 1200 v. Chr. siedelten. An der Stelle des Tempels von Artemis/Diana, oder nach einigen Quellen in der Nähe, wurde später die Marienkirche gebaut. Quispel führt die Tradition der Schwarzen Madonna zurück auf die Ikonographie dieser Schwarzen Artemis/Diana in Ephesus.[10] Das große vorchristliche Kultzentrum der Großen Mutter wurde zum Mittelpunkt der Verehrung von Maria, der Gottesgebärerin, der Theotokos.

Dann zeigte Quispel Dias. Eines war ein mittelalterliches Fresko, das eine Schwarze Madonna darstellte, ein Torso mit weiblichem Gesicht und großen Flügeln, alles in schwarz. Als er dieses Fresko mit der biblischen Frau in der Wüste aus der Offenbarung des Johannes (12,6) in Verbindung brachte, schreckte ich auf. War es möglich, Verbindungen mit Hilfe solch obskurer Fragmente nachzuzeichnen? Der Geist versucht immer, die Welt stimmig zu machen, sich selbst zu versichern, daß es darin Ordnung, Vernunft und Erklärungen gibt. Vielleicht ist der einzige Ort, wo diese Gottheiten sich berühren, innerhalb meiner Vorstellung. Ich sprach direkt mit Quispel nach seinem Vortrag. «Ja, die Schwarze Madonna und die Frau in der Wüste sind dieselbe», versicherte er mir. Ich ging weg, ohne zu wissen, was das bedeutete, obgleich mein Herz klopfte.

Ich beschäftigte mich wieder mit dem Orden der Frau in der Wüste, der im 17. Jahrhundert in Pennsylvania bestanden hatte. Die Offenbarungen (besonders die apokryphen Evangelien) hatten einen weitreichenden Einfluß auf die europäischen Auswanderungen in die Kolonien[11], was von den Hauptrichtungen der Geschichtsschreibung oft übersehen wird. Der Orden der Frau in der Wüste war eine der spirituellen Gemeinschaften, die für die Gründertage bedeutsam waren. Mystischer Feminismus zieht sich durch die Anfänge der amerikanischen Geschichte. Dieser Orden gehörte zu dem Phänomen der «mystischen Gemeinschaften», die in den Kolonien entstanden.[12] Die Shaker und die Ephrater folgten im frühen 18. Jahrhundert, und auch die Quäker kamen im Namen des «Heiligen Experiments».

Ich ging der Spur der Frau in der Wüste nach, sie führte zur christlichen mystischen Tradition. Jakob Böhme, der christliche Mystiker, den sich der Gründer des Ordens, Kelpius, zum Vorbild nahm, war seinerseits von dem großen mittelalterlichen Mystiker Meister Eckhart beeinflußt, der von Gott als Mutter schrieb. Eckhart lehrte, daß man ein Mutterschoß werden müsse, um Gottes Geist empfangen zu können. Meister Eckhart, die Äbtissin Hildegard von Bingen, Mechthild von Magdeburg und Juliane von Norwich – sie alle sprachen von der Mutterschaft Gottes. Juliane, die mittelalterliche englische Einsiedlerin, schrieb, daß «dieses gefällige, liebliche Wort ‹Mutter› so süß und freundlich in sich selbst ist, daß es nicht wahrhaft von irgend jemandem oder zu irgend jemandem gesagt werden kann, außer von ihm, der die wahre Mutter des Lebens und aller Dinge ist. Zur Eigenheit der Mutterschaft gehören Natur, Liebe, Weisheit und Wissen, und dies ist Gott.»[13] Sie beschrieb Gott als Mutter und Gott als Vater und Mutter. Jesus war für sie Mutter. Frühe gnostische Christen sprachen gleichermaßen von einer Göttlichen Mutter und einem Göttlichen Vater. Die christliche Nonne und Mystikerin Maria Maddalena de'Pazzi verwendete im 16. Jahrhundert das Bild der körperlichen Liebe in ihren Meditationen. Man fand sie, als sie von einer Figur des Jesuskindes das Dekor mit den Worten entfernte: «Ich möchte Dich nackt haben, o mein Jesus, denn ich kann dich nicht ertragen in der Unendlichkeit, Grenzenlosigkeit deiner Tugenden und Vollkommenheiten; ich will deine nackte, nackte Menschlichkeit.»[14] Zur hebräischen Tradition gehört die Shekinah, Gottes Braut, oder die Präsenz Gottes auf Erden.

In dem Wunsch nach einer anderen Art Gott war ich nicht allein. Die Sehnsucht nach Dunkelheit war auch die Sehnsucht nach dem Mutterschoß Gottes. Die Buddhisten nennen es *Leere*. Es ist das weibliche Prinzip. Man könnte auch sagen, dieser Mutterschoß, diese Leere ist die Buddha-Tara in ihren vielen Formen. Für mich war die Zeit gekommen, wieder nach Indien und Nepal aufzubrechen.

# 4. Wo die Tara im Felsen auftaucht

*Khajuraho und Katmandu, Nepal, März 1985*

Das Dorf Khajuraho auf dem Weg nach Varanasi. An den tausend Jahre alten Tempeln der Chandella-Dynastie, überwältigenden, zum Teil verfallenen Sandsteinbauten der religiösen hinduistischen Kunst und Architektur des Mittelalters, war die Abendluft würzig und lind. Alle Tempel standen jetzt verlassen, außer dem für Schiva, Kalis Gemahl. – Frühlingsnacht vor den Tempeln, Tänzerinnen in prächtigen Farben leuchten auf wie glänzende Flammen. Ihre Fußsohlen dunkelrosa, ihre Handflächen rot gefärbt, wirbeln sie schneller, bohren ein Loch in die Nacht. Varanasi, der uralte Pilgerort, ist Hindus wie Buddhisten gleichermaßen heilig. Im Hirschpark von Sarnath hielt Buddha seine erste Predigt. Ich umschritt den Stupa, der die Stelle bezeichnet, wo er zum erstenmal lehrte.

Die große Mutter Ganga strömt herab aus den Bergen des Himalaya, gießt aus dem blauen Eis an ihrer Quelle die heiligen Wasser, zu denen alle zurückkehren. Vor Tagesanbruch kaufte ich unten an den *ghats* Kerzen in winzigen Schiffchen aus zusammengenähten Blättern, um sie wie Gebete auf dem Wasser schwimmen zu lassen. Das Boot schwankte, als ich es bestieg. Wir stießen im Dunkeln ab, kurz bevor die Dämmerung einsetzte, und ruderten hinaus in den Fluß, um den Sonnenaufgang zu beobachten. Ich lehnte mich über den Rand des Bootes und ließ meine winzige Kerze in der Dunkelheit treiben, die nun mit winzigen Flämmchen gesprenkelt war.

Der Sonnenaufgang wirkte wie ein gewaltiger Trommelschlag: der große Gott Schiva, behaupten die Hindus. Das Licht pulsierte und enthüllte den Tag: badende Menschen am Fluß, betende alte Männer auf den Stufen darüber, Meister in Yoga-Positionen. Von den Feuerstätten, wo die Toten verbrannt wurden, stieg Rauch auf. Für einen gläubigen Hindu gibt es keinen bedeutenderen heilverheißenden Ort zum Sterben als das dem Schiva geweihte Varanasi. Am Ufer bahnte ich mir den Weg zu einem Taxi durch die engen, gewundenen Straßen, in denen sich die Menschen drängten – in winzigen Nischen saßen ins Gebet versunkene heilige Männer, Kühe trotteten langsam und verstaubt dahin, Gerüche von den Garküchen hingen in der Luft, leuchtend rosa Blumen wurden zum Verkauf angeboten, das Geräusch von Läden, die geöffnet wurden, kreischende Affen auf einem Tempeldach, Bettler.

Ich trat in einen großen Schiva-Tempel ein. Schiva ist bekannt für seinen wilden Aspekt: Wie seine Gemahlin Kali wird er oft mit einer Halskette aus Schädeln dargestellt. Als ich barfuß den langen Hauptgang entlangging, weckte ein kleiner Raum zu meiner Rechten meine Aufmerksamkeit. Nur eine Statue stand darin. Sie war ungewöhnlich: eine sitzende, friedliche Göttin, kohlschwarz, außer dem Weiß ihrer Augen und einem Kranz dunkelgelber, frischer Tagetesblüten um den Hals. Es war Kali. Ich wollte es unserem Führer kaum glauben, obgleich ich merkte, daß er sehr kenntnisreich war. Wie konnte das sein, fragte ich. Er versicherte mir: wiewohl Kalis Bild überwiegend grausam erscheint, hat sie doch viele Manifestationen, und dies ist nur eine davon. Ja, selbst Kali hat eine friedliche Seite. Ich hatte sie niemals auf diese Weise dargestellt gesehen. Keine Schädelkette um den Hals, keine herausgestreckte rote Zunge – das war nicht das kampfbereite, unheimliche, häßliche Weib, das Durgas Braue entsprungen war. Dies war ein liebliches, friedliches Wesen. Wie sie in der Meditationsposition mit gekreuzten Beinen dasaß, die Hände anmutig gefaltet, mit einem milden Lächeln, glich sie viel eher der Buddha-Tara oder der Madonna.

Ich war erleichtert, diese Seite von Kali zu sehen, und fragte mich, ob ich ihren friedvollen Aspekt erkennen konnte, weil ich nüchtern war. Als ich in der nach unten führenden Spirale der Abhängigkeit gefangen war, hatte ich sie nur als zornige Zerstörerin erlebt. Daß ich jetzt diese Statue fand, kam mir wie eine kleine Segnung vor. Ihre Schwärze erschien mir beinahe leuchtend, bestätigte mein Gefühl eines wohltuenden, versöhnenden Dunkels. Dies war eine Dunkelheit, nach der ich mich sehnte. Die Schwarze Madonna von Einsiedeln in der Schweiz kam mir in den Sinn. Intuitiv fühlte ich, daß diese beiden Göttinnen miteinander verbunden waren. Verblüffend und eigenartig erschien mir die Qualität der Friedlichkeit, die beide Statuen miteinander gemeinsam hatten. Beide waren kohlschwarz bemalt. Ich mußte mehr über die Verwandtschaft zu erfahren suchen, die ich hier spürte. Meine Kamera hatte ich bei mir, aber kein Blitzlicht. Ich wählte die größte Blendenöffnung, um in dem Halbdunkel eine Belichtungsanzeige zu bekommen. Trotz der ungünstigen Bedingungen machte ich mehrere Aufnahmen. Über diese Kali mußte ich mich genauer informieren, ich wollte ihr Bild bei mir haben.

Von Varanasi fliege ich nach Katmandu. Inzwischen haben wir Ende März. Ich warte auf den Frühling, aber der Regen will nicht kommen. Die Wolken sammeln sich um die Vorberge des Himalaya, lassen sich auf ihnen nieder, verhindern die Sicht, aber kein Tropfen fällt. Staub hängt in der Luft, wird jeden Nachmittag vom Wind aufgewirbelt. Er setzt sich mir im Hals fest, der ohnehin schon trocken ist durch die ungewohnte Höhe von fast 1500 m. Es mutet gar nicht wie Frühling an, der Regen fehlt. Doch in Nepal wird es vor dem Sommer keine Niederschläge geben, dann kommt der Monsun. Die vertrauten Jahreszeiten sind umgekehrt. – Die morgendliche Wolkendecke bedeutet, daß Tag um Tag die Flüge nach Lukla gestrichen sind. Lukla, die winzige, von Flugzeugwracks gekennzeichnete Landepiste, 3300 m hoch, zu der ich vor so langer Zeit fliegen wollte. Mein Ziel war das Tengpoche Kloster, ich wollte sehen, was ich damals verpaßt hatte, aber nun habe ich keine Lust, das Risiko der Unsicherheit dieser Flüge auf mich zu nehmen oder möglicherweise tagelang in Lukla gestrandet zu sein und auf einen Flug zurück ins Tal zu warten.

Hier in Katmandu finde ich genug zu tun. Zwar habe ich den Treck mit Tara Doyle verpaßt, aber ich will wenigstens das Bild der Göttin Tara sehen, das bei Pharping im Felsen wächst. Die Trekkingtour muß wiederum auf ein anderes Jahr verschoben werden. Ich werde im Tal bleiben, trocken wie es ist. Tara Doyle und ich verabreden, daß wir uns im Vajra-Hotel treffen, wo sich die Gruppe vor dem Treck aufhielt. Am Tag bevor sie aus den Bergen zurück sein sollten, stieg ich hinauf in das oberste Stockwerk des Hotels in die Bibliothek. Während ich die Titel studierte, kam ein alter Mann aus einer Ecke des Raumes zu mir herüber. Er hatte langes weißes Haar, einen weißen Vollbart und trug die orangene Kleidung eines *sanyasin*, eines heiligen Mannes. Seine Erscheinung schreckte mich auf.

«Welches Buch suchen Sie?» fragte er auf Englisch.

«Ich bin an Tara interessiert und besonders an der Tara im Felsen bei Pharping», antwortete ich.

Er nahm einige Bücher herunter, mit denen ich mich vertraut machen sollte, wie er mir sagte. «Hier», damit überreichte er mir eines nach dem anderen, «Sie müssen wissen, daß Tara auch Kali und Parvati und Durga ist.» Ich stand da, während er mir die Bücher auf die Arme lud. «Sie hat Tausende von Namen», versicherte er mir. «Hier, setz Dich, Kind», damit schob er einen Tisch unter das offene Fenster. «Laß mich Dir etwas vorsingen.»

Der Morgen war klar und sonnig. Ich konnte mein Glück kaum fassen, daß ich diesem *sanyasin* begegnet war. Es schien mir wie ein Zeichen, daß ich mich auf dem richtigen Weg befand. Als er geendet hatte, reichte er mir ein dünnes Schreibheft mit blauen Linien, in dem das Lied handschriftlich in Sanskrit und Englisch aufgezeichnet war. «Es ist eine Hymne an die Göttliche Mutter und erfleht Vergebung», erklärte er. «Sie können abschreiben, was es bedeutet, wenn es Ihnen gefällt.» Dann drehte er sich um und verließ, vor sich hinsummend, den Raum.

In der Bibliothek allein, am offenen Fenster, zu dem eine frische, sanfte Morgenbrise hereinwehte, schrieb ich schnell die Übersetzung ab:

> «O weh, ich kenne weder das mystische Wort noch das mystische Zeichen, auch weiß ich weder die Lieder, wie ich Dich preise noch wie ich Dich willkommen heiße, noch wie ich über Dich meditiere... noch wie ich Dir von meinem Kummer sagen kann. Doch soviel weiß ich, o Mutter, daß bei Dir Zuflucht zu nehmen heißt, alle meine Leiden zu vernichten.»

Es war der erste Frühlingstag.

Tara Doyle kam an nächsten Tag an und traf unverzüglich die Vorbereitungen für unsere Exkursion in das Dorf Pharping. Sie fand eine Dolmetscherin, eine Schweizerin, die ebenfalls den Namen Tara angenommen hatte. Taras umgaben mich. In einer Wolke von Staub brachen wir eines nachmittags mit einem nepalesischen Taxi zu der halbstündigen Fahrt nach Pharping auf. Im Lärm, Wind, Staub und Geholpere auf der Straße nach Pharping versuchte ich auf dem Rücksitz des Taxis alles, was unsere Dolmetscherin über die Göttin Tara erzählte, auf Band aufzunehmen und mir zu notieren. «Kali entspricht der tibetischen Göttin Palden Lhamo, einer zornerfüllten Form von Tara, die in der Tat eine grimmige Beschützerin ist. Im Sanskrit ist sie als die Göttin Schri Devi bekannt. Doch kann man Kali und Tara nicht in gleicher Weise betrachten. Es wird noch immer darüber debattiert, ob die Göttin Tara vom Hinduismus her kommt oder ob sie eine rein tibetische Schöpfung ist, die später in den Hinduismus integriert und dann ungeheuer populär wurde. Man neigt mehr zu der Ansicht, daß Palden Lhamo tibetischen Ursprungs ist.»

Ich gab es auf, mitzuschreiben, die Straße war jetzt voller Schlaglöcher, und ich konnte kaum meine Hand auf dem Papier halten. Es war ein warmer Tag, und wir mußten trotz des Staubes die Fenster offen lassen, so daß die Schweizer Tara ihre Informationen zu mir hinten auf dem Rücksitz des Taxis brüllen mußte. In die laut schreiende Stimme der Dolmetscherin hinein versuchte Tara Doyle mir klarzumachen, daß ich mich nicht zu sehr über die Verbindung von Tara und Kali beunruhigen sollte. «Es wäre sehr frustrierend, wenn Du versuchen wolltest, das auseinanderzuhalten. Die Vorstellung, daß es eine einzige Quelle geben könnte, ist in sich selbst eine westliche Idee. Gib das auf, meine Liebe. Dies ist eine ganz andere Welt», versicherte sie mir mit der Betonung auf *ganz*. «Sie ist multivalent, ungeheuer kompliziert und uralt.»

Die Straße endete im Dorf. Wir gingen die restliche Strecke auf Pfaden, an Dorfhäusern vorbei, auf denen Gebetsfahnen wehten, vorüber an Reisfeldern und spielenden Kindern, die uns mit großen Augen ansahen. Tara Doyle hieß uns, knapp unterhalb des Schreins Halt zu machen, um im Haus des Schreinverwalters eine Tasse Tee zu trinken. Der Felsen der Tara war erst seit kurzem von einem kleinen Schrein aus Zement umschlossen. Bis vor einigen Jahren, als die Erscheinung der Tara auftauchte, lag der große Fels im Freien. Auf der einen Seite trägt er eine in den Stein geschnittenen Figur des elefantenköpfigen Hindugottes Ganescha, wodurch er auch als hinduistisches Heiligtum ausgewiesen ist.

Ein Mönch in rötlichem Gewand schaut vom Eingang auf uns herab. Er blickt skeptisch – was wollen wir mit seinem Schrein? Der Raum ist klein, er mißt etwa 3 Meter mal 4,20 Meter. Als wir uns verneigend eintreten, beginnen meine beiden Taras Tibetisch und Nepalesisch zu reden.

Unsere Dolmetscherin erklärt der kleinen Nonne, der *ani*, die seit elf Jahren neben dieser aus dem Fels wachsenden Tara sitzt und singt, den Zweck unseres Besuches. Sie trägt das rote Gewand einer Nonne, hat einen kahlgeschorenen Kopf und leuchtende Augen, die uns warmherzig begrüßen trotz eines schiefen Lächelns. Ihr Kiefer ist deformiert, ihr Gesicht entstellt. Zuerst versteht sie nicht, wonach wir fragen. Dann zeige ich ihr einen Abzug des Fotos von der Tara im Felsen, das Tara Doyle bei ihrem letzten Besuch in Pharping aufgenommen hatte. Die *ani* bricht in Lachen aus, schwenkt das Foto in der Luft, um es dem Mönch und der Frau des Schreinverwalters zu zeigen, hält es dann mit dem unteren Rand an ihren Kopf – eine Geste der Verehrung für die Göttin. Die Unterhaltung wird lebendig, als sie realisiert, daß wir an ihrer Göttin Tara interessiert

*Tara im Fels bei Pharping, Nepal.*

sind. Ich möchte ihre Erlaubnis, zu fotografieren, die Tara zu vermessen und auch eine traditionelle Opfergabe darzubringen.

Diese kleine Tara ist von großer Feinheit, klein und etwas undeutlich. Sie ist ganz mit *tika*, zinnoberrotem Farbpulver bedeckt. Die *ani* erklärt uns, daß die Tara, seitdem sie zuerst erschien, immer größer und plastischer hervortritt. – Die Tara gilt auch als die Mutter, die Ahnin des tibetischen Volkes. Dessen Vater war Avalokiteschvara, der große Bodhisattva des Mitleids. Es gibt viele verschiedene Fassungen dieser Geschichte, aber als ich diese Tara im Felsen sehe, erinnere ich mich an eine uralte, vorbuddhistische Version der Legende, in der eine göttliche Felsdämonin sich mit einem göttlichen roten Affen vereinigte, um das tibetische Volk zu schaffen.[1] Später legten die Buddhisten fest, daß die Felsdämonin eine Inkarnation der Tara, der rote Affe eine Inkarnation des Avalokiteschvara sei. Eine Felsdämonin – das gefiel mir.

Der Mönch bietet mir eines von den Kissen an, die an der Wand aufgestapelt sind. Ich verbeuge mich, um ihm dafür zu danken, und setze mich nieder. Ich möchte vor diesem im Felsen erscheinenden Tara-Bild sitzen, einfach nur sitzen wie des Morgens im *zendo* in Green Gulch. Es ist ein neuer Tag. Der Himmel ist klar, der Wind weht. Der Weg bis nach Pharping war lang. Jetzt sitze ich hier auf der anderen Seite der Welt, umgeben von Taras. Es könnte kein glückverheißenderes Zeichen geben.

Wuchs dieses Bild wirklich aus dem Felsen? Diese Vorstellung gefiel mir. Die *ani* schwor es, aber ich war von westlichem Skeptizismus infiziert. Es war zuviel verlangt, daß ich das glauben sollte. Glaube. Ich dachte nicht, daß im Buddhismus Glaube verlangt wurde. Ich wollte, daß irgend jemand mir bewies oder widerlegte, daß die Tara aus dem Felsen auftauchte. Vom Glauben hatte ich genug gehabt. – Die tibetische Nonne mußte sich nicht mit diesem Problem herumschlagen. Ihr Glaube und ihre Verehrung waren eindeutig. Als ich ihr das Foto von der Tara im Felsen als Geschenk überlassen wollte, lachte sie. Unsere Dolmetscherin erklärte mir, die *ani* wisse diese Geste zu schätzen, denke aber, daß ich das Bild der Göttin Tara nötiger haben würde als sie. Schließlich, so versicherte sie uns mit ihrem schiefen, wissenden Lächeln, habe sie die wirkliche Tara.

Noch zweimal kehrte ich nach Pharping zurück. Ich wollte, daß Naturwissenschaftler, nicht Gläubige, den Felsen ansehen sollten. Drei Tage später begleitete mich der leitende Geologe vom Königlichen Department für Geologie und Bergbau, G. S. Thapa.

Es ist sehr trocken, windig und staubig, als wir die Straße zum Schrein entlanggehen. Näher zum Hang hin kommen wir links an einem kleinen, ockerfarbenen, strohgedeckten Haus vorbei. Drei kleine Kinder lachen und rufen einander etwas zu, während ein alter Mann mit einem Gesicht voller Schründe und Risse, wie die Berge sie haben, neben ihnen auf dem Boden hockt und mich anstarrt. Er stützt sich auf einen Bambusstab. Er trägt schmutzige weiße Hosen und ein weißes Hemd. Seine Haare sind weiß, und obwohl sein Körper vom Alter gebeugt ist, hat sein Gesicht den Ausdruck eines dreijährigen Kindes. Sein Blick bannt mich. Ich erschrecke bei dem Gefühl, daß er nicht mich ansieht, sondern durch mich hindurchschaut. Er war mir schon neulich aufgefallen, als ich den Schrein besichtigen ging. Ich wollte stehenbleiben und ihn fotografieren. Er sah so eindrucksvoll aus, aber er bückte sich gerade nach vorn, knöpfte seine Hose zu, nachdem er am Straßenrand sein Bedürfnis verrichtet hatte, und ich fühlte mich unbehaglich, als ob ich ihn in dieser peinlichen Haltung nicht hätte bemerken dürfen. Ich hatte mich nicht umgedreht.

Heute komme ich wieder an ihm vorbei. Abermals dieser seltsame, eindringliche Blick seiner Augen. Kein Lächeln, kein besonderer Ausdruck, er schaut nur. Mister Thapa und ich sind schon am Schrein angelangt und bringen den Göttern unsere Opfer dar. Da er Hindu ist, opfern wir heute auch Ganescha, dem elefantenköpfigen Gott, der in den Felsen geschnitten wurde, ganz nahe der Stelle, wo die Tara aufgetaucht ist. Dann treten wir zur Seite, um die Figur der Tara genau zu untersuchen. Mit Erlaubnis der *ani* messen wir die exakte Höhe der Tara, danach nehmen wir mit unseren Fingerspitzen ein wenig von dem zinnoberroten Farbpulver vom Felsen und tupfen es auf unsere Stirn als Symbol der Öffnung des mythischen dritten Auges der Weisheit zwischen und knapp über den Brauen.

«Der Fels besteht in erster Linie aus Kalkstein mit einem großen Anteil an Kieselerde», erläutert Mister Thapa, als wir vor dem Schrein stehen. Er klopft von der felsigen Oberfläche des Hügels neben uns ein Stück ab. «Kalkstein läßt Wasser durchsickern. Das würde die Geschichte von der Milch, die aus ihrer Brust tropft, erklären. Wasser, das durch Kalkstein sickert, ist trübe und kann milchig aussehen. Das Bild muß eingeschnitten sein. Ja, das denke ich», sagt er. «Ich gebe zu, daß vieles an der Form so aussieht, als ob sie aus dem Felsen ‹wachse›, aber das wäre unmöglich. Unmöglich! Derjenige, der den Stein gemeißelt hat, war sehr, sehr gut. Ja, vielleicht sah er so etwas wie die Form einer Tara im Felsen, in der Art wie er bereits ausgewaschen war. Doch, so könnte es gewesen sein, und dann arbeitete er einfach diese Form der Tara heraus. Aber ‹wachsen› – ich glaube nicht, daß das möglich ist. Nein.»

Am nächsten Tag gehen Tara Doyle und ich nach Bodhnath zum Ehrwürdigen Tulku Chos Kyi Nyima Rinpoche, der die Figur der Tara im Felsen von Pharping ebenfalls gesehen hat. Tara Doyle kennt ihn seit langem. Er ist einer der jüngeren Lamas, etwas über dreißig, und er lehrt am Buddhistischen Studienprogramm in Bodh Gaya in Indien.[2] Er spricht Englisch und ist im Westen gewesen. Sie hat vorgeschlagen, unter den Tibetern, die mit diesem Phänomen vertraut sind, ihn als Autorität zu konsultieren. Rinpoche bedeutet «kostbares Juwel» und ist ein Ausdruck des Respekts für einen anerkannten Lehrer. Aber Chos Kyi Nyima ist auch ein Tulku, eine anerkannte Reinkarnation eines erleuchteten Wesens, man könnte sogar sagen, eigentlich ist er eine Form des Buddha.[3] In der tibetischen Tradition ist ein Tulku ein wiedergeborener Lama, der freiwillig zurückgekommen ist, um anderen zu helfen – ein Akt äußerster Großzügigkeit und Selbstlosigkeit.

Wir halten an, um Orangen und den langen, weißen Zeremonialschal, den *khata*, zu kaufen, der traditionellerweise einem Lama als Zeichen des Respekts überreicht wird. Chos Kyi Nyimas Kloster versteckt sich direkt hinter dem riesigen Stupa von Bodhnath. Als ich den Stupa umwandle, die Gebetsmühle drehe, wie ich es vor fünf Jahren tat, überkommt mich ein Freudenschauer, daß ich wieder in Nepal bin, ganz gleich, ob ich nach Tengpoche komme oder nicht.

«Ich habe so etwas gesehen, natürlich gibt es das.» Der Ehrwürdige Tulku Chos Kyi Nyima Rinpoche lächelt und antwortet mir, als ich ihn frage, ob er glaube, daß die Tara aus dem Felsen von Pharping wachse. «Ja, ich habe es selbst gesehen. Zuerst war sie nur so hoch.» Er zeigt mit den Händen eine Höhe von etwa zehn cm. «Und jetzt ist sie so groß, nicht wahr?» sagt er, indem er 25–30 cm andeutet.

«Ja, Rinpoche», antwortete ich. Tara Doyle sitzt neben mir auf einem dicken, roséfarbenen tibetischen Teppich, der den Boden von Chos Kyi Nyimas Empfangsraum bedeckt. Erik Hein Schmidt, sein Dolmetscher, hat zu meiner Linken Platz genommen. Über dem Kopf des Rinpoche wölbt sich wirkungsvoll ein gelber Seidenbaldachin, mit Goldfäden bestickt. Auf einer rotlackierten Lade vor ihm blühen in einem Topf purpurrote und weiße Orchideen, daneben steht eine Vase mit großen, voll erblühten Rosen in Rosa und hellem Rot. In die Lade sind kunstvoll Löwen geschnitzt und in glänzenden Farben blau, gelb und grün bemalt. Chos

Kyi Nyima sitzt mit gekreuzten Beinen in seinen roten Gewändern und dem ärmellosen gelben Oberteil auf seiner Couch hinter der rotlackierten Lade und lacht. «Ist es so verwunderlich, sich vorzustellen, daß der konzentrierte Geist das fertigbringen könnte?» fragt er. «Die Kraft der Verehrung ruft Tara aus dem Felsen hervor, nicht wahr?»

Ich zeige ihm den Illustriertenauschnitt mit dem Bericht über die Erscheinung der Madonna in der Rinde von Bäumen in Polen. – «Wenn niemand diese Bildnisse anfertigt, dann ist es eine ähnliche Erscheinung wie wir sie hier diskutieren. Im tibetischen Buddhismus haben wir viele derartige Vorfälle. Wir nennen es *rangjung*, es bedeutet ‹selbst entstehend›. Ich habe einen Schädel mit dem Zeichen der Göttin gesehen, die jene Person sich täglich in ihrer Meditation vorgestellt hatte.

Vor nicht allzulanger Zeit kamen einige Leute aus Rußland hierher und erzählten mir, daß die Worte *Om Mani Padme Hum* an dem Felsen eines bestimmten Berges wachsen. Vor zwanzig Jahren begannen die Buchstaben zu erscheinen. Sie wollten wissen, was sie bedeuten. Ich sagte ihnen, daß *Om Mani Padme Hum* ein sehr wichtiges Mantra ist, es bedeutet ‹Das Juwel im Lotos›. Sie sollten es selbst wieder und wieder sagen, dann würden sie erfahren, was es bedeutet.

‹Warum erscheint es?› erkundigten sie sich. Deshalb fragte ich sie: ‹Habt Ihr einige Leute, die sich für den Buddhismus interessieren?› ‹O ja›, antworteten sie. ‹Dann habt Ihr die Erklärung›, entgegnete ich. Diese Dinge geschehen durch die Kraft und den Segen von erleuchteten Wesen. Solche Wesen wirken durch die Kräfte der mentalen Substanz und der Konzentration. Wir kennen uns bereits mit der Kraft der materiellen Substanz aus. Die westliche Naturwissenschaft hat einige Zeit mit der Kraft der materiellen Substanz gearbeitet, aber die Kraft der mentalen Substanz und die Kraft der Konzentration können auch unglaubliche Dinge zustandebringen. Unter den richtigen Umständen kann der erleuchtete Geist, der auf eine bestimmte Richtung konzentriert ist, sogar das Bild einer Göttin aus massivem Fels zutage treten lassen. Glauben Sie so etwas?» fragt er mich.

Ich weiß nicht, was ich denken soll. Vor noch gar nicht so langer Zeit haben wir über Leute gespottet, die sagten, wir würden fliegen. Nun haben wir den Mond und die Planeten erreicht, in die äußere Galaxie gespäht und noch darüber hinaus. Warum könnte es nicht möglich sein? Sagen wir, etwas ist ‹unmöglich›, weil wir keine Erklärung haben? Mein Geist ist offen. Glauben? Ich bin nicht sicher, daß ich noch weiß, was das bedeutet. Ich weiß nur, daß ich hier glücklich bin.

Aber ich habe noch eine weitere Frage. Direkt über dem Tara-Felsen im Dorf Pharping befindet sich die berühmte Asura-Höhle, in der Padmasambhava Guru Rinpoche lange Zeit meditierend verbrachte, bevor er nach Tibet ging, um zu lehren. Ich zerbrach mir den Kopf darüber, ob ein Ort heilig wird, weil zum Beispiel Guru Rinpoche dahin ging, oder ob die Stelle bereits heilig war, und er deshalb von diesem besonderen Ort angezogen wurde. Ich frage Chos Kyi Nyima, was er denkt: «Warum diese Stelle? Warum die Asura-Höhle und keine andere in der Nähe?»

«Der Standort selbst war bereits etwas Besonderes, man glaubt, daß der Guru deshalb dahinging», sagt er. «Das ist auch sehr wahrscheinlich der Grund, warum das Bild der Tara hier erscheint», fügt Erik hinzu.

Man hatte mich darauf hingewiesen, daß Uran oft an Stellen gefunden wird, die Völker mit einer langen Tradition sowohl in den USA wie rund um die Welt als heiligen Grund bezeichnen. Ein Freund, ein nordamerikanischer Indianer, hatte mir einst versichert, daß es eine rationale Erklärung gebe für das, was als heilig bezeichnet wurde. Nicht alle heiligen Orte liegen auf Uranvorkommen. Aber wenn ein Ort für die Einheimischen als heilig gilt, mag das auf einem überlieferten Wissen beruhen, das wir zu unserem Unglück mißachten.

Wie konnten die Menschen vor Tausenden von Jahren von Uran wissen? Ein Professor der Botanik erklärte, daß dies ganz einfach war: aufgrund der genauen Beobachtung der Pflanzen. Seitdem hatte ich immer wissen wollen, was unter einer heiligen Stätte und in ihrer Umgebung lag. – Chos Kyi Nyimas Antwort bestätigte mein Gefühl, daß auch einzigartige naturkundliche Charakteristika an solchen Orten zu finden sein dürften. Geschichten können auch Landkarten, können Orientierungshilfen zu einer heiligen Landschaft sein.

Mit Tara Doyle treffe ich mich zur Morgenmeditationen in ihrem ruhigen Eckzimmer über dem Garten. Ich habe lange Zeit nicht mit jemandem zusammen meditiert. In den vergangenen drei Jahren hatte ich meistens allein *zazen* gesessen. Der Abt des Zen-Zentrums in San Francisco sollte wegen einer Reihe sexueller und finanzieller Skandale gehen, die die Gemeinde spalteten und bedrohten. Einige gingen weg. Andere blieben, um die tüchtige, aber nun reduzierte Gemeinde wieder aufzubauen. Ich zog mich mehr und mehr zurück. Das Ergebnis war, daß ich gleichermaßen einen Lehrer und eine spirituelle Gemeinschaft, *sangha*, verlor. Ich konnte mich mit der Gruppe, die sich wieder zusammenfand, nicht über buddhistische Praktiken unterhalten, und ich konnte der buddhistischen Gemeinde nichts von meinen Kampf gegen den Alkoholismus erzählen. Ich fühlte mich damit selbst nicht wohl. Aber ob ich allein meditierte oder mit anderen, war nicht das Problem. Ich wußte, daß von der spirituellen Praktik meine Standhaftigkeit gegen den Alkohol abhängig war.

Im Laufe der Zeit wandelte sich meine Meditationspraktik. Zuerst hatte ich die einfache Form des *zazen*, mit der ich begonnen hatte, fortgesetzt, indem ich beim Atmen bis zehn zählte und dann von neuem anfing. Das ist eine elementare, grundsätzliche Praktik. Doch als ich fortfuhr zu sitzen, begann Christus in meinen Meditationen zu erscheinen, dann Maria. Das gefiel mir nicht. Es gefiel mir überhaupt nicht. Ich wollte, daß sie weggingen. Ich dachte, ich sei fertig mit ihnen, ich war aus der Kirche ausgetreten. Ich versuchte, sie zu ignorieren, sie verschwinden zu lassen, versuchte, mich wieder auf meinen Atem zu konzentrieren, aber gerade das Bemühen, sich gegen sie zu wehren, gab ihnen Nahrung. Mein Widerstand verlieh ihnen Energie, und sie wurden stärker. Ich mußte einen Weg finden, mich ihnen zu stellen.

Im Zen-Buddhismus gibt es ein *koan*, ein Weisheitsrätsel, das radikale Akzeptanz verficht: «Der Weg ist leicht, nur vermeide, mühsam zu suchen oder auszuwählen.» Der Buddhismus lehrt, daß wir Leiden schaffen, zum Teil weil wir Wünsche und Abneigungen haben. Praktik bedeutete, mit dem zu arbeiten, was so ist, wie es ist, gleich ob ich es mochte oder nicht. Ich begann zuzulassen, daß ich Christus sah, begann ihn hinter mir zu visualisieren. Ich akzeptierte ihn in meiner Praktik. Als ich die täglichen Meditationen fortsetzte, nahm Maria allmählich zu meiner Linken Platz, Buddha zu meiner Rechten (von Zeit zu Zeit wechselten sie die Seiten). Zuerst waren Maria und Jesus meine Zeugen, dann im Laufe der Zeit die geliebten Freunde. Die Buddha-Tara stand immer vor mir.

Es war nicht einfach für mich, darüber zu reden, besonders nicht zu einem anderem Buddhisten. Ich dachte, ich würde gescholten werden, daß ich etwas falsch machte. Aber ich sprach davon, und zu meiner Überraschung wies mich Tara Doyle darauf hin, daß die Form der Meditation, die sich entwickelt hatte, sehr tibetisch war, ähnlich einem Mandala, einem konzentrischen Muster oder Modell, das benutzt wird, um gewisse Meditationspraktiken zu bündeln. Sie redete mir zu, mich darüber mit Chos Kyi Nyima Rinpoche zu unterhalten, wenn wir wieder zu ihm gingen.

«Wenn Du willst, kannst Du auch fragen, ob er Lehren über die Tara erteilt. Du kannst ‹Zuflucht› mit ihm nehmen. Ich werde es mit Dir tun. Ich habe sie schon früher genommen, aber es ist gut, die Gelöbnisse zu erneuern. ‹Zuflucht nehmen› ist eine Zeremonie, die den buddhistischen Weg kennzeichnet. Sie unterscheidet Buddhisten und Nichtbuddhisten. Der nächste Schritt ist dann die Ablegung der Bodhisattva-Gelübde. In den Bodhisattva-Gelübden versprichst Du, daß Du Erleuchtung zum Wohle aller Wesen suchen willst, nicht nur für Dich selbst, sondern für jedermann, ja sogar darüber hinaus für alle Wesen. Wir können ihn auch danach fragen, wenn Du willst», schloß sie.

«Zuflucht nehmen» ist für alle buddhistischen Praktiken grundlegend, trotz der ungeheuren Unterschiede zwischen den verschiedenen Schulen. Es wird manchmal als eine der Taufe verwandte Zeremonie beschrieben, als der formale Zugang zu dem Pfad. Es bildet den Mittelpunkt für alle Traditionen innerhalb des Buddhismus. Darin nimmt man Zuflucht zu Buddha, Dharma und Sangha, den Drei Juwelen, und schwört, keinem Wesen Schaden zuzufügen. Der Buddha ist einfach der Buddha oder das Prinzip der Erleuchtung, der Dharma bedeutet die Lehre, der Sangha die Gemeinschaft der Suchenden, die sich auf diesen Pfad begeben hat, die spirituelle Gemeinde.

Zwei Tage später, am Morgen, nahmen wir Zuflucht mit Chos Kyi Nyima in einer Kurzform dieser wichtigen Zeremonie. In der Ecke eines großen Altarraums oben in seinem Kloster, umgeben von Statuen und Tangkhas mit Buddha- und Bodhisattva-Darstellungen, saßen wir vor dem Rinpoche auf dem Boden. Er las uns tibetische Texte, die wir Satz für Satz nachsprachen. Er sagte mir, daß ich mir den Buddha vorstellen sollte, der über seinem Kopf erscheint, aber nicht nur Gautama Buddha, sondern alle Buddhas der Vergangenheit und der Zukunft, die noch kommen werden. Sie würden die Zeugen unserer Gelübde sein.

Die Zeremonie kam mir archaisch vor. Ich saß mit gekreuzten Beinen, einer von den Hunden des Rinpoche hatte sich ruhig zu meinen Füßen zusammengerollt. Mitten während der Zeremonie kam ein alter Mönch und bat um einen Segen. Der Rinpoche ließ sich durch die Unterbrechung nicht aus der Ruhe bringen, empfing ihn, segnete ihn und schickte den Mönch auf seinen Weg. Dann wandte Chos Kyi Nyima seine Aufmerksamkeit wieder Tara Doyle und mir zu, schnitt jeder von uns oben vom Kopf eine Locke ab, was die Abkehr von den alten Wegen zu diesem Pfad symbolisierte. Ich sollte meine Vergangenheit hinter mir lassen und jetzt mein Vertrauen in die Drei Juwelen Buddha, Dharma und Sangha setzen.

Dann schnippte er mit den Fingern, um den genauen Augenblick anzuzeigen, da wir aufs neue auf diesem Pfad die Reise antraten.

Hinterher, wieder in seinem Empfangsraum, unterhielt ich mich mit ihm über meine Meditationspraktik. Er nickte und lächelte. Ich sprach ihn auch auf das Verhältnis zwischen Schüler und Lehrer an. Woher weiß man, daß es gut ist? Er antwortete, daß die passende Beziehung deutlich wird. Manchmal braucht es eine Minute, manchmal drei Jahre. – Ich hatte mich mit dem Gedanken beschäftigt, ob ich ihn fragen sollte, mein Lehrer zu werden, und sagte ihm das. Ich wußte, daß ich Lenkung brauchte, und wollte, daß er ebenfalls darüber nachdenken sollte. Wie konnte das funktionieren? Ich konnte mir nicht vorstellen, wie wir über Zehntausende von Kilometern eine Beziehung aufrechterhalten könnten. Aber er zeigte sich nicht besorgt, schmunzelte nur und meinte einfach, ich solle übermorgen wiederkommen.

Zwei Tage später kehren wir zu Chos Kyi Nyimas Kloster zurück. Tara Doyle führt mich Schritt für Schritt durch diese Erfahrung, erklärt mir geduldig, was ich zu tun habe, wonach ich tunlichst fragen soll, das korrekte Protokoll. Heute werden wir zusammen die Bodhisattva-Gelübde ablegen. Dabei versprechen wir, für die Erleuchtung zu arbeiten, zum Wohle aller Wesen, für alle Zeiten, nicht nur für diese Lebenszeit. In dieser Zeremonie ist eine neue Art Bindung zwischen mir und Tara Doyle entstanden. Wir werden Dharma-Schwestern, und unsere Beziehung nimmt eine neue Tiefe an. Wir fangen an, unseren spirituellen Pfad offener zu teilen.

Als nächstes erbitte ich vom Rinpoche eine Tara-Initiation. Eine Initiations- oder Ermächtigungszeremonie bildet die Erlaubnis, eine bestimmte Meditationspraktik auszuführen. Eine Initiation ist der Zugang zur Praktik des Vajrayana oder des Tantrismus, in welcher man sich selbst als meditative Gottheit vergegenwärtigt. Chos Kyi Nyima ist einverstanden, beschreibt mir dann genau, wie die Tara zu visualisieren ist und bringt mir bei, die Gottheit in meinem Selbst aufgehen zu sehen, die Tara zu werden. «Grüne Tara oder Weiße Tara, Sie können mit jeder arbeiten. Warten Sie, welche zu ihnen kommt», sagt er.

Ich lasse bewußt viele Details aus, denn es ziemt sich nicht, zu viel von dem offenzulegen, was bei einer Initiation gelehrt wird. Es gibt in den tibetischen Lehren Aspekte, die in keiner Weise in einem Buch vermittelt werden können. Sie müssen mündlich aufgenommen werden, durch direkte Übertragung, durch einen ganz qualifizierten Lehrer. Es kann viel Schaden entstehen – und solcher ist auch tatsächlich angerichtet worden –, wenn man diese Methode der Weitergabe der Lehre nicht beachtet. Die Lehre kann nur durch Erfahrung und wirkliche Praktik vermittelt werden.[4]

Diese uralten zeremoniellen Lehren liefern detaillierte Kartogramme von Psyche oder Geist des Menschen. Gedruckte Texte der Rituale sind wie die Portolan- oder Windstrahlkarten, die die Schiffsnavigatoren in jenen vergangenen Tagen benutzten, als es noch keine zuverlässigen Weltkarten gab: Sie können nur von jemandem benutzt werden, der oder die zumindest einmal selbst dort war.

Nachdem ich die Tara-Initiation empfangen hatte, wußte ich, daß ich Chos Kyi Nyima als Lehrer haben wollte. «Ja», sagte er. «Sie werden mir schreiben. Hier, nehmen Sie diese Medizin mit. Wenn Sie große Schwierigkeiten haben und mich brauchen, nehmen Sie ein wenig davon.» Er rollte eine Handvoll winziger tibetischer Medizinkügelchen auf ein kleines, braunes Blatt Papier, das sorgsam gefaltet war. Die Enden falzte er so um, daß nichts herausfallen konnte. «Sie brauchen nur wenig davon», sagte er. Dann gab er mir eine kleine, fünf Zentimeter hohe, goldbemalte Buddhastatue, die ich mitnehmen sollte. Anschließend schrieb er in Tibetisch auf ein Stück Papier mit dem Briefkopf des Klosters einen neuen Namen für mich: «Karma Choying Sangmo, Edle Frau von Dharmadhatu» und brachte sein Siegel darauf an. Dann knüpfte er einen Knoten in eine dünne rote Seidenschnur, zog sie durch seine Lippen, blies darüber als Zeichen seines Segens. Ich sollte sie um den Hals tragen: Schutz.

Ich dachte, daß ich nach Nepal gekommen war, um das Bild der Tara im Felsen von Pharping zu studieren, statt dessen entdeckte ich, daß die Tara von mir Besitz ergriff. Ich verließ mit Tara Doyle den Empfangsraum des Rinpoche. Wir setzten uns auf eine Couch neben den Balkontüren in dem größeren Altarraum. Erik gesellte sich zu uns und zog sich einen Stuhl heran. Das Licht der späten Morgensonne fiel in den Raum und wärmte uns.

In dem Augenblick, da wir uns setzten, brach ich in Tränen aus. Die Zeremonie hatte mich tief bewegt. Ich fühlte mich erlöst, befreit und außerordentlich dankbar gegenüber Tara Doyle und dem Rinpoche. Während der letzten Tage hatte auch Erik viele Stunden mit uns verbracht, Fragen beantwortet, Dinge erklärt. So vieles war mir zwanglos gegeben worden. Der Unterschied zwischen meinem letzten Besuch in Nepal mit einem gebrochenen Bein, vom Alkohol abhängig, mit Ruhr daliegend und beinahe sterbend, und meinem Aufenthalt heute und hier war überwältigend. Mein Herz klopfte, als wollte es zerspringen. Ich hatte einen großen Segen empfangen und war mir dessen voll bewußt.

# 5. Auf den spirituellen Pfad katapultiert

*Kalifornien, Oktober 1985*

Nach meiner Rückkehr von Nepal und der Initiation durch Chos Kyi Nyima wieder zu Hause, in Kalifornien, war ich monatelang glücklich, indem ich einfach allein in meinem Zimmer die Meditationsform praktizierte, wie er sie mich gelehrt hatte. Es bedeutete mir viel, Chos Kyi Nyima in Nepal zu haben. Er hatte recht – er konnte mein Lehrer sein, selbst wenn wir Tausende von Kilometern entfernt waren. In meiner Morgenmeditation vergegenwärtigte ich mir den Raum in seinem Kloster am Bodhnath, wo ich Zuflucht nahm und die Bodhisattva-Gelübde ablegte. Ich rief mir wieder vor Augen, wie er mir die Tara-Initiation gab, und danach meditierte ich über Tara, wie er es mir gezeigt hatte. Für diese tägliche Anstrengung brauchte ich die genaue Erinnerung an Chos Kyi Nyima, das Weinrot und Safrangelb seines Gewandes, an die Farben der Rosen und Orchideen auf seinem Tisch, mir zur Seite meine Freundin Tara Doyle, Chos Kyi Nyimas Lächeln, sein Lachen, das Fenster hinter ihm, durch das das Sonnenlicht fiel. Die Zuflucht und die Bodhisattva-Gelübde lehrten mich viel. Sie halfen, Konzentration und Dankbarkeit zu entwickeln.

Die Visualisierung wandelte sich im Laufe der Zeit. Ich fing an, Tara zu sehen, wie sie jemandem, der weit weg war, ins Ohr flüsterte. Es war eine Einsiedlerin in den Bergen, die ihrerseits einem anderen einsamen Praktizierenden in den Bergen von Tara kündete, und dann erschien Tara über seinem Kopf und goß aus einem kleinen Krug Liebe und Mitleid über ihn aus. Dieser Praktizierende erzählte es wiederum einem dritten einsamen Sucher, über den Tara Liebe und Mitleid ausgoß, und dieser teilte es einem anderen mit und der wieder einem anderen, so daß die Präsenz der Tara bekannt wurde, und zuletzt war es Chos Kyi Nyima Rinpoche, der in der Zurückgezogenheit die Vision der Tara erhielt, und er übertrug sie auf mich. Meine Liebe für die Buddha-Tara wuchs.

Tatsächlich brauchte ich den Abstand zwischen mir und Chos Kyi Nyima. Ich fühlte mich unbehaglich, wenn die Tibeter soviel Nachdruck auf die Verehrung eines Lehrers legten. Die Gemeinschaften tibetischer Buddhisten am Ort suchte ich nicht auf. Es wäre unklug gewesen, sich auf die Schüler-Lehrer-Beziehung einzulassen, nachdem ich am Zen-Zentrum erlebt hatte, welch Unheil daraus erwachsen konnte. Auch in anderen Zentren überall im Land hatte es Schwierigkeiten mit der Beziehung zwischen Schülern und Lehrern gegeben. Das Machtproblem wurde in Amerika nicht gut verstanden, weder von den Studenten, die sich ohne angemessenes Urteilsvermögen gaben, noch von den Lehrern, die ihr Vertrauen mißbrauchten. Trotz des Idealismus, mit dem wir Westler an ihn herangehen, ist der Buddhismus gegen die Mißstände, denen andere organisierte Religionen zum Opfer fielen, nicht immun.

Ich hatte einen Kurs eingeschlagen, der Jahre des Studiums und der Praktiken erfordern würde. Der tibetische Buddhismus selbst ist mindestens 500 Jahre älter als das Christentum. Es gibt zahlreiche Sekten, Tausende von heiligen Schriften und allein im Gebiet von San Francisco gut über ein Dutzend Lehrer. Ich suchte nach jemandem, der geographisch näher war als Chos Kyi Nyima, wußte aber nicht, wo ich anfangen sollte. Ich bedurfte der Führung, aber ich traute mir nicht zu, zwischen den zur Verfügung stehenden Lehrern den richtigen herauszufinden. Mit einer westlichen Freundin, die sich auskannte und an die ich mich wenden konnte, in Nepal zu sein, war *eine* Sache, aber nun war ich zu Hause, allein – auf mich gestellt. Ich blieb bei den Dingen, die sich als verläßlich erwiesen hatten: mein Meditationskissen, die Natur und meine Enthaltsamkeit vom Alkohol. Wenn ich nicht nüchtern war, hatte ich keinen Pfad.

Von der Art Sicherheit, die viele Leute innerhalb von spirituellen Gemeinschaften finden, sah ich mich ausgeschlossen. Die Meditationspraktik war ein Abschreckungsmittel gewesen und half mir, mein Trinken zu kontrollieren – ein hämmernder Kopfschmerz während zweier vierzigminütiger Meditationsperioden, die um 5 Uhr morgens begannen, wäre unerträglich gewesen. Aber ich war dadurch nicht vom Alkohol weggekommen. Trotz jahrelangen Bemühens konnte ich ein Leben ohne Alkohol weder durch Meditation noch aus eigener Kraft erreichen. Als ich den ersten Anlauf nahm, nüchtern zu werden, brauchte ich zwei spirituelle Gemeinschaften: Green Gulch und meine Freunde in der Selbsthilfegruppe. Die Selbsthilfegruppe wurde ein *sangha* von wechselnden Mitgliedern, die auch auf der Suche waren, obwohl sie das nie so zugegeben hätten. Ich fing an, Nüchternheit als etwas zu verstehen, das sich entwickeln ließe wie Achtsamkeit in der buddhistischen Praktik. Die gemeinschaftliche Betonung des gegenwärtigen Augenblicks bot einen gemeinsamen Grund, auf dem man stehen konnte. Vielleicht war nüchtern zu bleiben, Nüchternheit zu praktizieren, amerikanischer Zen ohne das buddhistische Vokabular. Dennoch, beide hatten ihre Grenzen.

Religion war in den Selbsthilfegruppen kein Diskussionsthema, wobei über Spiritualität durchaus ein Dialog stattfand. Zwischen den beiden wurde ein fester und klarer Unterschied gemacht. Im *sangha* mit seinen ständig fluktuierenden Mitgliedern konnte ich weder über Buddhismus sprechen oder irgendeine Erfahrung auf diesem Pfad sammeln, noch hatte das Verständnis für ein Wegkommen vom Alkohol die Isolation von Green Gulch durchbrochen. Zwischen der hektischen Atmosphäre, von der ich mich zurückgezogen hatte, und der Tatsache, daß Green Gulch eine Gemeinschaft war, die auf dem japanischen Zen-Buddhismus und nicht auf dem tibetischen basierte, fand sich immer weniger, das ich in Green Gulch geben oder nehmen konnte. Ein paar verstreute Bekanntschaften und eine Handvoll Freunde blieben.

Ich fühlte mich zusätzlich isoliert, weil ich nach einer Lehrerin suchte. Es gab nicht viele Frauen auf diesem Gebiet, und ich kannte weder für Zen noch die tibetische Tradition eine in meiner Nähe.[1] Ich hatte keineswegs die Illusion, daß Lehrerinnen charakterfester, weniger korrumpierbar wären, aber ich wußte, daß ich von einer Frau lernen konnte, was mir ein Mann nicht zu vermitteln vermochte. So einfach war das. Daß ich so erfolgreich vom Alkohol losgekommen war, hing mit der Erfahrung zusammen, daß ein Alkoholiker dem anderen half. Mein Leben stützte sich auf diese Tatsache.

Ich wandte mich den Hilfsmitteln zu, die ich besaß: Tonbänder von den Besuchen bei Chos Kyi Nyima Rinpoche und ein paar Bücher zum Lesen. Auf den Tonbändern gab es noch immer nicht übersetzte tibetische Stellen von meinen Besuchen bei Chos Kyi Nyima; in erster Linie Kommentare seiner Mutter. Sie hatte einem unserer Gespräche beigewohnt. Erik hatte einiges von dem übersetzt, was sie über Lehrerinnen gesagt hatte, aber ein guter Teil blieb mir auf Tibetisch verschlüsselt. Sie war selbst eine Lehrerin, doch sie lebte in Nepal, und ich wußte nicht einmal ihren Namen. Ich kannte sie nur als «Mutter». So beschloß ich, einen Übersetzer dafür zu suchen, legte das Tonband zu einem wachsenden Stapel von Gesprächen, die ich außerhalb Amerikas geführt hatte, und vergaß es.

Durch Green Gulch entdeckte ich *Kahawai, a Journal of Women and Zen*, eine von dem Diamond Sangha, Robert Aitken Roshis Gruppe in Hawai, herausgegebene Zeitschrift, als Rettungsanker. Im Laufe der Jahre erschienen auf Drängen von Robert Aitken alte *koans* mit weiblichen

Meistern, die Thomas Cleary übersetzt hatte. Sie wurden als *Kahawai* koans bekannt. – Susan Murcott, eine der Mitbegründerinnen von *Kahawai*, besuchte das Zen-Zentrum und unsere Frauengruppe. Die große, braunhaarige, schlanke, konzentrierte und lustige Frau beeinflußte mich stark. Auch sie hatte nach einer Zeit, die sie in der Einsamkeit der Wälder verbracht hatte, zum Buddhismus gefunden. Sie hatte die über 3000 km des Appalachian Trails in einem langen, selbstgenähten Rock erwandert, weil sie so das Leben der frühen Siedlerfrauen besser nachempfinden konnte. Statt der Stiefel trug sie geschnürte Wildledermokassins, um einen direkteren Kontakt mit der Erde zu spüren. Auch Susan suchte intensiv nach Berichten von weiblichen Meistern. Sie hatte sich damit geholfen, daß sie Pali lernte und an einer Übersetzung der *Therigathas* arbeitete, einer Gedichtanthologie von indischen buddhistischen Nonnen aus der Zeit Buddhas, bevor sie *Kahawai* mitbegründete und über das Thema Vorlesungen hielt.

Ich versuchte, mich durch Stephan Beyers *Cult of Tara* durchzuarbeiten, konnte aber seiner Beschreibung der esoterischen Riten nicht folgen. Die Lektüre verlangte einen Grad der Vertrautheit mit dem tibetischen Buddhismus, den ich noch nicht hatte. In Nepal hatte mir Chos Kyi Nyima empfohlen, *Tibets weise Frauen* der Autorin Tsultrim Allione zu lesen, das er in seinem Bücherregal stehen hatte und das gerade erschienen war.[2] – Das Werk von Murcott, das *Kahawai*-Kollektiv, Allione und Beyer ermutigten und bestätigten mich. Doch genau das unterstrich den Mangel, den ich fühlte – Lehrerinnen waren selten, historische Vorbilder gab es nur wenige – für die Situation einer Hausfrau, die die Praktiken ausübt, fanden sich keine rechten Belege, ohnehin wurde das nicht besonders geschätzt. Daß Frauen und Männer zusammen die Praktiken ausübten, war in sich für den Buddhismus schon revolutionär.

Alliones einführende Kommentare erwiesen sich für mich interessanter als die spirituellen Biographien der sechs tibetischen weiblichen Meister, die den eigentlichen Inhalt des Buches bildeten. Ihre Bemerkungen über die Möglichkeit, Mutterschaft als einen «geheiligten und machtvollen spirituellen Pfad» zu betrachten, verlangte nach Weiterentwicklung. Die Geschichten, die sie heranzog, verhießen eine doppelte Botschaft: Ja, es gab vollkommene weibliche Meister in der tibetischen Tradition, aber beinah alle von ihnen hatten ihre Kinder verloren, sie verlassen oder – in erster Linie niemals welche gehabt. Offensichtlich fehlte die Vorstellung, daß Kinder aufzuziehen eine spirituelle Praktik sein konnte. – Kinderlosigkeit traf auch auf die Frauen in Susan Murcotts bewegendem Buch über die *Therigathas* zu. Wohl gab es auch Mütter in den *Therigathas*, aber sie hatten kummervolle Gedichte verfaßt, in denen sie ihre Verzweiflung beschrieben, als sie ihre Kinder verloren oder verließen. Nur die Begegnung mit Buddha brachte ihnen Trost.

*Kahawai* veröffentlichte einige wenig bekannte *Zen koans*, in denen eine weise Frau vorkam, die ständig die Mönche verblüffte. Ja, natürlich hatte es kluge Frauen gegeben. Jetzt sahen wir zum erstenmal Fragmente ihrer Geschichten, chinesische wie tibetische, manchmal trugen sie einen Namen, manchmal nicht. Aber noch fand ich keine Geschichten von Frauen mit Familie, die beispielgebend für die spirituellen Praktik waren.

Ich weigerte mich zu glauben, daß Mutterschaft zweitrangig oder nicht selbst ein spiritueller Pfad sein sollte. Meine Kinder waren nicht Löcher in mir, sondern Öffnungen; ohne es zu wissen, waren sie Lehrer auf diesem namenlosen Pfad. Als ich das Gebet wiederlas, das mir der *sanyasin* an jenem Morgen in Nepal gegeben hatte, fühlte ich mich sehr getröstet. Ich tippte es ab und hatte es immer bei mir; klebte es in meinem Büro an, legte es auf meinen Altar, in mein Geldtäschchen:

> «Leider kenne ich weder das mystische Wort..., noch kenne ich die Lieder, um Dich zu preisen, weiß weder wie ich Dich willkommen heißen soll, noch wie über Dich zu meditieren..., noch wie ich Dir von meiner Verzweiflung Kenntnis geben soll. Aber das weiß ich, o Mutter, daß die Zuflucht zu Dir die Vernichtung all meiner Leiden bedeutet.»

Doch Alliones Kommentar half mir in unerwarteter Weise. Sie erwähnte den tibetischen *delog*, jemand, der unwissentlich auf den spirituellen Pfad katapultiert wird. Die *delogs* gelangen zufällig, «unabsichtlich» dahin, gewöhnlich aufgrund einer ernsthaften Krankheit. Als ich von den *delog*-Geschichten hörte, eröffnete sich mir ein neuer Weg des Verständnisses für meine Lähmungserscheinung, die ich 1980 in Nepal hatte, wie auch für den Alkoholismus. Sie ermöglichten mir eine neue Sicht auf diese beiden Erfahrungen, gestatteten mir, einen Zusammenhang zwischen ihnen herzustellen.

Initiierte der verschiedensten Zeremonien in der ganzen Welt sind oft in Dunkelheit getaucht, aber sie haben sich entschieden, in diesen Zustand einzutreten. Freiwillig. Im Gegensatz dazu kann der *delog* völlig ahnungslos auf den Pfad geworfen werden. Der Reise in die Unterwelt geht in den meisten Fallen eine schwere Krankheit voraus.[3] Die Krankheit führt den *delog* auf seinen spirituellen Pfad. – Von Ängsten, Visionen und Halluzinationen befallen, in der eigenen Vorstellung Stürmen ausgeliefert, hierhin und dahin gestoßen, verschwindet die Alltagswelt aus der Sicht, und man ist von Tod umgeben. Der *delog* hat die Unterwelt oder «das Danach» erreicht. Einige Geschichten berichten vom tatsächlichen physischen Tod des *delog*, der ins Leben zurückkehrt. Er bringt Informationen mit, die nur den Toten bekannt sind oder Nachrichten von ihnen. Die Rückkehr aus der Unterwelt sowie das Wissen um den Abstieg wurden verwendet, um den Lebenden zu helfen, ein Motiv, das sowohl der schamanistischen Erfahrung wie dem Loskommen von der Abhängigkeit verwandt ist. Deshalb wurden die Erfahrung und der *delog* für die Gemeinde so wertvoll.

Ich konnte nur annehmen, daß einige *delogs* durch die Krankheit und den Abstieg geführt worden sein müssen. Sie machten niemals die Reise zurück wie so viele Alkoholiker und Abhängige. Ich war beschämt, daß ich eine alkoholisierte Mutter gewesen war. Die Erwähnung der *delog*-Geschichten half mir, die Krankheit aus einem gesünderen Blickwinkel zu sehen. Wie ein Diabetiker war ich vielleicht nicht dafür verantwortlich, daß ich die Krankheit hatte, aber ich war für ihre Behandlung verantwortlich. Das stellte meine Erfahrung in einen älteren Rahmen, in einen gemeinsamen Kontext und half, sie zum Teil der spirituellen Suche werden zu lassen. Ich war dafür ungeheuer dankbar.

Eines Tages kam mir die Idee, daß ich nach Indien zurückkehren sollte, um den Dalai Lama zu sehen. Der Einfall schien gleichermaßen absurd und aufregend. Ich wollte zur Quelle vordringen. Für den tibetischen Buddhismus bedeutete das Seine Heiligkeit, Tenzin Gyatso, der Vierzehnte Dalai Lama. Ich wußte, daß er jemand war, dem ich unbedingt vertrauen konnte. Warum ich auf den Gedanken kam, weiß ich nicht mehr. Ich weiß nur, daß die Idee, nach Indien zu gehen, um ihn zu sehen, mich glücklich machte. Ja, vielleicht war ein solches Projekt unmöglich, aber anfragen würde ich dennoch.

Monate verfließen, Briefe gehen zwischen hier und Indien hin und her. Schließlich erhalte ich eine Antwort auf meine Anfrage. Ja, der Dalai Lama will mich empfangen. In Indien. In einer Privataudienz. Bevor ich ihn in Dharamsala sehen werde, will ich in der Garhwal-Region wandern.

Zurück zu den Vorbergen des Himalaya, diesmal auf der indischen Seite. Meine täglichen Touren nehmen eine zweckbestimmtere Form an.

# 6. Gespräch mit dem Dalai Lama

*Dharamsala, Indien, Oktober 1986*

September 1986: Nach mehrmonatigem kompliziertem Briefwechsel hatte ich die Erlaubnis: seine Heiligkeit, der Dalai Lama, Tenzin Gyatso, gewährt mir eine Privataudienz und ein Gespräch. Eine solche Reise beginnt lange vor dem eigentlichen Aufbruch.

Jetzt haben wir September 1986.

Der Zeitplan erfuhr noch in letzter Minute Änderungen. Ein Freund rief aus Delhi an, schrie laut wegen unserer schlechten Verbindung: «Du mußt Dein Programm ändern. Seine Heiligkeit wird nicht in Dharamsala sein. Du wirst ihn in Delhi treffen. Du brauchst keine Geschenke mitzubringen, aber wenn, dann bringe Tee», seine Stimme war nur noch schwach hörbar. «Tee?» fragte ich ungläubig. «Nein, Käse!» sagte er, unsere Worte klangen, als ob wir unter Wasser murmelten. «Oh, Käse!» «Ja, und Schokolade.»

Mein jüngster Sohn Ben sollte mich auf der Reise begleiten, als Belohnung für gute schulische Leistungen. Doch eine Woche vor unserer Abreise legte er sich mit hohem Fieber zu Bett. Eine Infektion verursachte eine Schwellung, die dazu führte, daß sein Rachen bald zu war. Er bekam nicht mehr richtig Luft, und Antibiotika halfen nichts. Ich war verzweifelt, als es ihm immer schlechter ging. Endlich wurde die richtige Diagnose gestellt, und die entsprechenden Medikamente sprachen an. Er war schwer an Pfeifferschem Drüsenfieber erkrankt.

Ich hatte unsere Abreise schon seit über zwei Wochen verschoben, um ihn zu pflegen. Die Trekkingtour in Garhwal, die wir beide geplant hatten, fiel damit schon aus. Es ging ihm besser, aber die Ärzte rieten uns, nicht zu fahren. Er war noch sehr schwach und konnte leicht einen Rückfall bekommen. Eine fast siebenwöchige Reise durch Indien, Nepal und Europa lag vor uns. Ich überlegte ständig hin und her, ob wir aufbrechen sollten oder nicht. Dank der richtigen Behandlung hatte sich Ben schnell erholt. Er war jung, fünfzehn Jahre alt und kräftig. Vielleicht sollten wir es wagen? Wann würden wir je wieder eine solche Gelegenheit haben? Sollte ich allein reisen, oder sollte ich das ganze Unternehmen aufgeben und mit ihm zu Hause bleiben? Ich wußte, daß Ben verständig war. Ich überließ ihm die Entscheidung. Wenn er unbedingt wollte, würde ich ihn mitnehmen. Aber er sagte: «Geh allein, Mutti. Ich komme zurecht. Geh nur. Versäume den Dalai Lama nicht. Wirklich. Geh.»

Am Morgen der Abreise bekam ich krampfartige Schmerzen im Rükken, als ich meinen Rucksack schulterte. Jeder Atemzug war mit einem stechenden Schmerz verbunden. Schließlich ließ er nach. Ich ging, um Ben zu wecken und ihm auf Wiedersehen zu sagen. Aber es war nicht nur Ben, von dem ich mich verabschieden mußte. Ich mußte den Traum unserer gemeinsamen Reise aufgeben, und vor allem mußte ich aufgeben, was sie symbolisieren sollte: Ein Stück Weg auf unserem gemeinsamen Leben als Mutter und Kind, bevor er ins Erwachsenenalter eintrat. Er war mein letztes Kind.

Um fünf Uhr morgens stand ich im Dunkeln in seinem Zimmer. In diesem kurzen Adieu drängten sich Jahre zusammen. Ich konnte kaum atmen und fühlte ein physisches Gewicht, das mich beinahe überwältigte. Ich stand wie vor einer unsichtbaren Hürde, einer Barriere, wie Gegenströmungen im Fluß sie schaffen. Ich mußte sie überwinden, konnte mich jedoch kaum bewegen. Nur die Eigendynamik der einjährigen Planung trieb mich voran. Schließlich war ich imstande, mich über ihn zu beugen, um dem Halbschlafenden einen Kuß zu geben. «Auf Wiedersehen, Ben, ich liebe Dich.» Zu meiner Überraschung war er hellwach. «Ich liebe Dich auch, Mutti. Du bist die beste Mutti, die ich haben konnte. Falls ich Dich niemals wiedersehe, sollst Du das wissen», sagte er. Er schlang seine Arme um meinen Hals, umarmte mich fest und drückte mir einen Kuß auf jede Wange. Dann war ich zur Tür hinaus und ging wie im Traum zum Auto. Wieviel mir meine Kinder vergeben hatten! Wie wenig ich mir selbst vergeben hatte! Auf der Busfahrt zum Flughafen im Dunkeln fühlte ich mich entwurzelt, weinte und wäre am liebsten umgekehrt. Wer geht? Wer wird zurückkehren? Es kommt nie dieselbe Person zurück.

New York. An dem Nachmittag, an dem ich nach Delhi fliegen sollte, fand ein Attentatsversuch auf Rajiv Gandhi statt. «Delhi ist ein Irrenhaus», sagte mir der Taxifahrer, kurz bevor wir zum Flughafen aufbrachen. «Ich habe es gerade im Radio gehört. Es wird nicht vor Morgen in der Zeitung stehen. Sie fliegen nicht etwa dahin?» Vielleicht sollte ich meinen Flug ändern, vielleicht sollte ich diese Reise überhaupt nicht unternehmen. Vielleicht sollte ich mich erinnern, daß Pilgern immer Hindernisse in den Weg gelegt werden. «Flieg», sagte ein Freund. «Flieg nicht.

Ich bin zu Zeiten von Ausschreitungen in Indien gewesen. Diese Erfahrung solltest Du Dir ersparen. Es geht dann alles drunter und drüber», sagte ein anderer.

Die Stimme meines Freundes Sunil Roy hallte von Delhi durch das Telefon. «Es ist nichts. Sie haben den Burschen gefaßt. Ein Verrückter. Es hat nichts mit den Sikhs zu tun. Wir sind nicht gerade glücklich über den Attentatsversuch, aber Gandhi geht es gut, die Stadt ist ruhig. Es ist absolut sicher. Komm her.» Zwei Stunden später hob ich mit einer Air India-Maschine von New York ab. Ich hatte beschlossen: wenn die nationale Fluggesellschaft nicht beunruhigt war, wollte ich es auch nicht sein.

Als ich am nächsten Tag in Delhi ankam, war inzwischen klar, daß der Mann, dem das Attentat mißlang, ein Sikh war. Die Gewalttätigkeiten zwischen Sikhs und Hindus, vermengt mit dem Anspruch eines Heiligen Krieges, hatten Indien mehr und mehr aufgewühlt und bedrohten das Gefüge seiner fast vierzigjährigen Unabhängigkeit. Bei einem Rundgang durch Alt-Delhi sah ich mich von Truppen umringt. Mein Führer nahm mich bei der Hand und zog mich in ein Haus. Wir stiegen drei Treppen hinauf bis aufs Dach und beobachteten die wachsende Menge, während uns Tee serviert wurde.

Am Abend berichteten die Schlagzeilen von Ausschreitungen einen Block entfernt von der Stelle, wo ich mich aufgehalten hatte. Die Spannung wuchs. Ich war erleichtert, als ich einen Telefonanruf von der tibetischen Vertretung erhielt, der mich informierte, daß die Pläne sich wiederum geändert hätten. Ich mußte nunmehr nach Dharamsala fahren, um den Dalai Lama zu sehen. «Aus Sicherheitsgründen. Delhi ist im Augenblick nicht sicher. Eine private Gruppe fährt morgen früh mit einem Charterbus. Sie können sich ihnen anschließen, es ist genug Platz. Seien Sie um vier Uhr morgens im Hotel.»

Die Luft war feucht und kühl, als ich morgens um 3.30 Uhr in einer Autorikscha zum Hotel fuhr, um den Bus nach Dharamsala zu erreichen. In den letzten drei Tagen hatte ich insgesamt sechs Stunden geschlafen. Aus schierer Erschöpfung war ich überwach. Erst nach acht Uhr fuhr der Bus ab, und inzwischen war die Luft schwül und drückend. In den Außenbezirken der Stadt begegneten wir einem Leichenzug. Der Tote war in ein fleckenlos weißes Tuch gehüllt und die Bahre über und über mit bunten Blumen bestreut. Die Trauernden sangen und zogen die Straße entlang mit all den anderen – Menschen auf dem Weg zur Arbeit, zum Markt, zur Schule – nicht vom Alltagsleben getrennt. Ein Gefühl der Erleichterung überkam mich. Alles, was zum Leben gehört, selbst der Tod, spielt sich in Indien öffentlich ab, wird nicht versteckt.

Nachdem wir die Stadt verlassen hatten, legte der Bus an Geschwindigkeit zu. Vor dem Hintergrund der grauen und braunen Landschaft flog ein Streifen von Farben an uns vorbei – kräftiges Rosa, Türkis, Smaragd, Rosé sowie das Safrangelb der Saris von Frauen, die Straßenarbeiten verrichteten. Ein Lastwagen lag umgekippt am Straßenrand, schwer mit Heu beladen. Durch all unsere Fenster drang die Hitze des Tages, im Bus war es lärmig und staubig. Man konnte sich nur mit Mühe unterhalten. Die Straßen waren holprig, der Bus kaum gefedert. Mein Versuch, mich auf drei Sitzen auszustrecken, erwies sich als noch gefährlicher, als auf einem zu sitzen und ruckweise in die Luft gehoben zu werden. Ich mußte mich am Sitz festhalten oder zwischen das Gepäck klemmen, um beim nächsten unerwarteten Halt nicht auf den Boden aufzuschlagen.

Sikhs mit ihren leuchtend bunten Turbanen hoben sich aus dem Verkehrsstrom heraus: Motorscooter flitzten entlang, die großen Tata-Lastwagen dröhnten in einer Staubwolke vorbei. Auf dem Armaturenbrett hatten die Fahrer Hindu-Gottheiten aufgebaut, an den Seiten hingen als Verzierungen rote und goldene Seidenfransen herab. Ambassadors, die in Indien produzierten Personenwagen, schlängelten sich, ohne Unterlaß hupend, in beiden Richtungen durch den Verkehr, behindert von Bussen, Lastwagen, Traktoren, Fahrrädern, Ochsenkarren, Scootern und Kühen.

Dharamsala in den Vorbergen des Himalaya im indischen Bundesstaat Himachal Pradesh ist das Zentrum der tibetischen Diaspora und Sitz der tibetischen Exilregierung. Das Wort *dharamsala* selbst bedeutet «Heimstatt der Religion». Die Reise nach Dharamsala dauerte normalerweise fünfzehn Stunden mit dem Bus und führte durch den Punjab, die Heimat der Sikhs.

Am Nachmittag hatten wir den nordwestlich von Delhi gelegenen Punjab erreicht. Die Spannung wegen des Attentatsversuchs war groß, die Sikhs befürchteten Vergeltungsmaßnahmen der Hindus. Auf den Hauptstraßen hatten sie Straßensperren und Kontrollpunkte errichtet. Viele von uns im Bus, ich einschlossen, besaßen keine vom indischen Innenministerium gestempelten Papiere, die uns berechtigten, in den Punjab einzureisen, wo die Anwesenheit von westlichen Touristen streng verboten war. Ohne gültige Papiere bestand die Gefahr, verhaftet zu werden. So waren wir auf die Nebenstraßen angewiesen und mußten oft hinter Bauern herschleichen, die ihre Wasserbüffel zum Markt brachten. Uralte Traktoren zogen die Wagen. Der Tag schleppte sich hin, heiß und staubig, nur langsam verrann die Zeit. Als wir uns Chandigarh, der Hauptstadt, näherten, konnten wir die Straßensperren nicht länger vermeiden und wurden schließlich angehalten. Ohne zu merken, welcher Konflikt sich anbahnte, saß ich ins Gespräch vertieft hinten im Bus und hatte gar nicht mitbekommen, daß die Polizei zur Räumung des Busses aufgefordert hatte. Unser tibetischer Führer weigerte sich, dem Befehl der Polizei nachzukommen. Menschen versammelten sich um unseren Bus. Gerade als ich erkannte, daß etwas nicht in Ordnung war, erlaubte man uns plötzlich weiterzufahren.

Das späte Nachmittagslicht streute Rosa und Gold über die grünen Felder, unterbrochen von den scharfen Linien rechteckiger Äcker mit frischgepflügter dunkler Erde. In dichten Sträuchern blühte Bougainvillea rosa und purpurn kilometerlang an den Straßenrändern. Die hohen, blassen Stengel des Pampasgrases fingen im Sonnenuntergang Feuer und leuchteten wie Flammen. Es war nicht leicht, die Erzählungen, die über Gewalt im Punjab kursierten, zu akzeptieren, wenn man von der Friedlichkeit seiner Landschaft umgeben war. Später machten wir in einem kleinen Dorf Pause, um zu Abend zu essen. Im Gegensatz zu den Beamten in Chandigarh waren die Punjabis freundlich. Probleme gab es ausschließlich zwischen Sikhs und Hindus. Als Leute aus dem Westen fielen wir zwar auf, weckten aber kein besonderes Interesse. Das Essen war so scharf gewürzt, daß ich nichts davon zu mir nehmen konnte und mich mit Tee als Abendessen begnügen mußte. Später hielten wir an der Straße gegenüber von einem der bedeutenden Sikhtempel, der perlweiß im Mondlicht dalag, und lauschten über das offene Feld dem Gesang der Betenden.

Um drei Uhr morgens wurden wir am Fuße eines steinigen Bergpfades abgesetzt, neunzehn Stunden hatten wir von Delhi bis hierher gebraucht. Nun kam der Bus nicht weiter. Die Straße war zu steil, zu kurvenreich und eng. Es blieb uns nichts anderes übrig, als mit unserem Gepäck zu Fuß weiterzugehen, wobei wir alle paar Schritte eine Pause einlegen mußten. Es ging hinauf zum Kashmiri Cottage, einem der Gästehäuser der tibetischen Regierung, wo wir die Nacht verbrachten. Am nächsten Morgen brachte uns ein Jeep nach McLeod Ganj, auch bekannt als Ober-Dharamsala, etwa zwanzig Minuten entfernt und noch einmal 900 m höher gelegen.

An diesem Tag funkelte die Sonne auf den schneebedeckten Spitzen des Dhauladar Range hinter dem mit Nadelbäumen bestandenen Kamm, auf dem McLeod Ganj in einer Höhe von 1981 m lag. Raben schossen krächzend auf die Bäume nieder, als wir in das Dorf einfuhren. McLeod Ganj war unter den Engländern ein berühmter Gebirgsort, lag aber seit der Teilung und Unabhängigkeit Indiens 1947 bis zur Ankunft des Dalai Lama und der tibetischen Exilregierung fast verlassen. Heute hat McLeod Ganj, das «kleine Lhasa», durch dessen Straßen mit tibetischen Läden geschäftige Tibeter gehen, viertausend Einwohner.

Als China 1949 das Land besetzte, wurde Tibet in das 20. Jahrhundert katapultiert.[1] Das jahrhundertelang isoliert gewesene «Dach der Welt» liegt in strategischer Position zwischen Indien und China auf einer Durchschnittshöhe von 3600–4000 m. Seine jüngste Geschichte ist eine der am wenigsten verstandenen Tragödien unserer Zeit.

Tibet, das seit dem Beginn seiner schriftlich dokumentierten Geschichte im 7. Jahrhundert n. Chr. unabhängig war, besaß als einziges Land der Welt den gesamten Kanon der buddhistischen Lehre; sowohl die mündliche Überlieferung, die von Lehrer zu Schüler weitergereicht wurde wie auch die schriftlichen Texte, von denen einige nun in der Library of Tibetan Works and Archives in Dharamsala liegen. Doch 1959, bald nach der nationalen Erhebung der Tibeter, gingen die Chinesen mit grausamer Gewalt vor. Ihr Ziel war, die buddhistische Religion, die Kultur und das tibetische Volk zu zerstören. Tibet verlor über 1,2 Millionen Menschen, ungefähr ein Sechstel seiner Bevölkerung, durch chinesische Massaker, Exekutionen und Hungersnöte. Die Chinesen zerstörten die meisten der 6254 tibetischen Klöster, 80 % *vor* der Kulturrevolution, die restlichen 20 % während der Kulturrevolution. Vierzehn Klöster blieben übrig.

Wissenschaftler schätzen, daß vielleicht 7000 von den 600 000 Mönchen überlebten, die es vor dem Einmarsch der Chinesen gab, und nur ein paar Hundert der etwa 6500 anerkannten Lama-Reinkarnationen entkamen. Man zwang Männer, Frauen und Kinder während der «Kampfsitzungen», die Mönche zu schlagen und auf sie zu urinieren. Man zwang die Mönche, ihre Gelübde zu brechen. Man zwang Kinder, ihre Eltern, Studenten ihre Lehrer, Diener ihre Arbeitgeber zu schlagen. Tibetische Kinder durften offiziell nur Chinesisch lernen, nicht Tibetisch. Unschätzbare religiöse Kunstwerke wurden vernichtet oder gestohlen und in Antiquitätenläden oder auf dem Schwarzen Markt verkauft. Jahrhundertealte Holzdruckstöcke, in die die buddhistischen Lehren von Hand eingeschnitzt waren, ließen die Chinesen zerhacken und beim Straßenbau verwenden oder zu Pulpe verarbeiten, aus der Toilettenpapier entstand.

Im Jahr 1949 wurde Tibets Geschick in die Hände des 14. Dalai Lama, Tenzin Gyatso (geboren 1935), gelegt. Zehn Jahre später forderten die Chinesen, als sie Tibet besetzten, den Dalai Lama auf, im Militärhauptquartier in der Nähe der Hauptstadt Lhasa zu erscheinen. Offensichtlich planten sie, den Dalai Lama zu entführen. Doch die Tibeter brachten den Plan in Erfahrung. Am 10. März 1959 drängten sich Tausende von Tibetern in den Straßen und versammelten sich um den Potala, den Palast des Dalai Lama, um ihn zu beschützen. Die Frauen von Lhasa führten die Menge an. Die Menschen ließen es nicht zu, daß er sich allein zu den Chinesen begab. Chinesische Truppen wurden herangezogen, Kanonen beschossen den Palast. Die Situation verschärfte sich und mündete bald in eine nationale Erhebung. Unter dem Schutz des Aufstandes gelang dem Dalai Lama und seiner Familie die Flucht nach Indien. Tausende folgten.

Tibet war seit dem 17. Jahrhundert von den Dalai Lamas regiert worden, als der Fünfte Dalai Lama die drei Provinzen Tibets vereinigte. Der Dalai Lama ist gleichermaßen das geistige Oberhaupt des tibetischen Buddhismus und der augenblickliche Repräsentant der tibetischen Regierung. Der 14. Dalai Lama, Tenzin Gyatso, wird von vielen als der bedeutendste Dalai Lama überhaupt angesehen. Die Verehrung und Loyalität, die Tenzin Gyatso von den Tibetern entgegengebracht wird, ist legendär.

Heute gibt es noch über sechs Millionen Tibeter in Tibet selbst, über 120000 Flüchtlinge haben sich in Gemeinden vor allem in Indien, Nepal und der Schweiz ansässig gemacht, die übrigen leben verstreut in dreißig Ländern rund um die Welt, darunter in den USA und in Kanada. – Tenzin Gyatso, der Dalai Lama, ist ein sendungsbewußter Weltführer, sein Eintreten für die Gewaltlosigkeit eine dauerhafte Demonstration seiner Lehre von Liebe und Mitleid für alle. Für die Tibeter ist er ein Symbol ihres anhaltenden politischen Kampfes für die Wiederherstellung eines freien Tibets, ihre größte Hoffnung. Doch er ist auch eine Inkarnation von Avalokiteschvara (Chenresig), dem Großen Bodhisattva des Mitleids. Er selbst hat wenig Verwendung für diese vielen erhabenen und politischen Titel und beschreibt sich selbst als einfacher buddhistischer Mönch.

Ich übernachtete im Hotel Tibet, in einem der beiden Dachzimmer. Es war ein großer, separater Raum, direkt über der Straße, eine Extravaganz für acht Dollar pro Nacht. Das dazugehörige Bad hatte gelegentlich fließendes heißes Wasser, was das Zimmer zum besten im ganzen Haus machte. Die Aussicht vom Dach auf die Berge wog die Unbequemlichkeit auf, daß ich regelmäßig eine große Kakerlake von meinem Bett wegschnippen mußte, bevor ich abends hineinstieg. Es wurde zeitig Morgen, wenn die Geschäftsbesitzer zu husten und zu spucken begannen und für ihre Kunden die quietschenden Metallrolläden an der Straße unter mir aufzogen.

Am Abend vor meinem Gespräch mit dem Dalai Lama unterhielt ich mich beim Abendessen im Hotel mit einer jungen tibetischen Frau, Dolma Gyari, die jetzt in Delhi Jura studierte. Sie erzählte mir mehr über die chinesische Invasion: «Wir sind Khampas. Mein Urgroßvater war der Fürst von Kham, einer der drei Provinzen Tibets. Die Khampas sind als tapfere Krieger bekannt. Mein Vater war ihr Oberhaupt und Anführer, befand sich nicht an unserem Wohnort, die Chinesen stellten ihn in einer anderen Stadt unter Hausarrest. Meine Mutter wollte sich das nicht gefallen lassen. Sie war selbst eine mutige Kriegerin. Sie führte die Revolte gegen die Chinesen in Osttibet, kämpfte zu Pferde mit ihrem Gewehr. Sie und ihre Anhänger töteten viele, viele Chinesen. Nach einem Kampftag pflegte sie mit ihrer Gebetsmühle am Fluß zu sitzen und für die Seelen der Chinesen, die sie getötet hatte, zu beten und zu singen. Doch am Ende mußte die ganze Familie fliehen, sie ließ unser Haus, unsere Besitztümer, fast alles, zurück. Sie floh nur mit ihren Pferden, ihren Gewehren, etwa fünfzig der besten Diener und den Kleidern, die sie am Leibe trug. Sie hatten kein Geld, nichts. Meine Großmutter befand sich in einem anderen Teil Tibets, und 1981, als die Chinesen endlich die Informationssperre etwas lockerten, fanden wir schließlich heraus, daß sie schon vor Jahren verhungert war.»

Wir unterhielten uns an diesem Abend noch lange nach dem Essen. Regen begann zu fallen, begleitet von Donner. Es krachte so laut, daß wir einander nicht mehr verstehen konnten. «Innerhalb Tibets haben wir das ähnliche Problem wie in Südafrika: zuerst und vor allem werden die Tibeter in ihrem eigenen Land wie Sklaven behandelt, sie sind Bürger zweiter Klasse. In Südafrika heißt das Problem Schwarz und Weiß, der Unterschied ist deutlich. Aber in Tibet ist es nicht Schwarz und Weiß, für die übrige Welt sieht jeder einfach nur asiatisch aus, so daß sie nicht erkennen können, was mit uns geschehen ist», sagte Dolma mit feuchten Augen, und die Röte stieg ihr ins Gesicht. «Dieser Donner ist so laut, er ist wie die Welt außerhalb von uns. Sie ist in einem solchen Durcheinander, so laut, wie können sie uns hören, wenn wir über Tibet sprechen?»

*9. Oktober 1986*

«Test, Test» sprach ich in das Tonbandgerät. Es war 13.30 Uhr, um 15 Uhr, in nur eineinhalb Stunden, sollte ich seine Heiligkeit, den Dalai Lama, sehen. Die Stimme auf dem Tonband war nun ruhiger. Ich war seit fünf Uhr wach und den ganzen Morgen über immer wieder nahe am Weinen gewesen. Keine Sorgen, kein bestimmtes Gefühl, nichts Spezielles, nur Wogen von Gefühlen, die mich überfluteten. Es bewegte mich sehr, hier in Dharamsala zu sein und mich auf eine Begegnung mit dem Dalai Lama vorzubereiten. Als der Wecker ertönte, hatte ich gerade geträumt, daß ich mich aufmachte, ihn zu sehen. Selbst mein Unterbewußtsein beschäftigte sich mit diesem Treffen. Ich stand auf, türmte die drei Kissen im Bett aufeinander, strich Bettücher und Decken glatt, legte einen Schal um und stieg dann wieder ins Bett, setzte mich mit gekreuzten Beinen auf diese erhöhte Stelle, noch immer in meiner langen Unterwäsche und dem Nachthemd, und betete und meditierte eine Stunde lang.

Nun da der Augenblick gekommen war, fühlte ich mich ruhiger. Ich hatte ein Gebet aufgeschrieben, in dem ich darum bat, daß das «Ich» aus dem Gespräch ausgeklammert werde und statt dessen etwas Größeres durch mich gefragt werde. Ob das geschieht oder nicht, ist meiner Macht ganz entzogen. Ich gehe im Geiste noch einmal die Checkliste durch: Geräte in Ordnung, neue Batterien eingelegt, zusätzliche leere Tonbänder, Film in der Kamera, Belichtungsmesser für Innenaufnahmen, Korrespondenz nochmals überprüft, Fragen aufgelistet, Geschenke zur Hand.

Ich überlege, ob ich einen blauen *chuba* tragen soll, das traditionelle Gewand tibetischer Frauen. Aber dann entschließe ich mich doch, mich als das zu geben, was ich bin, nämlich eine westliche Frau, und ziehe ein khakifarbenes Trägerkleid an. Im letzten Augenblick binde ich noch ein hellblaues Halstuch um, das ich von der Ranch eines Freundes in Texas habe. Es hier zu tragen, verankert mich in meiner Herkunft, erinnert mich, woher ich komme, bindet mich an die lange Leine, die ich ausgelegt habe, so daß ich nicht verlorengehe, wie fern von der Heimat ich mich auch herumtreibe. Es erinnert mich: der Weg zurück ist der Weg hindurch, ist der Weg nach Hause, ist der Weg, der weiterführt. Der texanischen Landschaft verbunden, im Guten wie im Bösen, ist der Schal ein winziger Talisman, der mich schützen und mir Glück bringen soll.

Kalsang Ngodup Shaklho kommt, um mich beim Kauf eines passenden *khata*, dem Zeremonialschal, zu beraten, der als Geschenk für den Dalai

Lama bestimmt ist. Kalsang war ein Mönch aus dem Privatbüro des Dalai Lama, der beauftragt worden war, mir zu helfen. Er hatte im Westen gelebt und sprach fließend Englisch. Wir fanden einen geeigneten Schal in einem tibetischen Laden direkt unter meinem Hotel. «Dieser hier, denke ich», sagte er und hielt einen langen schmalen Schal aus weißer Seide hoch, «ist schön. Sehen Sie den Unterschied?» fragte er und hielt ihn neben einen Stapel verschiedener anderer von gröberer Qualität. Dann zeigte er mir, wie man den Schal richtig falten muß, so daß er sich öffnete, wenn ich ihn dem Dalai Lama überreichte.

Eine Tür schlägt heftig zu, ich höre draußen Stimmen lauter werden, sie nähern sich dem Wartezimmer, in dem ich mit Thupten Jinpa, dem Mönch, der als Übersetzer fungieren wird, sitze. Die Leute von der vorhergehenden Audienz sind fertig.

Jetzt sind wir an der Reihe. Wir gehen draußen unter dem weinumrankten Verbindungsgang und treten durch die geöffnete grüne Maschengittertür in das Empfangszimmer des Dalai Lama. Sein Sekretär Tenzin Geyche Tethong steht an der linken Seite.

«Ich grüße Sie», sagt der Dalai Lama herzlich auf Englisch und kommt mir dabei von der anderen Seite des Zimmers entgegen, als ich auf ihn zugehe. Obgleich ich ansetze, mich zu verneigen, kommt er mir zuvor und reicht mir nach westlicher Sitte die Hand. Ich bin aufgeregt. Ich versuche, einfach nur den großen Raum aufzunehmen. Er ist gefüllt mit breiten, bequemen Stühlen und Sofas, bunten Sträußen frischer Blumen, Buddha- und Bodhisattva-Statuen. Gemalte Tangkhas bedecken Wände und Altäre. Seine Heiligkeit, der Dalai Lama, steht vor mir, strahlend.

«Bitte, setzen Sie sich», sagt er und zeigt auf die Couch neben seinem Stuhl. «Nehmen Sie einen Tee?»

«Nur einen Augenblick, bitte, lassen Sie mich meine Sachen hinstellen.» Befangen, weil ich soviel mitgebracht habe, setze ich die Tasche mit meiner Ausrüstung ab und lege das Geschenk, daß ich in der Hand halte, hin. Als ich ohne mein Gepäck vor ihm stehe, überreiche ich ihm den *khata*. Er nimmt ihn mir ab und legt ihn um meinen Hals, als ich mich herabbeuge. Dann gebe ich ihm das kleine Geschenk, das ich mitgebracht habe. Er öffnet es, lächelt, sagt einfach «danke» und setzt sich, indem er mich ebenfalls dazu auffordert. Der Übersetzer sitzt auf einem Stuhl daneben.

«Nun?» Damit gibt er zu erkennen, daß er bereit ist anzufangen. Ich packe das Tonbandgerät aus, stelle das Mikrofon vor uns auf den Tisch, überprüfe die Tonhöhen. Ist der Pausenknopf ausgeschaltet, leuchtet das rote Licht, steht der Zähler auf Null? Dann drücke ich auf den Aufnahmeknopf, das Band läuft.

«Vielen Dank, daß Sie sich Zeit nehmen, mich zu empfangen», beginne ich. «Ich brauche Ihren guten Rat, Ihren Segen und Ihre Führung in diesem Bemühen.» Weiß er überhaupt, warum ich hier bin? Ich besitze nicht die Geistesgegenwart, ihn danach zu fragen. Die Seiten mit dem Hintergrundmaterial, der Buchzusammenfassung und die Liste der zu stellenden Fragen, die ich seinem Privatbüro vorgelegt hatte, sind nirgendwo zu sehen. Nach einigen weiteren einleitenden Bemerkungen ziehe ich mit dem Gefühl, daß er auf mich wartet, ein Blatt heraus, das mein Thema zusammenfaßt und lese es ihm vor: Ergibt es einen Sinn, wenn man Tara und Maria miteinander verknüpft? Ist die Madonna, die in Polen aus den Bäumen wächst, ein Phänomen ähnlich der Tara, die sich aus dem Fels von Pharping herausbildet? Was ist seine Meinung über Frauen als Lehrer, kennt er selbst welche, gibt es im tibetischen Buddhismus Beispiele von herausragenden Laienpraktikerinnen mit Familie, was kann er über die Bedeutung von weiblichen Gottheiten für Männer sagen? Das sind einige der Fragen, die ich stelle.

«Ja, Tara und Maria schaffen eine gute Brücke. Diese Richtung führt bestimmt weiter», kommentiert er als erstes.

Dann verheddere ich mich in meiner eigenen Erklärung und stocke für einen Moment, als ich mit einer Frage nach Laienpraktik beginne, obgleich das gar nicht meine Absicht gewesen war.

«Nach der tibetischen Geschichte ist der Sakya Lama der höchste Lama nach dem Dalai Lama. Er gilt als Nummer zwei in der Rangfolge und ist Laie. Dilgo Khyentse Rinpoche ist Laie mit Frau und einer Tochter. Er ist Laie und ein bedeutender Lama, ein Guru. Gerade im letzten Monat empfing ich über fünf Tage lang seine Lehren. Sie sehen also, daß dies hochqualifizierte Lamas und dabei alle Laien sind.

In Lumbini in Nepal wohnt eine Nonne, die zur Lehre befähigt ist. Sie muß jetzt bald siebzig sein. Sie ist die Schwester von Chogyey Trichen Rinpoche, aber ihren Namen kann ich nicht erinnern. Chogyey Trichen ist ein sehr guter Lama, ein Sakya Lama, der mich viel gelehrt hat.

Auch unter den jüngeren Nonnen sind einige sehr kluge Frauen. Hier im Nonnenkloster ermuntere ich sie, in die Debatten einzugreifen. Ohne Zweifel wird es in zehn, fünfzehn Jahren qualifizierte Lehrerinnen geben. Das steht ganz außer Frage.

Wir haben auch in der Vergangenheit weibliche Lamas gehabt. Es gibt eine Kategorie von Lamas, sogenannte *rangjung*, in der auch manchmal Lehrerinnen zu finden waren. *Rangjung* Lama ist der Typ des Meisters, den wir selbstgeschaffene oder selbstentstehende oder selbstrealisierende Lamas oder Yoginis nennen», erklärt er. «Es gab eine berühmte Einsiedlerin, angeblich über hundert Jahre alt, die ein *rangjung* Lama war, zu der Zeit, da ich als Junge in Lhasa lebte.»

«Aber ich dachte, daß dieses Phänomen einer Gottheit, die aus dem Felsen wächst, *rangjung* genannt wird?»

«Ja, das ist richtig», versichert mir der Dalai Lama. «Selbstentstehend. Beide sind selbstgeschaffen. Sie sehen, es ist dasselbe.»

«Glauben Sie, daß diese Tara aus dem Felsen von Pharping wächst?» frage ich.

«O, ja. Solche Dinge hängen von vielen Faktoren ab, von vielen», beginnt der Dalai Lama seine Erklärung. «Es gibt da ein ganzes Beziehungsgeflecht zwischen der passenden Zeit, dem Ort und auch einer Person, die damit verbunden ist. Alle diese Faktoren müssen in Betracht gezogen werden. Wenn geeignete Personen dort bleiben, bleibt auch das Bild. Wenn keine entsprechenden Leute mehr dort sind, verschwindet auch das Bild. – Ich selbst habe einen sehr kleinen Kieselstein, weißer Quarz. In diesem Stein ist eine Tara, sehr deutlich, *sehr* deutlich», wiederholt er mit Nachdruck. «Ich fand ihn irgendwo im Potala in Lhasa, bevor ich Tibet verließ. Er ist sehr klein, aber die Figur erscheint deutlich. Als ich sehr jung war, liebte ich diesen kleinen Stein mit dem Tarabild. Deshalb legte ich ihn neben eine Buddhastatue, die ich ebenfalls sehr gern mochte. Der Stein mit der Tara lag so, daß das Bild vom Buddha abgewandt war. Allmählich drehte sich das Bild der Tara von allein dem Buddha zu. Eigenartig, schön», sagt er mit seinem herzlichen Lachen, «schön.»

Als ich ihm von den Berichten über die Heilige Jungfrau erzähle, die in der Rinde von Bäumen in Polen erscheint, stimmt er mit meinem ersten Eindruck überein. «Ja, das wäre *rangjung*, genau das, worüber wir gesprochen haben, natürlich, es ist die gleiche Sache.»

«Eure Heiligkeit, bitte sagen Sie mir etwas über diese buddhistische Glaubensmeinung, daß man nur mit dem Körper eines Mannes Erleuchtung erlangen kann.»

«Im höchsten buddhistischen Tantra gibt es keinen Unterschied zwischen den Geschlechtern. Die Vorstellung, daß man nur im Körper eines Mannes erleuchtet werden kann, stammt aus einer anderen Tradition. In der höchsten Schule der Mahayana-Tradition wird zwar die Existenz des

*Tenzin Gyatso, der 14. Dalai Lama, in Indien.*

Mönchs gepriesen, aber es gibt viele Erzählungen über Bodhisattvas, die Laien sind. In der höchsten Klasse des Tantra wird erwähnt, daß eine Person Erleuchtung zu Lebzeiten erhalten und daß eine solche Person auch weiblich sein kann.

Die Tara könnte eigentlich als strenge Feministin verstanden werden. Der Legende nach wußte sie, daß es kaum Buddhas gab, die in der Form einer Frau erleuchtet wurden. Deshalb war sie entschlossen, ihre weibliche Form zu erhalten und nur in dieser weiblichen Form erleuchtet zu werden. Diese Geschichte ist von einiger Bedeutung, nicht wahr?» sagt er mit ansteckendem Lächeln.

«Für den, der die buddhistischen Praktiken ausübt, gibt es keinen Unterschied zwischen Mann und Frau. Schließlich sind wir gleich, sind menschliche Wesen. In der buddhistischen Praktik gibt es ein gewisses Gefühl der Diskriminierung, aber das ist Einbildung, das ist nur äußerlich.»

Tenzin Geyche Tethong, sein Sekretär, kommt zu uns herüber, zeigt auf die Uhr, um anzudeuten, daß die Zeit fast um ist. Ich nicke, überfliege schnell meine Liste. Ich hatte mit dem Dalai Lama über Alkohol und Abhängigkeit sprechen wollen, wußte aber nicht, wie ich das Gespräch darauf bringen sollte. Mein Thema hieß ja Tara. Statt dessen sage ich ihm, ich hoffte, mit meinem Schreiben zeigen zu können, wie wertvoll der tibetische Buddhismus für uns alle sei. Er lädt mich ein, an einer dreitägigen Unterweisung, die er für eine kleine Gruppe in Delhi geben wird, teilzunehmen. Ich danke ihm und bitte um seinen Segen.

Er steht von seinem Stuhl auf, kommt zu mir herüber und ergreift mich mit einem Lachen fest an den Armen. Der Dalai Lama, Tenzin Gyatso, ist von unerschütterlicher Heiterkeit. Seine Berührung überrascht mich. Sie ist kräftig und energiegeladen, wie ein schwarzer Gürtel im *aikido*. Die physische Kraft in seinen Händen steht im Widerspruch zur Sanftheit seiner Erscheinung. Er legt seine Stirn an meine, dann verliert sich sein Lachen, und er steht da und schaut auf mich, seine Arme auf meinen Schultern. Sein Blick geht durch all die ausgetauschten Wörter, mir wird warm ums Herz. Ich fühle, daß ich eben ungeheuer viel über ihn lerne und daß mir in genau diesem Moment ungeheuer viel von ihm gegeben wird, wenn es auch nicht in Worte zu fassen ist. Dies ist der wirkliche Segen.

Dann läßt er mich mit einem kleinen Lachen los, schiebt seinen Arm unter meinen und geht mit mir zur Tür, wo Tenzin Tethong mit einem

Buch für mich steht. Seine Heiligkeit signiert es auf Tibetisch und überreicht es mir als Geschenk. Es ist sein eigenes Werk, *Kindness, Clarity and Compassion.*[2] Ich verneige mich nochmals und gehe mit dem Buch unter dem Arm zur Tür hinaus.

Die Begegnung mit dem Dalai Lamai war so ruhig verlaufen. Ich war dankbar, ihn getroffen zu haben und freute mich auf die privaten Unterweisungen, zu denen er mich nach Delhi eingeladen hatte. Seine Gegenwart allein hob meine Stimmung. Der Nachdruck, mit dem er betonte, daß es in der Praxis keinen Unterschied zwischen Männern und Frauen gäbe, wie er die Nonnen, die jetzt in Dharamsala studierten, ermunterte, war ermutigend. Doch selbst diese aufgeklärte Haltung konnte die Niedergeschlagenheit nicht auslöschen, die ich in den drei Tagen vor der Audienz gefühlt hatte. Ich war von einem Gelehrten zum anderen geführt worden, traf mit erfahrenen und respektierten Lamas und Rinpoches zusammen, um meine Fragen über die Tara und über Lehrerinnen zu stellen. Ich hatte ziemlich viel Neues über die Tara gelernt, aber wenig über Frauen als Lehrer, sei es in der Vergangenheit, sei es in der Gegenwart:

«Es muß welche gegeben haben, ja, ich habe von einer gehört, aber den Namen erinnere ich nicht. Niemand hat ihre Lehren aufgeschrieben...» – «Viele Frauen verfügten über großes Wissen, aber sie hielten es geheim, oder sie wurden niemals bekannt...» – «Vielleicht hatten Frauen nicht genug Mut, um die Praktiken auszuüben, und deshalb wurden sie keine Lehrer...» – «Im 15. und 16. Jahrhundert wurden viele Frauen berühmt, aber ihre Namen sind verlorengegangen...»

Als ich die Straße vom Kloster hinabging, kam ich an einem Bettler vorbei, und plötzlich wurde mir klar, daß ich mich so gefühlt hatte: wie ein Bettler nach Geschichten über weibliche Meister. Mein Tonbandgerät war die Bettelschale, die ich ausstreckte.

Ich gab dem Mann mehr, als er für eine Mahlzeit brauchte. Er sagte: «Ich danke Ihnen, gnädige Frau» in einem abgehackten britischen Akzent mit solcher Wärme, daß ich verblüfft war. Während der nächsten Tage gab ich ihm einige Rupees, so oft ich vorbeikam und blieb stehen, um mit ihm zu schwatzen. Seine Glieder waren so von Lepra befallen, daß er nicht gehen konnte. Er fragte mich, ob ich ihm Medikamente für seine Wunden aus dem Dorf mitbringen könnte, und ich war glücklich, daß ich ihm helfen konnte, als er danach fragte. Ich kam mir nicht töricht oder ausgenutzt vor, noch verurteilte ich ihn, daß er aus der Leprakolonie fortgegangen war, wo er mit seiner Frau gelebt hatte. Er sprach genug Englisch, um mir zu erzählen, daß das Leben in der Leprakolonie wie ein Gefängnis war; er wollte seine Freiheit. Jeden Tag nahm er den Bus zu diesem Platz an der Straße, um zu betteln. So wollte er leben. Es war besser als die Leprakolonie. Er hatte eine Tochter, die die 8. Klasse beendet hatte, und auf die er sehr stolz war. Zu Weihnachten wollte er sie besuchen.

Er führte ein Leben, das ich mir nicht vorstellen konnte. Doch lehrte er mich etwas sehr Wichtiges über Würde. Er besaß keine Spur von Selbstmitleid. Einige Bettler waren ärgerlich, andere aggressiv, einige scheu, andere beschämt, wieder andere teilnahmslos. Er war anders. Er hatte Frieden mit sich geschlossen. Worüber hatte ich mich zu beklagen? Wie die Sonne die Morgennebel dieser Berge auflöste, so zerstreuten die kurzen täglichen Worte, die wir wechselten, meine Entmutigung und ließen meine Dankbarkeit hundertfach wachsen. *Ich* konnte gehen!

# 7. Grün symbolisiert Aktivität

*Dharamsala und Delhi, Oktober 1986*

Kloster Namgyal, Ober-Dharamsala. Draußen krächzten laut die Raben und schossen durch die Kiefern, als Dupchok Gyaltsen, der Übersetzer, und ich in Lochö Rinpoches kleinem, aus zwei Räumen bestehenden Appartment im Klosterkomplex sitzen. Das Vormittagslicht strömte durch das Fenster über das offene, lächelnde Gesicht des Rinpoche, als er im Lotossitz auf seinem prachtvollen tibetischen Teppich saß, seine einfachen roten und gelben Gewänder faltenreich um sich geordnet.

Lochö Rinpoche ist der Abt des Klosters Namgyal, das eigene Kloster des Dalai Lama in McLeod Ganj. Man hat mich wegen meiner Fragen über die Tara zu ihm geschickt. Er beginnt, indem er mir von ihrer besser bekannten Seite erzählt – der Grünen Tara.

«Die Grüne Tara ist bekannt dafür, daß sie einem Bittsteller schnell hilft, sogar einem, der bisher nicht an sie geglaubt hat.[1] Sehr schnell! Grün wird mit Aktivität in Beziehung gebracht. Sie ist schneller als die anderen. – Es gibt auch eine Legende der Tara als Retterin vor den acht Ängsten: Ozeanwellen, Löwen, Giftschlangen, Feuer, Diebe, Inhaftierung und andere Gefahren.[2] Aber am wichtigsten dabei ist, daß sie uns vor dem rettet, was diese Ängste symbolisieren – unsere inneren Feinde – die Feuer des Zorns, den Löwen des Stolzes, die Schlange des Neides, die Ketten der Habgier usw.»

Ich war auch neugierig, was den Glauben an die Reinkarnation anbelangte. Lochö Rinpoche schien mir ein so freundlicher Mann zu sein, daß ich dachte, es würde ihn nicht beleidigen, wenn ich ihn um Auskunft darüber bat. «Da er eine Lama-Reinkarnation ist und es möglich ist, über das frühere Leben Bescheid zu wissen, ist es denkbar, daß der Rinpoche jemals als eine Frau reinkarniert wurde?» frage ich.

Dupchok zieht eine leichte Grimasse, übersetzt aber gutgelaunt. Als junger Mönch, etwas über zwanzig, hat er eine ganze Menge Neckerei aushalten müssen, weil er soviel Zeit mit einer Frau aus dem Westen verbringt. Dupchok Gyaltsen hat für mich seit drei Tagen bereitwillig gedolmetscht und ist meine Fragen nach der Tara und weiblichen Mei-

*Grüne Tara, bereit, um zu Hilfe zu eilen.*

stern gewöhnt. Er hatte mich gebeten, heute meinen *chuba*, das traditionelle tibetische Kleid zu tragen, so daß sich die anderen Mönche nicht über ihn lustig machen würden. Als ich in seinen Raum kam, bevor wir zu Lochö Rinpoches Zimmer gingen, wies er mich darauf hin, daß der *chuba* nicht richtig gebunden sei. Zu meinem Erstaunen griff er um meine Taille und band sie mir neu, als wäre ich einfach ein anderer Mönch. Dann zeigte er mir stolz die englische Bibel, mit der er sich gerade befaßt hatte. Er las laut aus den Briefen des Paulus an die Korinther, seinem Lieblingstext aus dem Neuen Testament.

«Es gibt eine Gottheit, die immer in weiblicher Form erscheint, Samdhang Dorje Phagmo»[3], erklärt Lochö Rinpoche, «aber eine solche Erscheinung ist sehr selten. Die meisten reinkarnierten Lamas werden nur als Mann geboren, wenn ich auch nicht sagen kann, was zukünftig geschehen wird. Ich bin zu achtzig Prozent sicher, daß ich nicht in einem weiblichen Körper geboren werde.»

«Ich möchte ihn über meine eigene Praktik fragen, und ich weiß nicht, womit ich anfangen soll, Dupchok. Soll ich ihm meine Meditation beschreiben?» Ja, er nickt.

«Nachdem ich fünf Jahre lang in Versenkung gesessen habe, begannen einige meiner christlichen Wurzeln in der Meditation aufzutauchen. Was sich entwickelt hat, ist eine Art Mandala, in dem ich die Tara, die Jungfrau Maria, Buddha und Jesus Christus visualisiere.»

Dupchok wandte sich Lochö Rinpoche zu und fing an, dies ins Tibetische zu übersetzen. Der hörte aufmerksam zu, nickte, wenn er verstand, andernfalls wiederholte er dann und wann ein Wort. Dupchok dreht sich wieder zu mir: «Vorn die Tara, dahinter Jesus Christus. Ist es so?» «Ja.» «Sprechen Sie weiter», sagt Dupchok.

«Dann sehe ich die Tara näher kommen, sie geht aus der Keimsilbe hervor, wie Chos Kyi Nyima Rinpoche es mir gesagt hat. Sie strahlt Licht nach allen zehn Richtungen aus, kommt näher und näher, bis sie mit mir verschmilzt. Dann habe ich manchmal die Tara als Gemahlin von Jesus Christus und die Muttergottes als Gemahlin von Buddha visualisiert.»

Dupchok wird sichtlich blaß. Ich lache, um meine eigene Verlegenheit zu kaschieren. Jetzt ist das Problem bei ihm. Wie seltsam das alles ist, an diesem strahlenden Morgen in den Vorbergen des Himalaya zu sitzen und diesem verehrungswürdigen Rinpoche und einem jungen Mönch die Visualisierung von Gottheiten in heiliger Vereinigung zu erzählen. Im tibetischen Buddhismus ist die symbolische Vereinigung von männlichen und weiblichen Gottheiten absolut mit der höchsten spirituellen Erfahrung der Erleuchtung verbunden. Dies ist nicht die Welt von Gottvater oder gar Gottmutter. Dies ist die Welt der ekstatischen Vereinigung von Vater und Mutter, Männlichem und Weiblichem, die Große Seligkeit, die Vereinigung von Weisheit (weiblich) und Mitleid (männlich), in der Leere die große, ursprüngliche Tatsache ist.[4]

Dupchok beginnt zu übersetzen, Lochö Rinpoche hört lächelnd zu, sein Gesichtsausdruck verändert sich nicht, kein Kommentar. Hat Dupchok mich richtig verstanden? Ich habe keine Möglichkeit, das herauszufinden. In dem Bemühen mein eigenes unbehagliches Gefühl loszuwerden, rede ich sofort weiter, als Dupchok aufhört, Tibetisch zu sprechen. Ich habe Angst, daß man mich ausschilt oder mir sagt, ich sei eine Ketzerin. Eine durch und durch christliche Reaktion.

Ich kreuze Kulturen, vermische Gottheiten. Schon daß mir selbst eine derartige Vision widerfuhr, war ein bedeutendes inneres Erlebnis, es einem traditionellen Lehrer zu offenbaren, bringt mich ganz aus der Fassung. Aber ich bin nicht gewillt, mir irgendwelche Unannehmlichkeiten zu ersparen, die meine Begeisterung, meine Misere und meine Unwissenheit mir einbringen würden. Ich befinde mich auf unbekanntem Boden. Indem ich mir bei anerkannten, traditionellen Lehrern, buddhistischen wie christlichen, Rat hole, hoffe ich, daß ich mich nicht selbst betrüge.

Ich beginne sofort, dem Abt den nächsten Teil der Meditation zu erzählen. Hier fühle ich mich wohler, ich weiß, daß ich sicheren Grund unter den Füßen habe. Liegt es nur an meiner katholischen Erziehung, daß ich mir einbilde, er könne es nicht gutheißen? Ich bin hier die Fremde, nicht nur geographisch, auch symbolisch. Ich kenne diese Landschaft nicht, nicht die Grenzen, Zeichen oder Markierungen, die den Menschen die Richtung weisen. Ich bin vollständig auf mich selbst zurückgeworfen. Es ist eine enervierende Erfahrung. Ich kann dabei den größten Irrtum erleben oder mir eine Quelle neuer Einsicht erschließen, «Anfängerhaltung» wie es im Zen heißt. Die Zeit würde zeigen, was es war.

«Doch am häufigsten», fahre ich fort, «sehe ich die Tara, wie sie einen Krug voll Mitleid über die Köpfe all der Menschen ausgießt, die ich liebe – meine Familie, meine Freunde, sogar über die Leute, die ich nicht liebe – und das finde ich schwierig und hart. – Mein Lehrer Chos Kyi Nyima Rinpoche ist in Nepal. Ich habe tatsächlich niemanden in den USA, mit dem ich arbeiten könnte, obwohl ich danach suche. Würde er in der Zwischenzeit ein paar Vorschläge über die Praktik machen?»

Die beiden Mönche in ihren roten Gewändern stecken die kurzgeschorenen Köpfe zusammen und beraten sich auf Tibetisch. Lochö Rinpoches Stimme ist leiser und heiserer als die von Dupchok. Die unterschiedlichen Laute ihrer Konversation mit ihren Modulationen klingen melodisch.

«Wenn Sie von allen das größere Vertrauen in die Tara setzen, ist es vielleicht besser, in der Form der Tara zu meditieren. Die äußere Form darf die Tara sein, aber innerlich sind all diese Wesen Formen von Mitleid, Liebe, Zuneigung usw. Sie sollten sich bewußt machen, daß all diese Gottheiten in diese Welt geboren sind, um den fühlenden Wesen zu nützen. Nehmen Sie deshalb diejenige, in die Sie das meiste Vertrauen setzen, verstehen Sie?»

«Ja.» Ich verstand. «Die Tara.»

«Haben Sie Zeit, morgen noch einmal zu kommen?» fragt der Rinpoche durch Dupchok.

«Ja, natürlich. Wenn der Rinpoche Zeit hat, das wäre wunderbar.»

«Er schlägt morgen um 10 Uhr vor. Ihre Fragen sind sehr interessant», sagt mir Dupchok mit einem offenen Lächeln.

Ich weiß nicht, ob das Dupchoks Kommentar ist oder der von Lochö Rinpoche. Ich bin sehr dankbar für die Zeit, die sie mir widmen. Dupchok muß sich auf Prüfungen vorbereiten und hat sich trotzdem Zeit genommen, um mir als Übersetzer zu dienen. Auch der Abt, Lochö Rinpoche, hat neben dem Treffen mit einer Anfängerstudentin, wie ich es bin, viele Verpflichtungen. Nachdem das Mikrophon abgestellt ist, die Ohrhörer entfernt, das Tonband zusammengepackt und in meiner ohnehin schon zu vollen Tasche verstaut ist, verneige ich mich tief vor dem Rinpoche und gehe.

Prompt um zehn Uhr erscheine ich am nächsten Tag bei Lochö Rinpoche. Obgleich ich ihn nur dieses einzige Mal am Tag zuvor gesehen habe, habe ich das Gefühl, einen alten Freund zu besuchen, als ich in seine Wohnung komme.

Die Bergluft wirkt klar und rein, als ich vor der Tür meine Schuhe ausziehe. In den Bäumen krächzen die Häher, in der Ferne ruft ein Kind. Ich habe an diesem Morgen als Zeichen meines Respekts und meiner Hochachtung für die Großzügigkeit des Rinpoche einen *khata* mitgebracht. Dupchok, der mit mir kommt, geht voran. «Guten Morgen, Rinpoche», sage ich, machte eine Verbeugung vor ihm und überreiche ihm den Schal. Er legt ihn mir um den Hals und bedeutet mir, mich zu setzen.

«Das Mantra der Tara ist *Om Tare Tutare Ture Soha*»,[4a] beginnt der

Rinpoche und wartet geduldig, während Dupchok mir über die Schulter schaut, um sicherzugehen, daß ich es richtig aufschreibe. «Dies ist ein sehr wichtiges Mantra», versichert er mir. *Om* ist die Anfangssilbe. *Tare* bedeutet, daß sie uns aus dem unaufhörlichen Kreis der zyklischen Existenz retten kann und *Tutare* heißt, daß sie uns vor den acht großen Ängsten retten kann. *Ture* besagt, daß sie die Kraft hat, uns vor chronischen Krankheiten zu heilen, *Soha* ist die letzte Silbe des Mantras, so wie *Om* die erste ist. Dieses Mantra zu wiederholen, kann Ihr Leben verlängern.»

«Gibt es ein besonderes Mantra, um Ängste abzubauen? Mir scheint, ich habe so viele Ängste, und ich würde sie gern loswerden», frage ich den Rinpoche.

«O, dieses Mantra ist sehr gut, um Ängsten zu entgehen. Wiederholen Sie es nur immer wieder, und die Tara wird ihre Ängste wegnehmen», sichert mir der Rinpoche zu.

«Wenn Sie sich als Tara visualisieren, müssen Sie sich vorstellen, daß Ihr Kissen ein Vollmond ist, der von einem schönen blühenden Lotos getragen wird. Hinter Ihnen ist ein anderer Vollmond. Auf Ihrer Stirn ist die Silbe *Om* in weißer Farbe. Auf dem Hals ist die Silbe *Tare* in rot. Die Silbe *Hum* ist im Herzen, ihre Farbe ist blau. Danach müssen Sie viele Strahlen visualisieren, die von Ihrem Herzen in die zehn verschiedenen Richtungen ausgehen, und Sie sollten die Weiße Tara von Ihrem Aufenthaltsort einladen. Sehen Sie, wie die Tara von Ihrem Kopf in Ihr Herz herabkommt, sie löst sich in Ihrem Körper vom Kopf her auf.

Dann müssen Sie von all den notleidenden Wesen um sich herum eine bildhafte Vorstellung haben und zur Tara beten, sie vom Leiden zu befreien. Mitleid ist die Hauptmethode im Buddhismus, die wir brauchen, um Erleuchtung zu erlangen. Mitleid und Freundlichkeit werden in allen Religionen verlangt, aber im Buddhismus ist Mitleid besonders wichtig. Die altruistische Denkweise, daß wir davon sprechen, Mittel zu finden, damit wir zum Heil aller Wesen nach Erleuchtung streben, ist *bodhicitta.* Dies ist der große Gedanke, und er kann nur aus tiefem Mitleid erwachsen.

Ich will Ihnen eine Geschichte über die Tara erzählen», sagt der Rinpoche, «vielleicht haben Sie sie schon gehört. Als Avalokiteschvara, der Herr des Mitleids, gelobt hatte, alle Wesen von Leid zu befreien, war das in einem sehr schlechten Zeitalter, vor einer unmeßbaren Zahl von Zeitaltern. Die Welt war voller Leiden. Die Menschen verhielten sich sehr schlecht: gegeneinander, gegen die Tiere, gegen die Erde, gegen alles. Sie waren total in der Welt der Verblendung befangen. Wenn Avalokiteschvara ein Wesen vom Leiden befreien konnte, wurde ein anderes davon niedergestreckt. Es schien, als habe er eine hoffnungslose Aufgabe übernommen, ein unmögliches Gelübde geleistet, und er wurde zusehends mutloser. Er war so entmutigt, daß er begann, seinen Kopf gegen die Wand zu schlagen. Als er dies tat, erschienen acht verschiedene Köpfe aufgrund der Segenswünsche der Buddhas. Hinten auf seinem Kopf öffneten sich gleichzeitig zwei Augen und aus diesen Augen begannen Tränen zu fließen. Aus diesen Tränen entstanden zwei Taras, die Weiße Tara und die Grüne Tara.

Die Weiße Tara sprach zu Avalokiteschvara und sagte: ‹Beunruhige Dich nicht, ich will Dir helfen. Ich werde arbeiten, um fühlenden Wesen zu helfen, ihr Glück zu erhöhen und ihr Leben zu verlängern.› Dann sprach die Grüne Tara zu ihm und beruhigte ihn ebenso, indem sie sprach: ‹Ich will arbeiten, um den Wesen alle Hindernisse wegzuräumen und ihren Pfad zu reinigen.› Obgleich Avalokiteschvara der Herr des Mitleids ist, ist es für fühlende Wesen leichter, die Segen der Tara zu empfangen. Ruft man sie an, entfernt sie sehr schnell alle Hindernisse.

Sie müssen zum Tushita Meditation Center an der Straße über dem Dorf gehen und sich das Poster der einundzwanzig Taras besorgen. Einige der Farben sind nicht sehr genau, aber es wäre dennoch hilfreich für Sie, das Poster zu haben. Darauf werden Sie auch die Rote Tara, die Gelbe Tara und die Dunkle oder Schwarze Tara finden. Grün wird als Mischung der vier Hauptfarben angesehen: weiß, rot, gelb und schwarz.»

«Würden Sie den Rinpoche gern noch einmal sehen, wenn Sie das Poster der einundzwanzig Taras haben?» fragte Dupchok.

«O, sehr gern! Ich werde heute nachmittag zum Tushita gehen. Wann soll ich wiederkommen?»

«Um zehn Uhr morgens, sagt der Rinpoche. Wenn er viel zu tun hat und nicht hier ist, so bedeutet das, daß etwas Wichtiges dazwischengekommen ist. Aber wenn er Zeit hat, wird er glücklich sein, Sie noch einmal zu sehen und Ihnen die einundzwanzig Taras zu erklären.»

«Ich danke Ihnen, Rinpoche. – Bitte sagen Sie ihm, daß ich ihm für die mir gewidmete Zeit sehr dankbar bin, und bitte, fragen Sie ihn, ob er mir seinen Segen geben will», sagte ich zu Dupchok, als ich mich vorbeugte, um das Tonbandgerät in meine Tasche zu stellen. Dann stand ich auf und verbeugte mich vor Lochö Rinpoche. Er legte seine Hände auf meinen Kopf und sagte leise ein Gebet auf Tibetisch.

Die Praktiken der Visualisation, wie sie die tibetische buddhistische Tradition bietet, sind für mich besonders hilfreich. Das wurde mir bewußt, als ich über den Besuch bei Lochö Rinpoche nachdachte. Doch über die Visualisierung hinaus trug das tatsächliche Verschmelzen der Gottheit mit mir dazu bei, daß ich jetzt achtete, was ich abgelehnt und loszuwerden versucht hatte: den Körper einer Frau.

Die Tibeter sind sich über diese Art der Visualisierung sehr klar. Sich eine Gottheit außerhalb von sich selbst vorzustellen, entweder im Raum vor dir oder auf dem Scheitel deines Kopfes, ist eine Praktik, die jedermann durchführen kann. Doch um das eigene Verschmelzen mit der Gottheit zu visualisieren, die Gottheit zu werden – das ist Vajrayana oder der tantrische Pfad –, muß man eine Initiation haben. Das bedeutet, daß man nur mit der Erlaubnis eines qualifizierten Lehrers die Meditation durchführen darf sowie detaillierte Anweisungen erhalten muß, was genau man zu visualisieren hat.

Ich fand John Blofelds Erklärung der Visualisierung in *The Tantric Mysticism of Tibet*[5] hilfreich. Das endgültige Ziel der Praktik ist es, jenen Punkt zu erreichen, wo man tatsächlich die nichtduale Natur der Realität fühlen, nicht nur an sie glauben kann. Durch die Vorstellung geht man über die Vorstellung hinaus. Der Zweck der Visualisierungspraktik ist es, Kontrolle über den Geist zu gewinnen. Man erarbeitet sich die Fertigkeit, die genauen Bilder der Gottheiten und ihrer palastähnlichen Residenzen zu erschaffen, dazu auch die vielen anderen Gottheiten, die sie umgeben und das Meer von Wesen in den sechs verschiedenen Bereichen der Existenz. Es ist ein phantastischer Kosmos, in den man in der tibetischen Praktik eintritt, seine Beschreibung ist eine Art literarische Astronomie.

Die Visualisierung hilft nicht nur, Kontrolle des Geistes zu gewinnen, sondern ihre Herbeiführung dient dazu, den Geist von Verunreinigungen und Dunkelheiten zu säubern, «das Wasser des Geistes rinnt durch den reinigenden Filter des Bildnisses.»[6]

«Wir werden tatsächlich die Gottheit», sagt Blofeld. «Das Subjekt wird mit dem Objekt des Glaubens identifiziert. ‹Die Verehrung, der Verehrer und das Verehrte, diese drei sind nicht zu trennen.›»[7] Doch die Gottheit ist nicht eine Gottheit in des Wortes gewöhnlicher Bedeutung, nicht wie ein äußerer Gott oder eine Göttin, wie wir im Westen denken mögen. Diese Gottheiten sind Personifikationen von etwas, das Blofeld «Geisteskraft» nennt; das Objekt der Verehrung ist zum Beispiel nicht der historische Buddha Gautama oder die Buddha-Tara oder der Bodhisattva Avalokiteschvara, sondern das Prinzip der Erleuchtung selbst, das in jedem Mann, in jeder Frau zu finden ist.

Als ich am Nachmittag vom Tushita Meditationszentrum in das Hotel zurückkomme, liegt da eine Nachricht für mich von Bhikschuni Karma Lekshe Tsome. (Bhikschuni bedeutet voll ordinierte Nonne.) Sie gibt mir endlich den Zeitpunkt für ein Treffen an. Das hieß zwar, daß ich den Berg mit Kameratasche, Tonbandgerät und Notizbüchern eineinhalb Kilometer oder mehr hinuntersteigen mußte, um nach Jamyang Chöling zu gelangen, einem kleinen Kloster für Leute aus dem Westen. Aber ich war dennoch erleichtert, daß ich mich mit Lekshe zusammensetzen konnte. Sie ist Amerikanerin, um die vierzig, und wurde 1977 Nonne in der tibetischen Tradition. Sie hat in den letzten zehn Jahren in Dharamsala gelebt und studiert.

Lekshe begrüßte mich mit einem herzlichen Lächeln an der Tür. Ihr Kopf war geschoren, sie trug das einfache rote Gewand einer Nonne. Sie lud mich zu sich ein. Ihre Unterkunft bestand aus einem einfachen Raum mit einem Bett, einer Schreibmaschine, einem Ofen, zwei Stühlen, einem kleinen Tisch und einem großen Altar. In Jamyang Chöling gab es kein fließendes Wasser oder Innentoiletten, nur einfache, kahle, weißgetünchte Räume mit einem hölzernen Podest für ein Bett und ein oder zwei Regale. Es lag abseits des Hauptweges, der zum Kloster des Dalai Lama führte, zurückgesetzt zwischen Kiefern. Die Aussicht über die Ebenen unten war atemberaubend. Es war ein guter Ort, um sich zurückzuziehen. Während auf ihrem Kerosinherd Teewasser kochte, erzählte sie mir ein wenig, auf welchen Umwegen sie nach Dharamsala gekommen war.

Lekshe stammte aus Kalifornien. Sie war eine leidenschaftliche Surferin. Mit neunzehn brach sie vorzeitig das College ab, um an der ersten internationalen Surfmeisterschaft in Japan teilzunehmen. Sie war die einzige junge Frau im Wettbewerb. «Doch im Winter wurde es zu kalt zum Surfen. Deshalb ging ich in ein Kloster und begann mit *zazen*. Von da kam ich nach Vietnam, Singapur, Malaysia, Kambodscha, Sri Lanka, Indien, Nepal, meist allein. Überall wurde ich instinktiv vom Buddhismus angezogen.» Nachdem sie zwei Jahre durch Asien gereist war, kehrte sie in die Vereinigten Staaten zurück, studierte in Berkeley Chinesisch und Japanisch und beschäftigte sich in Hawaii mit asiatischen Studien für ihre Examensarbeit. Von da kehrte sie nach Indien, nach Dharamsala, zurück, in das Zentrum der tibetischen Diaspora. «Am allerersten Tag, an dem ich in der Bibliothek in Dharamsala an einem Seminar teilnahm, wurden mir endlich all die Fragen erklärt, die ich als Kind über das Sterben und das, was nach dem Tod geschieht, stellte. Bisher war niemand imstande gewesen, sie mir voll zu beantworten. Das war 1972.»

Lekshe war die einzige Person aus dem Westen und die einzige Frau, die am Institute of Buddhist School of Dialectics studierte, als ich sie besuchte. Zusätzlich zu dem anspruchsvollen Studium war sie gerade dabei, die erste internationale Konferenz der buddhistischen Nonnen zu organisieren, die im kommenden Frühjahr 1987 in Bodh Gaya in Indien stattfinden sollte. Der Dalai Lama würde die Konferenz eröffnen. Es versprach, ein historisches Ereignis zu werden.[8] Es war aufregend, von ihren Plänen zu hören. Besonders bewegte mich, von Lekshes Arbeit zugunsten der tibetischen Nonnen zu erfahren.

In der Vergangenheit waren die tibetischen Nonnen nicht Bhikschunis (voll ordinierte Nonnen) geworden, weil die Bikschuni-Überlieferungskette nicht nach Tibet getragen worden war. Infolgedessen konnten sie nur als Novizinnen praktizieren. «Überlieferungskette» bezieht sich auf die direkte Übertragung von Lehren des Buddha von einer Person zur anderen, wodurch Kontinuität, Echtheit und Genauigkeit gewahrt blieben. Warum die Bikschuni-Überlieferungskette für Nonnen im tibetischen Buddhismus nicht eingerichtet wurde, ist nicht klar. Einige Lamas meinen, daß sie wohl gegründet wurde, aber in einer Verfolgungswelle im neunten Jahrhundert in Tibet verlorengegangen sei, als Mönche und Nonnen gezwungen waren, heimlich zu arbeiten. Die meisten nehmen aber an, daß die Überlieferungskette für Nonnen niemals von Indien nach Tibet kam, sondern nur die für Mönche.[9] Da die gesamte mönchische Gemeinschaft für die authentische Ordination verantwortlich ist, konnte eine Ordination ohne Rückhalt von beiden, Mönchen wie Nonnen, nicht stattfinden.

Festgelegte Regeln bestimmen, daß gewisse Verfahren, die in alten Texten erklärt sind, während der Ordination einzuhalten sind; eine bestimmte Zahl von Mönchen und Nonnen, die mindestens zehn oder zwölf Jahre ihr klösterliches Leben geführt haben, müssen anwesend sein. Fehlt eines der erforderlichen Elemente, zum Beispiel die notwendige Zahl von Mönchen und Nonnen, wird die Ordination nicht als echt angesehen, und die Überlieferungskette ist unterbrochen.

Es handelt sich dabei nicht um eine esoterische Angelegenheit, sondern um ein praktisches Verfahren der mönchischen Disziplin. Daß sie nicht voll ordiniert waren, brachte vielen tibetischen Nonnen gesellschaftliche

Nachteile und hinderte auch die Entwicklung, Frauen als Lehrer einzusetzen. Entsprechend ihrem Status als Novizinnen erhielten die Nonnen eine schlechtere Ausbildung und Erziehung. In den letzten tausend Jahren wurden einige tibetische Nonnenklöster zu Orten, wohin man Frauen, die nicht verheiratet werden konnten, Witwen oder solche, die nicht in die traditionelle Gesellschaft paßten, abschob. Auch heute leben viele am Rande der Existenz, sind oft krank, verarmt und Analphabeten.

Die meisten tibetischen Nonnen waren jedoch Frauen, die ernsthaft versuchten, zu studieren und die buddhistischen Lehren zu praktizieren, weil sie spirituell hoch motiviert waren. Zudem war das Kloster oft der einzige Ort, wo eine alleinstehende Frau ein ehrenhaftes, geschütztes Leben führen konnte, was bis vor kurzem auch für den Westen galt.

Aber voll anerkannt oder nicht, die Nonnenklöster stellten eine wichtige tibetische Institution dar. Vor der chinesischen Machtübernahme gab es über sechshundert Nonnenklöster mit mehr als 18000 Nonnen innerhalb Tibets. Jetzt sind es in der gesamten tibetischen Tradition in Nepal und Indien schätzungsweise noch neunhundert.[10]

Die eigenen Bemühungen der tibetischen Nonnen, ihre Situation richtigzustellen und zu verbessern, haben durch den Einfluß westlicher Gedanken wesentlich zugenommen. Das Problem, die volle Ordination für Nonnen in der tibetischen Tradition wiederherzustellen, ist in den vergangenen zwanzig Jahren in den Vordergrund getreten, als westliche Frauen sich dem Klosterleben zuwandten und sich auf den Status einer Novizin beschränkt fanden. Die persönliche Unterstützung durch seine Heiligkeit, den Dalai Lama, und den verstorbenen Gyalwa Karmapa, das Oberhaupt der Kargyu-Sekte, spielt ebenfalls eine Schlüsselrolle bei den Veränderungen, die heute zur Frage der Ordination stattfinden.

Die erste Nonne war Mahaprajapati, die Tante des Buddhas. Sie hatte den jungen Gautama wie ihr eigenes Kind aufgezogen, weil seine Mutter, ihre Schwester, die Königin Maya, kurz nach seiner Geburt starb. Zuerst lehnte Gautama Buddha es ab, sie in seine Gemeinschaft von Mönchen und Novizen aufzunehmen, aber sie ließ sich nicht abbringen und fuhr fort, ihm wegen der Ordination zuzusetzen.

Ich hörte Lekshe mit Vergnügen zu, als sie diese Geschichte erzählte und ich an Mahaprajapati dachte, die schon eine ältere Frau war, als dieses Zusammentreffen stattfand. Sie hatte diesen Mann aufgezogen, den sie nun den Buddha nannten, sie hatte ihn sauber gemacht, ihn gefüttert. Kein Wunder, daß sie sich nicht wegschicken lassen wollte.

«Der Buddha sah die Folgen: Sie in seine Gemeinschaft aufzunehmen, würde andere Frauen ermuntern, ihr Heim zu verlassen, ein radikaler Schritt in der indischen Gesellschaft vor zweitausendfünfhundert Jahren», fuhr Lekshe fort. «Der Buddha saß in der Klemme, nicht wahr? Es war eine Bedrohung der damaligen gesellschaftlichen Ordnung. Noch mehr Tee?» fragte sie und stand auf, um den Kessel noch einmal aufzusetzen.

Mahaprajapatis Begehr war mit vielen Problemen verbunden. Sie reiste nicht allein. Eine große Gruppe Frauen, die mit ihr kamen, wollten auch ordiniert werden. Noch immer sagte er nein. Als der Buddha sich nach Vaisali, eine andere Stadt, begab, folgten ihm die Frauen. Mahaprajapati schnitt sich das Haar ab, zog safrangelbe Gewänder an und marschierte mit ihren Anhängerinnen barfuß die einhundertachtzig Kilometer lange Strecke.[11] Sie wurde immer entschlossener. Als sie die Tür der Mönchshalle erreichte, war sie ganz aufgelöst vor Überanstrengung und weinte, blieb aber unerschütterlich. Staubbedeckt, die Füße geschwollen, lehnte sie es absolut ab, weiterzugehen, selbst dann nicht, als der Buddha ihr Ersuchen drei weitere Male abgewiesen hatte. Schließlich griff sein erster Schüler Ananda ein. Er hielt dem Buddha vor Augen, da er lehre, daß auch Frauen Erleuchtung erlangen könnten, ergäbe sich daraus, daß sie auch tauglich seien, ordiniert zu werden. Daraufhin gab der Buddha nach. Mahaprajapati und ihre Anhängerinnen wurden ordiniert. Die Vernunft hatte über die lähmende gesellschaftliche Konvention gesiegt. An diesem Tag wurde der buddhistische Nonnenorden, der *Bikschuni sangha*, geboren.

Lekshe erhielt ihre Ordination durch eine koreanische Überlieferungskette, die von China weitergeleitet wurde, und setzte sich im Namen ihrer tibetischen Schwestern dafür ein, die tibetische Bikschuni-Überlieferungskette wiederherzustellen. Ich war erstaunt, wie sehr sie sich engagierte. Sie lebte ohne Innentoilette, ohne heißes Wasser, in der Kälte der Bergwinter, mit periodischen Ausbrüchen von Hepatitis durch schlechtes Wasser und Ratten. Um sich und ihre Arbeit zu finanzieren, unterbrach sie in Abständen ihr Leben hier, kehrte in den Westen zurück, um ihr Visum zu erneuern und genug Geld zu verdienen, damit sie ihre Studien fortsetzen konnte. Sie hatte gewaltige Hindernisse auf sich genommen und baute sie, ohne zu klagen, langsam und gelassen ab.

Zu Hilfe kam ihr die totale innere Gewißheit von der Bedeutung der Lehren des Buddha. Bei der Begegnung der westlichen Welt mit dem Buddhismus ist die Rolle der ersten Generation westlicher Nonnen und Mönche außerordentlich wichtig. Lekshe hängte ihr ganzes Herz an diese

Aufgabe. Sie hatte den Buddhismus fünfundzwanzig Jahre studiert und befaßte sich jetzt damit, eine ordentliche Übersetzung der Texte zu schaffen und die Reinheit der Lehre zu erhalten. Sie arbeitete sowohl mit tibetischen wie chinesischen Quellen und ermutigte andere Frauen, sich auch dieser Aufgabe zu widmen.

«Frauen müssen härter arbeiten als Männer, das ist wahr. Wir haben den Nachteil, daß wir die Last von Jahrhunderten mit uns herumschleppen, innerlich wie äußerlich», sagte Lekshe sachlich. Doch nach ihrer Überzeugung lag in diesen Texten für alle soviel Bedeutung, daß die Diskrepanzen zwischen dem, was der Buddha lehrte, und der Art, wie verschiedene Kulturen die Lehren abgeändert hatten, gelöst werden konnten. Diese Widersprüche wurden bei ihr nicht zu einer Quelle der Frustration, sondern schienen ihre Anstrengungen eher zu bestärken. Lekshe wußte, daß keine Zeit zu verlieren war.

«Es hat in den Vereinigten Staaten Probleme mit einigen Lehrern und ihren Studentinnen gegeben», erzählte ich Lekshe, «obwohl es vielleicht nichts anderes ist, wenn der Priester mit Mitgliedern seiner Gemeinde schläft. Die Probleme von Sexualität, Macht und Geld haben sich überall gestellt. Vielleicht waren wir zu idealistisch, als der Buddhismus in den Westen kam.[12] Und doch, was mich zum tibetischen Buddhismus hinzog, war zum Teil auch die total andere Art, den Körper und die Sexualität zu betrachten. Das Bild der Gottheiten in der Vereinigung bestätigte die Dimensionen des Heiligen in der Sexualität», sagte ich ihr, «und doch hat, nach dem wenigen, das ich gelernt habe, tantrische Praktik im Buddhismus wenig oder gar nichts mit gewöhnlicher Sexualität zu tun. – Es scheinen über Sexualität und tantrische Praktik viele Mißverständnisse zu herrschen. Ich bin nicht sicher, was die Leute in den USA aus den ‹tantrischen› Praktiken machen. Die kurze Zeit, die ich in Asien verbracht habe, hat mir das Gefühl vermittelt, daß sie von dem, was im Westen unter der Rubrik ‹Verbesserung Deines Sexuallebens› verbreitet wird, ganz und gar verschieden ist.»

Lekshe nickte und sagt: «Es wimmelt von Mißverständnissen über Sexualität und Lehrer. Tantrische Praktik handelt *nicht* von gewöhnlichem Sex. Im Westen wurden die tantrischen Lehren oft in gefährlicher und verzerrter Weise ausgelegt. Tantrischer Symbolismus wird eigentlich benutzt, um die Bedeutung der Verbindung von Weisheit mit wirkungsvollen, mitleidsvollen Taten zu illustrieren. Die Leute sehen die Form einer Gottheit in der geschlechtlichen Vereinigung und mißverstehen den männlichen/ weiblichen Symbolismus. Buddhistische tantrische Lehren erklären tiefgründige Meditationsmethoden zur Visualisierung deiner selbst als ein erleuchtetes Wesen, um erleuchtete Qualitäten zu entwickeln. Das ist der sogenannte ‹göttliche Yoga›.

Bevor sie anfangen, Verpflichtungen einzugehen und Gelübde abzulegen, müssen die Menschen den Buddhismus studieren. Man muß wissen, worauf man sich einläßt. Spirituelle Entwicklung ist etwas, das sich über viele Leben hinzieht. Bodhisattva-Gelübde binden einen bis zur Zeit der endgültigen Erleuchtung, was noch viele Äonen entfernt sein kann. Wir verpflichten uns, ewig für das Wohlbefinden von Wesen zu arbeiten. Wenn wir nicht bereit sind, das zu tun, sollten wir uns Zeit lassen, uns zu entwickeln. Wir müssen uns selbst einige schwierige Fragen stellen, bevor wir einen Lehrer nehmen, ganz gleich in welcher Tradition wir sind», fügte sie hinzu.

«Wir haben die Pflicht, den Lehrer von Anfang an zu prüfen. Frage Dich selbst, ob das der Mensch ist, dem du deine spirituelle Entwicklung anvertrauen willst. Frauen müssen sich darüber besonders klar sein. Es gibt eine Menge Leute, die von sich behaupten, Lehrer zu sein, die sich als ‹erleuchtet› bezeichnen. Gib acht! Meist verfügen die Menschen, die am bescheidensten und zurückhaltendsten auftreten und nicht mit ihrer Entwicklung prahlen, über das größte Wissen. Wir müssen manchmal lange nach solchen Menschen suchen, aber darin liegt unsere Verantwortung. Selbst wenn das bedeuten sollte, die in Frage kommende Person jahrelang zu beobachten, bevor wir sie fragen, ob sie unser Lehrer sein will, verzichte nicht darauf. Wir müssen sichergehen, ob das Benehmen des Lehrers mit seinen Lehren in Einklang steht.»

«Wolltest Du nicht auch Lehrerinnen haben oder hast versucht, welche zu finden?» fragte ich.

«Unter meinen einundzwanzig Lehrern waren drei Frauen. Eine ist gestorben», antwortete sie. «Es gibt bedeutende Frauen, die Meditation in vielen Traditionen lehren, in Sri Lanka, Nepal, Indien, Korea, Japan, Taiwan; einige sehr gute Lehrerinnen. Doch man muß nach ihnen suchen.– Wenn wir uns auf die Praktik konzentrieren und sie gut machen, dann können wir vielleicht von jetzt an gerechnet in zehn oder zwanzig Jahren Lehrerinnen sein. Lehrerinnen werden von ganz alleine kommen. In der Zwischenzeit praktizieren wir den Dharma. Wir müssen daran denken, uns selbst spirituell zu entwickeln. Das ist wesentlicher, als zielstrebig Lehrerinnen heranzubilden.

Da beide, Männer und Frauen, sowohl männliche wie weibliche Elemente in sich haben, ist es das wichtigste, einen qualifizierten Lehrer zu finden. Wenn es eine Frau ist, ist es gut. Ist es ein Mann, auch gut. Die Hauptsache sind Studium und Praktik und die Fähigkeit, voneinander zu lernen. Wir müssen nicht die Buddhaschaft erreicht haben, um einander auf dem Pfad zu ermutigen. – Wir sind alle Lehrer. Letztlich ist der Buddha unser Lehrer. In der buddhistischen Tradition können wir uns immer seinen Lehren zuwenden und dort Antworten finden. Er unterrichtete fünfundvierzig Jahre und dies aus gutem Grund. Wir haben Bände von Lehren und Bände von Kommentaren, um sie zu erklären. Wir brauchen nur die Zeit, sie anzuschauen. Es ist inspirierend, Menschen zu sehen, die nach seinen Unterweisungen leben und unsere persönlichen Fragen beantworten können, doch die letzte Zuflucht sind die Dharma-Lehren. Sie sind unsere treuesten Führer. Der Dharma wird niemals seinen Wert verlieren.»

Neben Lekshe gibt es andere Frauen, die sich dieser Probleme angenommen haben und große Beiträge für die Frauen auf diesem Pfad leisten,[13] doch die Verhältnisse lagen so, daß ich ausgerechnet Lekshe begegnete. Ihre Kommentare zum tibetischen Buddhismus waren mir Nahrung, trieben mich tiefer in mein eigenes Engagement zu praktizieren. Sie lebte ganz einfach, hatte ihre Bedürfnisse eingeschränkt.

Paß auf, sagte ich zu mir selbst. Ich setzte die Begegnung mit Frauen fort, die mich auf diesem Pfad weiterführten, ihre Hände ausstreckten, mir weiter halfen. Wenn sie auch nicht formal als Lehrer galten, für mich waren sie es. Ich fand Lehrerinnen auch ganz anderer Art als ich gesucht hatte. Wesentlich aber war doch die Wertschätzung, die ich ihnen entgegenbrachte. Ich hätte sie ablehnen können, denn sie waren nicht formal anerkannt, aber es lag auch an mir, in dem, was sie mir gaben, die Lehren zu erkennen. Der Dharma ist überall. Wenn ich glaube, daß er von einer männlichen Autorität kommen muß, so ist das ein Überbleibsel meiner Erziehung. Niemand sagt mir, daß dies so ist. Mein eigenes Denken – gewohnheitsmäßig, unbewußt und nicht überprüft – ist mein ärgster Feind. Lehrerinnen gibt es überall. Es liegt an mir, diese Tatsache zu erkennen und anzuerkennen.

In der Library for Tibetan Works and Archives in Dharamsala traf ich Tashi Tsering, einen tibetischen Gelehrten. Er führte mich in einen Raum, der vom Fußboden bis zur Decke mit tibetischen, auf lose Blätter gedruckten Texten gefüllt war, alle in gelben und orangenen Stoff gewickelt. Er fand für mich einen Passus über die Schwarze Tara. Viele weibliche blauschwarz gemalte Gottheiten werden in den Texten als schwarz beschrieben, erklärte er mir. Die meisten der wilden Gottheiten sind dunkelblauschwarz, es gibt auch rote, doch blau-schwarz dominiert. «Sie ist die elfte Tara. Ja, sie ist schwarz. Sie besitzt die Fähigkeit, alle Wesen an ihre Seite zu rufen. Sie behebt Armut. Viel mehr besagt der Text nicht über sie.»

Tashi Tsering schlug vor, daß ich zu Thupten Sangye gehen sollte. Er war jetzt ein alter Mann und hatte dem Dreizehnten Dalai Lama gedient. Sein Büro befand sich im obersten Stockwerk der Bibliothek. Wir saßen beim Tee zusammen, als er mir durch Dupchok über *rangjung* erzählte.

«*Rangjung* ist eine sehr kostbare Sache. Der Schleier fällt, eine andere Realität dringt ein, und alle segensreichen Gebete dieser Gottheit sind konzentriert. Für uns ist das ganz natürlich und durchaus nicht erstaunlich.»

*Beim Dalai Lama in Neu Delhi, Indien, Oktober 1986*

Die Vorbereitungen für das Durga-Fest sind in vollem Gange, als ich nach Delhi zurückkomme. Dorfbewohner strömen vom Land in die Stadt.

Der Oktoberhimmel färbt sich gelb von dem staubigen Wind, der durch den späten Nachmittag braust und die Vorhänge am offenen Fenster peitscht. Unter meinem Balkon im zweiten Stock blühen Frangipani, groß und rosa. Es ist Herbst, doch in Delhi ist es noch immer heiß. Wiewohl ich auch andere Musikaufnahmen bei mir habe, höre ich immer wieder Paul Simons *Graceland*, es scheint für Reisen in diesen Zeiten geschrieben zu sein. Selbst tibetische Mönche mußten in Dharamsala durch die Sicherheitskontrollen gehen, wenn sie die Lehren des Dalai Lama hören wollten. Durchsuchungen sind Teil des Lebens geworden. Die Schließung von Grenzen ist eine Antwort auf den eskalierenden Terrorismus. Seit diesem Monat werden Amerikaner aufgefordert, sich für die Einreise nach Frankreich ein Visum zu besorgen, und indische Staatsangehörige brauchen ein Visum für England.

Simon singt über Leben, das brennt. Wird Indien brennen? Der Punjab, Darjeeling, die Tamilen, der Attentatsversuch auf Rajiv Gandhi an jenem Tag, da ich New York verließ – sind das die Holzspäne zum Anzünden? Die Hitze baut sich auf. Nachrichten von der Katastrophe in Tschernobyl. Radioaktivität macht an internationalen Grenzen nicht halt.

Ich habe den Nachmittag mit Seiner Heiligkeit, Tenzin Gyatso, dem 14.

Dalai Lama, und ungefähr vierzig andern Leuten, zumeist Indern, verbracht. Unter den Zuhörern waren einige Europäer, ich war die einzige aus Amerika. In seiner Suite im Ashoka-Hotel werden wir von dreizehn bis siebzehn Uhr auch an den nächsten beiden Tagen die Lehren von Seiner Heiligkeit über die grundlegenden Glaubenssätze und Praktiken des tibetischen Buddhismus empfangen. Er will sich darauf konzentrieren, wie sich elementare buddhistische Lehren im Alltagsleben durchführen lassen.

Jetzt, allein im Hotelzimmer, mit dem sich über mir drehenden Ventilator, nehme ich das alles auf: die Musik, die Gegensätze zwischen Seiner Heiligkeit und dem Gespräch über Frieden und der unübersehbaren Präsenz des Militärs im Punjab, durch den wir gestern gefahren sind. Die Musik hält Erfahrungen zusammen, die mein Verstand nicht fassen kann: Geschichten von Massakern und Torturen an den Tibetern, deren Kinder gezwungen wurden, ihre Eltern zu schlagen, die von den Chinesen verprügelten Mönche, das Leben des Leprakranken in Dharamsala, der seine Tochter zu Weihnachten besuchen will. Prema erzählte mir von einem Sadhu, einem heiligen Mann, dem sie auf einer Pilgerfahrt zur Quelle des Ganges begegnet war. Er ist vier Monate lang in seiner Höhle vom Eis eingeschlossen. Das übrige Jahr kocht er Essen für die Pilger und nimmt kein Geld an.

Die Suite des Dalai Lamas ist üppig mit Blumen geschmückt. Rechts von ihm hat man einen Altar aufgebaut mit den traditionellen sieben silbernen Wasserschalen, Butterlampen, Räucherstäbchen und Blumensträußen – rosa- und lachsfarbenen Rosen – und einer Statue des Buddha. Tenzin Gyatso sitzt in seinem ärmellosen goldgelb und roten Mönchsgewand auf einer beigen Couch unter dem großen Tangkha, um den ein *katha* drapiert ist: vor ihm steht eine Schale mit gelben Rosen. Draußen hupt unablässig ein Auto.

Ich sitze im hinteren Teil des Zimmers auf einer grünen Samtcouch, einigermaßen bequem mit drei anderen Leuten zusammengepreßt. Fast alle Frauen im Raum tragen Seidensaris, grüne und gelbe, rosa und dunkelblaue Karomuster, braun, mit goldenen Borten, orange: ihre leuchtenden Farben schmücken den Boden. Über den beigen Teppich sind weiße Tücher ausgebreitet, darauf liegen die viereckigen, orangenen Meditationskissen. Die meisten Zuhörer haben darauf Platz genommen. Einige der Männer sind ganz in Weiß gekleidet.

Der Dalai Lama beginnt, indem er die praktischen Möglichkeiten aufzeigt, wie man seinen Geist trainiert. «Die geistige Haltung ist sehr wichtig. Sie befähigt Sie, sich sogar dem Tragischen zu stellen. Es ist sehr nützlich, unseren Geist zu trainieren. Das Leben ist voller Widersprüche und Probleme. Wie wollen wir mit unseren Problemen fertig werden? Das ist eine entscheidende Frage, nicht wahr? – Gewalt und Grausamkeit nehmen zu, deshalb ist die Botschaft des Buddha von der Gewaltlosigkeit in der modernen Zeit so wichtig. Wie Gandhi müssen wir das Wesentliche aus dieser Botschaft nehmen und in unser Leben einbringen.»

Der Dalai Lamai ist beim Sprechen immer in Bewegung, springt beinah hin und her – er kann so energiegeladen sein – und verleiht seinen Ansichten gestenreich Nachdruck. «Altruismus ist der Schlüssel zum Glück. Eigenliebe hat viele Nachteile», führt er aus. «Sie kann unzählige Probleme nach sich ziehen, vom Familiengezänk bis zu internationalen Streitigkeiten. All das kommt nur von der Selbstsucht. Andere zu lieben und zu respektieren, offen zu sein, aufrichtig und ehrlich, das sind die Fähigkeiten, die wir entwickeln müssen.»

Er gibt uns Anweisungen zur Meditation und Visualisierung, indem er uns durch eine Reihe von Stufen der Meditation führt. Was sich mir einprägte, war seine Diskussion über Feinde als Lehrer. «Alle Wesen wollen Glück und nicht Leid. Visualisieren Sie Ihre persönlichen ‹Feinde› genauso wie sich selbst, jene, die Ihnen Verdruß bereiten», sagt er in einer Stufe der Meditation. «Stellen Sie sich alle Wesen vor, als wären sie einst Ihre Mutter gewesen. Sie behandelte Sie mit großer Liebe und Freundlichkeit. Wir sollten über jeden Menschen mit diesem Bewußtsein denken. Wir sollten äußerst dankbar sein. – Wir sind alle von der Freundlichkeit der anderen abhängig, wir brauchen nicht nur unsere nächsten Verwandten und engen Freunde, sondern alle Wesen: die Arbeiter, die dieses Gebäude errichteten, die Leute, die die Nahrung anbauten, die wir essen, die die Kleider herstellten, die wir tragen.

Die simple Existenz ist ganz und gar von anderen abhängig... Um diese Dinge, über die wir gesprochen haben, zu praktizieren – Mitleid, Liebe, Freundlichkeit, Altruismus – brauchen wir andere Wesen. Ihre Fähigkeit, auf dem Pfad voranzukommen, ist von anderen abhängig. Um Mitleid zu entwickeln, müssen wir Toleranz besitzen, ein Schlüsselfaktor. Zorn und Haß sind die großen Hindernisse für Liebe und Mitleid.

Toleranz ist ein Schlüssel zum Mitleid, und deshalb brauchen wir Feinde, damit wir die Gelegenheit haben, Toleranz zu praktizieren. Feinde sind sehr wichtig, sie geben Ihnen die Gelegenheit, sich zu entwickeln und zu wachsen.» Der Dalai Lama zeigte schnell auf, daß es leicht ist, geduldig und freundlich gegenüber Menschen zu sein, die wir mögen und um die wir uns sorgen. Aber es sind unsere Feinde, an denen wir Tugenden entwickeln und wachsen. Freundlich und tolerant gegen jene zu sein, die uns Unannehmlichkeiten oder Böses zufügen, über sie nachzudenken als Menschen, die wie wir selbst sind, sie wie Mitglieder unserer eigenen Familie zu sehen, war ein herausfordernder Gedanke. Wie der oft auf taube Ohren stoßende Ausspruch von Jesus Christus: «Liebt Eure Feinde, tut wohl denen, die Euch hassen», ist die Botschaft des Dalai Lama nicht für die Kleinmütigen.

Die zwingendste Lehre, die er gab, blieb die eine, unausgesprochene. Er selbst hatte allen Grund, zornig und verbittert gegen die chinesische Regierung zu sein. Doch er ist es nicht. Einige Tibeter, die ich traf, zeigten sich bestürzt, daß er so auf Gewaltlosigkeit bestand, und manch einer verlangte die bewaffnete Revolution, aber er lehnte ab, einen solchen Weg für sein Volk zu unterstützen. – Ob es mir gefiel oder nicht, sich diese Lektion zu Herzen zu nehmen, war am schwierigsten und wichtigsten.

Im Speisesaal des YMCA in Delhi, wo ich übernachtete, wurde der Tee in heißen Nickel-Silber-Kannen serviert, die man nur mit einer dicken weißen Stoffserviette anfassen konnte. Sprachen schwirrten um mich herum: Deutsch, Norwegisch, Hindi, Englisch mit amerikanischem, britischem und kolonialem Akzent.

Die Luft in Delhi an diesem Morgen war schwer. Ich saß beim Frühstück einem Paar aus Deutschland gegenüber. «Wir spüren immer noch die Auswirkungen von Tschernobyl. Wir können noch immer keine Pilze essen», sagten sie mir. «Zuerst hieß es, trinkt keine Milch, eßt Salat, Spinat und Pilze. Nun sind es gerade die Pilze.»

Ich erzählte ihnen, daß ich nach den Unterweisungen auf dem Weg in die Schweiz sei und von da hoffte, nach Polen zu gehen, um meine Forschungen über die Schwarze Madonna, die polnische Nationalheilige beginnen zu können. – «Über Polen ist auch radioaktiver Niederschlag von Tschernobyl niedergegangen. Seien Sie vorsichtig.»

Die Telefonvermittlung des Hotels funktionierte schon den dritten Tag nicht. Keine Telefonate nach draußen. Ich wartete auf einen Anruf von Sunil Roy, dem früheren indischen Botschafter in Mexiko, Nicaragua und anderen Ländern. Jetzt war er Umweltberater für die UN. Er wurde als erster in den fünfziger Jahren nach Warschau geschickt, als Indien dort eine Botschaft einrichtete. Polen war sein liebster Posten.

Sunil kam selbst ins YMCA; er hatte gegenüber dem Telefonsystem resigniert. Er bestand darauf, mich zur Bibliothek zu fahren, wo er mir zwei Lexikonbände herauszog, mich an einen Tisch schob und mich aufforderte, die Stichworte über Polen zu lesen. In der Zwischenzeit ging er weg, um irgendwo in den Straßen Delhis eine Taschenbuchausgabe von James Mitcheners *Polen* zu finden, die ich auf der langen Reise, die noch vor mir lag, lesen sollte.

«Es wird Ihnen helfen, ein Gefühl für die Geschichte Polens zu bekommen, ganz gleich, ob Sie etwas von Mitchener halten oder nicht», sagte er, als er eine Stunde später zurückkam, um mich von der Bibliothek abzuholen, und übergab mir triumphierend ein Exemplar.

«Es gibt eine alte Geschichte über Indien und Polen. Ich weiß nicht, woher sie stammt. Sonderbarerweise ist es eine indische Geschichte», begann er später, als wir mit seiner Familie beim Abendessen saßen. «Wenn die Welt zerstört ist, wird es nur zwei Orte geben, die sicher sind. Der eine ist ein Tempel in Ujjain in Südindien und der andere ein Tunnel unter der Kapelle des Wawel in Krakau in Polen. Mehr habe ich darüber nicht herausfinden können. Ist das nicht eine merkwürdige Geschichte? – Meine Liebe, Sie sehen also, Sie sind irgend etwas auf der Spur. Es *gibt* eine Verbindung zwischen Indien und Polen. Irgend etwas, das mit dem Geist der Menschen zu tun hat. Es würde den wenigsten einfallen, diese beiden Länder zusammenzubringen, aber lassen Sie mich sagen, daß ich meine Jahre in Warschau geliebt habe, und daß ich mich bei den polnischen Menschen ganz und gar zu Hause gefühlt habe. Sie müssen sich mit der Geschichte Polens beschäftigen. Sie ist herzzerreißend, aber Sie müssen sie kennenlernen.»

Auf dem Flug von Delhi nach London auf dem Weg in die Schweiz entschloß ich mich, die Lektüre von *Polen* aufzuschieben und statt dessen *Freiheit um Mitternacht* fertigzulesen, ein Bericht über Indiens Kampf um die Unabhängigkeit, die verhängnisvolle Geschichte von den Briten und Mahatma Gandhi. Die Worte besaßen eine solche Anschaulichkeit, daß sie lebendig wurden. Erst 1947 errang Indien die Unabhängigkeit, und das Land muß sich noch immer mit den Konflikten zwischen Sikhs und Hindus auseinandersetzen. Nachdem ich gerade in Indien war, hatte diese kurze, populär geschriebene Geschichte eine Plastizität, die gewöhnlicher Prosa fehlte. Hinter mir auf den Straßen waren Mönche in safrangelben Gewändern gegangen, den Buchseiten entsprungen.

Ich erinnere mich an einen Schuhputzerjungen, den ich in Delhi so ungeduldig abgewiesen hatte. Der Gedanke an die bettelnden Kinder, denen ich nichts gegeben hatte, läßt mich nicht los. «Warum diesen nicht?» fragte ich mich. Es sind so viele, und manche hatten eindeutig keine andere Chance des Überlebens. So vielen gab ich etwas, aber einigen gab ich nichts.

# 8. Die Raben von Einsiedeln

*Küsnacht und Einsiedeln, Schweiz, Oktober 1986*

Ich bin in die Schweiz gekommen, um die Schwarze Madonna von Einsiedeln zu sehen. Die Figur der Kali in Varanasi in Indien hatte mich an eine Fotografie dieser Madonna erinnert. Der auffallend ähnliche Ausdruck der Friedlichkeit an ihnen beiden blieb mir unvergeßlich. Zum erstenmal seit zehn Jahren gestatte ich mir, in meine eigene kulturelle Tradition des Katholizismus zurückzublicken. Meine erste Überseereise von den Vereinigten Staaten unternahm ich nach Asien. In Europa war ich bisher noch nie gewesen. Ich hatte mich von meiner eigenen spirituellen und kulturellen Tradition abgewandt, weil ich ihr wenig Wert beimaß. Jetzt bin ich nicht länger überzeugt, daß das richtig ist.

Über ganz Europa sind Hunderte von dunklen oder schwarzen Madonnen verstreut: In Spanien, Frankreich, Italien, Österreich, der Schweiz und anderen Ländern.[1] Doch die Madonna von Einsiedeln faszinierte mich aus zwei Gründen: Erstens war da das Gefühl, daß sie mit der friedlichen Kali, die ich in Varanasi gesehen hatte, verwandt ist – wie entfernt auch immer; und zweitens die Tatsache, daß sie kohlschwarz bemalt ist. Dies ist nicht etwa eine Madonna, die nur durch Rauch schwarz wurde oder aus einem Holz geschnitzt ist, das im Laufe der Jahrhunderte nachdunkelte. Sie beeindruckte mich als eines der klarsten Beispiele einer eindeutig schwarzen Gottheit, die von einer weißen Bevölkerung verehrt wird, und das zog mich an. Zweifellos ist das keine ethnische Frage, die Schweizer sind seit eh und je hellhäutig. Ich bin nach Küsnacht gekommen, weil sich hier das Jung-Institut befindet, und weil sich Einsiedeln von hier aus bequem erreichen läßt. Die kleine Stadt Küsnacht liegt etwa auf halbem Weg zwischen Einsiedeln und Zürich, am Ufer des Zürichsees. Ich hatte den Auszug einer Abhandlung über die Madonna von Einsiedeln erhalten, die am Jung-Institut geschrieben worden war, und wollte hier weitere Forschungen anstellen. Man wies mich zu einem Hotel am See, etwa zehn Minuten zu Fuß vom Institut entfernt.

Es ist später Sonntagvormittag, die erste mir sich bietende Möglichkeit, die Madonna von Einsiedeln zu sehen, und ich merke, daß ich krank

*Der Marienbrunnen vor der Klosterkirche Einsiedeln.*

werde. Ich schlief mit meinem kobaltblauen Tuch um den Hals und einem braunen Wollschal aus Indien über meinen Schultern sowie allen Decken, die das Hotel bereitgelegt hatte. Mein Hals ist rauh und heiser. Möwen kreisen und kreischen auf dem Zürichsee vor meinem Fenster. An diesem Morgen weht ein heftiger, kalter Wind, rauscht in dem großen Nadelbaum vor meinem Fenster und pfeift schrill durch die Fensterläden. Zerrissene Wolken jagen rasch dahin, der blaugraue Himmel öffnet sich für ein paar azurblaue Stellen. Zwei graue Schwäne schwammen unmittelbar vor meinem Fenster, als ich zuerst aufstand, doch jetzt ist der See rauh und trägt weiße Schaumkronen. Unaufhörlich läuten Kirchenglocken.

Unten beim Frühstück blüht purpurne Bergheide in den Blumenkästen vor dem Fenster des Speisesaals. Innen wenden sich rosa Begonien dem Licht zu. Im Speisesaal des Hotels Sonne frühstücke ich dickes, braunes Brot, mit Butter und Aprikosenmarmelade bestrichen, Tee mit Milch und Crackers. Der Kellner spricht nur Deutsch, der Hausdiener Italienisch, die Gäste am nächsten Tisch Französisch. Dank meiner Schuljahre mit Latein und Französisch verstehe ich ab und an ein Wort. Doch ich bin nicht imstande, ein Gespräch zu führen. Mit ein paar französischen und italienischen Sätzen komme ich durch den Tag, zu mehr bin ich aber nicht imstande, und es macht mich verlegen, daß ich nur Englisch spreche.

Am Nachmittag sitze ich im Zug nach Einsiedeln. Als ich endlich ankomme, regnet es heftig. Selbst am Bahnhof sind die großen Kirchenglocken des Benediktinerklosters zu hören. Die Tasche mit der Ausrüstung über einer Schulter, die Büchertasche über der anderen, jede Mantel- und Kleidertasche vollgestopft mit Filmrollen, Kugelschreibern, Wasserfarben, Farbstiften und Papier spanne ich meinen Schirm auf und mache mich schnell auf den Weg. Ich lache über mich selbst, daß ich all diesen Kram überall mit mir herumschleppe, und eile durch den Regen, glücklich, ohne genau zu wissen, wie ich zur Kirche gelange, aber die Richtung stimmt.

Sechs Straßen weiter komme ich zu der großen Barockkirche mit einem Brunnen davor, in dessen Mitte die Jungfrau auf der Mondsichel steht. Es kann nur das Kloster von Einsiedeln sein. Die breiten Treppenfluchten hinauf zu den hohen Türen an der Seite, zuerst ein schweres Paar Türen geöffnet, das in den gußeisernen Angeln leise quietscht, in den Vorraum, ein zweiter Türflügel, und ich bin im Kirchenraum.

Die kleine schwarze Kapelle der Madonna befindet sich direkt vor mir, völlig umschlossen vom Schiff der größeren Basilika. Ich gehe zu einer

*Die Schwarze Madonna von Einsiedeln.*

leeren Kirchenbank und knie nieder. Glocken läuten, Latein klingt aus dem rückwärtigen Teil der Kirche. Eine Schar Mönche und Priester zieht durch das Kirchenschiff zur Eingangseite der winzigen Kapelle der Jungfrau; ihr Gesang hallt gedämpft durch die höhlenartige Basilika.

Ich recke den Hals, um die Schwarze Madonna in der vergoldeten Gloriole zu sehen, von der Blitze und Strahlen nach allen Seiten ausgehen. Ihr Ausdruck ist gelassen und lieblich. Sie ist eine junge Maria, vielleicht zwischen sechzehn und zwanzig, kohlschwarz bemalt. Das schwarze Jesuskind, das sie in den Armen hält, blickt fast schelmisch drein. Ein Vogel hat sich auf seiner Hand niedergelassen, es sieht aus, als wolle er es gerade in den Daumen picken. Mutter und Sohn sind in schweren, cremefarbenen Satin gekleidet, der über und über mit Blumen aus bunten Seidenfäden bestickt ist. In der rechten Hand hält die Madonna ein Szepter.

Vierzig schwarzgekleidete Priester und Mönche beginnen, vor der schwarzen Marmorkapelle Aufstellung zu nehmen. Die Gottesdienstbesucher erheben sich. In all ihrem Schwarz mit den ernsten Gesichtern sehen die katholischen Priester so düster aus, kein Lächeln, gesenkte Augen – ein erstaunlicher Gegensatz zu den heiteren Gesichtern und den farbenfrohen Gewändern der tibetischen Mönche, die ich gerade in Indien zurückgelassen habe. Es ist etwa zehn Jahre her, daß ich vor einer Madonna in der Seitenkapelle von Abiquiu in Neumexiko stand und diese Spur weiter verfolgte. Soweit bin ich gereist, um sie wiederzusehen!

Jetzt haben sich die Mönche aufgestellt. Es herrscht erwartungsvolle Stille. Und gleich darauf stimmen sie in vollkommener Harmonie die gewaltige mittelalterliche Melodie der lateinischen Hymne *Salve Regina* an, ohne musikalische Begleitung. Daß sie ihre Verehrung für die Madonna im Gesang zum Ausdruck bringen, verändert sie. Ich bin sprachlos. Wenn sie singen, sind sie nicht länger düster, noch erscheinen sie so fremd. In den letzten vierhundert Jahren haben sie jeden Nachmittag um vier Uhr der Madonna das *Salve Regina* gesungen. – Die Hymne hallt durch das riesige Schiff und versetzt mich zurück in meine eigene Kindheit, die schwer belastet ist von einem Katholizismus, den ich als Erwachsene undurchschaubar fand. Als ich jetzt hier vor dieser Madonna stehe, durchschneidet der Gesang die Jahre und öffnet mir einen Weg zurück zu einem Ort, der für mich verloren gewesen war. Erinnerungen drängen sich auf: Die tägliche Messe und Kommunion, Besuche in der Kapelle, Fastenzeit, fleischlose Freitage, Adventskränze, die Welt der Heiligen wie der von Vögeln umgebene Franziskus – versessen auf Gott – und Theresa, die ihre

Nonnen zum Tanz anhielt; Geflüster aus Beichtstühlen, gedämpft und verschwommen, der Geruch von Weihrauch, der um den Altar geschwenkt wurde, die lateinisch gesungene Messe, gregorianische Gesänge, das zarte Glockengebimmel bei der Segnung «Sprich nur ein Wort, o Herr», Rosenkränze mit der Hand beten, Flaschen mit geweihtem Wasser, «Gedenke, o höchst gnadenvolle Jungfrau Maria», die wunderbare Feier von Marias Monat, dem Mai – all das überschwemmt mich wieder, als ich hier lauschend vor der Schwarzen Madonna von Einsiedeln stehe. Eine Kindheit, der ich nur den Rücken kehren konnte, die ich als verloren betrachtet hatte, mir unzugänglich, von der ich mich distanzieren mußte, die mir verschlossen war, habe ich in diesem Augenblick durch den Gesang zurückgewonnen.

Gefühle überfluten mich. Im Mai sangen wir täglich zu Maria und krönten ihre Statue in unserem Klassenzimmer in der Schule der Ursulinerinnen in Dallas, Texas. Es war schon heiß im Mai. Die großen Fensterscheiben standen den ganzen Tag offen, ragten fast horizontal in den Raum hinein. In der Ecke kreiste ein großer elektrischer Ventilator auf einem grünen Metallständer. – Grundschule – aus einem marineblauen Filzhut der Schuluniform werden Namen gezogen, die auf Papierschnitzel geschrieben waren. Der Tag kam, an dem es mich traf. Aufgeregt ging ich nach Hause, rannte durch die Tür: «Mutter, ich bin dran. Ich muß morgen die Krone bringen, hilf mir!» Half sie mir, die Krone anzufertigen oder machte sie sie für mich, ich weiß es nicht mehr. Ich erinnere mich nur, wie ich suchend durch unseren Hof und den der Nachbarn gehe, mich nach Blumen bücke, die klein genug waren, um eine winzige Krone zu formen, fünf Zentimeter im Durchmesser. Manchmal mußten wir mit dem Auto zu meiner Großmutter fahren, ein paar Meilen von uns an einem kleinen Fluß. Von ihr holten wir Stiefmütterchen und Teerosen – half dann auch meine Großmutter? Wir flochten alle Blumen, die wir finden konnten, zu einem winzigen Reif. Vorsichtig wickelten wir den Blumenring in Wachspapier und legten ihn über Nacht in den Kühlschrank. Am nächsten Morgen auf dem Schulweg trug ich die in Wachspapier gewickelte Krone ganz oben auf all meinen Büchern, damit jeder sie bewundern konnte. Dann nach dem ersten Läuten, unmittelbar bevor der Unterricht begann, standen wir alle neben unseren Pulten und sangen eine Hymne zu Ehren von Maria und gingen der Reihe nach durch den Gang zu dem Altar in unserem Klassenzimmer, um sie zu krönen.

Nach dem Gottesdienst führt mich Pater Matthäus durch die Basilika von Einsiedeln. Seine Art, diese Madonna demütig zu verehren, und seine Hilfsbereitschaft beginnen die Mauern niederzureißen, die ich zwischen mir und den katholischen Priestern aufgebaut hatte. Als ich ihn nach den wunderbaren Heilungskräften frage, die von dieser Madonna berichtet werden, versichert er mir, daß die größten Wunder, die hier stattfinden, jene sind, die sich im Herzen der Menschen abspielen.

Ich frage ihn, warum die Madonna schwarz sei. Es gibt keinen Grund, antwortet er, nicht willens, viel daraus zu machen. Auf eine Art ist dies eine richtige und wahrhaftige Antwort. Sie bleibt mir im Kopf. «Aus keinem Grund.» Es gibt viele Gründe, und es gibt keine Gründe. Jetzt stehe ich hier vor dieser Madonna und bin im Begriff, Kerzen anzuzünden und zu beten, etwas, das ich seit Jahren nicht mehr getan habe. Darunter erhebt sich eine Frage: Für wen will ich beten? Bringe ich wirklich fertig, was der Dalai Lama in Delhi von uns forderte – meine Feinde als eines vom Kostbarsten zu sehen, das ich habe? Freunde in der Selbsthilfegruppe sagten mir etwas Ähnliches: Ich muß jedem vergeben, der mir Leid zugefügt hat; es nicht zu tun, bedeute, daß ich mir heute selber schade. Obgleich ich mir in meinen morgendlichen Meditationen beide vorstelle, geliebte Personen und solche, die ich schwierig finde – ‹Feinde› –: diese Kerzen anzuzünden, ist eine andere Sache. Sie fordert mich mehr.

Ich dachte, ich hätte die Vergangenheit abgestreift, aber der Grad der inneren Diskussion, die in diesem Augenblick ausgelöst wird, sagt mir, daß das nicht der Fall ist. Will ich für die, die mich verletzt haben, Kerzen anzünden? Ich halte mich gern an dem Gedanken fest, daß ich ein Recht auf meine Animositäten habe, aber das muß aufhören. Bin ich bereit, auch meinen Anteil daran zu sehen? Ich fühle einen leichten Strom warmer Luft, als ich zu den Reihen brennender Kerzen zu seiten der schwarzen Marmorkapelle der Madonna hinaufsteige. Es gibt keinen vernünftigen Grund; sich seinen Feind als etwas Wertvolles vorzustellen, ist gegen die Vernunft. Vergebung ist daher vernunftwidrig. Die Schwärze dieser Madonna, die Lehren von Buddha, Christus und meine Freunde in der Selbsthilfegruppe, alle sagen mir, daß ich tiefer gehen muß, über die Vernunft hinaus. Diese Madonna besitzt die Kraft zu heilen, aber wie kann sie ihr Werk vollbringen, wenn ich nicht hören will? – Nach kurzem Zögern gehe ich schließlich in die Knie und zünde Kerzen an für alle, um die ich mich sorge, aber auch für jene, gegen die ich feindselige Gefühle hege. Ich bitte darum, daß ich willens werde, meinen Groll aufzugeben. Der erste Schritt ist die Bereitschaft. Als ich dort die letzte Kerze anzünde und das Streichholz ausblase, bin ich auf dem Weg eines Neubeginns ein Stück weiter.

Sowie ich die schweren hölzernen Flügeltüren aufstoße und hinaustrete, sehe ich, daß es den ganzen Nachmittag geschneit hat. Jetzt ist es dunkel, und noch immer fällt der Schnee, dick und lautlos. Die Flocken wirbeln und tanzen, funkeln in den Lichtkreisen der hohen Straßenlaternen.

Man hat mir empfohlen, Dora Kalff zu kontaktieren. Sie ist jetzt Mitte achtzig, Schweizerin wie Jung und seine Schülerin. Er hat sie sehr gefördert. Frau Kalff verehrte die Schwarze Madonna von Einsiedeln und schickte manchmal ihre Patienten dahin.[2] Ich wollte sie unter allen Umständen sehen, als sich herausstellte, daß sie nicht nur eine Analytikerin der Jungschen Schule, sondern auch eine Buddhistin in der tibetischen Tradition war. Mit ihrem Sohn Martin Kalff, ebenfalls Analytiker der Jungschen Schule und Experte für tibetischen Buddhismus, hatte sie in dem zwischen Küsnacht und Zürich gelegenen Zollikon das Yiga Chözin Zentrum für das Studium des Buddhismus und der Psychologie begründet.

Frau Kalff empfängt mich in einem Zimmer, das mit einem tiefroten Teppich ausgelegt ist, in dessen Mitte eine kleine dunkelblaue orientalische Brücke liegt. Die Wände ihres Arbeitszimmers quellen über von Büchern und Spielzeugen, ganz oben auf den Bücherregalen sind buntbemalte Masken aus Papiermaché aufgestellt. Sie erzählt mir, daß die Schwarze Madonna in den Träumen und Phantasien einiger ihrer Patienten auftaucht. «Das Auftauchen der Schwarze Madonna sehe ich gewöhnlich als den ersten Impuls des positiv Weiblichen. Wenn sie kommt, dann können wir vermuten, daß die Psyche beginnt, sich in eine spirituelle Richtung zu entwickeln, spirituell in Verbindung mit dem Alltagsleben, dem Körper, der Erde. Nicht separiert. Viele Leute sprechen über die spirituelle Entwicklung, als sei das etwas hoch oben, irgendwo. Die Tara und die Schwarze Madonna sind die Träger dieser Entwicklung in der Psyche. Wir erleben *jetzt* eine Bewußtwerdung des Weiblichen. Frauen fangen an zu realisieren, daß es zu nichts führt, wenn man sich auf die Bahn des Mannes begibt. Wir müssen unsere eigenen Fähigkeiten entwickeln, nicht die Männer nachahmen. Die Schwarze Madonna fängt an, durchzubrechen.»

Ich werde in ein kleines, aber elegantes Speisezimmer gebeten. Wir haben den 1. November. Ich bin in Winterthur, auf der anderen Seite von Zürich. Der Tisch ist mit weißem Linnen für drei Personen gedeckt. In der Mitte blühen in einer Kristallvase purpurrote Astern. Das schwere Silber ist alt, in einem einfachen Design. Am Ende des noblen, ovalen Tisches steht ein silbernes Teeservice mit einer braun-weißen porzellanenen Teekanne. Die Ecke beherrscht ein prächtiger, großer, smaragdgrüner Kachelofen mit polierten Messingverzierungen.

Noch vor einer Stunde standen Carol Savvas und ich mitten in einem Feld mit trockenem Gras in Rikon, wo wir lachend besonders dauerhafte Gräser pflückten für eine Tara-Meditation, zu der sie sich in Bälde zurückziehen will. Ich hatte Carol kürzlich bei Dora Kalff kennengelernt. Sie ist ebenfalls Amerikanerin und studiert auch tibetischen Buddhismus. Sie hält sich in der Schweiz auf, um an ihrer Dissertation für die Universität von Wisconsin, Madison, zu arbeiten. Carol spricht fließend Tibetisch und übersetzt die Biographie von Machig Labdron, der berühmten tibetischen Meisterin des 11. Jahrhunderts, die die *chöd*-Meditationspraktik übermittelt hatte. Machig hatte Tausende von Schülern und auch eigene Kinder. Sie wird als eine bedeutende Manifestation der Tara angesehen. Sobald Carol herausgefunden hatte, daß ich an der Tara interessiert war, bot sie mir großzügig an, mir mit Einführungen bei Gelehrten und tibetischen Lamas sowie beim Übersetzen zu helfen.

Ein purpurner Schal mit Goldrand betonte Carols fein geschnittenes Gesicht mit dem schwarzen Haar, den schwarzen Augen und der leicht olivfarbenen Haut. Von den entfernten Hügeln leuchteten im abnehmenden Licht die herbstlichen Bäume blaßrot, gold, orange und grün. Wolken standen am Himmel, die Sonne ging rot und violett unter, am Horizont zeichnete sich ein Sturm ab, und der Wind war beißend kalt. «Wir müssen schnell nach Winterthur zurück. Ich muß das Abendessen fertigmachen und Dich Dr. Lindegger vorstellen», hatte sie erklärt. «Mach schnell, unser Zug kommt», schrie sie, als wir, so schnell wir konnten, quer über das Feld zu den Bahnsteigen rannten. Wir stiegen ein und sanken außer Atem in unsere Sitze.

Peter Lindegger ist klassischer Philologe und Tibetologe in Winterthur; er lehrt Altgriechisch, Latein und Tibetisch an der Universität Zürich. Carol schlug vor, daß ich ihn kennenlernen solle, weil er sowohl mit der Tara wie mit der Schwarzen Madonna vertraut ist. Ich werde auch zum Abendessen eingeladen. Ein Stapel Bücher liegt neben dem Platz, zu dem mich Carol schiebt, als das Essen bereit ist. Dr. Lindegger hat sich den ganzen Nachmittag Notizen gemacht, über die er beim Abendessen sprechen will. Er hat auch mehrere Bücher aus seinen Regalen gezogen, in die ich einen Blick werfen soll. «Ein paar davon sollten Sie lesen», sagt er zu mir. Manche sind Deutsch geschrieben. Ich bin sofort eingeschüchtert von diesem Berg an Gelehrsamkeit, der da vor mir aufgestapelt ist. Glücklicherweise spricht er fließend Englisch und versichert mir, daß es nichts macht, wenn ich Deutsch weder spreche noch lese. Nun bin ich bloß verlegen. Aber mein Unbehagen wird schnell zerstreut durch seine Liebenswürdigkeit und Carols Aufforderung zum Essen. Sie hat Huhn in Estragon mit Reis gekocht, macht in der Küche den Salat an und braucht jemanden, der ihr hilft, die Teller auf den Tisch zu tragen. Kaum sitzen wir, beginnt Dr. Lindegger:

«Sie haben sich ein sehr schwieriges, kompliziertes Thema ausgesucht, ein wirklich kompliziertes, das voller Fragen steckt, die noch nicht gelöst sind. Ich kann Ihnen nur meine private Ansicht dazu vortragen. Tara und die Schwarze Madonna sind weder historisch noch geographisch verbunden, aber sie haben dieselben archetypischen Wurzeln. Jungs Begriff ‹Archetyp› ist ein gefährliches Wort, Gegenstand vieler Mißverständnisse und des Mißbrauchs, aber in diesem Fall ist es höchstwahrscheinlich das korrekte Wort für den Sachverhalt. Möchten Sie nicht etwas Huhn?» unterbrach er sich, als er einen Schenkel zerteilte. «Nehmen Sie lieber dunkles oder helles Fleisch?»

«Jung bezeichnete mit dem Namen ‹Archetyp› die mythenbildenden Elemente, die in der menschlichen Psyche vorhanden zu sein scheinen, nachdem er rund um die Welt wieder und wieder auf verschiedene Variationen derselben Geschichten in ganz disparaten Kulturen gestoßen war: zum Beispiel der Held, der in die Unterwelt zieht, das göttliche Kind, die verzauberte Prinzessin, die Große Mutter, die weisen Alten – Frau oder Mann gleichermaßen –, der böse Zauberer und der kluge Narr, um nur ein paar zu nennen. – Jung ist so vorsichtig, darauf hinzuweisen, daß ein Archetyp nicht die Tatsache selbst ist.[3] Dies sind psychische Kräfte mit ihrer eigenen dynamischen Energie, die lebendig und wirksam in irgendeiner Form, abhängig von der Kultur, in jeder menschlichen Psyche gefunden werden. Für Jung waren die Archetypen ‹die wirklichen, aber unsichtbaren Wurzeln des Bewußtseins›[4], Fäden, die aus der instinktiven, primitiven Unterwelt des kollektiven Unbewußten heraufkommen, jenem weiten zeitlosen Gefäß menschlicher Erfahrung, das in unseren eigenen Genen übermittelt zu werden scheint. Die Große Mutter, das göttliche Kind, die jungfräuliche Geburt und der sterbende Gott sind einige der Archetypen, die sich in der Geschichte der Madonna und in vielen anderen Geschichten rund um die Welt finden und die viel älter sind als die christlichen. Auf *einer* Ebene ist Maria selbst eine zusammengesetzte Figur, durch einen Prozeß geformt, der lange vor dem Christentum begonnen hat. – Bitte, lassen Sie sich Ihr Essen schmecken», betonte er.

«Die Madonna hat ihre frühesten Wurzeln in Mesopotamien. Das müssen Sie voraussetzen. Es gibt zwei Wurzeln der Maria, manche vertreten sogar die Meinung, daß es noch mehr sind. Es sind Ischtar und Isis; aber sprechen wir zuerst von Ischtar. Ischtar wurde die Göttin des Himmels genannt, eine sumerisch-babylonische Vegetationsgöttin und eine Mondgöttin. (Von den Sumerern wurde sie *Inanna* genannt, über die Diana Wolkstein und Samuel Noah Kramer schreiben, Ischtar ist ihr semitischer Name.) Sie wurde vor dem dritten Jahrtausend v.Chr. als Göttin der Fruchtbarkeit und der Liebe angebetet. Nicht nur in Mesopotamien wurde sie verehrt, sondern auch entlang der westlichen Küste, der heutigen Türkei, wo die Griechen Kolonien gegründet hatten. Die Hethiter brachten den Ischtarkult nach Westen; Seeleute und Händler bewohnten diese Kolonien an der Westküste. Als die Griechen diesen Kult übernahmen, nannten sie sie Artemis. Beide Göttinnen sind unverheiratet. Es war ein weitverbreiteter Glaube, daß man, um nicht länger ein Barbar zu sein, mit Ischtar oder Artemis schlafen müsse. Im Gilgamesch-Epos war Enkidu wissend geworden, nachdem er mit Ischtar geschlafen hatte, ähnlich wie Adam zu einem Ichbewußtsein kam, nachdem er im Garten Eden den Apfel gegessen hatte.

Ischtar gehört zur chthonischen Welt, der Unterwelt, dem Untergrund. Um das 5. Jahrhundert v.Chr., nach Meinung mancher schon früher, wird sie als Göttin Kybele bekannt. Ihr Gesicht ist schwarz, sie gilt in erster Linie als eine verschlingende Göttin. Ich erzählte Ihnen von den zwei Wurzeln Marias, in gleicher Weise hat auch Ischtar einen zweiten Ursprung. Ischtar stammte aus der Unterwelt. Bevor sie Kybele wurde, durchlief sie eine Periode, in der sie als die Göttin Astarte verehrt wurde.[5] (Astarte war die Göttin, die König Salomon im Alter anbetete,[6] in der hebräischen Tradition ist sie auch als Ascherah bekannt.) Doch in ihrer Form als Kybele liegt der Schwerpunkt auf dem Abstieg in die Unterwelt. Bis zum 2. Jahrhundert n.Chr. war sie sehr populär. Sie regierte mit Attis, einem anderen Gott, der starb und wiedererstanden ist. Sie war die Göttin des Todes. Die römischen Soldaten brachten ihren Kult aus den Kriegen mit und verbreiteten ihn im gesamten römischen Reich. – Nehmen Sie nun etwas Salat?» fragt er und reicht mir die Schüssel.

«Noch nicht, danke», antworte ich und schiebe die Schüssel nach links hinter die Bücher. Ich schreibe so schnell ich kann und schiebe mir zwischendurch eine Gabel voll von dem inzwischen kalt gewordenen Reis in den Mund.

«Wenn Sie nichts dagegen haben, werde ich etwas für Sie aufzeichnen.» Er nimmt einen Kugelschreiber aus der Tasche seines frischgebügelten weißen Hemdes und zeichnet eine Karte des Mittelmeerraumes oben auf meinem Notizpapier. Dann zieht er einen weiten Pfeil vom Fruchtbaren Halbmond Mesopotamiens[7] über das Mittelmeer, Griechenland, Italien, Sizilien und hinauf durch Spanien und Frankreich nach Norden, kehrt dann nach Osten zurück über Mitteleuropa nach Rußland, um den Migrationsweg der Kulturen aufzuzeigen.

«Die Schwarze Madonna ist die modernste Ausprägung von der Idee einer sehr alten Göttin, gleich ob wir über unsere Madonna hier in der Schweiz oder über irgendeine in Frankreich sprechen. In den verschiedenen Kulturen hatte sie unterschiedliche Namen, Formen und Funktionen. Die Karte, die ich gezeichnet habe, zeigt die Route, die sie genommen hat. Wenn man sich genauer mit ihr befassen will, muß man die Tradition oder den Glauben an die Tatsache verstehen, daß der Boden, auf dem ihr Schrein oder Tempel erbaut wurde, selbst heilig war. Man kann den Boden nicht heilig machen, er ist es ganz einfach. In diesem Wissen nimmt eine Kultur die heiligen Stätten der vorhergehenden Kultur auf; baut einen Tempel auf dem anderen, oder benennt dieselbe Statue mit einem anderen Namen. Auch wenn man es nicht täte, die Menschen würden diesen Ort ohnehin verehren.»[8]

«Der Kult der Kybele wurde 205–204 v. Chr. im römischen Staat eingeführt», fuhr Dr. Lindegger mit seiner Erklärung fort. «Sie wurde von den Römern *Magna Mater*, die Große Mutter, genannt und kam mit dem Schiff aus Kleinasien in Gestalt eines schwarzen Meteoriten. Von verheirateten römischen Frauen wurde sie von Hand zu Hand über sechzehn Kilometer inlands auf ihren Thron nach Rom weitergereicht. Die Römer glaubten, daß die *Magna Mater* ihnen helfen könnte, Hannibal zu unterwerfen, wobei sie den Feind mit seiner eigenen Gottheit schlugen. Denken Sie daran, daß ich Ihnen noch immer von Ischtar erzähle, als eine der zwei Hauptquellen, die ich für die Schwarze Madonna annehme. Sie dürfen auch nicht vergessen, daß, obgleich Ischtar im römischen Reich als Kybele verehrt wurde, die Griechen sie unter dem Namen Artemis kannten. Artemis wird in einem Text der Linear B, der frühesten entzifferten griechisch-mykenischen Schrift erwähnt. Texte in dieser Schrift sind die ältesten in einer indogermanischen Sprache, älter als unsere frühesten Sanskrittexte. Dort gibt es eine Artemis mit schwarzem Gesicht, die mit Hekate in Verbindung gebracht wird. Die älteste uns bekannte Artemis wurde in Sparta gefunden, und auch sie ist schwarz. Wir wissen von ihr nur durch Pausanias, einen Autor, der mit modernen Reiseführern zu berühmten Orten vergleichbar ist. Selbst wenn ich also sagte, daß Maria zwei Wurzeln hat – Ischtar und Isis –, wenn Sie beginnen, Ischtar zu untersuchen, werden Sie feststellen, daß Sie weiter ausgreifen und Astarte, Kybele und Artemis einbeziehen müssen. Das ist ein bißchen von dem, was ich über die Kompliziertheit des Gegenstandes, den Sie sich ausgesucht haben, sagen wollte.» – Ich nickte mit zunehmendem Verständnis.

«Nun kommen wir zur Entwicklung der Mutterschaft der Göttin», sagte Dr. Lindegger, «dem ägyptischen Aspekt, der Isis. Jetzt haben wir die Muttergöttin in Malereien und als Statue, wie sie ihren Sohn Horus säugt. Isis wurde selbst etwa ab 1800 v. Chr. verehrt und war wie Maria eine Jungfrau, die ihren Sohn «aus sich selbst» gebar. All diese Elemente treffen auf der Insel Sizilien zusammen. Seeleute bringen die Kulte dorthin. In Sizilien werden die heiligen Stätten unbekümmert um die heidnischen Namen verehrt, zum Beispiel ‹Maria sopra Artemide›. Ein besonders wichtiger Ort ist Erice, der in griechischen und römischen Zeiten Eryx hieß. Hier beteten die Karthager Ischtar an, die Griechen Artemis und später die Römer Venus. Inmitten des Mittelmeeres liegt die Insel an einer Route, die nahezu alle Schiffe nehmen mußten, die dort segelten. Afrika war nicht fern, der Seeweg nach Spanien führte vorbei. Von Phönikern und Griechen benutzt, war er sehr bedeutend.»

Er hielt einen Moment inne, um die Karte vom Mittelmeer zu betrachten, die er auf mein Schreibpapier gezeichnet hatte, und trug dann ganz exakt die Insel Sizilien ein. «Der Ischtartempel stand 750 m über dem Meer auf einem sehr steilen Felsplateau, auf dem ein Feuer entzündet wurde. Ungefähr um 800 v. Chr., nachdem er inzwischen ein Artemis-Heiligtum gewesen war, wurde er zu einem Venus-Tempel umfunktioniert. Man kann die verschiedenen archäologischen Schichten oder *strata* hier leicht erkennen. Es heißt, Äneas habe dort zu Ehren seines Vaters Anchises, der an dieser Stelle starb, einen Tempel für Venus errichtet.[9] Die Römer verehrten sie als ‹Venus Erychina› (oder ‹Erucina›) . Es ist das ein gutes Beispiel für die Art, wie eine heilige Stätte wieder und wieder von verschiedenen Religionen respektiert und genutzt wird.»

Der Fahrplan für den Zürcher Zug setzt unserer Unterhaltung ein Ende. Der letzte Zug von Zürich nach Küsnacht fährt um 5 Minuten nach Mitternacht; ich habe also gerade noch eine Stunde Zeit, um das Abendessen zu beenden und mit dem Zug von Winterthur nach Zürich zu fahren. Wir decken den Tisch ab, waschen das Geschirr und räumen es ein. Dr. Lindegger versichert mir, daß wir gerade erst begonnen haben, an der Oberfläche der Mariengeschichte zu kratzen und noch kaum etwas über die Tara gesagt ist. Ich muß wiederkommen, wir werden brieflich in Kontakt bleiben. Carol drängt mich, wir haben noch den Weg zum Bahnhof vor uns. Ich bedanke mich bei Peter Lindegger und eile davon.

Am nächsten Morgen wiegt uns der Zug sanft hin und her, als wir vor Tagesanbruch nach Einsiedeln fahren. Jetzt führen die Gleise bergauf, gewinnen allmählich an Höhe, und die Sonne bricht hinter den schneebedeckten Berggipfeln hervor, die über einem blaugrauen See in den Bergen hinter Rapperswil aufragen. Die Lokomotive pfeift und schreckt einen Schwarm Möwen aus einem grünen Feld auf. Sie fliegen schräg auf, ziehen in einer Formation ab, ihre weißen Unterseiten blitzen für den Bruchteil einer Sekunde auf, als sie im Bogen gen Westen fliegen. Dann sind sie plötzlich verschwunden, aufgelöst in einem trüben, grauen Himmel.

Die Pfeife reißt mich aus meiner Lektüre. Ich hatte ganz vertieft in der Abhandlung des Jung-Institutes über die Schwarze Madonna von Einsiedeln gelesen. Die Arbeit ist eine wahre Fundgrube, sie beginnt mit der Geschichte des Klosters von seinen Anfängen im 9. Jahrhundert und führt bis zur Gegenwart. Ich hatte vermutet, daß sie von einer Frau geschrieben sei, stellte aber später in der Bibliothek des Jung-Institutes fest, daß Dr. Fred Gustafson der Autor war.[10] Ich folge hier seinen Angaben.

Die Geschichte der Madonna von Einsiedeln beginnt mit dem heiligen Meinrad, einem Benediktinereinsiedler des 9. Jahrhunderts, der vor über tausend Jahren hier herkam. Mit 31 Jahren gab er seine Tätigkeit als Lehrer einer Klosterschule auf und zog sich 828 in die Einsamkeit auf den Etzel, einen Berg über dem späteren Einsiedeln, zurück. Im Laufe der nächsten sieben Jahre kamen immer mehr Leute, die mit ihm beten und ihn an seinem selbstgebauten Altar predigen hören wollten. Der Ruf seiner besonderen Frömmigkeit verbreitete sich immer mehr. Auf der Suche nach vertiefter Einsamkeit verließ er den Berg und zog sich 835, im Alter von 38 Jahren, auf die andere Seite der Sihl in den «Finstern Wald» zurück. Er führte nicht viel mehr mit sich als die Regeln des heiligen Benedikt, ein

Meßbuch und eine Figur der Jungfrau, für die er neben seiner Mönchszelle eine kleine Kapelle baute. Als Meinrad in den Finsterwald wanderte, bemerkte er, wie zwei Habichte ein Nest mit jungen Raben in einer Fichte attackierten. Der gute Priester verjagte die Habichte und rettete die beiden eben flügge gewordenen Vögel im Nest. Danach – so will es die Legende – lebten die Raben mit Meinrad in seiner winzigen Einsiedelei.[11] Während seiner Jahre im Finsterwald wuchs Meinrads Heiligkeit. Einmal sah er sich von schrecklichen Dämonen umgeben – es waren so viele, daß sie das Licht des Tages verdunkelten. Er fiel zu Boden und empfahl sich Gott im Gebet. Ein Engel erschien vom Himmel, vertrieb sie und tröstete Meinrad.

Nach Gustafsons Wiedergabe der Legende wurde Meinrad sein Tod vom Himmel offenbart, als er am 21. Januar 861 nach 25 Jahren in der Waldeinsamkeit die Messe zelebrierte. Seine Raben krächzten, brachten den ganzen Wald mit ihrem Geschrei in Aufruhr, als die zwei Männer, die ihn totschlagen sollten, zu seiner einfachen Zelle durch den Wald auf dem Weg waren. Als sie ankamen, begrüßte Meinrad sie höflich, versorgte sie mit Essen und Kleidung und gab ihnen zu ihrer großen Überraschung folgende Instruktionen: «Wenn Ihr mich getötet habt – und ich weiß, daß Ihr deshalb gekommen seid –, zündet zwei Kerzen an und stellt eine neben meinem Kopf, die andere zu meinen Füßen auf.»[12] Sie machten sich daran, ihn zu erschlagen – es wird nicht berichtet warum –, doch bevor sie die Kerzen anstecken konnten, leuchteten die von selbst auf, «entzündet von himmlischem Feuer», ein Zeichen des Himmels, daß sie einen Heiligen ermordet hatten. Die Raben krächzten und schrien, schlugen über den Köpfen der Mörder mit den Flügeln und folgten ihnen. In einer Kneipe außerhalb des Waldes wähnten sich die Männer sicher, setzten sich und fingen an zu trinken. Doch ein Bauer der Gegend, der Meinrad und seine Raben kannte, hatte die Vogelschreie gehört. Im Gefühl, daß irgend etwas nicht in Ordnung sein mußte, war er zu Meinrads Zelle aufgebrochen, während er seinen Bruder beauftragte, inzwischen den Vögeln zu folgen. Als er den Einsiedler tot fand, ging er ins Dorf zurück, um seinen Bruder zu suchen. Er traf ihn vor der Kneipe, in die die Mörder eingekehrt waren. Als sie die Tür öffneten, flogen die Raben hinein, auf die Mörder zu, stießen die Trinkkrüge um und pickten an ihre Köpfe. Damit waren sie identifiziert. Die Mörder wurden daraufhin des Verbrechens überführt, gefoltert und getötet, ihre Knochen gebrochen, die Leichen verbrannt und die Asche ins Wasser geschüttet. Heutzutage zeigt die Fahne des Klosters zwei Raben. Aus diesem «Finstern Wald», dem Finsterwald – so behauptet es Gustafson – stammt die Schwarze Madonna, die Schwarze Muttergottes. Es heißt, daß die Kapelle der Schwarzen Madonna über der ursprünglichen Einsiedelei Meinrads steht, in der er ermordet wurde. Bis vor kurzen lag sein Schädel in einem kleinen goldenen Kästchen zu ihren Füßen.

Meinrad zog sich in den Wald zurück, floh die Beschränkungen, die ihm die Zivilisation auferlegte und stellte sich den Dämonen der Hölle. Er verließ seinen hellen, sonnigen Zufluchtsort, den er sich auf dem Etzel gebaut hatte. Auch er sehnte sich nach Dunkelheit, dem gebrochenen Schattenlicht des Waldes unter den Bäumen, einem Refugium von noch größerer Einsamkeit. Meinrads Geschichte folgt einem geläufigen Muster, seien es die Wüstenväter, der Buddha oder Christus: Rückzug in die Wildnis, Versuchung und Peinigung durch Dämonen und wenn man überlebt – Trost durch Gott. Die Wildnis, gleich ob Wüste oder Wald, wird der Schmelztiegel, in dem die Verwandlung stattfindet. Alchimie war die mittelalterliche Parallele zum Prozeß der Transformation, und Jung beschäftigte sich ausführlich damit. Gustafson stützt sich auf Jungs Studien über Alchimie und sieht in der Entwicklung der Madonnenverehrung in Einsiedeln Parallelen zum Prozeß der Alchimie. Ein auffallender Akzent ist die Dunkelheit oder Schwärze als Ausgangsstufe der alchimistischen Arbeit. Und diese Schwärze, so merkt Gustafson an, wurde im Mittelalter «rabenschwarz» genannt. Die Legende von Meinrad und den Raben erreicht eine andere Bedeutungsschicht. Die Schwärze, mit der der alchimistische Prozeß beginnt, ist auch als *nigredo* bekannt. Das Wort hat viele Bedeutungen. *Nigredo* ist ein Symbol voller Vieldeutigkeit. Nach Jung ist «Krähe oder Rabe» oder «Rabenkopf» der traditionelle Name für *nigredo*. «Den Raben zu füttern, bedeutet, die Inhalte der dunklen Erfahrungen von jemandes Psyche und Leben zu füttern»,[13] schreibt Gustafson. Indem man die dunklen, chthonischen Geheimnisse des Lebens mit einschließt, ist es möglich, zu Weisheit und Einsicht zu gelangen. Jung zitierend weist er daraufhin, daß «es das Wesen der transformierenden Substanz ist, einerseits äußerst gewöhnlich, gar verachtenswert zu sein... andererseits aber etwas sehr Kostbares, um nicht zu sagen Göttliches zu bedeuten. Denn die Transformation führt von den Tiefen zu den Höhen, vom tierisch-brutalen, archaischen und infantilen zum mystischen *homo maximus*.»[14]

Jungs Darstellung dieses wesentlichen Punktes erinnert mich an die Abhängigkeit. Die Krankheit zieht einen in einen zunehmenden Verlust von Selbstachtung bis zu dem Punkt, wo man im Grunde fühlt, daß praktisch niemand «verachtenswerter» ist als man selbst. Doch im Entzug ist gerade die Wunde, die einem das Leben auszehrt, die größte Quelle für Heilung und Verwandlung, «von den Tiefen zu den Höhen...» Jungs Verwendung des Wortes ‹mystisch› trifft genau meine eigene Erfahrung. Man hat eine chronische, medizinisch bestätigte Krankheit, und dennoch gibt es keine bekannte medizinische Behandlung, noch hat es jemals eine gegeben. Die sicherste, nachweislich konsequenteste Genesung, Jahr um Jahr, erreicht man durch Abstinenz verbunden mit der Hingabe an ein spirituelles Leben. Der Körper erholt sich, sichtbar und dramatisch, die physische Gesundheit kehrt zurück durch das Engagement an das Spirituelle, wie auch immer man das für sich selbst definieren mag. Die mystische Erfahrung der Weisen und Heiligen, keine Trennung zwischen dem eigenen Selbst und dem Göttlichen oder, in buddhistischen Worten, die Erfahrung der Nichtdualität kann durch die Hintertür der Abhängigkeit kommen, wo durch den Entzugsprozeß alles umgestülpt wird.

Viele Menschen sind fähig, anfänglich mit dem Trinken oder den Drogen aufzuhören; die schwierigere Aufgabe aber besteht darin, das «Aufhören» durchzuhalten und das Leben in eine Quelle der Freude und des Glücks umzuformen, statt in dem schmerzhaften Zustand zu verharren, der das Bedürfnis nach der bevorzugten Betäubung antreibt. Das ist die größte alchimistische Formel: es bedarf des Geistes, um den Geist zu heilen, sagte Jung. Der Satz kommt mir wieder in den Sinn.

«Selbsterkenntnis ist ein Abenteuer, das uns unerwartet weit und tief führt... [sie] kann viel Verwirrung und geistige Dunkelheit verursachen... allein aus diesem Grund können wir verstehen, warum die Alchimisten ihre *nigredo melancholia* eine Nacht ‹schwarz, schwärzer als schwarz› nennen, ein Leiden der Seele, Chaos... oder zugespitzter ‹rabenschwarz›», sagt Gustafson, indem er sich auf Jung bezieht.[15] Die Errichtung der Kapelle für die Schwarze Madonna innerhalb der größeren Klosterkirche von Einsiedeln direkt über Meinrads Zelle und dem Ort, wo er den Tod fand, erhält größere Resonanz und weist nicht nur auf ein Ereignis, sondern auf den alchimistischen Prozeß selbst hin. Die Schwarze Madonna von Einsiedeln erwuchs aus Meinrads Entscheidung, mit den ‹Raben› zu leben, eine tiefere Bedeutung des Lebens zu verfolgen, «den Weg der *nigredo*, des Finsterwalds» zu gehen, in seinen eigenen dunklen Orten zu wohnen.

Eines wird mir jetzt bewußt, wenn man sagt, daß man sich «nach Dunkelheit sehnt», will man sagen, daß man sich nach Wandlung sehnt, nach einer Dunkelheit, die Ausgeglichenheit, Ganzheit, Integration, Weisheit, Einsicht bringt. So lange Zeit wußte ich nicht, was ich meinte, wenn ich das sagte, das fühlte: Sehnsucht nach Dunkelheit. Ich erinnere mich, wie ich vor der Figur der Kali in Varanasi stand und an die Madonna von Einsiedeln dachte. Nun finde ich nicht nur die Madonna, sondern es stellen sich Worte ein, um diese Sehnsüchte und Wünsche zu benennen.

Spät an einem Abend beim Kaffee, als ich sagte, daß ich mich nach Dunkelheit sehne, antwortete mir ein Freund: «Sei vorsichtig! Es ist gefährlich, das zu sagen. Du weißt nicht, was Du Dir selbst zurufst!» Die Assoziation des Wortes «Dunkelheit» mit etwas Negativem, Bösen ist genau das Problem, das ich in Worte fasse. Diese Art der Assoziation ist einer der Grundpfeiler des Rassismus. Rassismus ist böse, nicht die Dunkelheit. Es gibt eine erlösende Dunkelheit, und sie ist es, die ich suche.

Die Begegnung mit der Madonna von Einsiedeln bewies mir, daß die Sehnsucht nach Dunkelheit eine tiefes, gefühlsmäßiges, menschliches Verlangen ist, das ethnischen Fragen widerspricht, sie überschreitet und gleichzeitig beinhaltet. Es handelt sich um eine multivalente Dunkelheit. Es ist die Dunkelheit antiker Weisheit, farbiger Menschen, des Alls, des Schoßes, der Erde, des Unbekannten, der Sorge, der Imagination, die Dunkelheit des Todes, des menschlichen Herzens, des Unbewußten, die Dunkelheit jenseits des Lichts, der Materie, der Herkunft, des Körpers, des Schattens des Allerhöchsten.[16]

Wie das Licht hat auch die Dunkelheit eine weite Skala symbolischer Bedeutungen. Die Farbe schwarz kann im tibetischen Buddhismus genau die Stufe kurz vor der Erleuchtung bedeuten – das nah Bevorstehende; das All, das Brennende; in einer Sufitradition die letzte Stufe auf der Reise der Seele zur Glückseligkeit; Weisheit[17], in der europäischen Antike Fruchtbarkeit; in einer türkischen Tradition Reinheit; im Westen Trauer, und den ersten Schritt im mittelalterlichen alchimistischen Prozeß, die *nigredo*.

Die wissenschaftlichen Disziplinen Astronomie, Astrophysik, Physik der Elementarteilchen und Kosmologie haben in den letzten zehn Jahren, metaphorisch gesprochen, die Welt völlig umgekrempelt. Die Welt, die wir sehen, die sogenannte ‹Lichtwelt›, wird heute nur noch als ein Bruchteil dessen, was existiert, angesehen. Neunzig Prozent des Universums besteht offensichtlich aus schwarzer Materie[18], über die wir wenig wissen. – Obgleich die alten Griechen behaupteten, daß Himmelsobjekte aus einem fünften Element, der Quintessenz, bestünden, die sich wesentlich von der Materie, die wir in Form von Erde, Luft, Wasser und Feuer kennen, unterscheidet, war die vorherrschende Theorie in der Astronomie bis vor kurzem die, daß kosmische Materie meßbares Licht ausstrahle und aus einer Materie zusammengesetzt sei, wie wir sie uns gewöhnlicherweise vorstellen, mit bekannten chemischen Elementen und physikalischen Eigenschaften. In den 1930er Jahren wurde diese Vorstellung in Frage gestellt. Es gab Zeugnisse, die nahelegten, daß die Erklärung der Arbeitsweise des Universums, wie wir es kennen, eine Form der Materie erfordern würde, die nicht leuchtend war, die kein Licht ausstrahlte, praktisch unentdeckbar war, aber eine Gravitationskraft ausübte, die die Bewegungen der Galaxien erklären würde.[19] Anfänglich ‹fehlende Materie› genannt, wurde die Entdeckung der Laborbeweise für die unsichtbare Materie in den 1970er Jahren ein anerkanntes und bedeutendes Feld der wissenschaftlichen Forschung.

Die Wissenschaft spricht von der Jagd nach diesem unsichtbaren Universum, dessen Entdeckung ‹eine neue Kopernikanische Revolution› auszulösen verspricht.[20] Allmählich wird der Umfang unserer Kenntnisse immer geringer. Die Erde ist nicht das Zentrum des Universums, die Sonne dreht sich nicht um uns, nicht nur sind wir bloß ein Planet unter vielen, sondern die Galaxie, zu der wir gehören, die Milchstraße, ist nur eine von einer unendlichen Zahl von Galaxien in einem expandierenden Universum. Diese schwer faßbare schwarze Materie, die nicht gesehen werden kann, nur gefühlt, wenn wir ihre Gravitationsauswirkungen auf die Galaxien beobachten, macht neunzig Prozent alles Existierenden aus. Wir können sie nicht sehen, nicht kennen oder messen, doch die Wissenschaft behauptet, daß sie vorhanden ist. Ganz gleich, ob neue Entdeckungen die hypothetische Existenz der schwarzen Materie widerlegt, paradigmatisch haben wir die Grenzen des Lichts erreicht. Die Welt ist nicht, wie sie zu sein scheint. Das, was ist, ist nicht augenscheinlich: die Lektion der Dunkelheit.

Während der Zugfahrten von und nach Küsnacht blätterte ich einige der Bücher über die Geschichte des Klosters durch und lese in Gustafsons Arbeit, die ich jetzt überall mit mir herumtrage. Nach Meinrads Tod 861 n. Chr. kamen andere Priester und Mönche, um ein Leben als Einsiedler zu führen. Sie bauten ihre Zellen um die Kapelle, die Meinrad für die Jungfrau errichtet hatte. Doch das spielte sich fast neunhundert Jahre vor der 1704 erfolgten Grundsteinlegung der heutigen großen Kirche von Einsiedeln ab. In der Zwischenzeit stand das aufstrebende Kloster unter dem

Schutz der Jungfrau, ‹Unserer lieben Frau von den Einsiedlern›, und seit dem 10. Jahrhundert sind Pilgerfahrten zu ihr belegt.

Im Laufe der Jahrhunderte wurde das Kloster mehrfach von Feuer heimgesucht, doch die Legende besagt, daß die Gnadenkapelle mit der Jungfrau jedesmal verschont blieb. Manche sehen darin eine Erklärung für die Schwärze der Madonna. (Die Anthropologen Moss und Cappannari machten die Erfahrung, daß ihnen oft Rauch als Ursache für die Schwarzfärbung angegeben wurde, wenn sie sich nach einer bestimmten Madonna erkundigten.) Die Erklärung, daß Rauch die Madonnen schwärzt, ist offensichtlich nicht ganz falsch. Ich habe es selbst gesehen, als ich die Restaurationsarbeiten in der Basilika von Einsiedeln beobachtete. Doch wenn Kerzenrauch ein Faktor sein kann – wie es auch Farbe, in den vergangenen Jahrhunderten verwendete Pigmente oder das Altern des Holzes sein kann – warum sind nicht alle Figuren und Kruzifixe in den Kirchen mit schwarzen Madonnen schwarz geworden? Einzig die Madonna wurde dunkel.

Die heutige Statue der Madonna in der Kapelle in Einsiedeln ist offensichtlich nicht das Original des 9. Jahrhunderts. Wie alt sie auch sein mag – manche nehmen an, sie stamme aus dem 15. Jahrhundert –, bekannt ist, daß sie im 18. Jahrhundert restauriert wurde. Das schriftliche Zeugnis des Handwerkers, der diese Arbeit unternahm, liegt in der Klosterbibliothek. Gustafson hatte zu der Aufzeichnung Zugang und bezieht sie in seine Arbeit ein. – Die Franzosen besetzten 1798 Einsiedeln und raubten, was sie für die hochgepriesene Schwarze Madonna hielten. Als Siegestrophäe brachten sie sie nach Paris. (In jener Zeit fungierte der Abt von Einsiedeln auch als eine politisch bedeutende Figur für die Region.) Die Schwarze Madonna von Einsiedeln hatte eine stark regionale Bindung und ebenfalls die Funktion eines politischen Symbols. (Schwarze Madonnen haben häufig regionale oder nationale Bedeutung, zum Beispiel die Schwarze Madonna von Czestochowa für Polen oder Unsere Frau von Guadalupe für Mexiko, um nur zwei zu nennen.) Aber die Benediktinerpater hatten die echte Statue klugerweise entfernt, sie durch eine Kopie ersetzt und ihre Madonna nach Österreich in Sicherheit gebracht. Als die Kiste, in der sie lag, fast ein Jahr später geöffnet wurde, wies sie – vermutlich durch Feuchtigkeit – Beschädigungen auf.

Fuetscher, der Restaurator, schrieb, daß seiner Meinung nach die Madonna ursprünglich hellhäutig war wie die Bewohner der Region, berichtet Gustafson. Obgleich er versuchte, den vorherigen dunklen Zustand der

Madonna wiederherzustellen, nahm er sich die Freiheit, ihr blaue Augen zu malen und auf Wangen und Lippen etwas Rot aufzutragen. Das Ergebnis war, daß die Leute die Echtheit der Statue anzweifelten. Am Ende mußte Fuetscher Gesicht, Augen, Wangen und Lippen übermalen und Mutter wie Kind völlig schwarz erscheinen lassen. Jetzt nahm das Schwarz eine andere Dimension an. Die Menschen verlangten, daß die Madonna und das Kind völlig schwarz sein sollten. Um wie die Bewohner der Region zu sein, hätte sie nicht wenigstens blaue Augen haben dürfen? Man schrieb 1799, das Ende des 18. Jahrhunderts, das Zeitalter der Aufklärung. Logik und Rationalität hatten sich durchgesetzt, an der Oberfläche bejubelten die Philosophen das ‹Licht der Vernunft›. Daß das Schwarz der Madonna restauriert wurde, war ein Ausbruch des nichtrationalen Elements, das für die Sinngebung des menschlichen Lebens notwendig ist. Das grundlegende psychische Bedürfnis nach Ausgewogenheit, Widerspruch, Komplexität und Farbe findet seinen Ausgleich und seinen Ausdruck in der Schwärze der Madonna.

Als ich an jenem Abend in meinem Zimmer in Gustafsons Arbeit weiterlas, war ich ganz begeistert, als ich entdeckte, daß auch er die Madonna von Einsiedeln mit Kali und mit Isis in Verbindung bringt und noch die griechische Erdgöttin Demeter hinzufügt. Die immer mit Meinrad und Einsiedeln assoziierten Raben waren auch ein Symbol der Schrecklichen Mutter, der Göttin des Todes[21], einer anderen Form der Großen Mutter.

Ich sitze im Bett und lese bis spät in die Nacht. Ich hatte gehört, daß Jung behauptete, diese Madonna sei eine Manifestation der Isis, wie Lindegger gesagt hatte. Der Isiskult war im römischen Kaiserreich sehr populär und hielt sich bis ins zweite und dritte Jahrhundert n. Chr. Er hatte sich von Südägypten aus verbreitet, wo in Philae der Haupttempel der Göttin stand, nahe dem Ausgang des engen Flußtals, das am ersten Nilkatarakt bei Assuan beginnt. Es war dies nubisches Gebiet, das flußauf bis unterhalb des dritten Nilkatarakts reichte, ein Gebiet, das wir heute als Sudan kennen.[22] Eine Nubisch sprechende, schwarze Bevölkerung lebte seit fünftausend Jahren in diesem an Gold reichen Tal und spielte in der ägyptischen Geschichte eine einflußreiche Rolle. Die Isis aus dem Niltal trägt den Einfluß Afrikas und Ägyptens über das Mittelmeer nach Westen: nach Italien, Spanien und Frankreich und weit in den Norden nach Deutschland, in die Schweiz, sogar nach England, meinen manche. Isis, der sogenannte ‹Stern des Meeres›, die ‹Königin des Himmels›, war wie die Schwarze Madonna berühmt als Wunderwirkerin und Heilerin. Einige

Gelehrte vertreten die Ansicht, daß manche der frühen Statuen der Madonna mit dem Kind eigentlich Isis und Horus waren, die in Maria und Jesus umbenannt wurden.[23]

Die Wellen des Zürichsees schlagen leise an das Ufer vor meinem Fenster. Ich ziehe den Schal fester um meine Schultern. Ich bin einzig in die Schweiz gekommen, um der Intuition zu folgen, die ich vor einem Jahr in Varanasi hatte: Kali und die Schwarze Madonna in Einsiedeln sind irgendwie verbunden. Und weil Kali und die Tara verbunden sind, besteht auch zwischen der Schwarzen Madonna und Tara – wie entfernt auch immer – eine Verbindung. Daß ich ihre Wurzeln in der oft schwarz dargestellten Isis entdecke, vertieft und umschließt das Offensichtliche: die Möglichkeit einer afrikanischen Quelle auch für die Schwarze Madonna. Nach Mitternacht drehe ich das Licht neben meinem Bett aus und schlafe zufrieden ein.

Nun, da ich durch Einsiedeln für mich wieder eine Beziehung zur Madonna herstelle, bin ich wie elektrisiert. Früh am Morgen versuche ich zu formulieren, warum das so ist. Ich mache Notizen, zerreiße Seiten, fange nochmal von vorn an, streiche Sätze aus, stehe vom Schreibtisch auf, gehe hin und her, verlasse das Zimmer, spaziere draußen am Wasser entlang, kehre zurück und kämpfe mit diesen Worten. Manche, wie etwa ‹Gott›, bestürmen mich so, daß in meinem Kopf eine Explosion stattfindet. Eine alte Nähe, strafend und streng, die ich lange versuchte abzuwerfen, drängt sich wieder auf.

Bin ich mir in einem Augenblick über diese Themen ganz sicher, so wird mir im nächsten bewußt, daß ich vorsichtig sein muß, in diesen Verbindungen zwischen der Schwarzen Madonna, der Tara und Durga-Kali mehr hineinzulegen, als sie tatsächlich sind: eine Richtung, in der ich weiter forschen, eine Straße, die ich langgehen kann, mehr nicht. Obgleich ich Gustafson nicht kennenlernte, habe ich das Gefühl, als hätte ich in ihm einen Reisekameraden gefunden. Ich lache darüber, daß ich annahm, diese Arbeit könnte nur von einer Frau geschrieben worden sein. Solch eine automatische Zuordnung widerspricht einer meiner eigenen inneren Prämissen: das Bild einer dunklen Muttergottes ist ganz notwendigerweise ein Bild für Männer wie für Frauen. Ich muß ständig daran arbeiten, mich von meinem eigenen Sexismus zu lösen.

Die Schwarze Madonna zielt nicht auf die Probleme von Sex oder Geschlecht, sondern auf die des Lebens, des Lebens mit all seiner überreich vorhandenen Unterschiedlichkeit der Menschen, unseren verschiedenen

Farben, unserer Vielfältigkeit. Als ich die Madonna von Einsiedeln betrachtete, drängte sich mir das Gefühl auf, sie sei ein westliches Überbleibsel des antiken Dunklen Gottes – sei es die indische Kali, Durga, weniger bekannte Formen der tibetischen Tara, die afrikanisch-ägyptische Isis, die römische Cybele oder die griechische Artemis oder Demeter (Ischtar oder Inanna): sie alle enthalten Aspekte oder sind Manifestationen der Schwarzen Mutter.

Ich benutze das Wort ‹Gott› in voller Absicht, um die Resonanz und die Macht, die solch ein Begriff in der westlichen Kultur hat, geltend zu machen. Das Wort ‹Göttin› schließt eher eine mythologische Zeit ein, die vergangen ist, als die aktuelle Gegenwart. Es läßt einem die Möglichkeit, diese Manifestation von Gott als kaum mehr denn eine Angelegenheit von feministischen Gelehrten und dem Rudiment einer verlorenen und manchmal hypothetischen Vergangenheit abzutun. – Maria ist auch Gott: verkannt, weiblich und dunkel. Sie ist die Mutter Gott. Gott, wie ich das Wort benutze, ist beides, was wir als weiblich und männlich beschreiben; ist beides, dunkel und hell; und weder männlich noch weiblich, weder dunkel noch hell, noch irgend etwas anderes, das wir auszudrücken vermögen. Gott, die Mutter, ist heute genauso real und gegenwärtig wie jede andere menschliche Vorstellung von einer Kraft, die kein menschliches Wort vollkommen beschreiben kann.

Heilige, Dichter, Mystiker, Philosophen, Gläubige und Theologen haben zu allen Zeiten mit dem Dilemma des exakten Ausdrucks gekämpft. Die Sprache des Paradoxon scheint noch die genaueste zu sein: Gott ist beides und weder/noch, beides ist und ist nicht. Der Geist wird über begriffliche Grenzen hinausgestoßen. Ich formuliere nur neu, was für den Mystiker offensichtlich ist. Aber wir können es uns nicht länger leisten, daß dies nur eine Einsicht für einige wenige ist, es muß unser allgemeines Verständnis werden. Ohne das verfallen wir zu leicht in die Polarisation, die Dualität; wir stellen uns vor, daß da ein *anderes* ist. Es ist unsere falsch verstandene Idee von dem *anderen*, das uns zu zerstören droht, wenn wir uns vorstellen, daß wir von der Welt der Natur und von allen anderen Wesen, die mit uns das Schicksal dieses schwachen Planeten teilen, getrennt oder verschieden sind.

Die Tara wird von den Tibetern als ein Buddha beschrieben, nicht nur als eine Göttin oder ein Bodhisattva, was ihrer Existenz ein Gewicht, eine Erfüllung und Seinsordnung verleiht, die von der Marias völlig verschieden ist. Von der Kirche wird Maria nur als (irdische) Mutter (des überirdischen) Gottes betrachtet, und auch das hauptsächlich nur von bestimmten christlichen Kirchen wie der katholischen, anglikanischen und einigen Episkopalkirchen.

Die byzantinische Kirche ist berühmt für ihre Marienverehrung, aber auch hier wird sie nicht als Gottheit selbst angesehen. Andere Kirchen innerhalb des Protestantismus mögen ebenso ihren Glauben an Maria beteuern, aber wiederum sehr oft nur innerhalb enger begrifflicher Grenzen, wenn ihr überhaupt eine Bedeutung zugestanden wird. Maria wird als machtlose und sekundäre Kraft dargestellt. Die römische Kirche zum Beispiel besteht darauf, daß sie sich nur bei Gott *verwenden* kann, daß sie lediglich als Bittstellerin für die Gläubigen auftritt. Als sie selbst kann Maria nichts bewirken. Allein ihr Sohn oder sein Vater besitzen Macht.

Ganz gleich, ob das nun stillschweigend hingenommen wird oder nicht, viele Menschen praktizieren eine Marienverehrung, welche die wirkliche Bedeutung Marias bestätigt, die viel größer ist als von der offiziellen Kirche zugestanden wird. Rom fordert, daß Maria nur verehrt, nicht angebetet werden kann. Es darf ihr zwar eine besondere, gesteigerte Verehrung, *Hyperdulie*, entgegengebracht werden, die sich von der einfachen Verehrung der Heiligen, *Dulie*, abhebt, aber von der Gottesverehrung, *Latrie*, fest abgegrenzt ist. Doch das Dogma der Kirche und die religiösen Praktiken der Gläubigen stehen oft in ausgesprochenem Widerstreit zueinander. Die tatsächlichen Praktiken und das Verständnis der Gläubigen unterscheiden sich manchmal gewaltig von den formalen Lehren der Geistlichkeit. Die Marienverehrung ist ein Beispiel für dieses Phänomen.

Doch Maria gehört nicht einfach zu gewissen Glaubenssystemen. Sie gehört zu jedem, der sich nach einer reicheren, lebendigeren Konzeption einer Macht sehnt, die größer ist als wir selbst, und die einige Gott nennen. Sie stellt eine Herausforderung und eine Gelegenheit für jeden dar, der über die «wiederauftauchende Göttin» oder eine Religion der Göttin spricht, und doch ist sie für viele zu fest mit Rom verknüpft. Mir liegt am Herzen, Maria von der katholischen Kirche zu befreien. Wir alle brauchen sie. Vielleicht können wir dann erfassen, was es bedeutet, die Gegenwart von Gott als Mutter heute in unserer Mitte zu haben.

Die Schwierigkeit und Notwendigkeit, das Gotteskonzept zu erweitern, sollte sich bestätigen, als ich nach Hause zurückkehrte. Die presbyterianische Geistliche, Lee Hancock, Seminarpriesterin des Union Theological Seminary in New York, berichtete mir von ihrer Predigt über «Christentum und der Verlust der Göttin», die sie nach Jahren des stillen, privaten

Kampfes in einer Art Glaubensschub gehalten hatte. Es war eine der intensivsten Erfahrungen ihres Lebens, als sie ihrer Gemeinde gestand, daß es nicht länger genüge, sich selbst zu sagen, daß Gott Männliches und Weibliches transzendiere, sie brauche eine leibhaftige weibliche Präsenz in der christlichen Tradition. Man erhob sich, um ihr Beifall zu spenden. Als sie die Predigt vor einer größeren, ihr unbekannten Gemeinde wiederholte, fand sie eine kontroverse Aufnahme. Man reagierte teils sehr positiv, teils erschrocken. Viele dankten ihr, daß sie «das Unnennbare benannt» habe. Der Protestantismus hatte in der Reformation das Weibliche fast gänzlich ausgeschlossen, bemerkte sie, und doch, was Lee Hancock hielt, war die ungebrochene Vorstellung der Fleischwerdung im Christentum, «das Wort wurde Fleisch». Doch ihr erscheint es problematisch, daß das nur auf ein Geschlecht beschränkt sein soll. Symbole hängen mit Autorität und Macht zusammen und formen das Leben der Menschen; wir brauchen sie, aber wenn die Symbole ohne eine weibliche Präsenz sind, können wir uns nicht damit identifizieren. Das Bedürfnis nach einem weiblichen Bild Gottes ist vorhanden, doch die Menschen haben Angst, es auszusprechen. Für Frauen, die ein geistliches Amt innehaben, sagte sie, sei das ein brennendes Problem.

Jane Henderson, Mitrektorin in der New Yorker Episcopal Church of Heavenly Rest und Pfarrerin der Episkopalkirche, erzählte mir, daß die Erfahrung Gottes viel intensiver werden kann, wenn man die feminine Seite Gottes entdeckt. Doch im großen und ganzen, sagte sie, ermutigen die etablierten Kirchen in keiner Weise dazu und vergeben damit eine Chance. Intellektuell verstehen viele Menschen das Bedürfnis nach einer Liturgie, die sie einbezieht, aber wenn sie dann die pragmatische Verwirklichung in der Predigt und in der veränderten Sprache der Liturgie erleben, regen sich die Leute auf.

Um nahezulegen, daß Gott weiblich ist, braucht es einen männlichen Klerus, der sich mit seiner eigenen Weiblichkeit versöhnt, sagte mir der katholische Theologe Matthew Fox (Dominikaner). Manche empfinden das nur als peinlich und neu, andere geradezu als bedrohlich. Die Jungfrau kann nicht länger als eine Projektion für diesen Aspekt des Selbst dienen. Die wirkliche Vorstellung von Gott als Mutter verlangt Integration. Das Bild von Gott zu verändern, beinhaltet ungeheure Auswirkungen, versicherte er mir. Fox erinnerte mich an die großen schöpferischen Mystiker des Mittelalters, Hildegard von Bingen, Juliane von Norwich, Meister Eckhart und andere, über die er auch geschrieben hat.[24] Diese Mystiker stützen sich auf die Bibel. Sie dachten sich die Idee von Gott der Mutter nicht aus, sagte Fox, denn sie ist in der ganzen christlichen Tradition immer dagewesen – vernachlässigt, manchmal verurteilt und von vielen vergessen.

Das Problem wird nicht gelöst, indem man einfach die Sprache ändert. Elisabeth Schüssler Fiorenza weist darauf hin, wie die Mariologie in der Kirche auch benutzt wurde, um die Frauen in ihrer Stellung zu halten. Die Wandlung zu einer weiblichen Gottsprache muß auch psychologisch sein. Sie erinnert mich an die verwandte Figur der göttlichen Weisheit, die Erbauerin der Welt im Alten Testament.[25] Sophia, die Personifikation der Weisheit Gottes, war auch eine Bezeichnung der frühen gnostischen Christen für die Mutter.[25a]

Muttergott. Ich werde an Meinrad Craighead schreiben, die diesen Ausdruck verwendet. Die geniale Malerin und Ururgroßnichte von Bruder Meinrad aus Einsiedeln hat eine ganze Welt von Geschichten und Bildern von Gott als Mutter geschaffen, mit denen sie mich regelmäßig versorgt.[26] Diese Schwarze Madonna von Einsiedeln ist für sie eine andere Erscheinung des Gottes als Mutter, die sich ständig entwickelt und in vielen Formen zu uns kommt. Sie träumt oft von ihr: immer dunkel, immer schön, in der Fülle ihrer Jahre, manchmal über alle Begriffe alt. Schön und überladen in viele Lagen Tuch gekleidet, manchmal sogar in ein Pumafell gehüllt. Gottes «liebende Brüste» und «die Vatermilch» – diese Anspielungen finden sich in den frühen christlichen Schriften des Clemens von Alexandria, die Elaine Pagel herausgeben will.[27]

Ich bin zu einem heiligen Quell vorgedrungen, der vielen bekannt ist. Wurzellos, wie ich war, wollte ich nicht nach Hause zurückkehren, um mich mit unseren Bindungen an die eigene westliche Kultur auseinanderzusetzen. Wie so viele hatte ich dabei den Garten hinterm Haus übersehen, in dem sich das Marienbild still entwickelte wie ein erblühender Baum. Das Bild war mir entschwunden durch den Blick auf andere Kulturen, aber heute sehe ich in Maria die ‹Pfahlwurzel›, die bis zum Mittelpunkt der Erde reicht und ein Wurzelsystem hat, das sich um den ganzen Erdball erstreckt. Paradoxerweise konnte ich dies nicht entdecken, indem ich zu Hause blieb. Erst als ich die Tara und Kali fand, konnte ich anfangen, wieder Maria zu sehen, und auch dann nur in dem schwarzen oder dunklen Bild der Madonna.

Das Hotelrestaurant öffnet gerade zum Frühstück – es ist der nächste Morgen, sieben Uhr früh. Ich stopfe eine Tasche voll mit Hörnchen, Brötchen, Honig und Marmelade für lange Zugfahrten. Rockmusik dröhnt aus dem Radio in der Küche, Teller scheppern. Es gelingt mir schließlich, der Kellnerin verständlich zu machen, daß ich jetzt weichgekochte Eier und Kaffee haben möchte. Draußen flirrt das Licht in den Bäumen. Es ist ein frischer, sonniger Tag, windig und kühl, nach den letzten zwei Tagen voll Nebel und Kälte sehr willkommen. Ich bin auf dem Weg nach Winterthur.

An dem Tag traf ich Carol Savvas, sie stellte mich dem Ehrwürdigen Geshe Champa Lodro Rinpoche vor, einem Gelugpa-Mönch, der nach seiner Flucht aus dem Serakloster in Tibet 1959 in die tibetische Gemeinde in der Schweiz gekommen war. (Der Titel ‹Geshe› bezeichnet eine hohe Graduierung ähnlich unserem Doktorgrad der Philosophie.) Er lehrte und leitete wöchentlich Meditationen an Kalffs Yiga Chözin Zentrum für das Studium des Buddhismus und der Psychologie. Carol spricht fließend Tibetisch und ist auch eine seiner Studentinnen. Geshe Champa Lodro spricht Deutsch und ein wenig Englisch.

«Geshe Rinpoche wird sich freuen, daß Du an der Tara interessiert bist,» versicherte mir Carol. Kaum hatte sie mich vorgestellt, fragte er, ob ich mehr über die Einundzwanzig Taras wissen wollte. Fast auf den Tag genau vor zwei Wochen hätte ich Lochö Rinpoche in Dharamsala treffen sollen, der mir die Einunzwanzig Taras erklären wollte. Er hatte keine Zeit gehabt, mich wiederzusehen. Jetzt war ich in die Schweiz gekommen, um die Schwarze Madonna zu finden, und ich finde nicht nur sie, sondern wieder einmal – immer vor mir – die Buddha-Tara. Der Augenblick meiner Begegnung mit Geshe Champa Lodro Rinpoche hat sich mir mit fotografischer Schärfe eingeprägt: er stand mit dem Rücken zum Fenster in Dora Kalffs Arbeitszimmer, die safrangelbe und rote Mönchsrobe hob sich gegen den grauen Herbsthimmel hinter ihm ab; auf seinem breiten, offenen Gesicht lag ein Lächeln, als er fragte, ob ich etwas über die Einundzwanzig Taras wissen wollte.

Carol Savvas holt mich am Bahnhof ab, und wir gehen zu der Wohnung von Geshe Champa Lodro Rinpoche, die zwei Häuserblocks entfernt liegt. Er lebt dort mit seiner Mutter und einigen anderen Angehörigen, die aus Tibet geflohen sind. Geshe Rinpoche war heute sehr beschäftigt, sagt sie mir, aber wir wollen sehen, wieviel Zeit er für ein Gespräch hat.

Wir treten in ein Zimmer voller Gottheiten, gemalt, in Bronze gegossen, geschnitzt. An einer Wand hängen Tangkha-Rollbilder, an einer anderen Wand befindet sich eine Glasvitrine mit Fächern, auf denen Figuren des Buddha und anderer Götter stehen. Geshe Rinpoche trägt einen kastanienbraunen Wollpullover über seiner weinroten Robe und einen rosaroten Schal. Die gelbe Seidenhülle des Textes, aus dem er lesen will, liegt ausgebreitet auf seinem Schoß. Er empfängt uns mit einem Lächeln, und mir wird warm ums Herz. Er spricht lange mit Carol Tibetisch, seine Stimme hebt und senkt sich leicht. Carol und ich sitzen auf einem tibetischen Läufer auf dem Teppichboden am Fenster. Geshe Rinpoche vereinigt auf ungewöhnliche Weise Wärme und Förmlichkeit. Er spricht zu mir nicht einfach über die Tara, sondern verweist mich auf alte Texte, um sicher zu gehen, daß ich eine genaue Version der Tara-Geschichte höre.

Jetzt beginnt Geshe Rinpoche im herkömmlichen Stil tibetischer Geschichten den Ursprung der Tara zu erklären.[28] «Vor unzähligen Äonen, in einem ganz anderen Weltalter (*kalpa*) zur Zeit des Buddha Ngadra lebte eine Prinzessin namens Yeshe Dawa, Mond der Weisheit. Sie spendete dem Buddha Ngadra und der spirituellen Versammlung zahllose Opfergaben, wodurch sie der eigenen Erleuchtung sehr nahe kam. ‹Wenn Du um eine männliche Existenzform betest, wirst Du noch in diesem Leben erleuchtet werden›, sagten ihr die Mönche.» – Von den verschiedenen Versionen dieser Geschichte, die ich schon gehört hatte, ist diese am vollständigsten. Der Geist der Tara, der Geshe Rinpoche und Carol durchdringt, inspiriert mich. Ich stelle mir Yeshe Dawa in formaler Diskussion wie die jungen Mönche in Dharamsala vor, die ich im Freien unter Bäumen sah. Sie bewegten den Körper in vorgeschriebener Weise und nahmen die traditionellen Haltungen ein, während sie anmutig ihren intellektuellen Argumentenreigen aufführten. In aufleuchtenden roten Roben drehten sie sich und klatschten in einer Art tai-chi-Form von getanzter Diskussion. Ich male mir aus, wie Yeshe Dawa eine volle Drehung macht mit der Dynamik eines aufkommenden Sturmes. Sie schlägt ihre Hände einmal zusammen, es klingt wie ein Donnerschlag.

Carols Stimme, die für Geshe übersetzt, zerreißt meine Tagträume. «Mann, Frau, das ‹Selbst›, die Person – all diese Phänomene haben keine wahre Existenz», sagte Yeshe Dawa. «Sie existieren nur als Projektionen unserer unrichtigen Vorstellung von der Welt. In Wahrheit existieren sie nicht in und aus sich selbst. Sie haben keine getrennte unabhängige Existenz, so daß für mich keine Notwendigkeit besteht, mich in einen Mann zu verwandeln. Die Vorstellungen des ‹Männlichen› und ‹Weiblichen› täuschen weltlich gesinnte Menschen stets. Viele möchten Erleuchtung in der Existenzform eines Mannes erlangen, aber wenige möchten zum Wohl fühlender Wesen in einer weiblichen Form wirken.»

Carol und ich kichern, als sie Yesha Dawas Bemerkung übersetzt, wie verwirrt weltlich gesinnte Menschen immer sind, wo es sich um die Geschlechter handelt. Männlich und weiblich. Hier liegt eine Art skurriler Perspektive auf das Geschlecht vor, eingebracht in diese Geschichte, die angeblich so alt ist, daß sie vor der Evolution der Menschen auf diesem Planeten zu datieren wäre. Geshe Rinpoche lächelt über unsere offensichtliche Erheiterung und erzählt nun von Yesha Dawas Gelübde.

«Deshalb will ich in der Existenzform einer Frau bleiben bis zur Erlangung der Erleuchtung und so das Rad des Dharma drehen, indem ich zum Nutzen aller Lebewesen wirke, bis die Welt des Samsara leer ist und alles Leiden ein Ende gefunden hat.» Diese Worte sind wie sauberes, klares Wasser aus einem Bergbach, der über mich gegossen wird. Geshe Rinpoche erzählt dann, daß nach diesem Gelübde Yeshe Dawa noch viele Millionen Jahre mit Meditation über «die sechs Vollkommenheiten: Großzügigkeit, Rechtschaffenheit, Geduld, Willenskraft, unerschütterliche Güte und Weisheit»[28a] verbrachte, bevor sie selbst den Zustand mentaler Konzentration erlangte, der da heißt «frei von Samsara». Nachdem sie dieses Ziel erreichte, half sie Millionen von Wesen tagtäglich vom Leiden, von der Welt des Samsara befreit zu werden.

«Jeden Tag befreite sie Millionen Wesen von den Leiden des Samsara durch die Kraft ihrer mentalen Konzentration und durch Unterweisungen. Sie lehrte sie, wie sie Liebe, Freundlichkeit und Mitleid erlangten, sie wandelte ihren Zorn in Geduld. Weil so viele Wesen von Yeshe Dawa gerettet wurden, nannten sie sie nun die Befreierin, die Mutter, die befreit, *Drolma* – so das tibetische Wort für die Tara. Tara ist ihr Name in Sanskrit.» – Tagtäglich, wenn Yeshe Dawa aufwachte, nahm sie kein Frühstück zu sich, bevor sie nicht über eine Million Wesen vom Leiden befreit hatte. Schließlich verweigerte sie das Abendessen, bis wenigstens eine weitere Million frei war, selbst wenn es darüber Nacht wurde.

Die Kraft des Geistes, ganz ausschließlich konzentriert auf den großen altruistischen Wunsch, zum Nutzen aller Wesen erleuchtet zu werden (*bodhicitta*), darf im buddhistischen System nicht unterschätzt werden. Dieses Bild von Yeshe Dawa, die jeden Tag eine Million Wesen durch ihre mentale Konzentration und Beharrlichkeit befreit, läßt mich den tibetischen Begriff der mentalen Aktivität verstehen, die nicht unähnlich unserer Beschreibung von radioaktivem Material ist, welches so konzentrierte Kraft enthält, daß nur wenige Pfund nötig sind, um das Leben von Millionen von Menschen zu beeinflussen. «‹Du, Yeshe Dawa,› prophezeite der Buddha Ngadra, ‹wirst die Erleuchtung in Gestalt der Buddha-Tara erlangen.› Wie er es vorhersagte, wurde sie erleuchtet und wirkte, um alle Lebewesen von den Leiden der Welt zu befreien.»

Schließlich höre ich, wie die Tara ein Buddha wurde. Ihre verschiedenen Titel sind verwirrend – Göttin, Bodhisattva und Arya («Edle»). Sie hatte zunehmend höhere Ebenen der Verwirklichung während ihrer unterschiedlichen Verkörperungen in verschiedenen Weltaltern oder Zeitperioden (*kalpas*) erreicht. Reinkarnation, unendliche Welten, Zeitbegriff, Materie und Raum, also Begriffe, die wir allgemein auf Astronomie und Quantenphysik begrenzen, machen das Verständnis buddhistischer Texte zu einer reizvollen Aufgabe.

Geshe Rinpoche fuhr fort und vermittelte uns eine Vorstellung davon, wie entscheidend die Tara für den tibetischen Buddhismus ist und war. «Chenresig, Avalokiteschvara, der Bodhisattva des Mitleids, rezitierte viele hunderttausend Verse über die Tara im Tara-Tantra. Im gegenwärtigen Zeitalter erreichte der Buddha Schakyamuni die Erleuchtung, indem er sich auf die Tara verließ. Danach schenkten alle *Mahasiddhas*, die großen Adepten Indiens, der Tara ihr Vertrauen und machten auf diese Weise große spirituelle Fortschritte. – Atischa vollbrachte alle großen Taten, weil er sich bei den Antworten auf seine Fragen völlig auf die Arya Tara verließ. Als er im elften Jahrhundert eingeladen wurde, von Indien nach Tibet zu kommen, sagte sie ihm, daß das sein Leben um zwanzig Jahre verkürzen werde, dem Dharma aber, den Lehren des Buddha und den tibetischen Menschen würde es in hohem Maße nützen. Also ging er.»

Der Besuch des großen indischen *pandita* (Lehrer) Atischa dauerte bis zu seinem Lebensende, siebzehn Jahre später, und leitete nach einer langen Periode der Verfolgung die zweite Blütezeit des Buddhismus ein. In der Zeit vor Atischas Ankunft war der Buddhismus in Tibet beinahe ausgelöscht gewesen. Geshe Rinpoche sagte mir: «Es heißt, daß Atischa die ganze Zeit direkt das Antlitz der Tara sah. Sie war immer da, um seine Fragen zu beantworten. Ebenso verließen sich alle großen Lamas Tibets auf die Arya Tara. Ihre tugendhaften Aktivitäten verbreiteten sich weithin, weil sie der Tara vertrauten. Besonders die Dalai Lamas verließen sich auf die Tara,» versicherte er mir.

Geshe Rinpoche erklärte mir an jenem Tag und bei den folgenden Begegnungen vieles über die Tara.[29] Am meisten gefielen mir seine Großzügigkeit, sein Gleichmut und sein Humor. Er und Carol waren sehr freundlich zu mir. Aber die Tage wurden kürzer, die kältere Jahreszeit kam. Bald würde ich die Schweiz verlassen müssen und damit diese Quelle der Buddha-Tara, die ich gefunden hatte.

Drei Monate später, wieder zu Hause in Kalifornien, kurz bevor ich wieder heiratete, träumte ich vom Dalai Lama. In diesem Traum standen im Freien drei hölzerne Badezuber nach japanischer Art mit heißem Wasser. Der Dalai Lama saß völlig bekleidet in seinen roten und safrangelben Gewändern in einer Wanne, die mit sehr heißem Seifenwasser gefüllt war. Ihm gefiel das heiße, seifige Wasser so gut, daß mein Mann und ich, ebenfalls völlig bekleidet, in einer anderen Wanne sitzen mußten. Keiner von uns war naß. Der Dalai Lama war sehr glücklich und vergnügt, amüsierte sich mit der Unschuld eines Kindes. Spielerisch führte er Purzelbäume aus, schlug in der Luft komplette Saltos rückwärts und vorwärts, lachte, stellte sich auf den Kopf, die Gewänder flogen. Es war wunderbar bei ihm zu sein. Er war voller Freude.

Dann wurde er ruhig und schaute mich an. Wir saßen jeder in unserer Wanne und schauten uns an. Ich begann eine ungeheure Weite zu fühlen, die Weite des Ozeans, des endlosen Himmels, reinen Raum. Kein Wort wurde gesprochen, nur der direkte Blick in die Augen des anderen. Mir war bewußt, daß in diesem Schweigen etwas von großer Tragweite geschah. Ich konnte nicht sagen, was es war, denn was auch immer es sein mochte, es lag außerhalb des Sprachvermögens. Ich sah ihn ohne Vorbehalt an, ohne Scheu, ohne Furcht, und er blickte in gleicher Weise auf mich. Nichts stand zwischen uns, nur reines Sein. Es war ein starker und wirklicher Austausch. – Plötzlich fuhr ein blaues Schwert oben vom Kopf des Dalai Lama quer herüber auf meinen Scheitel, mein Rückgrat hinunter. Ich hatte das Gefühl, als hätte er gerade eine große, wortlose Lehre übermittelt. Das Schwert war aus blauem Licht. Ich war sehr glücklich.

Dann stieg er in die dritte Wanne, in der ich nun allein saß. Wir saßen stumm nebeneinander, ich zu seiner Rechten. Unsere Gesichter waren einander ganz nah, berührten sich leicht. Wir schauten beide in die gleiche Richtung, als ob wir immer in dieser Art auf die Welt schauen würden. Wir saßen noch immer im Wasser, noch immer nicht naß und völlig bekleidet. Es schien ganz natürlich, auf diese Weise mit ihm zusammenzusein.

Der Dalai Lama stieg aus der Wanne, und ich folgte ihm. Ich wollte, daß er mir diese Erfahrung, die ich gerade mit ihm gehabt hatte, bestätigte. Ich wollte, daß er mir die Kraft und die Intensität der Zeit bezeugte, da wir dasaßen und einander anschauten. Ich wollte, daß er mir sagte, er habe eine Form von Lehre übertragen. Ich wollte, daß er mir alles, was geschehen war, bekräftigte, mir erklärte, was es bedeutete. Ich wollte, daß er mir das Schwert erklärte, das aus seinem Kopf in meinen fuhr. Doch jedesmal wenn ich ihm eine Frage stellte, veränderte er seine Form wie Proteus, der alte Meeresgott, und schwieg. Er ging umher, und ich fragte. Statt zu antworten, variierte er seine Form und ging weiter, unzugänglich für meine Fragen. In jeder Form wurde er kleiner und kleiner. Am Ende des Traumes hatte er sich in ein winziges, exquisites, leuchtendes, türkisblaues Wesen verwandelt, vielleicht in einen ägyptischen Skarabäus oder in irgendeinen seltenen und wertvollen Käfer. Er fing an, eine weißgetünchte Mauer hinaufzukrabbeln, während ich unten stand auf einem umgedrehten hölzernen Blumenkasten und beobachtete, wie er einen Alkoven erklomm, hoch an der Wand über mir, außerhalb meiner Reichweite. Dann wachte ich auf. In diesem Augenblick war die Privataudienz mit Seiner Heiligkeit, dem Dalai Lama, Tenzin Gyatso, vom vorigen Oktober abgeschlossen.

Ich schrieb dem Mönch, unter dessen Führung ich in Dharamsala gestanden hatte, über diesen Traum. Sicher war dies auch anderen geschehen, die den Dalai Lama gesehen hatten. Erteilte der Dalai Lama bewußt Lehren auf diese Weise, oder war der Traum nur eine der Reaktionen, die seine Ausstrahlungskraft auf Menschen hatte? Was bedeutete er? Was war das Schwert aus blauem Licht? Schon als ich den Brief schrieb, war ich nicht so dumm, eine Antwort zu erwarten. Der Traum hatte mir genug gesagt. Ich erhielt auch keine Antwort.

# 9. Der Weg nach Polen

*Kalifornien, Frankreich, Schweiz, Juni/Juli 1987*

Nach einer Fahrt zum Lebensmittelgeschäft bog ich in meine Zufahrtsstraße ein und wurde plötzlich tieftraurig. Eine düstere Stimmung überfiel mich gerade jetzt, wo ich nach Europa reisen sollte. Ich war auf dem Weg zurück in die Schweiz, wollte anschließend nach Frankreich und schließlich nach Polen. Ich hatte die Absicht, an der jährlichen Wallfahrt zur Madonna von Czestochowa, der Schwarzen Madonna von Polen, teilzunehmen. Pilger aus ganz Polen kommen zum Kloster Jasna Góra in der südpolnischen Stadt Czestochowa. Ihnen wollte ich mich anschließen. Im Auto war es heiß, und der Brokkoli in meinen Einkaufstüten roch intensiv. Weshalb war ich so verstört?

Nach Polen zu reisen bedeutet, daß ich alles Bekannte und jeden Vertrauten zurücklasse. Noch nie war ich so lange von meinen Kindern getrennt wie diesmal. Ich verlasse meinen Mann, meine Freunde, den Garten, die vertrauten Bäume, die Hügel, über die ich wandere, alles, was ich kenne, um zu Fremden zu gehen, um mit Menschen zusammenzusein, die ich noch nie gesehen oder gesprochen habe, um bei einem Ereignis dabeizusein, von dem ich nicht sagen darf, daß ich teilnehme. Polen hat noch immer ein totalitäres Regime, auch wenn der erste Eindruck ein anderer sein sollte. Es ist das Jahr 1987. Die Gewerkschaft Solidarność ist noch verboten. Adam Michnik, einer ihrer wichtigsten Begründer, schrieb erst vor einigen Monaten aus dem Gefängnis. Viele andere Oppositionsführer waren kürzlich ebenfalls inhaftiert oder sind gerade entlassen. Die weltbewegenden Ereignisse im Frühling und Herbst 1989 in Osteuropa, die die herrschenden kommunistischen Regierungen zuerst in Polen, dann in Ostdeutschland, Rumänien und der Tschechoslowakei stürzen würden, sollten erst noch kommen. Solidarność wurde nicht vor April 1989 wieder zu einer legalen Organisation.

Jetzt auf meiner Reise nach Polen 1987 ist die Angst vor der Zentralregierung, ihrem Informantennetz und der polnischen Geheimpolizei noch weitverbreitet. Manche sprechen scherzhaft von Paranoia als polnischem Nationalsport, aber die Ängste der Polen sind gut begründet. Oft werden

Telefongespräche abgehört, Post – besonders aus den Vereinigten Staaten – wird geöffnet und in Plastikhüllen Wochen später zugestellt. Überwachung ist allgegenwärtig. Ein Telefongespräch nach oder von Polen läuft über eine zentrale Schaltstelle, die die Behörden abhören können. Zeitungen aus der übrigen Welt gibt es in Polen nicht zu kaufen. Mein Mann ist Jude, die Familie seines Vaters kommt aus Polen. Ich weiß, was hier geschehen ist. Unterschwellig beschäftigt mich die Frage, ob ich nach Auschwitz-Birkenau gehen werde oder nicht. Ich versuchte, ein Visum als Schriftstellerin zu bekommen. Das polnische Konsulat verlor angeblich meinen Paß, kann meinen Visumantrag nicht finden. Ich reiche erneut einen Antrag ein und erfahre, daß die Erlaubnis vom Außenministerium in Warschau kommen wird, und jetzt keine Zeit mehr ist. «Sicher können Sie das verstehen?»

Ich muß beherzigen, was Freunde mir sagten, die dort gelebt haben. «Lüge. Sag den Behörden nicht, was Du vorhast. Beantrage ein Touristenvisum, reise als Hausfrau. Und um Gottes Willen erzähle ihnen nicht, daß Du auf eine Wallfahrt gehst, geschweige denn, daß Du darüber schreibst. Dann wirst Du kein Visum bekommen. Die Regierung hat etwas gegen die Wallfahrt, das macht sie nervös. Es beteiligen sich so viele Menschen, daß sie nichts tun können, um sie aufzuhalten.» Eine polnische Touristenagentur hatte mir fälschlich den 26. August als Beginn der Wallfahrt genannt. Glücklicherweise weiß ich, daß sie Anfang August angeht, das genaue Datum kann ich allerdings nicht herausfinden.

«Es wäre nicht klug, ein Tonbandgerät mitzunehmen. Die Leute schöpfen Verdacht, wenn Du auf Band aufnimmst, was sie sagen. Mache Aufzeichnungen, aber nicht systematisch. Verteile sie auf Zettel, aber nicht in einer erkennbaren Ordnung. Laß die Leute nicht sehen, daß Du etwas aufschreibst. Sei sehr vorsichtig, wenn Du fotografierst. Nimm nicht die Fahne der Solidarność auf, die Gewerkschaft ist offiziell noch verboten. Im letzten Sommer sah ich, wie zwei Leute aus dem Westen verhaftet wurden, nur weil sie Aufnahmen am Altar machten. Ich weiß nicht, was mit ihnen geschehen ist. Es ist schwierig, die Menge zu fotografieren, ohne eine Solidarność-Fahne im Bild zu haben, es gibt so viele davon... Natürlich weißt Du, daß Du den Flughafen, Bahnhöfe, Soldaten oder irgend etwas Problematisches, das Du siehst, nicht fotografieren darfst. Wenn Unruhen ausbrechen, mache keine Aufnahmen davon. Geh weg. Ich blieb da und landete für einige Tage im Gefängnis. Eine Erfahrung, die ich Dir nicht wünschen möchte. Ich wurde einer Leibesvisitation unterzogen. Es ist alles andere als angenehm, mit der Polizei zu tun zu haben...»

«Während der Wallfahrt wird die Geheimpolizei an Dich herantreten. Erzähle ihnen nichts. Sie sind immer bei der Wallfahrt dabei. Daneben gibt es auch Informanten. Das sind Leute, die auf stille Weise von der Regierung erpreßt werden. Sie müssen als Informanten arbeiten, wenn sie eine Wohnung, einen Paß, die Erlaubnis zum Hochschulstudium und ähnliches haben wollen. Sie tun das höchst ungern und gehören nicht zur Geheimpolizei, nur haben sie sich auf diesen Kompromiß eingelassen und sind selbst in der Falle. Die Regierung kann Druck auf sie ausüben. Du wirst sie nicht erkennen, weder die Informanten noch die Geheimpolizei... Sage nur, daß Du eine Pilgerin bist, die Buße tun und beten will. Sei besonders mißtrauisch gegen Personen, die viele Fragen stellen. Bleib im Hintergrund, bleib unsichtbar...»

«Sage, daß Du auf der Suche nach einem Verwandten bist – Erkläre ihnen, daß Du ohnehin mit Deinem Mann in Europa bist und Polen sehen wolltest. Er war aus geschäftlichen Gründen verhindert, mitzukommen. Viele Amerikaner machen das so, aber kaum je ein Amerikaner nimmt an der Wallfahrt teil, das ist ungewöhnlich. Es ist besser, Du verschweigst das den Behörden. – Wenn sie Dein Gepäck durchsuchen und Dein Zelt und das Campingzubehör finden, sage ihnen, daß Du in die Tatra willst. Ja, erzähle ihnen, daß Du schon immer Zakopane sehen wolltest, genau, sage ihnen, daß Du ins Gebirge gehst, viele Touristen tun das...»

«Noch immer verschwinden Menschen in Polen, auch wenn Du nichts davon in den Nachrichten hörst. Ich weiß es. Das Kriegsrecht ist aufgehoben. Wir schreiben 1987, nicht 1982, aber es passiert immer noch, sage ich Dir. Aber Du brauchst keine Angst zu haben, Du bist eine Amerikanerin. Alles wird glattgehen. Du wirst keine Schwierigkeiten haben, mach Dir keine Sorgen. Es herrscht völlige Willkür da. Soweit ich sehe, kann man keine besonderen Regeln oder einen Sinn in dem finden, was man tun darf und was nicht. Ich habe drei Jahre in Warschau gelebt. Mit der Unberechenbarkeit, der Willkür in allem, verunsichern sie jedermann. Ich war so vorsichtig, ich habe nicht einmal für jemanden einen Brief mit außer Landes genommen. In einem Augenblick ist alles in Ordnung, im nächsten, ganz grundlos, muß ich auf dem Flughafen eine Leibesvisitation über mich ergehen lassen.»

Welche Identität ich habe, zumindest in meinem Kopf, muß ich verbergen. All die Warnungen, die mir die Leute gegeben haben, schwirren mir an diesem Nachmittag im Kopf, als ich hier im Auto sitze. Ich weiß nicht, ob ich sie beherzigen soll, habe keine Idee, wie ernst sie zu nehmen sind, ich kenne das Umfeld nicht. Warum tue ich das, worauf lasse ich mich ein, worauf bin ich aus? Dann mache ich mir bewußt, daß ich dabei bin, über Dunkelheit zu schreiben, alle Umsetzungen der Dunkelheit drängen sich auf. Ich war naiv, mir vorzustellen, daß ich nur eine erlösende Dunkelheit betrachten könne, die Dunkelheit der Göttlichkeit, die Dunkelheit der Madonna, die Dunkelheit der Tara oder die Dunkelheit, die mit der Erde, mit Ruhe, mit Fruchtbarkeit verbunden ist. Natürlich, ich sage, daß ich mich nach Dunkelheit sehne, und das ist es, was ich bekomme; eine andere Art von Dunkelheit: Rassismus, Geheimpolizei, Auschwitz, meine eigene endlose Angst. Schönheit geht nicht ohne Scheußlichkeit einher. Ich kann nicht mehr erwarten. – All das Abschiednehmen bringt mich zwar etwas aus der Fassung, dennoch ist es beruhigend zu wissen, daß ich eine gewisse Nervosität einkalkulieren muß. Meine Ängste sind gleichermaßen rational und irrational. Ich kann diese Reise nicht auf bequeme Art oder auf Distanz machen. Ich lehne mich über den Sitz, greife nach meiner Einkaufstüte und steige aus.

Ich wandere, um mich für die Wallfahrt in Polen fit zu machen, steige hinauf auf die Höhen der Kämme, die den Mount Tamalpais flankieren, hinauf zum East Peak, bis zum Gipfel und um den Berg herum. Von hier aus kann man nebelumwallt im Ozean die 45 Kilometer entfernten Farallones-Inseln sehen. An der Küste ist der Himmel wolkenlos, die Berge sind sonnig. Stieglitze tauchen in die Luft wie in Wasser.

*Pfäffikon, Schweiz, Juli 1987*

Wieder in der Schweiz wandere ich von Pfäffikon am Zürichsee auf dem tausend Jahre alten Pilgerweg nach Einsiedeln über einen bewaldeten Hügel mit Stufen aus wurzelüberwachsenen Steinen, die vom Alter geglättet sind. Der Tag ist klar und warm. In den offenen Feldern auf der Höhe stehen Kirschbäume, die Äste schwer von Früchten. Oben, hinter der Kapelle des heiligen Meinrad auf dem Etzelpaß, werden in der Ferne die Alpen sichtbar. Dann führt der Weg bergab, zu einem Fluß mit einer überdachten Brücke. Hier in der Nähe lebte Paracelsus, der berühmte mittelalterliche Arzt und Alchimist. Hinauf zu Feldern auf der Berghöhe, wo Bauern fahle Weizengarben um einen Mittelpfosten aufstellen, und die Luft süß nach Klee duftet. Und wieder ganz hinunter zum großen Kloster von Einsiedeln, auf der anderen Seite der Sihl. Noch ein See, auf dem die Segelboote wie weiße Tupfen schwimmen, dann komme ich mit feuchtem

Haar, rotem Gesicht und verschwitzt von der Hitze und der Anstrengung gerade rechtzeitig für das *Salve Regina*, das um vier Uhr gesungen wird. Wandern...

Ich bin auch gekommen, um Champa Lodro Rinpoche und Carol Savvas wiederzusehen. «Komm nach Zug, Du kannst die Eisenbahn nehmen», sagt Carol. «Wir haben ein Wochenendseminar am See in einer Sommerhütte. Geshe Rinpoche wird Dir eine Initiation der Grünen Tara geben.» Dort, wo eine Sommerhütte steht, liegt ein Segelboot im Schilfrohr, das den See einfaßt. Im Haus meditiert still eine kleine Gruppe tibetischer Buddhisten. Ich treffe gerade zur Mittagspause ein. Mit seinem warmen Lächeln nimmt Geshe Rinpoche eine Honigmelone vom Picknicktisch und erklärt durch Carols Vermittlung, indem er uns neckt, daß sie genau so groß sei wie das Drachenei, das in seiner Kindheit im Potala, dem Palast des Dalai Lama, aufbewahrt wurde.

Nach dem Mittagessen gehen wir hinein. Ich habe Geshe Rinpoche eine voll erblühte, leuchtend rote Begonie mitgebracht und stelle sie auf den kleinen Tisch vor ihm. Dann setze ich mich. Zu meiner Rechten ist Carol und übersetzt und erklärt uns allen die Initiation der Grünen Tara. Dann bin ich an der Reihe, vor Geshe Rinpoche zu treten und mich zu beugen, als er ein Bild der Grünen Tara kurz auf meinen Scheitel legt und mir seinen Segen gibt. Dies ist die Tara, die dasitzt, ihr rechtes Bein leicht ausgestreckt, immer bereit, in die Welt hinauszugehen und schnell zu helfen. Diese schöne Grüne Tara kommt zu Dir durch den Scheitelpunkt Deines Kopfes. Sie wird Du, Du wirst sie. Gleichzeitig sitzt eine winzige Grüne Tara auf einer Mondscheibe in Deinem Herzen, strahlt Liebe und Mitleid nach jeder Richtung aus, *Om Tare Tutare Ture Soha*, ihr Mantra dreht sich, leuchtet wie die Speichen eines Rades, Strahlen von juwelenem Licht gehen davon über die ganze Welt. Jeder Ort, den das Licht berührt, wird vom Leiden befreit und geheilt.

Der Grünen Tara, die ich mitnehme, wachsen im Lauf der Zeit Blätter, weinüberrankt und wild. In dem Augenblick, da ich mir ihren Abstieg in meinen Körper vorstelle, fühle ich, wie sich der Wind in den Bäumen bewegt. Das Wasser des Geistes fließt durch den reinigenden Filter des Bildes. Sie ist die große Beschützerin, Khadiravani Tara[1], die im Wald lebt, die fröhliche Schönheit, die frei umherstreift; in kostbare Seide gekleidet, mit Perlen und Korallen geschmückt, zieht sie durch ihr unendliches Mitgefühl fühlende Wesen an wie der Bienenstock die Bienen.

*Les Saintes-Maries-de-la-Mer, Frankreich, Juli 1987*

Die Camargue in Südfrankreich liegt in dem weiten Delta der Rhone, die hier mit ihren Armen in das Mittelmeer mündet. Aus der Schweiz bin ich mit dem Zug gekommen, jetzt fahre ich im Auto durch Arles, durch das honigfarbene Licht Südfrankreichs, zwischen unendlichen Sonnenblumenfeldern. Manche stehen noch in leuchtendem Gelb, andere sind verblüht, man sieht nur noch die dunkelgrünen Blütenköpfe. Mein Ziel ist die Kirche von Les Saintes-Maries-de-la-Mer.

Man hatte mir gesagt, daß ich hier eine Schwarze Maria finden würde. Es erwies sich, daß sie nicht Maria, sondern die heilige Sara war. Pater Morel, der Priester, erzählt mir, daß die Zigeuner sie Sara-la-Kali nennen, wiewohl niemand weiß, warum. «Es ist ein Geheimnis.» Die sprachliche Herkunft der Zigeuner verweist auf eine indische Sprache. Sie läßt sich heute noch in vielen ihrer Wörter als Ableitung aus dem Prakrit erkennen, der mittelindischen Volkssprache, die mit dem Sanskrit verwandt ist. «In der Sprache der Zigeuner bedeutet das Wort *kali* ‹Zigeunerfrau› und ‹die Schwarze›», erklärt er mir. Es ist Sara-Kali, die Königin der Zigeuner, die in der Krypta dieser uralten Kirche am Meer residiert.

Jedes Jahr in der zweiten Maihälfte strömen Zigeuner aus ganz Europa zu Ehren der heiligen Sara herbei. «Die Armen werden geehrt, die Zurückgestoßenen willkommen geheißen und die Ungeliebten getröstet», lese ich in dem Büchlein, das mir Pater Morel gegeben hat. Höhepunkt der Festtage, in denen gebetet und gefeiert wird, ist eine große Prozession, bei der die Heilige, kostbar gekleidet und geschmückt, zum Strand und ins Meer getragen wird. – «Die meisten Legenden ranken sich um die drei Marien, Maria Jakobäa, Maria Salome und Maria Magdalena – obgleich oft nur zwei Marien dargestellt werden, wie sie in einem Boot ohne Segel stehen – wie Sie es hier in der Kirche sehen. Nach einer Überlieferung werden Maria Jakobäa und Maria Salome als Tanten von Jesus angesehen, [Halb]schwestern seiner Mutter Maria», erklärt mir Pater Morel.

«Nach einer Heiligenlegende befand sich Sara, die Königin der Zigeuner, schon in der Camargue, als dort das Boot mit den Marien landete. Sara watete ihnen zur Begrüßung im Meer entgegen. Doch historisch gesehen vermutet man, daß die Zigeuner nicht vor Ende des 15. Jahrhunderts nach Europa kamen. Nach einer anderen Version handelte es sich bei ihr um Sarah von Ägypten, die als Dienerin mit den Marien in dem Boot ankam, als sie vor der Christenverfolgung flohen. Niemand weiß, wie es wirklich war», versichert er mir. Die Kenntnis davon ging mit der Zeit verloren, wurde hinaus aufs Meer geweht. «Es gibt Zeugnisse, daß hier auch Ra, der ägyptische Sonnengott, verehrt wurden. Der linke Seitenaltar der Kirche ist vorchristlich und wird ins 4. Jahrhundert v. Chr. datiert. Mindestens seit dem 6. Jahrhundert n. Chr. ist es ein Wallfahrtsort. Als diese Kirche im 9. Jahrhundert gebaut wurde, errichtete man sie einfach um den alten Altar und die Säulen. Hier fanden sich auch Überreste aus dem ersten Jahrhundert, Frauenschädel aus dem Nahen Osten.»

Vielfältig sind die Quellen, die das Netz der Geschichten knüpfen, die sich um Sara und die Marien weben. Ging es hier um Sarah von Ägypten oder um die Sara, die – nach noch einer weiteren Überlieferung – mit Maria und Martha am Morgen der Auferstehung am Christusgrab stand? Oder handelte es sich bei den Marien um Maria, die Mutter von Salome, und Maria, die Mutter von Jakob, oder waren sie Maria Magdalena und Maria, die Mutter von Jesus, wie noch andere, phantastischere Legenden behaupten, die die Grundlage von Geschichten bilden, nach denen Maria Magdalena, schwanger mit dem Kind von Christus, nach Frankreich gelangt wäre? «Die Landung der Marien hier in einem ‹Boot ohne Segel› kennzeichnet die Ankunft des Christentums im heutigen Frankreich im ersten Jahrhundert», sagte Pater Morel. Ich mache mich auf, um nach Maria zu suchen, und kann sie nur in dem Legendenstrom finden, der sie von einem Teil der Welt zum anderen trägt. Selten hatte ich ein lebendigeres Gefühl von all den verschiedenen Strängen, aus denen sich das, was wir Christentum nennen, zusammensetzt, als bei meinem Besuch in dieser so alten Kirche.

Draußen ist es heiß, um die fünfunddreißig Grad. Das Mittelmeer ist von einem strahlenden, kalten, harten Blau. Überall galoppieren weiße Pferde und schwere, schwarze Stiere. Die rosa Flamingos, für die die Camargue berühmt ist, kann ich allerdings nirgendwo entdecken, obwohl ich danach Ausschau halte. In der Kirche herrscht dämmriges Licht. Stufen führen zur Krypta unter dem Hauptaltar. Ich steige hinab in den niedrigen Raum mit seiner gewölbten Decke und bin in einer anderen Welt. Über die Jahrhunderte haben Kerzenrauch und fehlende Durchlüftung die Krypta geschwärzt. Es gibt keine Fenster. Von den Ständern mit den fast einen Meter hohen, dünnen Kerzen geht das einzige Licht aus. Die Luft ist stickig von den Kerzen, dem Wachsgeruch, den Ausdünstungen der Besucher.

Rechts vom Altar steht lächelnd die heilige Sara mit ihrem dunklen

Gesicht. Die ungefähr 1,50 m große, in blauen Tüll über Goldbrokat gekleidete Figur steht leicht erhöht auf einem kleinen Podest. Ihr liebliches, dunkelbraunes, fast schwarzes Gesicht wird von schwarzem Haar umrahmt. An der Wand hinter ihr lehnen Kinderkrücken, Stöcke, metallene Stützen – alles Zeugnisse ihrer Heilkraft. Als ich im Hintergrund stehe, damit sich meine Augen an die Dunkelheit anpassen, kommt eine Zigeunerfamilie herein. Der Mann zündet eine Kerze an und wendet sich dann der Statue zu, während seine Familie zuschaut. Der große Mann mit dem widerspenstigem, dunklen Haar trägt einfache schwarze Baumwollhosen und ein weißes Hemd, halboffen wegen der Hitze. Ganz unbefangen tritt er an die heilige Sara heran, wie er es offensichtlich schon viele Male getan hat – die Bewegung ist so vertraut, so ungezwungen – er teilt ihre kunstvolle Robe, seine Hand findet ihren Weg durch die Gewänder zu der Statue darunter. In der Art, wie er sie berührt und zart streichelt, ist sie plötzlich aus Fleisch und Blut. Dann neigt er sich näher zu ihr, flüstert ihr etwas zu, küßt ihre Lippen und geht davon. Mir stockt der Atem.

Der Augenblick des Abschieds ist vorbei. Wir schreiben den 1. August 1987. Ich sitze im Zug von Arles im Süden Frankreichs nach Genf, von wo ich nach Polen fliegen will. – Ich erinnere mich, als ich das erste Mal nach Asien reiste, hatte ich eine Broschüre, um mich zu informieren, Listen von mitzubringenden Kleidungsstücken, aber nichts dergleichen für die jetzige Reise. Meine eigenen Vorbereitungen zu treffen, erwies sich als ziemlich kompliziert. Was immer ich an Ratschlägen für die Wallfahrt erhalten hatte, widersprach sich: «Nimm ein Zelt mit», «Nimm kein Zelt mit.» «Es wird sehr heiß sein», «Es wird kalt werden», «Es kann die ganze Zeit regnen», «Du erhältst auf dem ganzen Marsch Verpflegung oder kannst sie kaufen», «Nimm Dir Deine Verpflegung mit, oft gibt es dort überhaupt nichts.»

Im polnischen Konsulat in Bern lernte ich eine Schweizerin aus Genf kennen, die mich aufforderte, sie bei der Durchreise nach Polen anzurufen. Das tat ich. Sie holte mich von meinem Hotel am Bahnhof in Genf ab und lud mich zum Abendessen ein. Während des Essens stellte sich heraus, daß sie Freunde in Warschau hatte. Sie wollte sie anrufen und verabreden, daß mich ein Fahrer bei meiner Ankunft am Flughafen in Warschau abholte. Sie war im Benediktinerkloster in Einsiedeln aufgewachsen und erzogen worden. Auch sie liebte die Schwarze Madonna.

Ich sprudelte all die Widersprüchlichkeiten, die ich über Polen gehört hatte, heraus. Sie ergänzte sie um einige mehr, sagte aber eines, was alle bestätigten: Ich würde die polnischen Menschen absolut einmalig finden. «Welcher Elan», sagte sie zu mir. «Du wirst Dich in sie verlieben, Du wirst nicht wieder nach Hause wollen.»

# 10. Die polnische Schwarze Madonna

*Warschau, August 1987*

Ich bin gerade angekommen, sitze in meinem Hotelzimmer und telefoniere mit Josef Zalecki in Czestochowa. Wir schreiben den 3. August. «Die Wallfahrt ist sehr schwierig. Es kann Ihnen vielerlei zustoßen. Ich bin überrascht, daß Sie sich darauf einlassen wollen, noch dazu allein», teilt er mir in einem von störenden Geräuschen begleiteten Ferngespräch mit. «Das ist sehr kühn.» Ich habe Josef nie gesehen, nur in einem winzigen Dorfpostamt in La Salle in Frankreich laut schreiend mit ihm kommuniziert, dabei hielt ich mein anderes Ohr zu, in der Hoffnung etwas von seiner Seite zu hören. – Leicht abgelenkt durch unser Telefongespräch bemerke ich, daß der ockerfarbene Vorhang im Zimmer eigentlich eine gemusterte Damast-Tischdecke ist wie das Laken auf meinem Bett, nur daß dies weiß ist. Der Vorhang ist jetzt zurückgezogen, es ist zwar sonnig, doch scheint der Himmel hier grau zu sein.

«Sind sie kräftig genug?» fährt er fort. «Ich weiß nicht, ob sie das bewältigen, dreißig Kilometer, oft mehr, Tag für Tag. Aber das sollte ich nicht sagen, Kinder können es, alte Leute auch. Vielleicht schaffen Sie es ohne weiteres. Die Leute bekommen Kinder, sterben, alles kann passieren. Die Wallfahrt ist sehr anstrengend. Falls Sie nicht mehr weiter können, rufen Sie mich an, dann komme ich und hole Sie. Morgen früh werde ich den Eilzug nach Warschau nehmen und Sie gegen zehn Uhr in Ihrem Hotel aufsuchen, wenn Sie wollen. Dann kann ich Ihnen helfen, eine Gruppe zu finden, der Sie sich anschließen können. Wir würden dann den Nachmittagszug nach Czestochowa erreichen, und Sie übernachten in unserer Familie. Das Dorf, in dem wir wohnen, ist ganz nah. Denn es wäre gut für Sie, wenn Sie den Altar besuchten, bevor die Stadt voller Pilger ist. Sobald erst einmal alle hier sind, ist es unmöglich, länger als für einen Moment einen Blick auf die Madonna zu werfen. Etwa eine Million Menschen halten sich dann hier auf, und alle sind sie gekommen, um diese Madonna zu sehen. Es geht zu wie im Irrenhaus! Bis zu uns sind es nur drei Stunden mit dem Zug. Sie können bis zum Morgen der Wallfahrt bleiben, dann früh den Eilzug zurück nach Warschau nehmen und sich dem Pilgerzug anschließen», endet er freundlich. Der Plan klingt kräftezehrend. Ich habe zwei Tage gebraucht, um mit Zügen und Flugzeugen von Südfrankreich nach Warschau zu gelangen. «Ich weiß nicht, was ich dazu sagen soll, Josef, kommen Sie nur. Es wäre gut, wenn Sie morgen kämen und wir von dort hingehen könnten. Ich bin Ihnen für Ihre Hilfe sehr dankbar.»

Über fünfunddreißigtausend Menschen werden allein von Warschau aus übermorgen aufbrechen. Hunderte Pilgergruppen formieren sich, um von verschiedenen Kirchen aus in der ganzen Stadt loszuziehen. Pilger aus Danzig sind bereits unterwegs.

Sie brauchen zwei Wochen, um den Altar von Czestochowa zu erreichen, wobei sie manchmal fünfzig Kilometer am Tag zurücklegen müssen. Von Wrocław aus ist es ein sechstägiger Marsch nach Czestochowa. Wenn wir am 14. August das Kloster erreichen, werden nahezu eine Million Menschen aus ganz Polen zusammenströmen. Ich bin gleichermaßen erleichtert und nervös, daß Josef kommen wird. Plötzlich erinnere ich mich an die Warnung, daß alle Telefongespräche in diesem Land abgehört werden. Haben wir zuviel gesagt? Ich kann mich schwerlich an all die Vorsichtsmaßregeln erinnern, die mir aufgetragen wurden. Mein Herz klopft.

Geschwind muß ich mein gesamtes Gepäck auseinanderreißen und in zwei Taschen umpacken, die ich auf die Wallfahrt mitnehme, eine dritte kann ich in Czestochowa bis nach der Wallfahrt stehen lassen. Ich habe ein Zelt, Schlafsack, Regenzeug. Dazu alle möglichen Gegenstände, die mir je genannt wurden; ich bin ausgerüstet wie für eine Himalaya-Tour: Toilettenpapier, kräftiges Klebeband für Reparaturen an Kleidung oder Schuhen, Tabletten, um Wasser keimfrei zu machen, Antibiotika, Heftpflaster, Moleskin, eine komplette Erste-Hilfe-Tasche, getrocknete Früchte, Vitamine, Geschenke, Unterziehweste, Handschuhe, Wollmütze, lange Unterwäsche, Dosenöffner. Ich beginne die Taschen umzupacken. Während ich mein Zeug aussortiere, überkommt mich die Müdigkeit, und ich nicke kurz auf meinem Bett ein.

Am nächsten Morgen bin ich gerade dabei, meine Taschen zu schließen, als Josef in meiner Tür steht, ein Mann in den Vierzigern mit warmen, braunen Augen. Er ist Universitätsprofessor. Sein Englisch ist sehr gut, und bald fühle ich mich nicht mehr befangen. Als Josef mich fragt, warum ich an der Wallfahrt teilnehmen will, gebe ich meine Vorsicht auf, und trotz aller gegenteiligen Warnungen erzähle ich ihm, daß ich ein Buch schreiben will. Nun muß ich ihm vertrauen.

Wir gehen schnell, es bleibt wenig Zeit zum Reden. Wir müssen eine

Pilgergruppe finden, der ich mich anschließen kann, und außerdem für mein Gepäck – inzwischen zwei große und schwere Taschen – eine Übereinkunft treffen. Wir lassen die Taschen im Hotel und machen uns zu Fuß auf zur Paulinerkirche in der Dlugastraße. Den Paulinern wurde die Obhut über die Schwarze Madonna in Jasna Góra anvertraut, als Ladislaus, der Herzog von Oppeln, sie im 14. Jahrhundert von Ungarn nach Czestochowa brachte. ‹Jasna Góra› bedeutet ‹Klarer Berg› oder ‹Heller Berg›. Einer der Pauliner initiierte diese Wallfahrt von Warschau vor 276 Jahren, als die Pest in der Stadt herrschte. Jahr um Jahr haben die Pauliner diese Wallfahrt ausgerichtet, ganz gleich ob Kriege, Hungersnöte, Regierungen, darunter jene von Hitler und Chruschtschow, die Weiterführung zu beenden drohten.

Josef erklärt meine Situation dem Bruder, der uns an der Tür begrüßt. Nach kurzem Überlegen schlägt er vor, daß ich mich Pater Dominiks Gruppe zugeselle, weil ihr ein oder zwei Personen angehören, die Englisch sprechen. Ein junger Mann kommt hinter Bruder Janusz herauf, als Josef sich mit ihm unterhält. Janusz bedeutet ihm, zu uns zu treten. Er trägt ein gebatiktes T-Shirt, einen ledernen Geldbeutel um den Hals, sportliche Hosen und Tennisschuhe. Sein Haarschnitt wirkt sehr modern. Josef stellt uns einander vor. Dies ist Pater Dominik. «Das ist kein Priester», denke ich mir. Ich lache überrascht los, als wir vorgestellt werden, platze heraus: «Sie sind kein Priester!» Mir scheint, sie wollen mich aufziehen. – «Ich bin auch Priester», sagt er mit einem schweren polnischen Akzent, tut, als seien seine Gefühle verletzt und grinst. Nun lachen alle. – «Sicher, er ist Priester, dies ist Pater Dominik, Leiter der Gruppe 15, Gold. Jede Gruppe hat eine Farbe, die von Nummer 15 ist *zloty*, Gold. Ich kenne ihn. Er hat bei mir in der Schule Englisch gelernt», sagt Josef. «Er war einer meiner Studenten.»

Abgesehen von dieser kurzen Einleitung geht alles andere auf Polnisch vor sich. Während der weiteren Unterhaltung kommen und gehen ständig Leute durch den Flur. Josef wirft mir ab und zu einen Brocken Englisch zu, wenn ich anfange, zu befremdlich dreinzuschauen. Plötzlich wird mir geradezu schmerzhaft bewußt, daß ich allein bin, inmitten von Fremden. Josef nimmt mich beiseite und macht mir einen Vorschlag. Ich kann mich Pater Dominiks Gruppe anschließen, meine Sachen in diesem Flur lassen, mit Josef heute nachmittag nach Czestochowa fahren und übermorgen nach Warschau zurückkehren. Das ist der Morgen, an dem die Wallfahrt beginnt. Ein Fahrer, der nicht Englisch spricht, wird mich am Bahnhof abholen, und unter den fünfunddreißigtausend versammelten Menschen werde ich irgendwie diesen Dominik finden, diesen Priester, den ich gerade einmal getroffen habe, diesen Priester, der keiner sein kann, aber einer ist, der trotz des Chaos und der vielen Personen in unserer Gruppe nicht vergessen wird, mein Gepäck auf dem Lastwagen für die Gruppe 15, Gold, unterzubringen.

«Sie müssen sich entscheiden, was wollen Sie tun?» fragt Josef. «Der Zug geht bald.» Ich bin am Rotieren. Ich habe keine Ahnung, wie das hier läuft, welche Entscheidung ich treffen muß. Die Möglichkeit, daß diese Pläne schiefgehen, ist wirklich groß. Ich hole tief Luft, mache einen unsichtbaren Sprung und erwidere: «Ich werde alles hier lassen, gehen wir, Josef.» – Als wir in unserem Abteil im Zug nach Czestochowa sitzen, reagiere ich auf Josefs Erkundigungen, indem ich ihm Bilder meiner Familie zeige. Die nachmittägliche Sommersonne scheint warm in das Abteil. Sechs braune Polstersitze, nur einer ist noch besetzt von einem alten Mann, dessen Kopf im Schlaf nickt.

«Ihre ersten beiden Kinder sehen ganz anders aus als das dritte, das jüngste», bemerkt er sachlich. Ich schlage die Beine übereinander, ziehe meinen blauen Rock tiefer über meine Beine und wende mich dem Fenster zu, indem ich so tue, als sei ich völlig mit der Landschaft beschäftigt, die vorbeizieht. Als ihre Mutter sehe ich niemals einen Unterschied. Es war mir noch nie in den Sinn gekommen, daß irgend jemand sonst es bemerken, geschweige denn sich zu dieser Tatsache äußern würde. Er reitet weiter darauf herum: «Warum sehen Ihre ersten beiden Kinder so anders aus als das dritte. Haben sie verschiedene Väter?»

«Hm, ja. Ja», wiederhole ich. Ich will Zeit gewinnen und versuche zu überlegen, wie ich da herauskommen kann. Ich fühle, wie ich rot werde. Er ist sehr direkt. Mir wird bewußt, daß er Katholik ist und von mir dasselbe voraussetzt.

«Ist Ihr Gatte gestorben?» – «Nein, mein Mann ist nicht gestorben», antworte ich und suche schnell in meiner Handtasche herum. Nach einer Antwort? Nach einer Karte mit Anweisungen, wie ich reagieren soll? Warum kann ich nicht einfach sagen, daß ich darüber nicht sprechen will? Ich fühle Zorn in mir aufsteigen, ich kann keine Antwort finden. – Ich bin in Osteuropa. Aufgewachsen zur Zeit des Kalten Krieges erscheint es mir unzugänglicher als Indien oder Nepal. ‹Eiserner Vorhang›, der Begriff aus meiner Kindheit, wiewohl nicht länger verwendet oder angemessen, drängt sich plötzlich auf. Seit ich in Polen bin und meinen Paß an der

Hotelrezeption aushändigen mußte, überkam mich das Gefühl, als hätte sich ein Tor hinter mir geschlossen, für das ich keinen Schlüssel mehr besaß. Die Tür zu diesem Abteil ist geschlossen, ich kann nirgendwohin gehen, mich nicht einfach davonmachen.

»Nun, was ist geschehen?» fragt er. – «Meine ersten beiden Kinder sehen dem dritten nicht ähnlich. Sie haben verschiedene Väter. Meine erste Heirat wurde von der Kirche annulliert, die zweite war nicht kirchlich», sagte ich und hoffte, daß damit das Thema beendet sein «Aber jetzt sind Sie verheiratet, nicht wahr? Jetzt sind Sie kirchlich getraut?» Er ist nicht nur katholisch, er ist ein konservativer Katholik. Das wird mir nun klar. – «Nein, wir haben uns entschlossen, nicht in der Kirche zu heiraten. Mein Mann ist Jude.» – «Oh!

Wie haben Sie meinen Bruder kennengelernt, der Ihnen sagte, daß Sie bei uns wohnen können?» – «Ich habe Ihren Bruder selbst nie getroffen, wir haben nur miteinander telefoniert.» Ich wende mich wieder zum Fenster, schaue hinaus, als das fahle Gelb von Feldern zur Erntezeit vorbeisaust. Hier wird der Weizen kegelförmig aufgestellt. «Hat er Ihnen das nicht gesagt, als er Sie im letzten Frühjahr besuchte?» frage ich und ändere meine Stellung auf dem Sitz, indem ich mich ihm zuwende. – «Nein. Oder doch, er erwähnte etwas über jemanden, der irgendwann kommen würde, aber er war sehr beschäftigt. Er feierte sein fünfundzwanzigjähriges Priesterjubiläum. Er mußte soviele Leute treffen. Es war mir nicht bewußt, daß sie sich nie gesehen haben.» Er schaut wieder auf den Stapel Bilder in seinen Händen und blättert sie weiter durch.

Jetzt betrachtet er meine Aufnahmen vom Dalai Lama, danach kommen ein Foto der Grünen Tara, dann eine weiße Tara und verschiedene tibetische Lehrer und Freunde von mir. Es war mir nie in den Sinn gekommen, sie zu verheimlichen. Aber plötzlich geht mir auf, daß sie ihm sehr seltsam vorkommen müssen, unvorstellbar fremd, tadelnswert, heidnisch. Sie sind nicht sortiert und tauchen in dem Stapel zwischen den Familienbildern auf.

«Wer ist das?» fragt er mit einem leichten Stirnrunzeln und deutet auf das Bild Seiner Heiligkeit. – «Das ist Tenzin Gyatso, der Vierzehnte Dalai Lama von Tibet. Ich bin im letzten Herbst nach Indien gereist, um ihn zu sehen. Vor zehn Jahren begann ich, den Buddhismus zu studieren. Diese Gottheit ist die Tara», erkläre ich und nehme ihm das Foto eines Tangkhas mit der Grünen Tara aus den Händen. «Für die tibetischen Buddhisten ist sie so etwas wie für uns die Madonna», sage ich und versuche die Kluft zu überbrücken, die sich so schnell zwischen uns ausweitet. «Man könnte sagen, der Dalai Lama ist so etwas wie der Papst des tibetischen Buddhismus.» – «Oh», entgegnet er und zieht seine Stirn noch mehr in Falten.

Mit schiefem Kopf betrachtet er die Tara, dann meinen Großvater, danach einen tibetischen Freund in Indien. Ich versuche, ihm meine noch immer hübsche Mutter zu zeigen, meine Brüder, Tanten, Onkel, den Vater, Cousins, so daß er sehen kann, ich komme aus Texas und nicht vom Mars. Als er mit den Familienbildern fertig ist, wendet er seinen Kopf ganz von mir ab, runzelt die Stirn, sein Gesicht hat einen bekümmerten Ausdruck. Es herrscht ein langes, unangenehmes Schweigen.

«Was für ein Mensch sind Sie?» fragt er schließlich voller Verzweiflung. – Wie soll man eine solche Frage beantworten? Ich bin mir schneidend bewußt, wie wehrlos ich als Fremde bin, die sich nicht, wie verlangt, bei der Polizei hat registrieren lassen, und wende mich wieder dem Fenster zu. Es ist mir peinlich, daß ich den Tränen nahe bin. Ich drehe mich wieder um.

«Sagen Sie es mir», insistiert er. – «Ich kann Ihnen mein Leben nicht begreiflich machen. Wie kann ich eine solche Frage beantworten. Ich verstehe selbst nicht völlig, warum ich hier bin.»

Zu meiner eigenen Verlegenheit und Überraschung fange ich an, mir meine Lebensgeschichte von der Seele zu reden. Die Qual von vor über zwanzig Jahren bricht plötzlich auf, grell und frisch. Ich bin schockiert über das, was ich hier ausspreche. «Ich bin dabei, vom Alkohol loszukommen. Ich bin katholisch erzogen, habe vierzehn Jahre lang eine katholische Schule besucht, ging täglich zur Kommunion. Ich hielt mich streng an die Bibel, dazu gehörte, daß ich mit neunzehn heiratete und Kinder bekam. Aber es war eine schreckliche Ehe, mit körperlichen Mißhandlungen. Ich war mit unserem zweiten Kind schwanger. Sie dachten, ich würde das Baby verlieren. Die Ärzte brachten mich ins Krankenhaus und riefen einen katholischen Priester, der mit mir sprechen sollte.

Es war ein katholischer Priester, der mir riet, mich scheiden zu lassen und gleichzeitig ein Gesuch um Annullierung einzureichen. Ich wünschte mir nichts mehr, als in der Kirche zu bleiben. Ich kannte nichts anderes. Ich dachte, daß Menschen, die sich scheiden ließen, in die Hölle kamen. Ich konnte nicht glauben, daß mich ein Priester aufforderte, um eine Scheidung zu ersuchen. Doch als ich aus dem Krankenhaus entlassen war, tat ich genau das. Nachdem ich ein Jahr gewartet hatte, teilte man mir mit, daß es sieben Jahre dauern könnte, es sei denn, ich hätte das Geld, einen

Kirchenjuristen nach Rom zu schicken. Da trat ich aus der Kirche aus. Ich hatte zwei Kinder unter zwei Jahren, ich war einundzwanzig Jahre alt. Ich hatte mich immer so benommen, wie es von mir erwartet wurde. Was war übriggeblieben?

Ich wußte nicht, wie ich mich in der Situation verhalten sollte. Drei Jahre später heiratete ich wieder. Mein zweiter Mann und sein Vater versuchten, uns zu schützen, gaben uns ihren Namen, versicherten uns ihrer Loyalität, aber mir war nicht zu helfen. Damals begann ich zu trinken. Das war meine Art, mit den Problemen fertig zu werden. Es war eine Katastrophe. Ich wußte es nicht, aber ich war bereits auf dem Weg zur Alkoholikerin.»

Mein Gesicht ist gerötet, ich weine, als ob sich das alles gestern abgespielt hätte. Es ist, als würde eine Bombe in mir explodieren. All dies, das sich vor so langer Zeit zutrug, das ich nie verstand, nie begreifen konnte und über das ich jahrelang mit Trinken hinwegkommen wollte, fühlt sich nun, als rinne es mein Gesicht hinab, quelle aus meinen Poren. Ich bin gedemütigt und bloßgestellt, habe nichts mehr zu meiner Verteidigung vorzubringen. – Ich möchte das Thema wechseln. Ich hatte keine Vorstellung von der emotionalen Auswirkung dieser Reise und dieser Begegnung mit einem Katholizismus, von dem ich glaubte, daß ich ihn hinter mir hätte. Warum konnte ich nicht schweigen? Warum gab ich so vieles preis? Josef scheint zu verstehen und reicht mir ein Papiertaschentuch. Die Wahrheit schafft einen Ort, wo ein Samenkorn der Freundschaft gesät wird.

«Josef, was für eine Art Mensch sind Sie? Können Sie mir Ihr Leben begreiflich machen?» frage ich. Er zuckt lächelnd mit den Schultern und hört auf, Fragen zu stellen. Über unsere Differenzen hinaus versteht er jetzt, daß diese Wallfahrt auch ein Heimkommen ist. Er akzeptiert die Tatsache, daß ich die Jungfrau Maria verehre. Damit haben wir etwas gemeinsam.

Als wir am Bahnhof ankommen, erwartet uns dort Jadwiga, Josefs Gattin, eine hübsche Frau mit blauen Augen, kurzem, braunen, lockigen Haar. Sie ist von meiner Größe und in meinem Alter und vermittelt mir sofort das Gefühl, willkommen und daheim zu sein. Sie drängt uns in ihr Auto. Sobald wir in ihrem Haus sind, führt sie mich in mein Zimmer. Das Bett ist mit frischem Linnen bezogen, Handtücher liegen bereit. Ich soll mich kurz ausruhen und vor dem Abendessen frisch machen. Sie wird mich rufen, wenn es fertig ist.

Meine Gastgeber versorgen mich mit vertiefendem Informationsmaterial über die Madonna, die ich morgen sehen werde. Ich liege in meinem frischbezogenen Bett. Die Madonna von Jasna Góra ist eine Ikone, ein Gemälde, keine Statue wie die Schwarzen Madonnen, die ich in Frankreich und der Schweiz gesehen habe. In der byzantinischen Tradition ist eine Ikone viel mehr als ein Porträt oder eine bildliche Darstellung des Heiligen oder der Gottheit, die verehrt wird. Die Ikone wird als Gefäß betrachtet, das die Heiligkeit des abgebildeten Heiligen vermittelt. Man glaubt, daß die Verehrung durch den Gläubigen einen tatsächlichen Kontakt mit dem Heiligen schafft. Das Leben des Künstlers, der sie malte, war ein spirituelles Leben, ausgefüllt mit Gebeten und Fasten. Die Kunst, mit der er oder sie die Ikone ausführte, wurde als ein direktes Resultat des erreichten Grades persönlicher Heiligkeit angesehen.[1]

Eine der Legenden über die Schwarze Madonna in Jasna Góra besagt, daß die Ikone vom heiligen Lukas auf die Holzbretter des Tisches gemalt wurde, von dem die Heilige Familie in Nazareth aß; deshalb gilt sie vielen zusammen mit dem Kreuz als eine Reliquie allerersten Ranges. Wenn man sie verehrt, steht man unmittelbar in der Gegenwart von Maria und Jesus als Kind. Dieser mystische Anspruch ist für die byzantinische Kirche charakteristisch, behauptet der Autor Marian Zalecki O. S. P., Josefs Bruder. Zalecki schreibt, daß in der byzantinischen Ikonentradition das Bild nicht von dem abgebildeten Heiligen zu trennen ist. Die Jungfrau von Jasna Góra, solange sie mit inbrünstiger Überzeugung betrachtet und verehrt wird, *ist* die Jungfrau selbst, wenn man die byzantinische Tradition versteht.

Die Ikone, die in der Kapelle hängt, ist eine Kopie des Originals aus dem 15. Jahrhundert. Kunsthistoriker und Gelehrte streiten sich noch über ihre Herkunft. Manche vertreten die Meinung, daß das Original schon im sechsten Jahrhundert n. Chr. gemalt worden sein muß, andere schlagen vor, erst das zwölfte oder dreizehnte Jahrhundert anzusetzen. Ziemlich übereinstimmend ist man der Ansicht, daß die Ikone nach einem lange in Konstantinopel verehrten byzantinischen Prototyp des fünften Jahrhunderts gemalt wurde, der sogenannten *Hodegetria*, ‹die Wegführerin›. Die *Hodegetria*, eine der berühmtesten Darstellungen der Madonna mit dem Kind, wurde besonders von Schiffslotsen verehrt. Die Türken zerstörten 1453 das Original, aber überall schuf man Kopien der *Hodegetria*, und viele davon existieren noch. Die berühmtesten sind die Madonna von Czestochowa und die Madonna in der römischen Santa Maria Maggiore

*Unsere Liebe Frau von Czenstochau.*

‹Unsere liebe Frau vom Schnee›.[2] Mitten beim Lesen dieser Auseinandersetzungen schlafe ich ein.

Der nächste Morgen ist der 5. August, der Tag, bevor die Wallfahrt in Warschau beginnt. Josef will mich zum Altar führen, damit ich die Schwarze Madonna sehen kann. Er will auch versuchen, daß ich die Erlaubnis zum Fotografieren erhalte. «Sie müssen heute fotografieren. Sobald erst die Pilger da sind, wird es für Sie unmöglich sein, Aufnahmen zu machen. Die Madonna ist nur dreimal täglich für jeweils eine halbe Stunde zu sehen, in der übrigen Zeit ist sie von einer silbernen Hülle bedeckt.»

Zuerst führt Josef mich zur Ritterhalle im Kloster. Er will mir eine Reihe von Bildern zeigen, die mir helfen, die Bedeutung dieser Madonna für das polnische Volk zu verstehen. Im siebzehnten Jahrhundert war Polen von Russen und Schweden besetzt und erlebte einen Aufstand der Kosaken. Mitte des Jahrhunderts fiel sogar Krakau, und polnische Truppen wurden gezwungen, das schwedische Königshaus als Landesherrn anzuerkennen. Polen erlitt eine Niederlage nach der anderen, schwedische Streitkräfte verwüsteten das Land weitgehend. Die Schweden hatten den befestigten Widerstand fast überall gebrochen und jede Kirche, jedes Kloster am Wege, das sie erobern konnten, geplündert. Dann kam ein Wendepunkt in der polnischen Geschichte: Schwedische Truppen griffen im November 1655 das Kloster Jasna Góra an. Jasna Góra war von rund 6000 schwedischen Soldaten und 2500 Kavalleristen umschlossen.

«Das Kloster verfügte über 250 Soldaten und weniger als hundert Mönche, um sich gegen das schwedische Heer mit seiner Artillerie zu verteidigen», erzählt mir Josef. «Der Prior des Klosters, Augustin Kordecki, war entschlossen, Jasna Góra nicht den Schweden zu übergeben. Er hatte den kommenden Angriff vorausgesehen und sich auf eine lange Belagerung eingerichtet. Als die Schweden mit ihrer Artillerie angriffen, führte Kordecki eine Prozession mit dem Heiligen Sakrament auf den Mauern der Zinnen entlang, um den Schweden zu zeigen, daß sie keine Angst hatten. Er würde sich nicht ergeben, ganz gleich, wie seine Chancen waren.»

Zusammen mit Söldnern, die von hinten angriffen, kämpften Mönche und Soldaten gegen Tausende von Schweden, bis diese sich kurz vor Weihnachten schließlich zurückzogen. Der Sieg gegen eine solch enorme Übermacht galt als Wunder, und allgemein war man der Überzeugung, daß nur dank des Schutzes durch die Madonna eine so spektakuläre Verteidigung möglich gewesen war. Bei seiner Rückkehr aus dem Exil stellte deshalb König Johann Kasimir Polen unter den Schutz der Madonna von Jasna

Góra und erklärte sie zur «Königin der Krone Polens». Die Nachricht von dem Erfolg des Klosters verbreitete sich wie ein Lauffeuer und trug dazu bei, den Widerstand gegen die Schweden zu verstärken.

Auch ihren Sieg gegen die bolschewistische Armee 1920 sehen die Polen als ein Verdienst der Madonna von Czestochowa an. Nach einhundertfünfundzwanzig Jahren der Teilung zwischen Preußen, Österreich und Rußland erhielt Polen wieder seine Unabhängigkeit. Polen war buchstäblich von der Landkarte Europas gestrichen worden und existierte bis zu diesem «Wunder an der Weichsel», das sich bei der Verteidigung von Warschau ereignete, nicht mehr.[3]

Wir wandern durch die Hallen und kommen endlich zu der gotischen Kapelle der Muttergottes mit dem Altar und dem Presbyterium hinter einem kunstvollen, schmiedeeisernen, offenen Gitter. Der reich verzierte Gnadenaltar aus Ebenholz enthält die in Silber gerahmte Ikone. Kühl und unpersönlich erscheinen die Gesichter von Maria und dem Kind, dunkelbraun, in der Farbe von gebranntem Siena. Reich geschmückte Gewänder kleiden sie. Das der Madonna ist blau und wurde im Laufe der Jahrhunderte dicht mit Diamanten, Rubinen, Saphiren, Perlen und anderen kostbaren Steinen besetzt. Das Kleid des Jesuskindes ist rosa und mit kunstvollen Goldstickereien versehen. Tausende von Halsketten aus Bernstein und Korallen hängen daneben an der stoffbezogenen Wand. Die Schätze des Dunkels.

In der Kapelle halten sich viele Menschen auf. Am Altar findet eine Hochzeit statt, daneben stehen ganz normale Pilger. Ich kann mir nicht vorstellen, wie wir überhaupt hingelangen, geschweige denn fotografieren können. Josef führt mich zu einer Tür an der rechten Seite, und ich stehe in der Sakristei. Einem Priester, den er kennt, erklärt Josef mein Anliegen. Während sie miteinander sprechen, schaue ich mich in dem großen Raum um, in dem Priester, Mönche und Pilger geschäftig hin- und hereilen. An einer Wand der Sakristei hängt zwischen anderen Bildern ein großes Gemälde der heiligen Sarah von Ägypten. Über der Tür steht eine Statue Unserer Lieben Frau von Montserrat, einer anderen berühmten Schwarzen Madonna. Man erzählt mir, daß diese heilige Sarah im fünften Jahrhundert eine Schauspielerin war, die dann Reue empfand und sich als Einsiedlerin in die Wüste zurückzog, wie der heilige Paulus von Theben, der Schutzpatron der Pauliner. – Ich möchte wissen, ob diese Figur mit der heiligen Sara verwandt ist, die ich in Frankreich, in der Camargue, gesehen hatte. Dort ist die heilige Sara, die Königin der Zigeuner, schwarzbraun.

Könnte der heilige Paulus von Theben, ein Ägypter, dunkelhäutig oder schwarz gewesen sein? Vielleicht irre ich mich, und die Madonna über der Tür ist nicht von Montserrat in Spanien, sondern von Tindari auf Sizilien? Es gibt so viele Schwarze Madonnen. Ich habe keine Zeit, das jetzt herauszufinden, denn Josef winkt mich von dem Bild weg zu sich.

«Die Madonna wird nur noch einige Minuten lang gezeigt. Ich weiß nicht, wann die Hülle hochgegangen ist. Sie wird nach einer halben Stunde geschlossen. Wir haben Glück. Machen Sie schnell, ich weiß nicht, wieviel Zeit wir haben. Der Priester wird uns in die Kapelle führen, und Sie können fotografieren. Kommen Sie *sofort*», sagt er. Josef hilft, einen Platz am Geländer zu finden, wo ich mein Stativ aufstellen kann. Ich werde gegen das Messinggeländer gestoßen, das das Presbyterium abgrenzt. Kaum imstande mich zu bewegen, schraube ich die Kamera auf das Stativ und setze es auf das Geländer. Zwischendurch drängeln und stoßen mich immer wieder Pilger, die, zum Teil auf ihren Knien, den Altar umrunden. Der Hochzeitsgottesdienst geht auf Lateinisch und Polnisch weiter, eine winzige Insel der Ruhe in einem bewegten Meer. Es ist heiß hier zwischen all den zusammengezwängten Menschen, ich fange an zu schwitzen. Mit einem Auge schaue ich durch den Sucher auf die Madonna, ich kämpfe mit der Einstellung. Ihr Gesicht ist dunkel, der Altar um sie herum ist schwarz, die Kapelle dürftig beleuchtet; ich bin unsicher, welche Blende ich benutzen soll. Ist die Blende scharf eingestellt?

Josef sieht, wie nervös ich bin, sagt mir, ich solle ruhig bleiben, mir Zeit nehmen. Aber ich weiß nicht, wieviel Zeit ich habe, weiß nur, daß ich *jetzt* handeln muß. Bald wird der Silberschild herabgelassen, und innerhalb von Minuten wird die Madonna verschwinden. Ohne Blitzlicht braucht die Kamera eine lange Belichtungszeit. Jedesmal, wenn ich angestoßen werde, verliere ich ein Bild. Ja, ich will diese Aufnahmen machen, aber was suche ich tatsächlich, frage ich mich, als ich ein Bild nach dem anderen schieße. Einen Blick darauf werfen, Blende, Belichtungszeit ändern, Geschwindigkeit des Auslösers, was hatte ich gerade eingestellt? Ich halte einen Augenblick inne, nur um sie anzuschauen. Ich kann sie nicht sehen, wenn ich Aufnahmen mache.

Die Madonna ist rätselhaft, unbewegt von all den Emotionen vor ihr. Ich kann das Geheimnis ihres Gesichts nicht ergründen. Dieselbe Erfahrung machte ich in Einsiedeln. Ich fotografiere weiter, ich kann nicht genug Bilder von der Schwarzen Madonna bekommen, ich bin hungrig nach ihr, ich möchte sie verschlingen, in mich aufnehmen. Meine Augen sind Zähne, und ich esse ihr Bild auf, verleibe sie mir ein, mache sie zu einem Teil meiner selbst. Ich möchte sie als Oblate beim Abendmahl empfangen, ich möchte sie hinunterschlucken, ganz. Kann eine Fotografie eine Oblate sein? Wenn man etwas aufnimmt, das heilig ist, ist das Bild des heiligen Bildes heilig?

Als ich den Film wechsle, ertönen Trompeten, sie signalisieren, daß die Schutzhülle herabgelassen wird. Jetzt ist es eine Sache von Sekunden, bevor sie ganz verschwindet. Langsam erscheint eine silberne Linie oben an der Ikone, und langsam schiebt sich die Hülle über ihr Gesicht. Ich bin mit dem Filmeinlegen fertig, schieße Aufnahmen, so schnell ich kann, als der Schild herabkommt. Jetzt gleitet er über ihre Stirn, jetzt sind die Augen bedeckt, weiter hinab, ihre Nase, nun der Mund, dann das Kind in ihren Armen, die juwelenbesetzten Gewänder, blau, gold, diamantenbesetzt, rosé, ihre Hand verschwindet, immer weiter hinab, der letzte Trompetenstoß, und das Bild ist geschlossen. – Ich zittere und bin naß geschwitzt. Die Intensität meiner Tätigkeit und die dabei erforderliche Konzentration haben mich geschafft. Was ich tue, beginne ich erst allmählich zu verstehen.

Nach dem Abendessen warnt mich Josef erneut vor der Pilgerfahrt. «Ziehen Sie nicht die Aufmerksamkeit auf sich. Als jemand aus dem Westen sind sie ohnehin auffällig. Machen Sie die Sache nicht schlimmer. Vertrauen Sie niemandem, auch nicht jemandem, den Sie für einen Freund halten. Die Geheimpolizei. Man erzählt sich viel. Aber dennoch... ich sollte Ihnen nichts davon sagen. Das Kriegsrecht ist aufgehoben. Sie sollten sich keine Sorgen machen, Sie sind Amerikanerin. Es würde ihnen zuviel Ärger einbringen, wenn sie Ihnen etwas tun würden. Ich sollte nicht so reden. Beunruhigen Sie sich nicht. Alles wird gutgehen. Wir sind nicht in Mittelamerika. – Die meisten Polen sind sehr höflich, sie würden niemals Hand an Sie legen, selbst wenn Sie verhaftet sind. Sie mögen die Amerikaner. Man würde Sie verhören, Ihnen Ihre Notizen und den Film abnehmen, aber das wäre alles. Sie müßten das Land verlassen, aber man würde Ihnen kein Haar krümmen.»

Am nächsten Morgen bin ich um drei Uhr wach, aufgeregt und beklommen. Heute, am 6. August, setzt sich der Pilgerzug in Bewegung. Ich habe eine dreistündige Zugfahrt und achtunddreißig Kilometer Marsch vor mir, und das nach vier Stunden Nachtruhe. «Schlaf!» sage ich mir, aber ich bin hellwach. Draußen ist es kalt und regnerisch.

Um sieben Uhr bin ich im Zug, abfahrbereit. Jadwiga läuft am anfahrenden Waggon entlang, formt ihre Hand vor dem Mund zu einem Trichter und ruft: «Haben Sie keine Angst, machen Sie sich keine Sorgen.» Ihre Stimme vermittelt soviel Autorität, daß ich mich tatsächlich beruhige. Die Geschichten, die ich gehört habe, die Vorsichtsmaßregeln, über die wir letzte Nacht gesprochen haben, vergehen wie ein böser Traum, aus dem sie mich weckt, an den Schultern schüttelt und sich über mich beugt, um mir zuzuflüstern «Hab keine Angst, mach Dir keine Sorgen. Alles wird gutgehen!» Sie winkt immer noch, wird zusehends kleiner, als der Zug an Geschwindigkeit gewinnt.

Ich schlafe ein, wache erst auf, als der Zug die Außenbezirke von Warschau erreicht. Als er in den Hauptbahnhof einfährt, steht Jurek, der Fahrer, auf dem Bahnsteig und erwartet mich. – Als wir durch die Straßen von Warschau fahren, verläßt mich der Mut. Wir haben den Pilgerzug gefunden, aber er erstreckt sich über mehrere Kilometer. Ich wußte, daß da einige Tausende Leute sein würden, aber ich hatte mir nie konkret vorgestellt, welche Länge ein Zug von fünfunddreißigtausend Menschen haben würde. Es wird unmöglich sein, Pater Dominik und die Gruppe 15, Gold, zu finden. Jeder ist ein Fremder, alles ist unbekannt. Jurek fährt mit einer Geschwindigkeit von sechzehn Kilometern an der Prozession entlang, während ich meinen Kopf suchend aus dem Wagenfenster strecke. Es kommt mir ganz unglaublich vor, daß ich mich drauf eingelassen habe, daß ich hier bin, daß die Wallfahrt beginnt. Doch je weiter wir fahren, an desto mehr singenden und lachenden Menschen kommen wir vorbei. Andere warten entlang der Straßen, winken, klatschen, überreichen den Pilgern Blumen, wenn sie vorbeiziehen. Je mehr Pilger ich sehe, um so besser gefallen sie mir und um so glücklicher werde ich, daß ich hierher gekommen bin. Ja, es ist gut, dabeizusein.

Wir fahren noch immer langsam und sind inzwischen an über zwanzig Gruppen vorbeigekommen, die alle Zeichen der Gruppe 17 tragen. Allein zur Gruppe 17 gehören Tausende, und noch immer kein Zeichen von Gruppe 15. Allmählich bekomme ich eine Vorstellung von dem Ausmaß dieses Ereignisses. Wir überholen zwei Pilger in Rollstühlen, ein Paar mit zwei einander gegenüber zusammengebundenen Kinderwagen mit zwei Babys darin. Unmittelbar dahinter flattern ungesetzlicherweise die rotweißen Solidarność-Fahnen im Wind. Mehrere Leute lassen sie wehen, trotz des Risikos, deshalb verhaftet zu werden.

Ich hatte mehr als dreißig Gruppen der Nummer 17 gezählt, als plötzlich ein junger Mann zum Taxi gerannt kommt, auf die Motorhaube klopft und etwas auf Polnisch schreit. Jurek hält an und bedeutet mir auszusteigen, indem er mir klar macht, daß der Mann von meiner Gruppe, der 15, ist. Wie kann das sein? Ich habe nirgendwo ihr Zeichen gesehen. Jurek und der Mann sprechen Polnisch miteinander. Ich zeige Jurek den Zettel, den mir Josef auf Polnisch geschrieben hat, und der besagt, daß man mir helfen soll, Pater Dominik und die Gruppe 15, Gold, zu finden. «Ja», sagt er auf Englisch, «ja.» Es ist richtig. Ich steige aus, hänge mir mein Tagesgepäck um, beuge mich zurück, um durchs Taxifenster Jureks Hand zu schütteln und ihm danke zu sagen «*Dziekuje*» und auf Wiedersehen. Der junge Mann nimmt meine Hand und führt mich durch die sich vorwärtsbewegende Menge. Nach wenigen Augenblicken sehe ich Pater Dominik. Auch er sieht mich, kommt rasch auf mich zu und begrüßt mich herzlich in seinem besten Englisch. Ja, er hat an die Taschen gedacht. «Natürlich», sagt er, «natürlich. Alles ist in Ordnung. In Ordnung. Bitte kommen Sie. Wir gehen los.»

# 11. Die Wallfahrt zur Schwarzen Madonna

*Von Warschau nach Czestochowa, August 1987*

Wir sitzen an einem See im hohen Gras, strecken uns der Länge nach aus, rasten und essen etwas zu Mittag an diesem ersten Tag, dem 6. August. Der Himmel sieht nach Gewitter aus, und immer mal wieder fegt ein Windstoß über uns hinweg. Ich fühle mich froh, als eine Gruppe hinter uns singend dahinwandert. Warum nicht wandern und singen, so wie wir hier zusammen sind? Es scheint heute, als gäbe es nichts Besseres in der Welt zu tun. In unserer Gruppe treffe ich zwei junge Frauen, die sich in der Ausbildung als Übersetzerinnen befinden und fließend Englisch sprechen, Jola und Aska. Dominik kann etwas Englisch, und Vesa, ein junger Mann aus Finnland, spricht es ebenfalls. So sind es mindestens vier Menschen, mit denen ich mich bis zu einem gewissen Grad unterhalten kann, was das anfängliche Gefühl der Isolation mindert.

Nach dem Mittagessen gehe ich neben Pater Dominik. Wir können uns einander gut genug verständigen, um herauszufinden, daß wir uns in unserer Liebe zur Schwarzen Madonna einig sind. Er bringt Unserer Lieben Frau von Jasna Góra große Zuneigung entgegen, sieht sie als ein ökumenisches Symbol, das fähig ist, die östlichen und westlichen Zweige der Kirche zu vereinen. Er kann nicht verstehen, warum ich mich für solche ökumenische Möglichkeiten nicht begeistern kann. Uns fehlen die Worte, mit denen wir einander unsere Gedanken vermitteln könnten. Ich bin erleichtert, daß wir unser Gespräch aufgeben müssen. Jetzt ziehen wir einfach friedlich nebeneinander her. – Es kostet uns den ganzen Nachmittag, um aus den Außenbezirken von Warschau herauszukommen, die grauen Zementblöcke der Häuser hinter uns zu lassen und die ländliche Gegend zu erreichen. Wir haben noch eine Ruhepause und gelangen kurz nach Einbruch der Dunkelheit bei dem Bauernhof, neben dem wir kampieren werden, an. Gerade als ich mein Zelt unter Apfelbäumen aufstelle, beginnt es zu regnen. Genau in dem Moment, da ich das Gefühl hatte, umzukippen, haben wir unser Tagesziel erreicht. Zusätzlich zu der dreistündigen Eisenbahnfahrt bin ich dreißig Kilometer gegangen, und dabei hatte ich kaum geschlafen.

*7. August 1987*

Nachmittag, wir sind irgendwo in Polen auf dem Lande. Immer noch stehen Menschen entlang des Weges, winken uns zu, lächeln wie in Warschau. Ein alter Mann, der mich an meinen Großvater erinnert, winkt mir zu. Ich muß weinen. Wie sehr sie mir alle fehlen! Eine Nonne greift herüber und nimmt stillschweigend meine Hand. Sie ist eine Ordensschwester und trägt ein Tambourin auf dem Kopf wie einen Heiligenschein. Ich mochte sie sofort und bin dankbar für ihre wortlose Herzlichkeit. Alle sprechen den Rosenkranz auf Polnisch, und ich schwimme in einem Meer von Lauten, die ich nicht verstehen kann.

Der Marsch begann heute morgen um 5.30 Uhr. Dünne, weiße Wolken ziehen schnell über den Himmel. Ich gehe wie im Traum, erschöpft. Jola sieht, wie müde ich bin und erkennt, daß ich in einem solchen Zustand die fünfunddreißig Kilometer nicht schaffe, die wir gehen müssen. Sie schlägt vor, daß wir zum nächsten Rastplatz fahren und dadurch sieben bis acht Kilometer Marsch einsparen. Ich bin einverstanden. Es ist neun Uhr morgens, ich kann mich selbst beim Gehen kaum mehr wach halten. Wir fahren zum nächsten Haltepunkt, wo die Gruppe eine Rast einlegen wird, und ich breche am Boden zusammen, zu erschöpft, zu müde, um zu sprechen oder zu essen, ich kann einfach nur schlafen.

Gewitterwolken stehen am Himmel, kündigen weiteren Regen an. Der Tag ist kühl, und Wind kommt auf, gutes Wetter zum Wandern. Das Land ist flach und schimmert golden vom Weizen, der gerade geerntet wird. Die Bauern bearbeiten die Felder hier mit Pferden, es gibt kaum Traktoren. Die zahlreichen Altäre für die Schwarze Madonna am Straßenrand, an denen wir vorbeikommen, erinnern mich an die Tschorten und Tempel entlang der Straßen und Pfade in Indien und Nepal. Manche sind aus roh gewölbten und weiß getünchten Steinen errichtet, andere bestehen aus hölzernen Kästen an der Spitze von Stangen mit dem gemalten Bild der Madonna von Czestochowa darin, wieder andere sind winzige Kapellen, in die man tatsächlich hineingehen und niederknien kann. Den ganzen Tag über singen die Pilger, auch während des Mittagessens hört das Singen niemals auf. Ich beteilige mich daran, als wir wandern, zumindest kann ich die Melodien lernen.

Militärhubschrauber kreisen über uns, stellen unsere Position fest, und wir winken alle. Die Regierung ist nervös. In ganz Polen sind jetzt fast eine Million Menschen auf den Straßen unterwegs, ziehen dahin, schlängeln sich durch die Landschaft, singen, beten, machen Musik. Sie spielen Gitarre, Violine, Tambourin, Recorder, Harmonikas – was sie gerade haben. Es ist ein Ereignis, das sich der Kontrolle durch die Behörden entzieht.

Letzte Nacht schliefen wir in einer Apfelplantage. Ich aß zu Abend mit Dominik, George, dem Seminaristen, und Vesa, dem jungen Mann aus Finnland, der einzige andere westliche Teilnehmer an der Wallfahrt, den ich traf. Dominik bestand darauf, daß wir ihm und George in dem Bauernhaus Gesellschaft leisteten, wo man uns heißen Tee, Tomaten, Gurken und Fleisch vorsetzte. Die Priester werden in Bauernhöfen untergebracht, sie erhalten ein Bett, eine Dusche oder ein Bad und werden wie königliche Gäste behandelt. Heute abend sind wir in einem anderen Bauernhaus und kämpfen, daß wir unsere Zelte vor dem gerade einsetzenden Regen stehen haben. Aska und Jola legen auf Schritt und Tritt mit Hand an. Was anfangs unmöglich erscheint, erweist sich dank ihrer Hilfe nur noch als schwierig. Der Bauer schüttet Heu auf, damit diejenigen ohne Zelt auf dem Heuboden schlafen können. Vier junge Frauen tanzen heiter in der Scheune. Lange Zöpfe fliegen, Röcke bauschen sich, sie wirbeln im Kreis und schwenken einander herum, bis sie lachend ins Heu fallen. Ich beobachte sie von meinem Zelteingang aus, bin zu müde, um mich zu bewegen.

22.10 Uhr. Ich sitze in meinem Zelt und schreibe im Licht der Taschenlampe, beide Füße von den Zehen bis zum Knöchel einbandagiert. Die Schwester von der Erste-Hilfe-Station öffnete und versorgte mir acht Blasen. Ich stelle meinen Wecker auf die Zeit ein, die die Tabletten brauchen, um das Wasser keimfrei zu machen, so daß ich etwas trinken kann, dann stelle ich ihn erneut auf 3.30 Uhr. Die meisten Leute stehen nicht vor vier Uhr auf, aber offensichtlich brauche ich länger, um allein mein Zelt abzubauen, mich anzuziehen, die Bandagen von den Füßen zu wickeln, zu packen und für den Abmarsch gegen fünf Uhr früh fertig zu sein.

*8. August 1987*

Die Krankenschwester hat mir gesagt, daß ich heute morgen nicht gehen kann, ich muß meinen Füßen Ruhe gönnen, sonst werde ich die Pilgerfahrt nicht bis zum Ende durchhalten können. Ich habe noch eine Woche Fußmarsch vor mir, deshalb fahre ich diesmal hinten auf einem Lastwagen, der voller Gepäckstücke ist. Es ist 7.15 Uhr, und ich werde hin- und hergeschüttelt, zusammen mit sechs Pfadfindern im Alter meines ältesten Sohnes. Auf Polnisch und Englisch singen wir ‹O, Susanna›.

Wir erreichen das Dorf, wo wir die Gruppe 15, Gold, erwarten sollen. Aber es wird mindestens noch eine Stunde dauern, bevor sie eintreffen. Polnische Pfadfinder helfen, die Gruppen zusammenzuhalten und den Verkehr zu regeln. Sie stellen sich an Kreuzungen auf, weisen den Weg, lassen es nicht zu einem Stau kommen, sorgen für die Durchfahrt der Fahrzeuge und die Sicherheit der Fußgänger. Wir nehmen immer mindestens die Hälfte der Straße ein, auf der wir entlangziehen. Mit den polnischen Pilgern hinter uns ist jetzt keine Zeit zum Ausruhen und Singen. Der Vorrat der Polen an Musik scheint unerschöpflich.

Ein Priester taucht auf. Er spricht Englisch und lädt mich zum Essen in den Klosterhof gegenüber von der Straße ein. Dort finden wir riesige Pfannen mit heißem Braten und gewaltige Töpfe mit Kraut und Kartoffelsuppe auf langen Tischen, die im Hof aufgestellt sind. Die Priester und Klosterbrüder haben seit Tagen gekocht. Sie gehen immer wieder durch die Menge und bieten uns großzügig an. Das ist ihre Art, an unseren Mühen teilzunehmen und Verdienste zu erwerben. Obwohl es früh am Morgen ist, esse ich von allem zwei Portionen – Fleisch, Kohl und Kartoffeln –, denn ich weiß nicht, wann ich wieder solch eine gute, warme Mahlzeit sehen werde. Meine übliche Vorliebe für vegetarisches Essen ist hier fehl am Platz.

Heute ist Dominiks Namenstag, das Fest des heiligen Dominik. Man sagt mir, daß in Polen Namenstage mehr gefeiert werden als Geburtstage, und es geht sehr lustig zu. Zwei von unseren Gruppenmitgliedern sind nach Warschau zurückgetrampt, um eine Schale, einen Teller und einen Becher aus geschliffenem Bleiglas zu kaufen. Sie überreichen sie Dominik bei ihrer Rückkehr mitten auf der Straße, was allen Verkehr aufhält. Bevor wir weitergehen können, wird Dominik in die Luft geworfen, lange weiße Gewänder fliegen, seine Proteste und sein Widerstand sind zwecklos. Er gehört zur Gruppe und wird hochgeworfen wie ein Kind, dem man eine Freude machen will.

Beim Mittagessen beschenken die Schwestern Dominik mit Blumen und Liedern, und dann wird er wieder hochgeworfen. Es macht großen Spaß. Irgend jemand spielt vor dem Mikrofon auf der Gitarre die Melodie von ‹O, Susanna›. Ein Lied in meiner Sprache – Heimat! Wie von einem Magneten angezogen, renne ich durch die Menge und frage, ob ich bei den Musikanten mitmachen und singen darf. Keiner von ihnen spricht Englisch, doch jeder versteht und nickt, lächelt, reicht mir das Mikrophon. Ihre Freundlichkeit ist so einladend, daß ich das Gefühl habe, zu Hause in meinem Wohnzimmer zu sitzen und mit Freunden zu singen, obgleich doch mehrere Hundert Menschen auf diesem Feld sitzen, wo wir fürs Mittagessen Halt gemacht haben. Ich bin von der Situation einen Augenblick lang völlig überwältigt. Erst später werde ich mich an Josefs Warnung erinnern.

Als wir nach dem Mittagessen weitergehen, bleibe ich hinter der Gruppe zurück, um mich wieder mit Dominik zu unterhalten. Wir müssen uns beide viel Mühe geben, damit wir uns verständigen können, aber wir schaffen es. Wenn wir nicht mehr weiter wissen, rufen wir Jola oder Aska, daß sie uns etwas übersetzen, und machen weiter. – «Frauen als Priesterinnen? Unmöglich. Nein, das ist nicht möglich!» sagt er, als ich ihn fragte, ob er denke, daß die Kirche ihre Einstellung zum Priesteramt ändern werde.

Es ist bald Mitternacht, die Gruppe ist noch immer wach und singt. Die Energie baut sich auf. Heute ist der dritte Tag. Tagsüber wechsle ich meist zwischen Gebet und Meditation hin und her, singe die Melodie zu ‹Ave Maria› mit, wenn ich kann, fange an, zwei oder drei polnische Wörter des Gebets zu erinnern. Es ist Schauerwetter, und obwohl es immer wieder kurz regnet, sitzen wir um ein Feuer und singen unter unseren verschiedenen Schirmen oder Ponchos. George und Dominik imitieren aus dem Stegreif bestimmte Tiere, als alle ein Spiel veranstalten. Ich kann es nicht verstehen, nur zuschauen. Vergnügt führen sie in ihren weißen Roben inmitten des sandigen Kreises im Licht des Feuers ihre Pantomimen vor – ein Waschbär? Ein Affe? – Ich habe noch niemals Priester erlebt, die sich so benehmen: herzlich, lustig, natürlich, spontan, verspielt. Kein Wunder, daß alle sie gern haben.

*11. August*

Heute beobachte ich, wie Leute mit Dominik hinter der Gruppe zurückbleiben, um untertags ihre Beichte abzulegen. Ich hatte nie daran gedacht, zur Beichte zu gehen. Ich möchte Dominik zum Freund haben, auch sind unsere wenigen Unterhaltungen durch mangelnde Sprachkenntnisse getrübt. Oft bin ich mir nicht sicher, inwieweit er die kurzen Gespräche, die wir führen, verstanden hat.

Aber als ich heute morgen dahinwandere, sehe ich die Gesichter meiner Kinder vor mir, und mir wird klar, daß ich mir die Fehler, die ich als Mutter gemacht habe, nicht verziehen habe, vor allem nicht den Alkoholismus. Mit mir selbst nicht versöhnt zu sein, schafft eine unterschwellige Unduldsamkeit, eine dünne, harte Schale um mein Herz. Das Unvermögen, mir selbst zu vergeben, hindert mich beinahe auch, anderen zu vergeben. Zu vergeben bedeutet aufzuhören, gegen andere Erbitterung zu hegen. Ich habe mich selbst nicht mit eingeschlossen. Des weiteren bedeutet Vergebung, daß ich bereit sein muß, jede Version meiner Geschichte, in der ich mich als ein Opfer darstelle, aufzugeben. Der selbstgerechte Groll, der sich daraus ableitet, daß ich eine solche Position – gleich ob gerechtfertigt oder nicht – nähre, ist vergiftend. Ich muß mich davon befreien und voll die Verantwortung für mein Leben übernehmen. Eigentlich will ich das nicht, ich weiß nicht, *wie* ich das machen soll. Die Stunden vergehen, wir ziehen unseren Weg, Regen kommt und geht, meine Sorgen werden größer, der Schmerz tiefer, und mehr und mehr wird offensichtlich, daß ich nicht imstande bin zu verstehen, *wie* ich mir selbst vergeben kann. Schließlich bin ich willens, irgend etwas zu tun, um aus diesem Dilemma auszubrechen, ich bin sogar bereit, mit Dominik als einem katholischen Priester zu sprechen, trotz meiner jahrelangen feindseligen Haltung der Kirche gegenüber. Er muß einige Einsichten in diesen Prozeß des Vergebens gewonnen haben. Ich kann die Bürde meiner Hartherzigkeit richtig fühlen. Ich werde doch meine Beichte ablegen.

Ich bleibe hinter der Kolonne, in der ich pilgere, zurück, finde Dominik und gebe ihm ein Zeichen. «Ich möchte mit Dir über Vergebung sprechen, Dominik. Ich glaube, ich möchte, daß Du meine Beichte hörst.» «Ja», sagt er, schaut mich verdutzt an, denn er weiß, welche Schwierigkeiten wir haben, uns einander verständlich zu machen. – «Es ist ganz einfach», ermutige ich ihn in meinem langsamsten Englisch. «Du mußt zu mir über Vergebung sprechen, darüber, wie man sich vergibt. Du mußt mir helfen, bitte höre meine Beichte an.» – Wir bleiben hinter den anderen zurück. Gewitterwolken türmen sich über uns, die Luft ist kühl, der Wind böig. Er zieht seine purpurne Stola hervor, die ein Priester trägt, wenn er die Beichte abnimmt, legt sie sich um den Hals, und wir fangen an.

Wir wandern etwa dreißig Meter hinter unserer Gruppe, den gleichen Abstand halten wir zu der uns folgenden. Mittlerweile ist es so kalt, daß ich Dominik eine wollene Strickmütze leihen muß. Bei jedem Bekenntnis fürchte ich, daß Dominik mich zurückweist. Er wird mir sagen, daß ich das Abendmahl nicht empfangen kann. Er wird mir sagen, was ich glauben muß. Doch solche Worte fallen nie. Dieser Mann ist anders. Er hört genau zu. Er hört meinen Ärger, meinen Groll, den Stolz und die Bitterkeit, deren ich müde bin, und von denen ich mich erfolglos zu befreien suche. Ich erzähle ihm die Geschichte meines Alkoholismus.

«Natürlich ist Dir vergeben. Ich vergebe Dir nicht, Christus, der hier zwischen uns geht, vergibt Dir. Ich bin nur ein Mensch. Ich kann das nicht tun. Christus tut es, er versteht. Bitte, Deine Buße besteht darin, die Pilgerfahrt zu beenden. Sie ist schwierig genug.»

Die Beichte hat über zwei Stunden gedauert, da wir mühsam versuchen, einander zu verstehen. Manchmal konnte Dominik mir überhaupt nicht folgen, und ich mußte noch einmal erzählen, langsamer, mit anderen Worten. Manchmal war ich mir nicht sicher, ob er mir folgen konnte, und mußte genauer zurückfragen. Am Ende sind wir beide seelisch erschöpft. Es bedeutete für Dominik eine große Anstrengung und Konzentration, zwei Stunden lang nur Englisch zu sprechen. Mich hat es viel gekostet, einzugestehen, daß ich trotz meiner langjährigen und tiefen Ablehnung der Kirche in gewisser Weise noch katholisch bin.

Ich habe keineswegs das Erlebnis der Bekehrung erfahren, ich bin noch immer eine Schülerin des Buddhismus, doch es ist wunderbar befreiend, zuzugegeben, daß ich auch katholisch bin. Ich passe nirgendwohin, und zum erstenmal erscheint mir das Gefühl richtig. Ich gehe einen namenlosen Pfad entlang. Dieses Gehen erschafft den Pfad, ist nicht vom Weg getrennt. Das Wandern wird der Weg, um die Fäden, die ich aus verschiedenen Traditionen halte, zusammenzuweben. Pilgerschaft bedeutet, immer unterwegs zu sein, ganz gleich in welchem Land oder welcher Kultur. Pilgerfahrt kennt keine Grenzen, überschreitet die Grenzen. Es gibt nur den namenlosen Pfad, und um ihn zu finden, muß man gehen, muß man seine Füße auf dem Boden fühlen, den Weg Führer sein lassen. Als wir durch den Nachmittag wandern, beginne ich erst, das zu verstehen. All die Gebete auf Polnisch während des Nachmittags lassen mir Zeit, nachzudenken.

Dominik bittet mich, heute nachmittag nach der Beichte den Rosenkranz mit ihm über den Lautsprecher zu beten. Jeden Tag wird der Rosenkranz gesungen, während wir dahinziehen. Er erklärt: «Du sprichst den ersten Teil Englisch, wir singen das übrige Polnisch. Nun sage das *Ave Maria* für mich.» – «Aber, Dominik, niemand wird das verstehen. Die Leute werden nicht damit einverstanden sein. Bitte, verlange so etwas nicht von mir.» – «China, Du mußt. Englisch ist gut. Sage es für mich, bitte», anwortet er mit seinem herzlichsten Lächeln. – Erinnere ich das Gebet? Es ist so viele Jahre her, seit ich den Rosenkranz gebetet habe. Es fällt mir wieder ein, als ich anfange: «Ave Maria, voll der Gnade, der Herr ist mit Dir. Gesegnest seist Du unter den Frauen, und gesegnet ist die Frucht Deines Leibes, Jesus.» – «Gut. Ich gebe Dir Bescheid, wenn es soweit ist. Es ist o. k.»

Die ganze Zeit über wandern wir, wandern. Dieses Wandern hat kein Ende. Regen beginnt herabzuprasseln, und jeder zieht schnell eine Kapuze über oder was er sonst an Regenkleidung hat und wandert weiter. Das Knistern von steifem Plastik hängt in der Luft. – Jetzt gibt mir Dominik das Zeichen, daß es Zeit für den Rosenkranz ist, und reicht mir das Mikrophon.

»Ave Maria.» – Es ist gut, die Worte so klar und auf Englisch zu hören.

«Voll der Gnade.» – Ja, ich meine das, Mutter Maria, höre mein Gebet.

«Gesegnet seist Du unter den Frauen.» – Ja, wie groß Du bist, größer als die Kirche Dir jemals zugestanden hat. Du bist nicht nur die Mutter von Gott, Du bist Gott, die Mutter; ich weiß, wer Du bist, und ich bin glücklich, Dein Lob zu singen, Maria, höre mein Gebet.

«Und gesegnet ist die Frucht Deines Leibes, Jesus.» – Ja, Du auch, Jesuskind, Du bist eine reife Frucht, Himbeere, Apfel, Pflaume, irgend etwas Rotes, Rot mit Blau, eine purpurne Frucht, die den Mund färbt, die Lippen zeichnet, süß ist, duftend, voller Saft, feucht, zart, weich, zum Essen einladend. Ja, Du auch, ich kann diese Dinge wahrheitsgemäß über Dich sagen. Ich habe Dich immer geliebt, und ich dachte, ich wüßte keine Form, Dich zu lieben. Höre mich nun, ich bin den ganzen Weg nach Polen gekommen, um zu Dir zu singen.

Ich gebe das Mikrophon an Dominik zurück, damit er das Gebet vollenden kann. «*Matka bozska ...*», singt er auf Polnisch zur Begleitung der Schwestern mit Tambourin und Gitarre. Dann händigt er wieder mir das Mikrophon aus. Ich kann das. Ich bin glücklich, neben Dominik zu wandern und diese Gebete zu singen. Was könnte man Besseres tun, während wir unter diesem sturmerfüllten Himmel wandern.

Im Laufe des Nachmittags hat es immer mal wieder geregnet, und als wir zu unserem Rastplatz für die Nacht kommen, ist er ziemlich schlammig. Wir sind über vierunddreißig Kilometer marschiert, manche sagen, es waren sogar achtunddreißig, denn die Route wurde in letzter Minute geändert. Dies ist der sechste aufeinanderfolgende Tag unserer Pilgerreise. Ich stolpere mit meiner Tasche und beschließe, mein Zelt gleich hier aufzubauen und nicht weiter herumzusuchen.

Ich finde einen Platz neben Jola und Aska an einem schmalen Pfad, der zu einem freien Feld führt. Vesa ist in der Scheune des Bauernhofs. Ich gehe, um nach ihm Ausschau zu halten. Vielleicht kann er mir helfen, mein Zelt aufzubauen, weil ich dazu zu kaputt bin. Als ich die Scheune betrete, beginnt ein Mann über mich zu lachen. Ich schaue an mir herunter, was ich eigentlich anhabe: ein ockerfarbener Regenponcho über einem Rock, um den Hals hängt ein blauer Schal, Tennisschuhe und graue Leggings – ich lache über mich mit. «Ich schätze, ich sehe recht komisch aus», sage ich und will weitergehen. Der Mann schlägt plötzlich einen bösen Ton an und sagt in sehr gutem Englisch: «Sie wissen ja gar nicht, wie komisch.» Er ist ausgesprochen unfreundlich. Ich bin im Innersten getroffen, beschämt, komme mir dumm vor. Überrascht bin ich, daß er Englisch spricht. Er hat vorher niemals ein Wort zu mir gesagt und ist feindselig. Habe ich ihn schon einmal gesehen? Ich drehe mich schnell um und gehe zurück zu meinem Zeltplatz und fange an, das Zelt allein aufzubauen.

Fünf Minuten später stehe ich am Rande eines Kornfelds und schüttle die Zeltstäbe aus meinem Zeltsack, als zwei junge Männer vorbeikommen. In höhnischem Ton und sehr gutem Englisch sagt einer «Wasser, bitte Darek, Wasser, Wasser» und verspottet ganz offen die Situation, als ich Darek, einen der jungen Pfadfinder bat, mir bei der Suche nach Wasser zu helfen, als wir an den Bauernhöfen vorbeikamen. Wer auch immer dieser Mann ist, er hat mich beobachtet. Ich fühle, wie mir heiß wird, und erröte. Hier ist zum zweiten Mal ein Mann, der sarkastisch und unfreundlich ist. Bis jetzt waren alle, mit denen ich gewandert bin oder zu denen ich in irgendeiner Form Kontakt aufnahm, höflich und freundlich. Dieses Benehmen entspricht so ganz und gar nicht dem der Pilger, die ich bis jetzt kennengelernt habe. Was soll ich davon halten?

Tränen steigen auf, und ich fange an zu weinen. Ich kann nicht aufhören. Warum sollte ich weinen? Es muß an der Erschöpfung liegen. Ich weiß nicht, was geschieht. Ich krieche in das Zelt von Jola und Aska und versuche, mich wieder zu beruhigen, aber ich kann noch nicht aufhören. Zwei Männer verhalten sich mir gegenüber rüde, ist das ein Grund, so aus der Fassung zu geraten?

«Bitte, hör auf zu weinen. Ich kann es nicht ertragen, Dich so traurig zu sehen», sagt Jola, aber ich kann nicht, wie sehr ich mir auch Mühe gebe. Ich bin noch niemals eine so lange Strecke gewandert, wie wir heute hinter uns gebracht haben. Dominik meine Beichte abzulegen, vertiefte die Intensität dieses Tages über die rein physische Erfahrung hinaus. Ich konnte mit ihm ausführlich über die in mir verborgene Traurigkeit sprechen, die ich hatte, als ich vor zwanzig Jahren die Kirche verlassen habe, eine Traurigkeit, über die ich nie gesprochen hatte und die mir gar nicht bewußt war. Ich bin heute körperlich und emotional bloß und wund.

«Du mußt mir sagen, wer diese beiden Männer waren», drängt sie. – «Das ist absurd!» antworte ich, «vielleicht waren sie auch müde, wer weiß, wie sie sich fühlten. Ich kann nicht verlangen, daß jeder mich mag, und nicht alle Leute finden die Amerikaner sympathisch. In manchen Ländern sind die Leute zu Dir grob, einfach, weil Du Amerikaner bist. Ich bin verwöhnt, weil so viele Polen die Amerikaner mögen. Da kann man nichts machen. Ich will das nicht groß aufbauschen, ich bin einfach erschöpft.»

«Nein, Du verstehst nicht, Du mußt es mir sagen», insistiert sie. – «Jola, ich denke nicht daran, Dir zu sagen, wer sie sind. Ich weiß es selber nicht. Ich müßte sie suchen gehen, sie Dir zeigen, das würde die Sache nur noch schlimmer machen. Und dann würdest Du ihnen die Meinung sagen. Das ist absurd, siehst Du das nicht? Wenn es irgend etwas zu sagen gibt, werde ich es sagen, und ich werde das nicht heute abend tun, wo ich so erschöpft und aufgeregt bin.»

Jola weigert sich, meine Antwort zu akzeptieren. Sie holt Dominik. Bald kommt auch er noch in das kleine Zelt gekrochen. «China, Du mußt mir sagen, wer es war. Es ist nicht recht, daß sie Dich so ansprechen, Du bist unser Gast», sagt er. – «Nein, Dominik. Ich denke nicht daran, es Dir zu sagen.» – «Du mußt, Du mußt sie mir zeigen», sagt er mit unerwarteter Autorität in der Stimme. – «Nein. Kannst Du nicht verstehen, daß ich nur erschöpft bin? Überanstrengt. Es ist nichts. Warum hörst Du nicht auf, davon zu sprechen? Es ist nichts. Nichts.»

«China, wir denken, es ist vielleicht die Geheimpolizei. Wir müssen wissen, wer es ist. Wir dürfen sie nicht in unserer Gruppe haben. Ich werde nach ihren Papieren fragen und sie überprüfen lassen. Wir dürfen das nicht zulassen. Sie machen immer Ärger. Sie bespitzeln die Leute. Sie sind unhöflich, sie – wie sagt man – brechen Zank vom Zaun, sie trinken, ihretwegen werden die Pilger in den Bauernhöfen, wo wir übernachten, oder in den Dörfern nicht mehr willkommen sein. Wir wissen, daß sie bei der Wallfahrt dabei sind. Bitte, zeige sie mir.»

Mich verläßt der Mut. Als Dominik dies sagt, breche ich innerlich zusammen. Die Geheimpolizei. Ein Strudel von Gefühlen zieht mich herunter, ertränkt mich, überflutet mich, läßt mich nicht mehr atmen. Ich schnappe nach Luft, als ich wieder an die Oberfläche dieser Gefühle geschleudert werde, dann werde ich wieder nach unten gezogen, noch tiefer geworfen. Ich weiß, ich kann nichts tun, als ruhig zu bleiben, aber gerade das gelingt mir nicht. Angst verzehrt mich. Es überwältigt mich völlig, mir gehen die Nerven durch, mein Witz, mein Humor, meine Geistesgegenwart – alles ist weg. Ich fühle mich nur noch wie ein weinendes Kind, das sich davor fürchtet, alleingelassen zu werden. Die Geheimpolizei. Mir fallen alle Warnungen ein, die ich ignoriert habe. Wie gehen sie vor? Lassen sie mich nur wissen, daß sie mich beobachten und dann, später, wenn ich allein bin und die Wallfahrt vorbei ist, werden sie mich verhaften? Warum? Ich kann mich nicht erinnern, jemals soviel Angst gehabt zu haben wie in diesem Augenblick.

«Natürlich, Dominik, die Geheimpolizei», wiederhole ich, als mir Jolas und Dominiks Hartnäckigkeit plötzlich einleuchtet. «Ich wäre nie darauf gekommen, daß sie von der Geheimpolizei sein könnten. Ich habe diese Männer in unserer Gruppe vorher nie gesehen. Es sind Fremde. Ja, ich werde versuchen, sie Euch zu zeigen. Ich verstehe.»

«China, Du darfst nach der Wallfahrt nicht allein umherreisen wie hier. Du bist sicher, solange Du mit uns in der Prozession gehst, aber dann in Warschau mußt Du zu mir kommen», schlägt Jola vor. «Ich wohne nur mit meinen Eltern zusammen. Wir haben eine sehr kleine Wohnung, aber Du bist willkommen. Versprich mir, daß Du kommen wirst.» – «Ja, China, bitte, sei nicht allein nach dieser Wallfahrt. Geh zu Jola», drängt auch Dominik. «Es ist besser.»

«Aber ich plane, nach Lublin und Krakau zu fahren. Ich komme für eine Nacht, Jola. Ich werde kommen, sobald ich in Warschau bin», sage ich und fange an mich zu beruhigen. «Ich verspreche, daß ich anrufe, sobald ich zurück bin, ich danke Dir.» – Es ist eine seltsame Beruhigung, zu wissen, daß diese Männer von der Geheimpolizei sein könnten. Für mich bedeutet das, daß ich nicht verrückt bin, daß die Begegnung wirklich etwas Unheimliches an sich hatte.

Jetzt erscheint die Ärztin, eine ältere Frau, nach der Dominik geschickt hat. Eine korpulente Frau, sie bückt sich langsam in das Zelt hinein und fragt mich freundlich, ob ich an Verstopfung leide, erklärt mir Jola. Viele Pilger leiden darunter, ich glücklicherweise nicht. Sie tätschelt meinen Kopf, sagt mir, ich solle zwei Baldriantabletten kauen, Saft trinken und mich ausruhen.

«Komm mit mir, Du brauchst ein warmes Essen, wir gehen an den Priestertisch», schlägt Dominik vor. «Wenn wir zum Haus gehen, schau, ob Du den Mann noch in der Scheune siehst und sage mir, welcher es ist.

Komm.» Damit nimmt er meine Hand und zieht mich vor dem Zelt auf die Beine. – Heißer Tee, heiße Suppe, ein Teller voll Fleisch und Kartoffeln, großzügig von der Bauersfrau serviert, tragen dazu bei, daß ich mich weiter beruhige. Weil ich noch nicht schläfrig bin, gehe ich nach dem Essen zu Aska, um das Knie einer Frau zu verbinden, die heute schlimm hingefallen ist. Es wird spät, zehn Uhr. Ich spaziere allein zu meinem Zelt zurück, etwas bergab von der Scheune zu den tiefer gelegenen Feldern. Der Mond geht auf. Seine außergewöhnliche Schönheit läßt mich anhalten. Ich stehe am Zaun, schaue über die Kornfelder und beobachte diesen riesigen Mond, der über der Landschaft aufgeht. Zarte Wolken ziehen in drei unterschiedlichen Höhen am Horizont entlang, lassen den Mond die Form eines blaßgoldenen Eies annehmen, als er durch sie aufsteigt. Ich habe noch niemals einen solchen Mond gesehen, nach oben länglich-schmal zulaufend, nach unten prall und voll wie ein Ei.

Ich muß eine Entscheidung treffen. Angst zu haben, ob wohlbegründet oder nicht, ist über die Maßen schmerzhaft. Hier habe ich nichts, was mich leiten könnte, außer meiner eigenen intuitiven Reaktion auf die Menschen. Soll ich meinem inneren Gefühl trauen, oder soll ich mich quälen mit all den Warnungen, die ich erhalten habe, auch wenn sie berechtigt sind? Will ich mich nun zurückziehen, mich fast unsichtbar machen, oder will ich mein eigenes Gefühl entscheiden lassen, wer mir wohlgesinnt ist und wer nicht? – Heute war ein außergewöhnlicher Tag. Ist dieser Mond das Drachenei aus Geshe Champa Lodros tibetischer Erzählung? In diesem Augenblick zu sehen, wie der Mond aufgeht, ist wie ein Segen, ein Schutz. Weit auf der anderen Seite des Feldes leuchtet ein Lagerfeuer, Lachen und Musik klingen von da herüber, hüllen mich wie eine Decke ein, als ich in meinem Zelt liege. Ich setze auf das Vertrauen, eine andere Art von Vernunft, und schlafe zufrieden ein.

*14. August*

Heute erreichen wir Czestochowa. Menschenmassen säumen unseren Weg. Ich bekomme kaum noch Luft, als wir in die Kirche einziehen. Mir scheint, das wichtigste, worauf man sich in einer Menge dieser Größenordnung konzentrieren muß, ist, sich nicht umwerfen zu lassen. Noch ein letzter Stoß, und ich werde über die Schwelle geschoben, von einer Energie getragen, die weit über meine Kräfte hinausgeht.

Jetzt sind wir innen, und noch immer können wir uns kaum bewegen.

Am äußersten Ende der Kapelle kann ich die Schwarze Madonna sehen. In dieser äußeren Kapelle gibt es keine Bänke, nur einige hinter dem Eisengitter, das die eigentliche Kapelle von der übrigen Kirche trennt, in der winzigen Kapelle der Jungfrau. Hier wogt ein richtiges Menschenmeer, manche knien auf dem Steinfußboden, andere stehen einfach, wieder andere versuchen – wie ich selbst – sich durch alle hindurchzubewegen. Allmählich nähern wir uns dem Heiligenbild, Schritt für Schritt, schließlich winden wir uns um die eine Seite, dann hinter dem Altar entlang und auf der anderen Seite zurück. Beim Zurückgehen können wir nur einen flüchtigen Blick auf die Madonna werfen. Man kann an diesem Punkt nicht anhalten, denn Abertausende von Menschen sind hinter uns, warten draußen im Regen; lange Reihen von Pilgern kommen noch an, knien nieder, verbeugen sich, treten durch die Tore. Ich bin dankbar, daß ich die Möglichkeit hatte, vor der Madonna zu stehen und sie zu betrachten, bevor die Wallfahrt begann. Sie ist so geheimnisvoll, regungslos. Um sie herum ist soviel Tumult und Gefühl. Amulette, Edelsteine, Halsketten aus Bernstein und Korallen, Silber, Rosenkränze, Krücken, Medaillons hängen überall in der größeren Kapelle und säumen die Wände, sie legen Zeugnis ab von der Heilkraft dieser Madonna. Mit ihrem Silber und den Edelsteinen auf dem schwarzen Altar ist sie überwältigend. Und doch so fern! Ich kann mich nicht darauf einlassen, dieses Bildnis auszuloten. Ich gehe hinaus, um nach Jadwiga Ausschau zu halten.

Wir bahnen uns den Weg über einen großen Parkplatz mit Lastwagen und suchen nach dem Zeichen Gruppe 15, *zloty* im Fenster der Fahrerkabine. Wir finden meine Taschen und fahren zu Jadwiga nach Hause. Sie hat warmes Essen vorbereitet, Teller mit Schweinefleisch, Kartoffeln, Kohl, Tomaten und Gurken aus ihrem Garten. Heißer Tee, heißes Wasser. Luxus! Wir geben meine schmutzigen Sachen in die Wäsche, und ich nehme ein Bad, das erste seit Tagen. Trotz der Erschöpfung bin ich aufgeregt und gesprächig. – «Du mußt essen», drängt sie. Als ich das Thema auf Frauen als Priester bringe, zuckt sie als fromme Katholikin mit den Schultern. Dann berichtet sie mir, welche Ansicht eine ihrer Freundinnen vertritt, eine Professorin, die für ihr unabhängiges Denken bekannt ist.

«Warum sollten wir keine Priesterinnen haben? Wie kommt eine erwachsene Frau dazu, einem Mann zu beichten, der in allem versorgt wird, der keine Kinder aufzuziehen hat, kein Geld verdienen muß? Wenn die Männer so gottgleich sind, wie die Kirche sagt, dann sollten sie ein Kind gebären und dann werden wir ihnen glauben», meint Jadwigas Freundin.

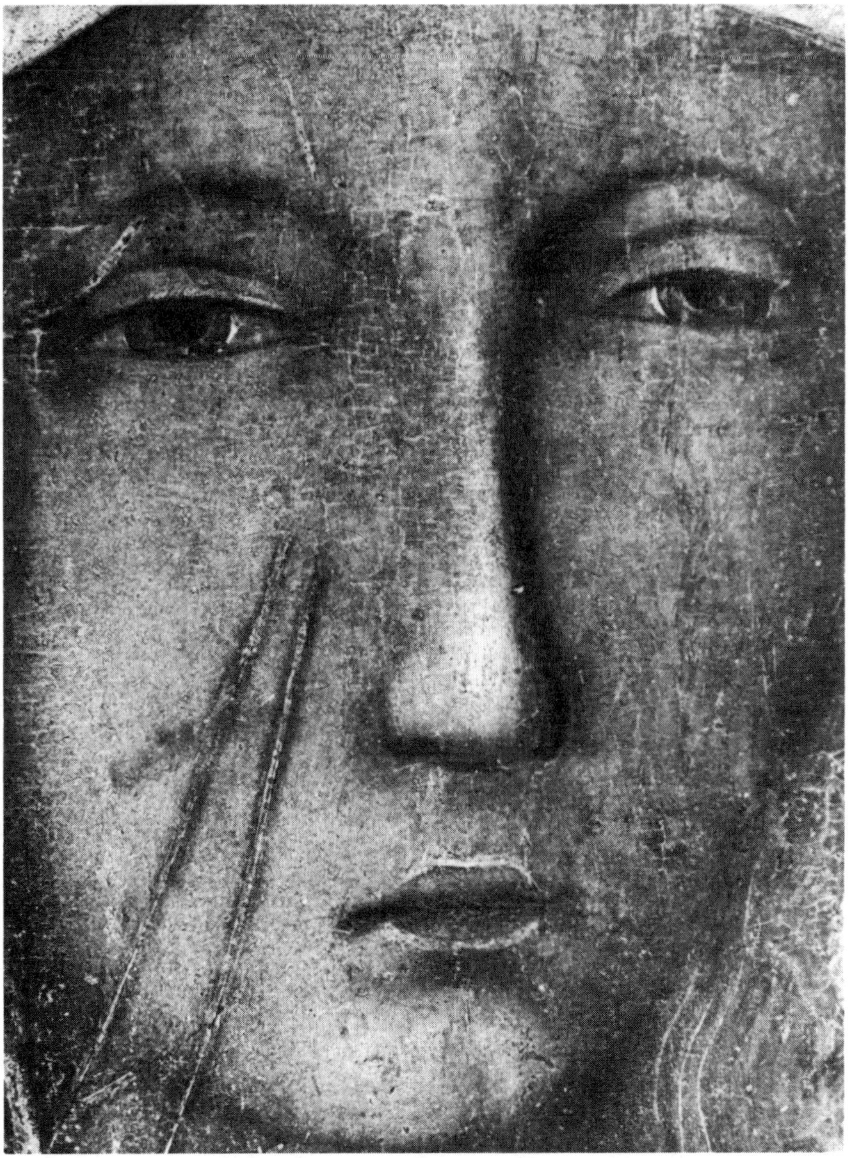

*Detail der Madonna von Czenstochau.*

Ich kann kaum wieder aufhören zu lachen. – Wir bleiben bis gegen zehn Uhr auf und unterhalten uns. Dann erinnert mich Jadwiga, daß ich etwas schlafen muß. Sie will mich um ein Uhr wecken, damit sie mich in die Kirche zurückfahren kann, wenn für unsere Gruppe die Messe abgehalten wird. Die Messen finden die ganze Nacht über statt, unsere ist um zwei Uhr. Viele Teilnehmer in meiner Gruppe fahren von da aus mit dem nächsten Zug nach Warschau zurück, so daß ich sie nicht mehr sehen werde.

# 12. Die Hölle von Auschwitz und Birkenau

*Krakau, Polen, August 1987*

Nach dem allgemeinen Abschiednehmen von der Gruppe 15, Gold, fahren Dominik, Vesa und ich mit dem Zug nach Krakau. Wir stehen die stundenlange Fahrt von Czestochowa in einem engen, überfüllten Gang des Waggons. Dominik will das Paulinerkloster in Krakau besuchen, und Vesa und ich sind eingeladen, ihn zu begleiten, nachdem er die Erlaubnis erhalten hat, uns als Gäste mitzubringen. – Krakau ist während des Zweiten Weltkriegs von Bombenangriffen verschont geblieben und steht unversehrt wie eine mittelalterliche Stadt. Es ist Dominiks Lieblingsstadt in Polen, und wir genießen es, ihn als Führer zu haben. Wir besichtigen den Wawel, wo alle Könige und Königinnen Polens gekrönt wurden und begraben liegen. Es ist der Wawel, der nach einer indischen Legende einer der beiden sicheren Orte sein wird, wenn die Welt zerstört ist. Wir gehen zur Marienkirche mit ihrem kostbaren Schnitzaltar, einem Triptychon, das das Leben Marias darstellt. Am Alten Markt mit seinem Glockenturm aus dem 14. Jahrhundert trinken wir Kaffee und essen Kuchen. Nach diesem mit Besichtigungen ausgefüllten Tag bringt Vesa beim Abendessen das Gespräch auf Auschwitz.

«Wie weit sind die Lager von hier?» fragt er Dominik. – «Einen halben Tag mit dem Zug», antwortet er, «aber nur etwas über eine Stunde mit dem Taxi.» – «Dann können wir ein Taxi nehmen», meint Vesa und wendet sich an mich. «Ich würde mit Dir die Kosten teilen. Willst Du mitkommen?» – «Ja», sage ich, ich möchte und möchte auch wieder nicht dorthin gehen. «Nein, ich möchte nicht gehen und doch, ich muß. Wir sind so nah.» – «Würdest Du uns begleiten, Dominik», fragt Vesa. – «Ja, ich komme mit, natürlich. Ich bin schon dort gewesen, vielleicht fünfmal», antwortet er. «Wir sollten morgen sehr zeitig aufbrechen. Wir müssen nicht nur nach Auschwitz fahren, sondern auch nach Birkenau. Beide liegen gar nicht weit auseinander.»

Es ist abgemacht. Wir fahren zu den Konzentrationslagern. Der Entschluß erinnert mich an den unerklärlichen Wunsch zu springen, den ich hatte, wenn ich am Rand eines sehr steilen Kliffs oder ganz oben auf einem hohen Gebäude stand, dieses zwanghafte Bedürfnis: sich selbst zu erfahren. Seit ich in der Grundschule die Bilder von den Konzentrationslagern sah, haben sie mich nie mehr losgelassen. Der Zweite Weltkrieg hat mich in einer Weise betroffen, die mir immer klarer wird. Mein Vater war bei der Luftwaffe, war Fluglehrer, war Bomberpilot. Je älter er wird, im Laufe der Jahre, wird deutlich, wie lebendig dieser Krieg für ihn noch ist. Ich wußte das als Kind, aber ich konnte es nicht ausdrücken. Jetzt wissen wir es beide, er und ich, wenn wir die Fotoalben von der Fliegerschule betrachten. Geschichten von Guam fließen immer wieder in unsere Gespräche ein.

Ich habe nicht länger Angst davor, in die Dunkelheit von Auschwitz zu schauen. Aber ich hätte nicht hingehen können, wenn ich nicht die reale Präsenz von Maria und Tara gefühlt hätte, die mit mir waren.

Am Vormittag sind wir mit dem Taxi nach Auschwitz und Birkenau, *Oświecim*, aufgebrochen. Das Wetter ist schrecklich, heiß, feucht und drückend. Die Luftverschmutzung hier durch die Bergwerke in der Nähe gehört zu der schlimmsten in ganz Osteuropa. Es riecht nach Industrieabgasen. Wir fahren in eine Ödnis, Fenster heruntergelassen, bei hoher Geschwindigkeit spüren wir die Schlaglöcher. Vesa versucht, höflich Konversation zu machen, aber es ist unmöglich.

Ich bin früh aufgestanden, um dabeizusein, wenn Dominik die Messe liest. Ich war gerührt, daß er mit uns zu den Lagern fahren wollte, ein katholischer Priester, bei all den verschiedenen Ansichten, die wir beide haben. *Er* respektiert die Tatsache, daß ich mit einem Juden verheiratet bin, er anerkennt, wie wichtig dieser Besuch für mich ist, *ich* achte die Bedeutung, die die Kirche für ihn hat.

Gleich nach unserer Ankunft gehen wir direkt in das Lager und schenken dem kleinen Museum davor kaum Zeit. «Hier entlang», sagt Dominik. «Dies ist ein sehr großes Gelände. Es gibt gewisse Dinge, die Du sehen mußt. Komm.» Wir gehen durch ein breites Tor einen kiesbestreuten Weg entlang. Die Gebäude sehen ordentlich aus. Alles täuscht «Normalität» vor. Auschwitz war ein Musterlager, in dem die Nazis Inspektionen durch das Internationale Rote Kreuz gestatteten. Dominik führt uns zu einem nahegelegenen zweistöckigen Ziegelhaus. Junge Leute pflanzen Blumen in die Beete davor.

Der erste Raum, den ich betrete, sieht leer aus. Dann schaue ich nach links, und hinter Glas liegt ein anderer Raum, gefüllt mit Rasierpinseln,

Zahnbürsten und Haarbürsten. Sonst nichts. Ich bin schockiert, nicht vorbereitet darauf, welche Wirkung von so vielen unbelebten, aber persönlichen Gegenständen ausgeht. Ich konnte sie beinahe sprechen hören. Ich erwartete Bilder von Eisenbahnwaggons, von zu Skeletten abgemagerten Menschen, von Massengräbern, von Nazis. Solche Aufnahmen kannte ich schon von früher, seit der Grundschule. Aber so etwas wie das hier hatte ich noch nie gesehen.

Oben kamen wir in einen langen, schmalen Raum, der auf beiden Seiten nur Schuhe enthielt, Tausende und Abertausende von Schuhen. Männer-, Frauen-, Kinderschuhe, unterschiedslos auf Haufen zusammengeworfen. Ohne Ordnung. Schuhe. – Dann gab es einen Raum mit Koffern. In großen schwarzen Buchstaben waren Namen auf die alten Lederkoffer gekritzelt: Breuer, Frank, Kafka, Neumann, Harner, Oppenheim, Gibian. Ich notiere sie schnell, während wir entlanggehen. Dann eine Ausstellung von Gebetsschals, eine Ausstellung von Tausenden von Brillen, ein anderer Raum: Hunderte von Prothesen, von Korsetts, von Töpfen und Pfannen. Berge über Berge von persönlichen Gegenständen. Keine Menschen, nur ihre Habe. Das, was übriggeblieben ist.

Nach langen inneren Überlegungen hatte ich meine Kamera mitgebracht, wohl wissend, daß die Bilder nicht festhalten könnten, was ich sehen würde. Doch ich war froh, sie dabei zu haben. Ich wollte es meinen Kindern zeigen, wollte ihnen sagen: die Lager gibt es wirklich, dies ist geschehen. Ich war dort. Habe es gesehen. Aber nach dem ersten Dutzend Bilder ist mein Filmmaterial zu Ende, und ich bin erleichtert. Der Stift soll meine Kamera sein, diese bruchstückhaften Notizen die Bilder, die ich aufnehme. Wir durchwandern einen Raum nach dem anderen mit Ausstellungsstücken. Zwischen uns fällt kein Wort.

Es gibt einen Raum voller Zeichnungen, die die Lagerhäftlinge angefertigt haben. Mehr als jedes Foto sagen sie, wie es wirklich war. Eine Weihnachtsszene im Schnee, nachts, unter Straßenlampen, im Freien: Gefangene im Schnee aufgestellt, nackt, die Nazis schlagen und töten sie. Eine andere Zeichnung zeigt die Nazis lachend und johlend, als die Häftlinge zur Arbeit geschleift wurden. Auf wieder einer anderen sind Häftlinge zu sehen, die im Schnee einen Karren mit Toten ziehen, während sie von den Nazis ausgepeitscht werden. Einige Nazis rauchen Zigarren und lachen, andere schlagen mit der Peitsche zu.

An den Wänden im Flur zwischen den einzelnen Räumen sind Fotos aufgereiht: Gesichter mit kahlgeschorenen Köpfen über Häftlingskleidung. Ihre Namen, Berufe, Geburtsdaten sind verzeichnet: Dichter, Mechaniker, Priester, Hausfrau... Im Raum der Kinder hängen die Fotos junger Kinder, die auf gleiche Art aufgenommen sind. All die Bilder in der Halle vor diesem Raum und diese Kinderfotos sind seltsam passiv, ausdruckslos, bis auf ein Mädchen in diesem Raum der Kinder. Sie hat keinen Namen, nur die Nummer 27129 auf ihrem Foto. Ihre Augen sind mit Tränen gefüllt – wie meine, als ich sie betrachte.

Ein Raum zeigt die Schlafstellen. Es sind jeweils drei Holzpritschen übereinander, mit Stroh belegt, mit sechs bis acht Personen in jeder Koje (Frauen und Männer getrennt), so daß insgesamt achtzehn bis fünfundzwanzig Menschen praktisch einer auf dem anderen in diesen Regalen «schliefen». Man konnte sich nicht herumdrehen.

Dominik erklärt, daß Auschwitz zwar das Vorführlager für das Internationale Rote Kreuz war, Birkenau, wohin wir später gehen werden – nur eine kurze Strecke mit dem Auto entfernt –, jedoch nicht vorgezeigt wurde. Dort waren die Verhältnisse schrecklicher. Wir sahen Fotos von Latrinen in Birkenau: eine Reihe von Zementlöchern, auf denen man nicht länger als zehn Sekunden sitzen durfte – jemand maß die Zeit – dann wurde man heruntergezogen. Von dort gingen wir in den Raum, wo Hitler medizinische Experimente durchführen ließ. Inzwischen weine ich still vor mich hin.

Wir gehen zu Block 11. Hierher wurden die Häftlinge zur «Besserung» geschickt, die sich in irgendeiner Form widersetzten. Die schwierigsten Häftlinge kamen in Zellen im Keller, 1,80 mal 1,80 m, 2,40 mal 2,40 m. In die Wand einer dieser Zellen war ein polnisches Wort unbeholfen eingekratzt. Dominik erklärt, was es bedeutet: «*Erinnere.*»

Hinten im Keller befand sich noch ein kleiner Raum, den ich beschreiben muß. In diesen Raum waren drei oder vier Zellen aus Ziegelsteinen eingebaut, 90 mal 90 cm, knapp ein Quadratmeter. Dahinein mußten Häftlinge, die zum Widerstand gehörten oder zu fliehen versucht hatten, durch eine kleine Tür am Boden hineinkriechen und mit drei oder vier anderen die ganze Nacht stehend verbringen. Am Morgen wurden sie herausgeholt, mußten den ganzen Tag arbeiten und dann in diese Zelle zurückkehren. Es ist falsch, diese winzigen Folterkammern mit dem anspruchsvollen Wort «Zelle» zu bezeichnen, sie waren so unglaublich klein. Stelle es Dir so vor. Du bist in einem überfüllten Fahrstuhl, wo alle wie die Sardinen zusammengepreßt werden, und Dir ist so bang zumute, es ist so eng, es ist kein Platz, Du kannst Dich keinen Zentimeter bewegen, die

Körper der anderen drücken gegen Dich. Denke Dir die drei Menschen, die ganz dicht an Dich da hineingequetscht werden, und um Euch sind an allen vier Seiten Ziegelmauern errichtet. So brachten sie diejenigen unter, die sie völlig brechen wollten, erklärt mir Dominik. Niemand konnte diese Behandlung lange überleben.

Ich ging in eine dieser Zellen, wo man die Ziegel herausgeklopft hatte, so daß man hineinsehen konnte. Dort standest Du, nur Du und drei andere Menschen. Im Dunkeln, in der Nacht, kein Platz, um sich hinzusetzen. Du mußtest einfach dort stehen. Ich bekam schon Platzangst beim bloßen Anschauen. Als ich die demontierte Zelle betrat, mußte ich tief atmen, die Luft blieb mir weg. Es war, als ob ich in ein Feuer steigen würde. Mit einem Satz war ich wieder draußen.

Als wir aus dem Block elf herauskamen, zeigte uns Dominik die einzelnen Gebäude, in denen Juden der verschiedenen Nationen untergebracht waren. Für jedes Land gab es einen Block, für Juden aus Rußland, für Juden aus Ungarn, für jugoslawische Juden, und so führte uns unser Weg Block an Block entlang. Im Jahr 1943 waren 90–95 % der Insassen von Auschwitz Juden. Heute sieht man in Polen kaum noch Juden. In Warschau sind es weniger als fünfzehnhundert und nur ein paar Tausend in ganz Polen, das vor dem Krieg das Zentrum des osteuropäischen Judentums war.

Ich gehe allein in das jüdische Museum. Dominik wartet draußen. Meine Notizen werden immer bruchstückhafter, als ich von einem Foto zum anderen gehe. Es gibt Aufnahmen von der Kristallnacht in Deutschland, Aufnahmen von Bernard Swierczyna, Gefangener Nummer 1393, Organisator des jüdischen Widerstands – getötet. Fotos von Hunderten nackter Frauen, die an den Rand einer offenen Grube gehen, wo man sie erschießen wird. In ihre Gesichtern ist Verstörung eingeschrieben, sie sind wie im Schock, völlig gebrochen. Meine Aufmerksamkeit wurde gefesselt von einem nackten, jungen Mädchen, das mit ihnen in der Reihe stand. Sie hatte ihre Schuhe an, ihre Hände waren dem Betrachter entgegengestreckt, ihr Mund geöffnet, flehend. Fotos von zerschlagenen Körpern. Fotos vom jüdischen Widerstand. Fotos von Hannah Senesh, der Jüdin aus Palästina, die mit dem Fallschirm hinter den feindlichen Linien absprang, um ihrem Volk eine Botschaft der Hoffnung zu bringen – auch sie starb in Auschwitz. Fotos von nackten Frauen, die sich in einer Schlange für die «Duschen» anstellen, die Gaskammern. Ich stolpere aus dem Dunkel der Ausstellung, zurück in das Tageslicht.

Dominik wartet. Obwohl wir nicht sprechen, ist es gut, zusammen zu sein. Es ist zuviel, um damit allein zu sein. Wir gehen hinüber zum Krematorium, in das ich allein hineingehe. Es war eine unterirdische Anlage aus Zement und ist sogar jetzt sehr kalt. Dieses Krematorium arbeitete von 1940–1943, meinem Geburtsjahr. – Ich gehe durch die Gaskammer, ohne es überhaupt zu merken, bis ich in den nächsten Raum eintrete mit den Öfen, den extralangen, die zwei Leichen auf einmal verbrennen konnten. Da erst wird mir klar, daß ich gerade in der Gaskammer gewesen bin. Ich gehe zurück in den großen Betonraum und betrachte ihn noch einmal. Es gibt keine Duschköpfe, nichts, was einen Hinweis geben könnte, wo Du stehst, in was Du eingetreten bist. Ich erwarte, daß ich irgend etwas fühle, aber ich fühle nichts, selbst nachdem mir bewußt wird, wo ich bin. Heute ist es nichts als ein großer, leerer Raum aus Beton.

Ich kehre um, und gehe in den Raum mit den Ofen zurück. Besonders *ein* Ofen ist mit Blumen und Zetteln von Besuchern aus aller Welt geschmückt. Ich betrachte ihn mir eine Zeitlang und komme dann zu dem Schluß, das einzige, das ich tun kann, ist, hier auf den Schienen vor dem Ofen zu stehen und zu schreiben. – Es ist wichtig für Sie, das zu verstehen. Ich schreibe von den jetzt kalten Öfen in Auschwitz. Die Öfen sind kalt, dieser Raum ist kalt, aber mir wird heiß, als ich zu erfassen versuche, was genau auf der Stelle, auf der ich stehe, geschehen ist. Ich kann nicht. Ich kann nur die einfachsten Notizen machen, fieberhaft. In der offenen Ofentür liegen rosa Gladiolen und rote Nelken; dort wo einst die Leichen lagen, steht ein Blumentrog, weiße Zinien, rosa Nelken, gelbe Sonnenblumen. Andere Leute kommen und gehen, flüstern, ich nehme sie undeutlich war, so erregt bin ich. Die Ofentüre. Ein Zeichen ist angebracht. Es ist die Gedenkverpflichtung einer Gruppe, die sich C.A.N.D.L.E.S. nennt:

> «Wir sind die Stimmen der Kinder, die vor dem Verbrennungstod gerettet wurden. Wir geloben folgendes zu tun: Wir werden die Welt nicht vergessen lassen, was hier in Auschwitz geschah. Wir werden daran erinnern, daß ein Teil der Menschheit hier untergegangen ist. Diese Erde ist getränkt mit dem Blut unserer Mütter und Väter, unserer Schwestern und Brüder. Wir werden unseren Kindern zeigen, wo ihre Großeltern uns zum letzten Mal umarmten. Wir

wollen zusammenarbeiten, um Vorurteile vom Angesicht der Erde zu verbannen... Wir wollen an das Bewußtsein der Welt appellieren, so etwas nie wieder geschehen zu lassen.»

Die Tafel trägt das Datum 27. Januar 1985.

Außerhalb des Krematoriums ist die Luft jetzt wärmer, Wind ist aufgekommen. Dominik hat geduldig gewartet. Ich bin froh, daß ich es angeschaut habe.

Jetzt Birkenau. Unendlich. Reihen hölzerner Baracken, die meisten von den Nazis niedergebrannt. Wir treten in eine ein, voller leerer Betten. Birkenau. Verbrannt. Heute stille weite Felder mit wilden Blumen und Grillen. Allein hier starben vier Millionen Menschen. – Wir gehen entlang der Gleise zu dem Denkmal am Ende bei den Krematorien. Für jeden Menschen, der hier starb, ist ein Stein in die Erde gelegt worden. Es ist ein beunruhigendes Gefühl, auf ihnen zu gehen.

Die Gaskammer von Birkenau, von den Nazis am Ende gesprengt, jetzt schaut der Himmel herein. Sie ist voller Trümmer, Unkraut und Wasser. Purpurne Disteln und wilde Iris. Krematorium II in Birkenau besagt das Schild. Es hat einen Raum zum Auskleiden, eine Gaskammer, um zweitausend Menschen auf einmal zu töten, einen Raum, wo den Frauen das Haar abgeschnitten wurde, einen Raum, in dem das Gold von den Zähnen entfernt wurde, Öfen, um persönliche Dokumente zu verbrennen. Das Frauenhaar wurde zum Auspolstern von Stühlen verwendet. – Die Deutschen pflanzten Pappeln, so daß man die Krematorien hier nicht sehen konnte. Die Asche der Menschen wurde überall auf diesem Boden verstreut. Allerwärts blühen purpurne Disteln. Gelbe und weiße Feldblumen. Ich bin zu aufgewühlt, um festzustellen, wie sie heißen. Ich wandle über diesen Boden wie geschockt schon von dem wenigen, das ich nur in diesen zwei Lagern gesehen habe. Dominik zeigt auf die Pappeln am Krematorium II. Jetzt, fast ein halbes Jahrhundert später, sind die Bäume an der Spitze noch immer verkümmert vom Feuer aus den Krematorien von Birkenau.

# 13. Die Jungfrau von Guadalupe

*Kalifornien, September 1987*

Kurz vor Sonnenuntergang, daheim in Kalifornien, Spaziergang über die Höhen des Mount Tamalpais. Das Gras war trocken, die meisten Wildpflanzen verblüht außer der orangefarbenen Gauklerblume, einigen leuchtenden Stengeln der hellroten Castilleja und des Goldmohns. Noch lange nach meiner Rückkehr aus Polen mußte ich auf meinen Spaziergängen am Mount Tamalpais an Auschwitz/Birkenau denken und das Problem des Bösen, das es verkörperte. Der Buddhismus spricht nicht vom Bösen, der Begriff dafür ist «Unwissenheit». Intellektuell verstand ich dies, aber das Wort ist nicht aussagekräftig genug, wenn ich es auf Auschwitz anwende. Es fehlt ihm das Anrüchige.

Nach meiner Rückkehr in die Staaten wurde ich mit einem groß aufgemachten Bericht in den Nachrichten über die Zunahme der Neonazis konfrontiert. In einer nahegelegenen Stadt wurde ein junger Mann von Skinheads durch ein Tafelglasfenster geworfen, weil er versucht hatte, ein antisemitisches Symbol abzureißen. Ich las einen anderen Bericht über einen jungen Neonazi in Kalifornien, der sich zum erstenmal verliebt hatte. Er fühlte sich durch diese Erfahrung so verändert, daß er den vorher gepredigten Haß aufgab. Er versuchte, seine rassistische Einstellung zurückzunehmen, indem er öffentlich darlegte, daß er unrecht hatte. Seine Neonazi-Kameraden schlugen ihn zusammen, nagelten ihn an ein Brett und zerschnitten seine Brust mit Rasierklingen, achteten aber darauf, daß er am Leben blieb. Er schrie lange Zeit um Hilfe. Alle Weißen, die ihn sahen, wandten sich ab und gingen vorbei! Ein schwarzes Paar, das ihn als Rassisten kannte, kam ihm zu Hilfe.

Solches geschah in Amerika 1987, während ich vor den Verbrennungsöfen in Auschwitz stand. Auf der Heimreise versicherte mir in London ein wohlmeinender Freund törichterweise: «Das Böse ist geschehen, vergangen, getan, vorbei. Es ist alles eine Sache der Vergangenheit. Wir sollten die Lager zuschütten, sie niederreißen und weitergehen.» Der Anblick der Lager, so kurz er auch war, machte mir instinktiv klar, wieviel Übereinstimmung nötig war, um einen Wahnsinn, wie ihn Hitler auslebte, hervorzubringen. Hitler war vom Volk gewählt worden. Tausende von Menschen, nicht Hitler allein, trafen die Entscheidungen, die zu Auschwitz/Birkenau führten. Viele waren wohlmeinende Leute. Zum Bösen, das in Auschwitz kulminierte, trugen viele bei, und es setzte Entschlüsse voraus, selbst wenn sie nur darin bestanden, das Geschehen zu leugnen und selbst nichts zu tun.

In dem Monat nach meiner Rückkehr aus Polen wurde mein jüngster Sohn siebzehn. Nach meinem Besuch in Auschwitz war ich entschlossen, zu Ben und seinen Freunden offener über den Krieg zu sprechen. Bald mußten sie zum Militär. Bei der Feier zu Bens siebzehntem Geburtstag fragte ich die vielen Teenager im Wohnzimmer – nachdem Kuchen und Eis verspeist und die Teller gespült waren –, ob sie sich im klaren seien, daß nach dem Gesetz alle jungen Männer sich mit achtzehn Jahren zum Wehrdienst melden mußten. Ich hatte Bedenken, sie würden lachen, und ich brächte Ben in Verlegenheit. Aber genau das Gegenteil geschah: Sie wollten mehr wissen. «Ich bin nicht für den Krieg. Ich will niemanden töten», sagte einer nach dem anderen. «Was soll das heißen, ich muß mich melden?» Sie waren erstaunt, als ich ihnen die Konsequenzen für Unkenntnis oder Mißachtung des Gesetzes nannte: keine finanzielle Hilfe für den Collegebesuch, mögliche Geldstrafen bis zu 250000 Dollar.

Nein, das wußten sie nicht. Sie wollten mehr über das Gesetz und ihre Alternativen erfahren. Wir trafen uns von nun an alle ein oder zwei Monate, um herauszufinden, was es bedeutete, Frieden in der Welt zu wollen. Wir sprachen mit Kriegsveteranen, Wehrdienstverweigerern, buddhistischen Priestern, Rechtsanwälten, Eltern und einer Veteranin, Lilly Adams, die mit neunzehn Jahren Sanitäterin war. Lillys Geschichte von ihrem Lazarett hinter der Front in Vietnam beseitigte jede romantische Einstellung zum Militärischen. Wir diskutierten miteinander. Ich beschäftige mich mit Arbeiten von Mennoniten, Buddhisten und Quäkern. Es bildete sich ein festes Programm heraus. Nach dem Abendessen lasen wir die vierzehn ethischen Grundsätze, verfaßt von Thich Nhat Hanh, dem vietnamesischen buddhistischen Mönch, der in Vietnam während des Krieges einen pazifistischen Orden gegründet hatte.[1] Auf das Vorlesen folgte eine Schweigemeditation. Ich war ständig überrascht und bewegt von diesen jungen Leuten. Sie waren meist Jungen im Teenageralter, die aussahen, als ob sie nichts mehr interessierte als Skateboardfahren, Autos, Jobs, Schule, Verabredungen und Surfen. Doch sie machten sich um unsere Welt, um andere Menschen, die Umwelt und die Zukunft tiefe Gedanken.

Auf Anregung der Gruppe gingen wir an die Öffentlichkeit und führten eine erfolgreiche Veranstaltung durch. Die Gruppe backte Plätzchen, entwarf und druckte Flugblätter, bezahlte die Miete für das Gemeindezentrum. Sie erzählten, wie unsere Gruppe begonnen hatte und warum wir immer wieder zusammenkamen. Jedes Mitglied stand auf und verlas einen der Grundsätze von Thich Nhat Hanh[2], die vervielfältigt und auf jeden Stuhl des Auditoriums gelegt wurden. Dann baten sie die Zuhörer, mit uns fünf Minuten Meditation für den Frieden einzulegen. Ich saß weit hinten, mein Herz jubelte, ich war so stolz auf sie. Wir alle, Anfänger, zusammen. Wir nannten uns «Das Friedensprojekt».

Spaziergang über die heimatlichen Hügel. Ich kam aus der Asche von Auschwitz, von der Wallfahrt zur Schwarzen Madonna, von der Suche nach der Buddha-Tara. Dies war der Weg, der mir gewiesen wurde. – Der Frühling 1988 brachte Geshe Lobsang Tsephel, den ich in Dharamsala kennengelernt hatte, nach San Francisco. Er kam zu einer Initiation der Grünen Tara, die ich in der Stadt besuchte.

Ich durchblätterte meine Notizbücher aus Indien und der Schweiz und fand Aufzeichnungen von den Unterweisungen, die der Dalai Lama in Delhi gegeben hatte. Das Papier war gefärbt von den Blumen, die ich im Lodi-Park gepflückt und zwischen die Seiten gepreßt hatte. Sie lagen noch dort. Einige klebten an den Seiten, andere lagen lose. Das Papier war blau, gelb, hellbraun und hellrosa gesprenkelt. Von einer Seite fielen getrocknete Blaubeeren und ein Stengel mit winzigen rosa Blüten.

Die tibetischen Unterweisungen sind für mich wie Blumen: duftend, erhebend, entzückend. Sie zu hören, bringt große Tröstung und Freude. Vieles davon verstehe ich nicht. Manchem kann ich noch nicht zustimmen, doch fühle ich unausweichlich, daß ich durch einen wohlbestellten blühenden Garten gehe, wenn ich die Unterweisungen höre. Die Tibeter besitzen eine wilde, wuchernde Phantasie, die die Luft erfüllt.

Wie ich die Seiten vorsichtig umblättere, um die Blumen nicht in Unordnung zu bringen, werde ich an die Initiation der Grünen Tara erinnert, die ich gerade von Geshe Tsephel erhalten hatte. Eine der Unterweisungen, die er während der Meditation gab, sollte suggerieren, daß die Reiskörner in unseren Händen Blumen waren. Stell Dir vor, daß dieses Reiskorn eine Blume ist, daß wir viele Blumen haben. Wirf die Blume in die Luft, überschütte dieses Zimmer mit Blumen. Die Buddhas und Bodhisattvas werfen immer Blumen auf unseren Pfad, überschütten uns mit Blumen. So sollten auch wir Blumen streuen. Stell Dir vor, daß dieses Zimmer kein gewöhnliches Zimmer ist. Ja, es ist ein gewöhnliches Zimmer, aber es ist auch der Himmel der Tara. Stell Dir vor, daß alle Buddhas und Bodhisattvas in dieses Zimmer auf Strahlen herbeigezogen werden, die von Deinem Herzen kommen. Sieh mit dem geistigen Auge die Buddhas und Bodhisattvas dieses Zimmer füllen. Stell Dir die Tara so groß wie einen Berg vor und so winzig wie ein Staubteilchen in der Luft. Stell Dir dieses Zimmer voller Taras vor. Dieses Zimmer läßt Buddhas, Bodhisattvas und Taras erblühen.

Siehe die Tara auf einer Mondscheibe, die auf einer geöffneten weißen Lotosblüte liegt. Siehe sie ganz grün, mit Juwelen auf ihrem Haupt, in schönen Seidengewändern, die ihren Körper umfließen, und mit einem voll aufgeblühten blauen Utpala-Lotos an ihrem linken Ohr. Sie hält den Stengel des Lotos in ihrer linken Hand zwischen Daumen und Zeigefinger über ihrem Herzen. Sie lächelt Dir zu. Sie hat ein schönes Lächeln. Sie besitzt ein schönes, sanftes Antlitz. Sie betrachtet Dich mit liebevoller Freundlichkeit, sie überhäuft Dich mit ihrem Mitleid, sie wird sofort kommen, wenn Du an sie denkst, ihren Namen nennst, wer immer Du bist, wo immer Du bist oder wie ungläubig Du warst. Sie hört die Klagerufe der Welt, sie ist das Schiff, das uns über den Strom der Leiden dieser Welt, über den Samsara trägt, sie ist die Führerin, sie ist die Kraft aller Buddhas, sie ist die Mutter der Buddhas, sie ist der Bodhisattva des Mitleids, sie ist das völlig erleuchtete Ich, sie ist die Mutter von uns allen. *Om Tare Tutare Ture Soha.*

Große rote und gelbe Rosen steckten in einer Vase auf dem Tisch mit roten Lackschnitzereien vor dem Verehrungswürdigen Chos Kyi Nyima in Nepal. Gelbe Rosen in einer Schale standen vor Seiner Heiligkeit dem Dalai Lama Tenzin Gyatso in Delhi. Rosen blühten in einer kleinen Vase auf dem Tisch vor Champa Lodro Rinpoche in der Schweiz an dem See, wo er die Initiation der Grünen Tara gab. Gelbe Rosen schmückten den Altar, als Geshe Lobsang Tsephel in jener Nacht die Gebete an die Tara sang. Ein hoher Baum voll erblühter gelber Rosen stand vor dem Fenster im zweiten Stock, wo Geshe Tsephel am nächsten Tag saß, als ich ihn besuchen kam. Der Rosenbaum war hochgewachsen, um ihm zu begegnen, um ihm so einen Rahmen zu geben, als wäre er eine weitere Blüte dieses Baumes.

Rosen. Der Legende nach erschien in Mexiko am 9. Dezember 1531 die Jungfrau von Guadalupe auf wunderbare Weise und sagte dem indianischen Bauern Juan Diego, er solle Rosen pflücken, wo doch Juan Diego wußte, daß auf dem Tepeyac-Berg nur Kakteen blühen konnten. Diese Jungfrau hatte eine dunkle Haut und schwarzes Haar wie Juan Diego. Sie trug einen schwarzen Gürtel über ihre Taille, womit sie nach indianischer Tradition anzeigte, daß sie schwanger war. Die Rosen sollte er in seinem Umhang zum Bischof bringen, ihm von dieser Vision berichten und ihm sagen, daß die Jungfrau hier den Bau einer Kirche wünsche. – Juan Diego wird dreimal weggeschickt. Als er vergebens versucht, die Rosen vor den Wärtern des Bischofs zu verbergen, öffnet er seinen Umhang, und die Rosen sind ein Teil davon geworden. Dann wird Juan Diego zum Bischof vorgelassen. Er kniet nieder und langt nach den Rosen, um sie dem Bischof zu überreichen, dabei fällt sein Umhang zu Boden. Auf dem Tuch des Umhangs sieht man das Bild der Jungfrau von Guadalupe, die Rosen sind auf den Boden gefallen, liegen überall verstreut, ihr Duft erfüllt den Raum.

So lautet eine Version. Eduardo Galeano berichtet uns in *Memory of Fire* eine andere.[3] Die Erscheinung, die Juan Diego auf dem Tepeyac-Berg hatte, sprach zu ihm in Nahuatl, der Aztekensprache, als sie ihm sagte, daß sie die «Mutter Gottes» sei. Der Bischof Zumarraga entschied schließlich, daß die Erscheinung Guadalupe war, die Schwarze Madonna aus Estremadura in Spanien, die sich Juan Diego gezeigt hatte. Es war derselbe Zumarraga, der die aztekischen Codices verbrennen, die indianischen Tempel niederreißen und ihre Götterbilder zerstören ließ – zwanzigtausend. Bischof Zumarraga, der Schutzherr der Indianer, war der Hüter des Brandeisens, das die Gesichter der Indianer mit den Namen ihrer Besitzer brandmarkte – so sagt Galeano. Zumarraga wußte, daß Tepeyac der Ort war, wo die Azteken die Erdgöttin Tonantzin verehrten, die sich mit Schlangen, Herzen und Händen bekleidete. Die Indianer liebten Tonantzin, so sagt uns Galeano, und sie nannten sie «unsere Mutter». – Tonantzin, deren Name in Nahuatl «Mutter» bedeutet, hatte den zunehmenden Mond, und die Agave-Blume als ihr Symbol.[4] Die Agave wurde schnell von der Kirche für die Dunkle Jungfrau von Mexiko in Anspruch genommen, sei es in der Form der Guadalupe oder einer anderen verehrten Madonna, *Los Remedios* (das Heilmittel). Juan Diegos *tilma*, seinen Umhang, gibt es heute noch. Es heißt, wenn man sehr fest in das Auge der auf dem Tuch eingeprägten Jungfrau blickt, kann man noch die Gestalt des vor ihr stehenden Juan Diego erkennen.

Unsere Liebe Frau von Guadalupe, die Dunkle Madonna, die als schwangere Indianerin erschienen war, ist die Madonna, die Papst Pius XI. zur Schutzheiligen des ganzen amerikanischen Kontinents erklärte, von Alaska bis zur Spitze von Tierra del Fuego in Südamerika.[5] – Es gibt Feuerrosen.

# 14. Das Antlitz der Madonna

*Tal des Rio Grande, Texas, Juli/August 1988*

*Dallas, Texas, Juli 1988*

Ich erfuhr von einen berühmten Schrein und Pilgerort für eine Schwarze Madonna im südlichen Texas im Tal des Rio Grande nahe der Nordgrenze von Mexiko. San Juan, Texas, zwischen Harlingen und McAllen gelegen, ist die Heimat der Madonna de los Lagos, berühmt wegen ihrer Krankenheilungen und Wunder. Sie wird *morenita* genannt, die kleine Dunkle, und sie ist eine braune Madonna, keine schwarze, wie ich feststellte, obschon einige diesen Unterschied leugnen und sie weiterhin schwarz nennen. Die meisten bezeichnen sie einfach als «Unsere Liebe Frau». Ich will mich selbst überzeugen.

*Tal des Rio Grande, August 1988*

Der Sturm jagt Wolken über uns hinweg, die ihre Schatten auf das graubraun-grüne Land unter uns werfen, als wir in dem kleinen Flugzeug von heftigen Böen gerüttelt den Landeanflug beginnen. Aus der Luft wirkt die Landschaft streng geometrisch. Vom Tal des Rio Grande ausgehend hat die Landwirtschaft exakte Quadrate von Anbauflächen hervorgebracht, die durch gerade, schnelle Straßen zerschnitten werden. Das Tal ist kein echtes Tal, denn es gibt an beiden Ufern keinerlei Hügel. Es handelt sich um eine heiße, breite Küstenebene, 27 Grad nördlich des Äquators, mit einer Anbausaison von 340 Tagen im Jahr, was drei Ernten bedeutet und das Land für Obst- und Gemüseanbau außerordentlich wertvoll macht.

Das Land hier wird ausreichend bewässert und gedüngt und wurde bis auf wenige Ausnahmen seiner natürlichen Vegetation beraubt. Einige Staatsparks und Wildschutzgebiete bewahren die Reste der einheimischen Pflanzen und Bäume, die im Tal wachsen. Da hier die wichtigste Vogelzugstraße des nordamerikanischen Kontinents verläuft, fliegen Tausende von Zugvögeln durch. Sie sind – wie wir – zunehmend gefährdet durch die Belastungen der chemischen Dünge- und Schädlingsbekämpfungsmittel, die die Landwirtschaft verbraucht, und die in die Teiche, *resacas*, und Wasserläufe gespült werden. Der Rio Grande, der sich durch die Wüstenlandschaft windet, beherrscht dieses Tal wie der Nil Ägypten. Seine Wasser können eingedämmt, abgeleitet, ausgebaggert, kanalisiert, gesegnet oder verflucht werden, aber letztlich ist es der Rio Grande, der dem Tal seine Eigenart verleiht und Hunderte Kilometer einer durchlässigen Grenze zwischen den Vereinigten Staaten und Mexiko bildet.

«Du brauchst nicht nach Europa zu fahren, um eine Schwarze Madonna zu finden, um Himmels willen, wir haben doch eine hier in Texas», sagt mein Onkel Peter auf unverblümt texanische Art. «Du mußt ihre Kapelle sehen. Das ist eine große Wallfahrtsstätte, Tausende pilgern sonntags dorthin zur Messe, der Ort ist gedrängt voll. Es gibt einen Raum voller *milagritos*, Fotos, Dankschreiben an die Jungfrau für die Heilung und zurückgelassener Gegenstände wie Krücken, weil die Leute sich geheilt glaubten. Es ist einfach irre. Ich besuche dort die Messe, wenn ich im Tal bin.»

Meine Nachforschungen über diese Madonna, die ich in den Monaten vor der Reise anstellte, überraschten mich. Ich konnte kaum etwas über diese spezielle Madonna in Erfahrung bringen. Ich dachte, sie wäre eine andere Form der Jungfrau von Guadalupe, aber ich hatte mich geirrt. Die Madonna in San Juan, die *Virgen de San Juan del Valle* ist eine Nachbildung der *Madonna de San Juan de los Lagos* in Jalisco, Mexiko. Obgleich sie international nicht so bekannt ist wie die von Guadalupe, ist sie in Mexiko und in der hispanischen Bevölkerungsgruppe der Vereinigten Staaten berühmt. Ich las, daß alljährlich zu Mariä Reinigung (2. Februar) das Candeleria-Festival in San Juan de los Lagos in Mexiko stattfindet.[1] Schön kostümierte Tanzgruppen kommen in einer Art ständiger Wallfahrt aus ganz Mexiko und erfüllen das Gelübde, *promesa*, vor der Jungfrau zu tanzen. Nach einer anderen Quelle war der Name des Dorfes Lagos Moreno, der dunkle See. Viel mehr konnte ich nicht in Erfahrung bringen. Selbst der Buchladen an der Kirche hatte derzeit keine gedruckte Geschichte.

Die geographische Lage dieser Kirche in Texas bildete ein anderes Problem. Es handelte sich im Grunde um ein politisches Minenfeld. Tausende von Flüchtlingen aus Mittelamerika saßen im Tal des Rio Grande fest und strömten – jede Woche zweitausend mehr[2] – über die Grenze, um in Brownsville bei den Bundesbehörden des INS (Immigration and Naturalization Service) politisches Asyl zu erbitten. Die Flüchtlingssituation ver-

*Nachbildung der polnischen Schwarzen Madonna, Texas.*

schlimmert die Probleme der bereits angespannten Lage der Grenzregion, der Heimstätte von Tausenden texanischer Familien, die in den *colonias* lebten, Wohngebieten ohne Kanalisation und Wasserleitung. Armut, hohe Kindersterblichkeit, Arbeitslosigkeit bis zu fünfunddreißig Prozent und dürftige Schulverhältnisse machten diesen Raum zu einem der wirtschaftlich schwächsten in den Vereinigten Staaten.

Das Tal des Rio Grande erlebte den Anfang des *sanctuary movement* (Zufluchtsbewegung) mit der Festnahme der ehrenamtlichen Kirchenhelfer Stacey Lynn Merkt und Jack Elder 1984 in Brownsville. Merkt und Elder halfen bei der Verpflegung und Unterbringung von Flüchtlingen in der Casa Romero, dem offenen Haus der katholischen Kirche.[3] Die Casa Romero wurde von Bischof John Fitzpatrick von Brownsville gegründet, um den dringenden Bedürfnissen der Flüchtlinge abzuhelfen. Benannt wurde sie nach dem aufrechten Erzbischof Oscar Romero von El Salvador, der einem Attentat zum Opfer fiel, als er am 24. März 1980 in San Salvador die Messe abhielt. Erzbischof Romero ergriff offen Partei für die Armen von El Salvador als freimütiger Kritiker der US-Politik. Mehr als 4,5 Milliarden Dollar an Hilfsgeldern, von denen 900 Millionen dem militärischen Bereich zuflossen, erhielt El Salvador seit 1980, ein Land von nur 5,2 Millionen Einwohnern.[4] Die Hilfe wird fortgesetzt.

Merkt wurde wegen der«Beförderung illegaler Ausländer» festgenommen, als sie am 18. Februar 1984 mit Brenda Sanchez (einer Helferin der lutherischen Kirche aus El Salvador), einer Nonne, einem weiteren Salvadoraner und einem Reporter im Auto fuhr. Was ich über Stacey Merkt und die Sanctuaryprozesse in Texas und Arizona las, hatte mein Gewissen beunruhigt, und ich verfolgte das Problem weiter. Durch eine Reihe von Zufällen würde ich mich jetzt selber in einer Flüchtlingsunterkunft befinden, während ich Studien über die Madonna in San Juan betreibe. Der Sturm, der bei unserem Anflug über dem Tal einsetzte, wurde bedrohlicher, verdunkelte den Himmel, entlud sich in kurzen Regen- und Hagelschauern und ließ dann schnell nach. Ich würde zum Abendessen in der Casa de la Merced eintreffen, einem Projekt der Barmherzigen Schwestern, das zeitweilig Verpflegung und Unterkunft für Männer, Frauen und Kinder aus El Salvador, Guatemala, Honduras und Nicaragua bot. Es war nur wenig Raum vorhanden. Ich würde bleiben können, falls es Platz gäbe.

Als ich in das Tal kam, war ich mir immer unsicherer, in welche Richtung mich diese Madonna führen würde. Die Kluft zwischen den von mir über die Flüchtlinge im Tal eingeholten Informationen, den beispiellosen

Zahlen von Asylsuchenden und den von Washington verbreiteten Berichten wurde immer größer.[5] Die unausgewogene Behandlung Mittelamerikas in der amerikanischen Presse machte folgende Vorgänge verwirrend. Es gab Berichte über nicht veröffentlichte Berichte. Kurse wurden angeboten, über «das Lesen von Nachrichten», das galt jetzt offensichtlich als Kunst. Was in dem einen Land als «demokratische Reform» bezeichnet wurde, nannte unsere Regierung «kommunistischen Einfluß». Was Washington als «labile Demokratie» beschrieb, hieß bei anderen Oligarchie, die von Terrorismus, Folter, Verletzungen der Menschenrechte, Todesschwadronen und einer Millionen-Dollarhilfe aus US-Steuergeldern zusammengehalten wird.

Am Flughafen in Harlingen nahm ich einen Wagen und fuhr nach McAllen. Ich fragte mich, wie all dies mit der Schwarzen Madonna in Einklang zu bringen wäre. Widerwille, Besorgnis, Aufregung, Staunen – solche gemischten Gefühle kamen mir während der Fahrt. Der Umstand, daß die Barmherzigen Schwestern die Casa de la Merced leiteten, war tröstlich. Unterschwellig spürte ich einen Glauben an die katholische Kirche, den ich lange verloren hatte. Ich setzte voraus, daß die Geistlichen sich nicht auf das Flüchtlingsproblem eingelassen hätten, wenn etwas moralisch Unrechtes daran wäre. Ob dies eine naive oder eine richtige Annahme war, würde sich erweisen.

Ich fuhr an Baumwollfeldern vorbei, und sie wirkten beruhigend auf mich. Stattliche Palmen – Fächerpalmen, Dattelpalmen, über fünfzig Arten wuchsen hier – fiederige Mesquitebäume, das einheimische, langsam wachsende Ebenholz, Sabal, Berglorbeer, Eichen, Orangen- und Grapefruitbäume, leuchtend rote und kastanienbraune Bougainvillea und hellblühender Oleander lenkten mich wohltuend ab. Gegen sechs Uhr am Abend herrschten noch an die 37 Grad Wärme. Die Landschaft war ungewöhnlich eben. Als ich die Abzweigung in McAllen erreichte, waren alle Straßenschilder spanisch. Ich kam in eine andere Welt. Es waren nur noch wenige Meilen bis zu den Barmherzigen Schwestern.

«Buenos noches», rief eine Frau von der Veranda der Casa de la Merced, als ich vorfuhr und aus dem Wagen stieg. «Treten Sie ein, Sie kommen gerade recht zum Abendessen.» Große Eschen des Rio-Grande-Tals standen rings um das Haus und boten Schutz vor den Hurrikans, die hier durchfegten. In dem zweistöckigen Holzhaus drehten sich langsam die Ventilatoren über den Köpfen; eine alte Klimaanlage, die im Hintergrund dröhnte, sorgte für ein wenig kühle Luft. Das Abendessen war einfach –

Reis, Bohnen und Eier nach mexikanischer Art – eingenommen an einem langen Tisch mit den Nonnen und Brüdern, die das Haus bewohnten. Die Casa wird von Marian Strohmeyer geleitet, einer Barmherzigen Schwester, die aus dem Tal des Rio Grande stammt. In diesem Haus ist sie aufgewachsen. Nachdem alle Familienangehörigen nicht mehr da sind, hat es eine einfache Funktion.

«Gastfreundschaft an der Grenze ist alles, was wir bieten können», erklärt Schwester Marian, «solche Gastfreundschaft war hier unten Teil unserer Lebensart. Es gehörte für mich zu den schwersten Dingen, die ich im Tal erlebte. Mit Ausnahme von zehn Jahren wohnte ich mein ganzes Leben lang hier – das heißt über fünfzig Jahre, ich bin jetzt einundsechzig –, und ich mußte mit ansehen, wie unsere Lebensweise in die Brüche ging. Nachbarn legen sich mit Nachbarn an, viele Leute fürchten sich jetzt davor, gastfreundlich zu sein, was früher ein wesentlicher Bestandteil unserer Lebensart war. Sie scheuen sich davor, jemanden im Auto zum Bus, zum Laden, die Straße hinunter mitzunehmen. Sie haben Angst, daß der INS behauptet, sie würden illegale Ausländer befördern. Die Leute auf der Straße glauben inzwischen, daß es ein Verbrechen sei, gastfreundlich zu sein. Es ist kein Verbrechen!»

«Die Grenze ist nicht mehr die Grenze, sie verläuft dort, wo ein Grenzpolizist steht», sagt Marian in ihrer sachlichen Art. Sie hat kurze, silbergraue Haare, blaue Augen, eine mittelgroße, kräftige Statur und eine freimütige Einstellung zum Leben. «Ich hörte, daß der INS eine direkte Telefonleitung mit einer gebührenfreien 800-Nummer installieren will, damit jeder anonym anrufen kann, wenn er argwöhnt, daß jemand illegal Flüchtlinge beschäftigt. Das erinnert mich an Filme, die ich als Kind über Nazi-Deutschland sah», meint sie bei Tisch. Ihre beiden Hunde bellen, als jemand an die Hintertür kommt. Marian geht zur Tür, und eine Schwester aus Boston führt die Unterhaltung weiter.

«Gewöhnlich haben wir etwa sechzehn Flüchtlinge hier, dazu die Nonnen, Brüder und Laienhelfer, die zum Haus gehören. Oft sind zahlreiche Kinder da. Die Flüchtlinge, die sich jetzt gerade hier aufhalten, kommen aus Honduras, Guatemala und El Salvador. Sie bleiben meist ein bis zwei Monate, lassen sich die Schreibarbeiten für den INS erledigen und ziehen dann weiter. Am Montag kamen zwei Frauen aus El Salvador. Sie überquerten den Fluß, eine Mutter und ihre siebzehnjährige schwangere Tochter. Man brachte sie zum *corallon*, dem Internierungslager. Es gibt noch ein Lager für Kinder wenige Meilen vom *corallon*.

Ich bin erst vor kurzem aus Boston hierher gekommen. Ich war erstaunt, daß es im INS-Büro keine Schilder auf Spanisch gibt. Sie sind alle nur auf Englisch. Die meisten Flüchtlinge sprechen nicht Englisch, noch weniger können sie es lesen. Gestern kamen zwei Frauen und zwei Männer aus Honduras. Sie waren mit dem Bus durch Mexiko gefahren. Zweimal wurden sie überfallen. Einmal mußten sie fünf Tage ohne Essen aushalten. Diese Menschen leiden große Not, nur um hierher zu kommen. Daraus kann man schon sehen, wie schlimm die Lage in ihrer Heimat geworden ist. Wir hatten gerade einen achtzehnjährigen jungen Mann aus Guatemala. Er ist geflohen, weil sein Vater ermordet wurde. Sein Vater hatte ihm gesagt, falls er getötet würde, solle der Sohn sofort das Land verlassen, denn dann wäre er der nächste.»

Marian kommt an den Tisch zurück und setzt die Unterhaltung fort. Während der nächsten Stunde berühren wir viele Themen. Auch meine Reise nach Polen kommt zur Sprache. «Wußtest Du, daß es ein Czestochowa, Texas, gibt?» fragt Marian. – «Nie davon gehört.» – «Das mußt Du besuchen», sagt sie mit Nachdruck. «Es liegt bei San Antonio. Da ist nur die große Kirche mit einer Kopie der Madonna von Czestochowa und sonst gar nichts. In der Nähe liegt Pannamaria, Texas, wo Chevron einen großen Uran-Tagebau betreibt, den sie schließen. Wenn Du nach San Antonio kommst, um Stacey Merkt zu besuchen, kann Du problemlos Czestochowa mitnehmen.»

Nach dem Geschirrspülen gehen Adella, die Schwester aus Boston, und ich hinter das Haus auf die Wiese, wo einige Flüchtlinge singen. Stühle stehen auf dem Rasen, Eichen und ein chinesischer Talgbaum bieten einen erholsamen Rahmen. Ich schließe mich einer Gruppe an, die auf dem Boden und auf den Stufen vor einem der Wohnwagen sitzt. Adella übersetzt und erklärt, daß der Gitarrist Ricardo aus Honduras stammt. Mir wird bewußt, daß er so alt ist wie mein ältester Sohn.

«Man weiß nach einiger Zeit, wer die Wahrheit sagt, und bei Ricardo habe ich das Gefühl», ergänzt Jack, ein Kleiner Bruder des Guten Hirten, der als Helfer gekommen ist. Ricardo spielt La Bamba, und ich fange an zu lachen. Jeden Tag auf unserer Wallfahrt in Polen sang einer in unserer Gruppe dieses Lied. Mit Adellas und Jacks Hilfe erkläre ich, wie junge Leute in Polen singen «Hey, hey, la bamba, hey, hey la bamba...» Wir lachen alle einen Moment bei dem Gedanken an Menschen in einem so fernen Land, die dasselbe Lied singen und dazu tanzen. Ricardo spricht ein wenig Englisch und fragt: «Spielst Du?» und reicht mir die Gitarre.

«Un poquito», mache ich ihm klar, «un muy poquito, sehr wenig, aber ich kann ein Lied auf Spanisch singen, auf Spaniolisch, laß mich das singen.» *Biblicos* ist ein Lied von der nach Liebe hungernden Welt. Während des Liedes bin ich ein Teil dieser bunt zusammengewürfelten Zufallsgemeinschaft, danach nicht mehr. Einige lächeln und klatschen höflich. Ich gebe Ricardo die Gitarre zurück. Adella stößt mich an.

«Es ist spät, nach zehn. Ich muß früh aufstehen. Wann gehst Du am Morgen hinüber zur Kirche?» – «Zeitig. Gehen wir. Ich bin auch müde.» Wir sagen allen gute Nacht, «Hasta mañana, buenos noches. Gracias, Ricardo und viel Glück.» Dann kehren wir zum Haupthaus zurück. Als wir in der lauen Nachtluft gehen, erzählt mir Adella von Ricardo, er sei gerade dahintergekommen, daß der INS ihn abschieben will, weil beim Ausfüllen der Formulare ein Fehler passiert wäre. Offensichtlich war es nicht sein Fehler, sondern der eines freiwilligen Helfers. Das kommt vor, sagt sie. So viele Flüchtlinge kommen ohne einen Penny an. Entweder wurden sie auf dem Weg überfallen, ihres Geldes beraubt, oder sie mußten alles ausgeben, um die Reise durch Mexiko machen zu können. Es gibt nur eine Gruppe im Tal, die unentgeltliche Rechtshilfe anbietet – *Proyecto Libertad* in Harlingen – und die ist völlig überlastet.[6] Ricardo glaubt, daß er getötet wird, wenn man ihn nach Honduras zurückschickt, deshalb hat er solche Angst. «Er versucht, das anzufechten, und will den ganzen Papierkram wieder anfangen. Er hat um politisches Asyl nachgesucht», sagt sie. «Bis morgen früh. Ich bin im Zimmer am Ende der Halle unten, falls Du etwas brauchst. Gute Nacht.»

Ich bekam ein Zimmer im Obergeschoß mit einem Klimagerät am Fenster. Man schärfte mir ein, es unbedingt gegen Morgen abzustellen, wenn ich es benutzen würde. Das Zimmer war sauber, einfach und stickig heiß. Es lag nach Westen, und die Fenster waren den ganzen Tag geschlossen gewesen. Das Klimagerät war nicht angestellt, aber ich fand schnell den Schalter. Es war ein älteres Modell, aber es funktionierte. Im Zimmer standen zwei frisch überzogene Einzelbetten, auf dem einen lag eine selbstgenähte Steppdecke, darauf ein Handtuch, ein Waschlappen und ein neues Stück Seife. Ich spürte, daß man mich freundlich aufnahm. – Die Kirche der *Virgen de San Juan del Valle*. Die Madonna brachte mich hierher. Daran denke ich beim Einschlafen. Morgen muß ich sie als erstes sehen.

Am nächsten Morgen komme ich gerade die Treppe herunter, als Marian zur Arbeit hinausgeht. «Du kannst die Kirche von der Landstraße aus nicht verfehlen», ruft sie zurück. «Frage nach Pater Pete Cortez, er ist dort der leitende Priester. Er wird Dir alles über die Madonna erzählen, was Du wissen möchtest. Heißer Kaffee ist in der Kanne», und fort ist sie.

Die große, neuerbaute Kirche ist voller Menschen, die kommen und gehen. Einige Pilger rutschen auf Knien zum Altar der Madonna. Sie ist klein, kaum sechzig cm groß, aber eindrucksvoll in der Mitte eines großen Kreises über dem Hauptaltar aufgestellt, der der Blickpunkt der ganzen Kirche ist. Obschon kein Gottesdienst stattfindet, als ich ankomme, ist die Kirche halb gefüllt mit Menschen, die still beten, Kerzen anzünden. Man hört Sündenbekenntnisse, doch Pater Pete ist nicht erreichbar.

Ich knie in einer der Kirchenbänke nieder, um diese Jungfrau anzuschauen. Eigentlich war ich erleichtert, daß Pete Cortez nicht zu sehen war. Ich mache mir noch klar, wohin mich dieses weitverästelte System geführt hat: nach Südtexas, in ein Flüchtlingsheim und jetzt zu dieser Madonna vor mir: *Morenita*, die kleine Dunkle. Sie hat langes schwarzes Haar, das nach spanischer Art über ihre Satingewänder fließt. Sie steht allein, ohne das Jesuskind, auf einer Mondsichel. Unsere Liebe Frau von der Unbefleckten Empfängnis, *La Purisima*, die Reinste Maria, wie die Unbefleckte Empfängnis in Mexiko heißt. Als 1519 der Spanier Cortés in Cozumel landete, setzte er eine Figur der Unbefleckten Empfängnis an die Stätte der Maya-Mondgöttin. Viele der mexikanischen Madonnen stellen die Unbefleckte Empfängnis dar, die bezeichnenderweise auf einer Mondsichel steht[7], wodurch sie mit der Frau im 12. Kapitel der Offenbarung und der Mondgöttin des präkolumbianischen Mexiko verknüpft wird.

Ich ging in der Kirche umher und fand den separaten Raum mit Tausenden von Fotos, die Menschen als Dank an die Jungfrau für ihre Heilung oder die Erhörung ihrer Gebete geschickt hatten. Ähnlich den Votivbildern an den Rückwänden des Klosters Einsiedeln, die die Wunderheilung durch die Jungfrau bezeugen, waren die Fotos eine moderne Ausdrucksform dieses alten Brauches. Auch *milagritos* gab es – kleine metallene Amulette von Armen, Beinen, Händen, Herzen, Augen, verschiedenen Körperteilen, die geheilt wurden oder Heilung brauchten – wie an den Wänden in der Kirche der Madonna zu Czestochowa. Es fanden sich auch echte Krücken und Beinschienen wie um das Bild der Heiligen Sara in der Krypta von Les Saintes-Maries-de-la-Mer in der Camargue, ferner Sporttrophäen, Bänder, Dankschreiben und schöne, lange, dunkle Zöpfe, die direkt am Nacken abgeschnitten waren.

Als ich um die Ecke bog, kam Pater Pete aus dem Beichtstuhl, ein kleiner, energischer Mann mit einem Schnurbart. Sein Kragen war durch die Hitze etwas schief gerutscht. Er lächelte freundlich, als ich mich vorstellte. Mir war er sofort sympathisch. Er lud mich in seinen Amtsraum ein, wo er mir einiges über diese besondere Madonnendarstellung erzählte.

Die Geschichte der Jungfrau von San Juan führt bis ins Jahr 1623 zurück, in das Dorf San Juan de los Lagos Moreno im mexikanischen Staat Jalisco. Spanische Missionare hatten dort kurz nach ihrer Ankunft in Mexiko eine Kirche aus ungebrannten Ziegeln für Unsere Liebe Frau von der Unbefleckten Empfängnis gebaut. Diese Jungfrau von San Juan im Tal ist eine Kopie von der in Jalisco. Nach einer Legende des 17. Jahrhunderts probte eine Familie reisender Artisten im mexikanischen Dorf San Juan für eine Aufführung. Eine der jungen Töchter stürzte in den Tod, als sie auf die Dolchspitzen fiel. Man brachte das Kind in ein Haus und bereitete ihren Körper für das Begräbnis vor, als eine Indianerin eintrat, die die Statue der Jungfrau bei sich trug. Als sie die Figur über den vermeintlichen Leichnam stellte und zu Maria betete, wurde das junge Mädchen wieder zum Leben erweckt. Die Dorfbewohner liebten fortan diese *Virgen de San Juan de los Lagos*, und sie wurde in ganz Mexiko als wunderwirkend berühmt. Die Geschichte taucht in mehreren Versionen auf, als die Verehrung dieser Jungfrau nach Texas kommt. Pater José Aspiazu aus Spanien, Mitglied der Oblatenväter, zu denen auch Pete Cortez, O. M. I., gehört, war der erste Seelsorger der katholischen Mission von San Juan, die seit 1949 besteht.

Anfang der 1940er Jahre unternahmen mexikanische Amerikaner im Tal den langen und mitunter gefährlichen Weg nach Jalisco in Mexiko als Wallfahrt zur Jungfrau von San Juan. Um ihnen diese Reise zu ersparen, ließ Pater Aspiazu eine Kopie der Statue in Mexiko anfertigen und gründete daraufhin die heute berühmte Kirche in Texas, die 1954 eingeweiht wurde. – Eine zweite Version der Geschichte faszinierte mich mehr. Um 1940 soll ein Bild der Jungfrau aus einem Felsen nordöstlich von San Juan in Texas gewachsen sein. Die Leute kamen dorthin, brachten Kerzen und beteten. Die offizielle Kirche billigte die wachsende Verehrung der Felsenjungfrau in den Feldern nicht. Als man die Madonna de los Lagos aus Mexiko brachte, gewann man die Gläubigen für die Gemeindekirche zurück. Ihre Verehrung, die im Tal des Rio Grande ins Leben gerufen wurde, ist heute fest begründet, und für viele Amerikaner, besonders solche mexikanischer Abstammung, wurde San Juan in Texas zu einem bedeutenden Wallfahrtsort.

Nach Pater Pete traf ich Pedro Rodriguez, den Hauptsakristan der Kirche, der ihr schon zweiunddreißig Jahre verbunden ist. Rodriguez erzählte mir die merkwürdige Geschichte von der Zerstörung der Kirche im Oktober 1970, als der verrückte Pilot eines einmotorigen Flugzeugs dem Kontrollturm funkte, daß er die Kirche zerstören wolle. Nach Kamikaze-Art flog er direkt den Kirchturm an. Er hatte genau den Zeitpunkt gewählt, als eine besondere Messe für Priester aus der gesamten Diözese gefeiert wurde. Es war Schulzeit und das anschließende Gebäude voller Kinder. Der Pilot flog gegen den Turm, wobei er ums Leben kam und die Kirche in Brand setzte. «Ich half den Priestern, die Statue Unserer Lieben Frau zu retten», sagte mir Pedro. «Es war vormittags, 11 Uhr 45, als das geschah. Über vierzig Priester hielten sich in der Kirche auf, um die Messe zu feiern. Die Decke stürzte brennend um uns herum zusammen, der danebenliegende Speisesaal der Schule war voller Kinder, doch außer dem Piloten geschah niemandem etwas. Es war ein Wunder.»

Die alte Kirche wurde durch das Unglück völlig zerstört. Jahrelang fand der Gottesdienst in einem Behelfsbau statt. Unterdessen wuchsen die Spenden, besonders von den Wanderarbeitern, und ermöglichten den Bau dieser herrlichen, neuen und viel größeren Kirche mit Sitzplätzen für beinah zweitausend Besucher. Ihre Einweihung fand am 19. April 1980 statt. Fünfzehntausend Menschen besuchen sie an jedem Wochenende, in den Sommermonaten sind es noch mehr. – Rodriguez wies darauf hin, daß die Madonna eine besondere Beziehung zu den Wanderarbeitern hat. Es waren deren kleine Münzen und Dollars, die den Bau dieser Kirche möglich machten. Sie marschierten mit der Jungfrau von San Juan de los Lago auf ihrem Transparent zum Kapitol in Austin. Bevor sie zu den Feldern und Obstplantagen des Nordens oder Westens aufbrechen, kommen viele mit ihren Familien hierher, um eine Kerze anzuzünden, ein Ritual, das sie bei der Rückkehr wiederholen. Pater Pete hatte dies auch erwähnt, hatte von Familien gesprochen, die über Nacht in Lastwagen und Autos schliefen, um vor und nach ihren Reisen als Wanderarbeiter *la Virgen* zu besuchen, eine Kerze anzuzünden und eine *promesa* zu erfüllen, für ein erhörtes Gebet zu danken. Die Innigkeit, die die Arbeiter bei der Verehrung zeigten, war wiederum für Pater Pete Cortez lehrreich und öffnete ihm den Sinn für Einsichten, genauso wie es sein Bericht bei mir bewirkte. Das Leben der Wanderarbeiter ist hart. Oft gibt es wenig oder kein Trinkwasser, sanitäre Einrichtungen oder angemessene Unterbringung sind selten. Er kenne das, versicherte mir Pedro Rodriguez, denn er sei selbst Wanderarbeiter gewesen.

Als ich am Abend aus der Kirche trete, trifft mich der starke Wind, der hier offensichtlich vorherrscht. Um acht Uhr abends beträgt die Temperatur noch 33° Celsius. Auf der Rückfahrt zur Casa de la Merced sendet die blaßgoldene Sonne ihr letztes, beinahe blendendes Licht, als sie über den braunen, umgepflügten Feldern hinter Palmen und Mesquitebäumen untergeht. Die Grillen sind jetzt verstummt, um mich ist meilenweit ebenes Land. Die Straße ist leer, als ich schnell entlangfahre. Am Entfernungsschild von Meile drei ist die Sonne zu einem vollen orangeroten Feuerball geworden, bei Meile vier leuchtet nur noch die obere Hälfte wie gleißendes Gold auf, bei Meile fünf ist sie untergegangen. Die Zufahrt zur Casa wird von dunkelroten und rosafarbenen blühenden Oleandersträuchern gesäumt. In den Eschen, die das Haus umgeben, schwirren die Insekten. Marians Hund bellt, als ich zur Veranda hinaufsteige. «Hast Du schon gegessen?» fragt sie, als ich in die Küche komme. Mich faszinieren die Parallelen, die ich zwischen der Madonna de los Lagos als der Schutzheiligen der Wanderarbeiter und der Madonna von Czestochowa sehe, die für Solidarność in Polen eine ähnliche Rolle spielt. Marian weist sofort darauf hin, daß zumindest ein wichtiger Unterschied besteht. «Amerikaner halten Gewerkschaften in Polen für heldenhaft, aber nicht in den Vereinigten Staaten», sagt sie ohne Ausdruck und wechselt das Thema.

Heute sind noch vier Leute angekommen, diesmal aus Guatemala. Während des Abendessens versucht Marian, das INS-System für das Tal zu erklären. Es sei in der Nation einzigartig. Ein Bewerber, der direkt beim INS Asyl beantragte und berechtigte Aussichten auf Aufnahme hatte, durfte zur Weiterbearbeitung seines Antrags an seinen Zielort reisen. Auch diejenigen, die festgenommen wurden, aber Kaution leisten konnten, durften reisen. Dies war das übliche Verfahren. Nach Marian war das Einmalige an der Praxis in Südtexas, daß Flüchtlinge, die keine Bürgschaft leisten konnten, bis zu ihrer Anhörung im Tal des Rio Grande bleiben mußten, ein Verfahren, das leicht drei bis vier Monate dauern konnte, zuweilen fünf oder sechs, da die Gerichte mehr und mehr überlastet waren.

Daß Flüchtlinge aufgrund ihrer Kautionsleistung freikamen, sah auf den ersten Blick entgegenkommend aus, doch sie erhielten keine Arbeitserlaubnis, weil sie als illegale Ausländer eingestuft wurden. Die Praxis verschärfte sich, als die Zahl der Asylanten rasch anstieg.

Unfähig, eine Bürgschaft, die zwischen fünfhundert bis siebentausend Dollar betrug, zu zahlen, saßen immer mehr Menschen ohne Reise- oder

Arbeitserlaubnis im Tal fest. Außer jenen, die keine Kaution hinterlegen konnten, gab es unzählige andere, die nicht festgenommen worden waren, aber dennoch durch Großfahndungen mit Straßensperren und ähnlichem gefaßt wurden. Die Schätzungen gingen in die Tausende. Als im folgenden Winter zweitausend Menschen pro Woche um Asyl baten, änderte sich die Praxis des INS. Sie erlaubten nicht einmal mehr ordnungsgemäßen Antragstellern, das Tal zu verlassen.

Die Ereignisse machten überall in den USA Schlagzeilen, als das National Refugee Rights Project in San Francisco im Interesse der Flüchtlinge einen Ablehnungsantrag gegen den Generalstaatsanwalt und den INS einreichte.[8] Das Ergebnis war, daß über zwölftausend Flüchtlinge im Januar 1989 das Tal verlassen und weiterreisen durften.[9] Aber der INS änderte seine Praxis erneut und nahm jetzt jeden in Gewahrsam, der einen Antrag stellte, selbst wenn er freiwillig zu ihm gekommen war. Gegen Ende des Winters 1989 waren fast fünftausend Flüchtlinge aus Mittelamerika vom INS festgenommen worden. Der *corralon*, das Internierungslager, war überfüllt. Man mußte Zelte von Zirkusgröße und Rote-Kreuz-Unterkünfte aufstellen, um die Menschenflut unterzubringen, die das Tal des Rio Grande in einen chaotischen Zustand verwandelte. Die Lage im Rio-Grande-Tal verschlimmerte sich so sehr, daß die Kirchenkonferenz von Texas und die katholischen Bischöfe von Texas den neuesten INS-Plan zur Beendigung des Flüchtlingsstroms öffentlich anprangerten als «das größte Konzentrationslager auf amerikanischem Boden, seitdem die Amerikaner japanischer Herkunft im Zweiten Weltkrieg eingekerkert wurden».

Bischof John J. Fitzpatrick von Brownsville faßte das Flüchtlingselend zusammen, das es im Frühjahr gab: «Dies sind Menschen, die aller Mittel beraubt, die terrorisiert und gefoltert wurden, denen man Familienangehörige umgebracht hat. Sie sind Flüchtlinge aus Bürgerkriegen. Ein großer Teil der Zivilbevölkerung in diesen Ländern wurde getötet. Ihre Volkswirtschaft ist ruiniert. Sie kommen hierher und erhalten keine Arbeitserlaubnis, sie dürfen diesen INS-Distrikt nicht verlassen, und man gibt ihnen nichts zu essen. – Es gibt zwei Straßen aus dem südlichen Texas. Auf beiden sind Straßensperren, wo jeder Bus, jeder Laster und jedes Privatauto angehalten und kontrolliert wird. Straßensperren! Innerhalb der Vereinigten Staaten! Die Grenze ist nicht mehr der Rio Grande. Sie wurde sechzig Meilen nördlich von Brownsville verlegt. – Die mittelamerikanischen Bischöfe haben uns gebeten, weiterhin darauf zu bestehen, daß sich die Vereinigten Staaten aus ihren Ländern heraushalten. Sie müssen das

Recht zur Selbstbestimmung haben. Wir unterstützen die Bischöfe von Mittelamerika. Wir brauchen unbedingt eine Änderung der Politik im State Department», sagte Bischof Fitzpatrick beschwörend.[10]

Immer mehr Menschen wurden abgeschoben, ohne daß sie auf ihre elementaren Rechte hingewiesen wurden.[11] Das Gericht stellte fest, «der INS hatte Salvadoraner geschlagen, mit Medikamenten betäubt, entkleidet, bedroht, belogen oder anderweitig genötigt, daß sie auf ihr Recht auf politisches Asyl verzichten», und wies den INS an, dafür zu sorgen, daß die Menschen Zugang zu Rechtsberatung und Telefonen haben.[12] Wegen Mißachtung des Gerichts wurden seit März 1989 Verfahren gegen den INS[13] angestrengt. – Ein Streitpunkt war das international anerkannte Recht, um politisches Asyl zu ersuchen.[14] Das US-Flüchtlingsgesetz von 1980 erkannte das Faktum an, daß Personen mit Flüchtlingsstatus das Recht haben, nicht abgeschoben zu werden. Eine grundlegende Entscheidung des Obersten Gerichtshofs der USA 1987 in der Sache *INS* gegen *Cardoza-Fonseca* hatten den Rahmen beachtlich erweitert, den der INS zur Bestimmung des Flüchtlingsstatus angewendet hatte. Die Entscheidung von 1987 stellte den Asylantrag auf eine «wohlbegründete Angst vor Verfolgung» und nicht mehr auf den schwierigeren Nachweis deutlicher Wahrscheinlichkeit.[15] Aber zuzulassen, daß diese Menschen den Flüchtlingsstatus oder politisches Asyl verdienen, bedeutet, wie Bischof Fitzpatrick sagte, einen Fehler in der amerikanischen Außenpolitik einzugestehen.

Als gegen Stacey Merkt Anklage erhoben wurde, gab sie eine Erklärung ab, die ich vor Jahren gelesen und nie vergessen hatte: «Wir Bürger der Vereinigten Staaten werden keine Entschuldigung haben. Wir werden nie sagen können ‹Ich habe niemals gesehen, ich habe niemals gehört, ich habe niemals gewußt, daß wir ein Haus in Brand setzten und die Tür verschlossen.›»[16] Ihre Worte verunsicherten mich schon damals und heute noch mehr, da ich im Tal war und zu verstehen beginne, was sie gemeint hat. Inzwischen bin ich in Polen gewesen und habe die Lager gesehen. Ihre feine Anspielung auf Deutsche im Dritten Reich, die behaupteten, daß sie nicht wußten, was ihre Regierung in den 1930er und 1940er Jahren tat, ging deutlich unter die Haut.

Ich war gekommen, um die Madonna de los Lagos, *morenita*, die kleine Dunkle, zu sehen, aber man hatte mir etwas anderes gezeigt. Wenn ich zum Anschauen ins Tal gekommen war, so war daraus schnell ein Zuhören geworden. Es schien, als ob mich die Madonna dorthin geführt hätte, nur, um auf etwas anderes zu deuten. Beim Abendessen sitze ich gegenüber von Schwester Alberta, einer grauhaarigen, leise sprechenden Nonne mit spanischem Akzent, den sie in den Jahren erworben hatte, als sie in Mittelamerika lebte. Schwester Alberta bietet mir an, für mich zu übersetzen, so daß ich von nun an aus erster Hand erfahren kann, warum Menschen auf der Flucht sind. Mit über sechzig Jahren arbeitet sie noch ganztags zum Wohle der Armen. Eine Frau aus El Salvador hat zugestimmt, mit uns zu sprechen, wenn sie auch zu große Angst hat, ihren Namen zu nennen. Sie hat noch Angehörige dort.

Der Ventilator an der Decke surrt leise und bringt die warme Nachtluft um uns in Bewegung, als wir nach dem Essen auf der abgeschlossenen Veranda zusammensitzen. Mein metallener Stuhl quietscht bei jeder Bewegung. Grillen zirpen im Gras. El Salvador scheint so weit entfernt von der trägen Schwüle dieser Sommernacht. Die Frau spricht Spanisch wie ein Schnellfeuergewehr. Schwester Alberta übersetzt. «Sie sagt Dir, daß es in El Salvador große Armut und viele Gefahren gibt. Sie wohnte in einer Region, wo das Leben eigentlich unzumutbar war. Es kam dort zu Entführungen, Bombenanschlägen – man konnte unmöglich dort bleiben. Sie sagt, die Guerillakämpfer versuchen die Armen gegen die Armee und die Todensschwadronen zu beschützen, aber sie werden oft von den Grundbesitzern, der Armee und der Regierung aufgerieben.»

Die Frau redet weiter auf Spanisch und wirft mit einer Geste der Verzweiflung ihre Hände hoch. «Wo können wir hingehen? fragten wir uns. Uns blieb nichts anderes übrig als wegzugehen.» «Sie sagt, daß sogar die ganz jungen Knaben zur Armee müssen, sie sind noch nicht einmal fünfzehn Jahre alt. Sie entführen viele Kinder, es ist ganz schlimm. Manche verkaufen sie sogar», sagt Alberta und fügt erklärend hinzu: «Diese Menschen sorgen sich die ganze Zeit um ihre Kinder. Wir können uns gar nicht vorstellen, welches Leid sie in ihren Herzen bewegen. Ich kenne es. Ich weiß, was das für ein Land ist, aus dem sie fortgingen. Ich war in Guatemala, und es gibt hier viele aus Guatemala. Ich ging 1982 weg. Du wirst es kaum glauben, wie sie die entführten Menschen folterten, so viele Kinder waren darunter», sagte Schwester Alberta und legte die Hände vors Gesicht, «sogar alte Frauen, sie luden sie auf einen Lastwagen, nur um sie zu vergewaltigen. Es war unglaublich! Ich lebte in Guatemala. Ich kenne diese Dinge aus erster Hand.

An einem Tag brachten sie sechzig Männer an einen bestimmten Ort auf dem Land. Dann schnitten sie ihnen Arme und Beine ab und ließen sie sterben. Ein anderes Mal nahmen sie fast hundert Menschen mit. Ganze

Familien. Die Männer mußten ihre Gräber graben, und dann erschossen sie alle Männer. Die Kinder mußten mit ansehen, wie ihre Väter erschossen wurden, und die Frauen mußten die toten Gatten zudecken.

Ich arbeitete mit den ärmsten Menschen, solchen, die in den Schluchten wohnten, den hoffnungslos Ärmsten und den Drogenabhängigen. Aber selbst dies störte die Behörden, war ein Delikt. Einige sagten mir, daß die Polizei: nach mir suchte. Nonne zu sein, bedeutete keinen Schutz mehr. Sie entführten und folterten auch Ordensschwestern. Ich versteckte mich in einem großen Kloster, aber jedes Kloster hat seine Spione. Ich gehörte zu einer Gruppe von Guatemalteken, die mit den Armen arbeiteten, aber sie bekamen Angst, weil ich jetzt eine Gefahr für sie war. Da beschloß ich, wegzugehen. Ich wollte nicht, daß jemand meinetwegen Schaden erlitte. Ich war damals sechzig. Viele Tausend wurden in Guatemala getötet.[17] Jetzt scheint es in El Salvador am schlimmsten zu sein.»

Nach einem Tag im *Proyecto Libertad* in Harlingen fuhr ich direkt zum Flughafen von Harlingen, um nach San Antonio zu fliegen. Beinahe hätte ich den Flug am späten Nachmittag verpaßt. Ich war so verstört durch das, was ich im *Proyecto* und in der Casa de la Merced gehört hatte, daß ich mit dem Auto die falschen Abbiegungen nahm. Obwohl ich eine Karte von Harlingen in der Hand hatte, konnte ich Osten, Westen, Norden oder Süden nicht ausfindig machen. Mein Orientierungssinn setzte vorübergehend aus. Ich gab den Mietwagen zurück, als wäre es aus Versehen, und erwischte einen Pendelbus zum Flughafen. Unmittelbar vor dem Start ließ ich mich auf meinem Platz im Flugzeug nieder.

Ich wollte in einem von Katholiken geleiteten Haus in San Antonio übernachten und am nächsten Tag nach Czestochowa, Texas fahren, um die Schwarze Madonna zu sehen. Später beim Abendessen in San Antonio hinter dem Haus wurde nicht über Politik gesprochen. Zu meiner Erleichterung redete jeder nur Belangloses. Stacey Merkt, ihr Mann John Blatz und ihr Baby Daniel Guadalupe waren zu Besuch mit zwei Kirchenleuten, die gerade von einem fünfjährigen Aufenthalt in Nicaragua zurückkamen. Ich wollte eigentlich Stacey nach ihrem Prozeß in Texas fragen, hatte aber nicht die Nerven für ein solches Gespräch. Sie selbst war es müde, danach gefragt zu werden. Selten wußte ich die kleinen Dinge so zu schätzen, worüber die Leute reden: das Wetter oder das Gewicht eines Kindes. Ich lehnte mich in meinen Stuhl unter den Bäumen zurück und beobachtete, wie der kleine Daniel fröhlich hinter einem Hahn herrannte.

*Mutter der Verschleppten, die Madonna von El Savador.*

Das mir zugewiesene Zimmer war einfach. Es hatte zwei Einzelbetten, keine Klimaanlage, einen elektrischen Ventilator und eine Garnitur Etagenbetten, wie sie in Schlafsälen stehen. Man lud mich ein, mit den Bewohnern am Morgengebet teilzunehmen. Vor dem Zubettgehen fragte ich noch im Arbeitszimmer, wann wir uns treffen würden. An der Wand sah ich ein Poster mit dem von Robert Lentz geschaffenen Heiligenbild, das die Madonna von El Salvador, *Madre de los Desaparecidos*, die Mutter der Verschwundenen, darstellt. Gemalt im traditionellen byzantinischen oder griechischen Ikonenstil gegen den unüblichen Hintergrund eines mittelamerikanischen Dschungels war das Bild dieser dunklen, braunen Maria überwältigend. Aber als ich den hingekleckten weißen Handabdruck in der unteren linken Ecke des Bildes entdeckte, stutzte ich und fühlte einen Stich. «Die weiße Hand», eine der Todesschwadronen in El Salvador.

Brenda hatte mir gesagt, wenn du auf der schwarzen Liste stehst, findest du manchmal an deiner Tür den Abdruck einer Hand, die in weiße Farbe getaucht war. Wenn du diese Hand an deiner Tür entdeckst und nicht weggehst, wirst auch du verschwinden. Die Madonna mit der weißen Hand einer Todesschwadron auf ihrer Ikone! Auch sie war gebrandmarkt aus Solidarität mit den Verschwundenen. Plötzlich wurde es mir bewußt: Dies war die Madonna, die ich aufsuchen wollte, dies war es, wohin ich durch die Madonna de los Lagos geführt wurde. Alles, was ich nicht verstanden hatte, fügte sich zusammen. Es gibt einen Punkt, wo sich das Spirituelle und das Politische kreuzen. Die Ikone der *Madre de los Desaparecidos* brach plötzlich aus diesem Schnittpunkt hervor. Ich blickte lange auf dieses Bild, bevor ich auf mein Zimmer ging, um zu schlafen.

Mir fiel ein, daß etwas Falsches darin lag, Maria so oft als passiv Leidende abzubilden. Ich glaubte nicht mehr daran. Maria ist nicht passiv. Das Bild, das uns gezeigt wird, enthält Wahrheit, aber es ist eine begrenzte Wahrheit. Mich tröstete der Umstand sehr, daß Maria eine irdische Mutter war, daß sie in ganz jungen Jahren eine Schwangerschaft durchlebte, daß sie Obdachlosigkeit kannte, daß sie wenigstens ein Kind gebar. Sie hat das Leid und den Tod des Kindes miterlebt, sie kannte den tiefen Kummer einer Mutter. – Aber Marias passive Haltung ist wohl alles, was wir uns zu sehen *erlaubten*. Eine Frau, die gegen die Autorität aufsteht, eine starke und furchtlose Frau, eine entschlossene Frau, eine unabhängige Frau, eine heroische Frau, eine physisch mutige Frau – Maria so zu sehen, hätte der gesellschaftlichen Ordnung nicht gedient. Von nun an machte ich mir ein anderes Bild von Maria.

Eines Morgens vergegenwärtigte ich mir Maria in meinen Gebeten und Meditationen als eine kämpferische Frau. Ich stellte mir vor, wie sie Christus beschützte. Die Maria, die ich sah, trat vor seine Folterknechte. Sie verhielt sich nicht passiv, als er seinen Gang nach Golgatha antrat. Zuerst stürzte sie sich auf die römischen Soldaten. «Halt, halt, halt!» und versuchte, ihnen ihre Peitschen wegzureißen, dann seine Dornenkrone abzunehmen. Sie suchte ihn mit aller Kraft zu beschützen, stand aber allein gegen viele. Sie schoben sie beiseite und bildeten eine Phalanx um Christus. – Sie verurteilte die Soldaten, sie widersetzte sich ihnen. Sie wurde nicht schwach, sie war nicht hilflos, sie zog sich nicht zurück, sie war nicht höflich. Sie war ein Turm an Stärke, sie wendete ihre Augen nicht von Christus ab. Sie ging mit ihm neben der Phalanx der Soldaten. Sie war seine stärkste Zeugin, sie litt mit ihm seelisch und körperlich.

Eine solche Maria haben wir im Westen nicht gesehen. Eine solche Maria brauchen wir heute, eine zornige Maria, eine schreckliche Maria, eine furchterregende Maria, eine Schützerin, die nicht zuläßt, daß ihre Kinder gejagt, gefoltert, ermordet und verschlungen werden. «Maria, die Ärmsten, die Verletzlichsten, die Schwächsten, die am meisten leiden, verehren dich. Warum beten sie dich an?» so fragte ich. «Warum beschützt du sie nicht? Wäre es schlimmer, wenn sie dich nicht anbeten würden? Wir brauchen eine Mutter, die uns beschützt, die wie eine Löwin ist, die ihr Junges verteidigt, die schrecklich ist, wenn sie Grund zum Zorn hat. – Zeige mir dein Antlitz!»

Ich sehe die Großmütter der Verschwundenen, *Abuelas de la Plaza del Mayo*, ich sehe die Mütter der Verschwundenen, *Madres de la Plaza del Mayo*. Ich stelle mir diese Frauen vor, von denen ich nur gelesen habe.

Vierzehn Frauen widersetzten sich in Argentinien im April 1977 dem Demonstrationsverbot des Militärs, kamen zur Plaza del Mayo und verlangten Auskunft über den Verbleib ihrer Kinder und Angehörigen, die «verschwunden» waren. Sie wurden als Verrückte abgetan, «*Las Locas*» genannt. Die Mütter ließen sich nicht einschüchtern. Sie gingen nicht weg. – Die Mütter kamen jeden Donnerstag wieder. Im Dezember 1977 wurden sie selber vom Militär in Argentinien verfolgt, und neun von ihnen, darunter eine französische Nonne, wurden nach einem Treffen von Polizisten in Zivil abgeführt. Man hörte nie wieder etwas von ihnen. Sie verschwanden wie dreißigtausend andere Argentinier. Am folgenden Donnerstag fanden sich die Mütter erneut auf der Plaza ein. Nichts konnte sie zurückhalten. – Ab 1984 waren *Las Locas* als Nationalheldinnen ein Begriff.

Die Mütter der Verschwundenen hatten weiterdemonstriert, Woche für Woche, Jahr um Jahr. Sie legten Zeugnis ab, beweiskräftiges Zeugnis, Zeugnis, das in der ganzen Welt bekannt wurde. *Las Madres.*

In Chile nahm man 1984 den Sohn und die Tochter von Maria Acevedo fest. Ihre Kinder wurden von der Nationalpolizei gesucht, weil sie sich an Demonstrationen gegen die Regierung beteiligten, die ein vom CIA unterstützter Militärputsch gegen Allende an die Macht gebracht hatte. Maria und ihr Gatte Sebastian waren zu Hause, als die Polizei die Tür eintrat und zuerst ihre Tochter mitnahm. Den Sohn holten sie an seinem Arbeitsplatz ab. Zunächst erkundigten sich Maria und Sebastian bei den Polizeiämtern und Militärdienststellen. Ihre Kinder waren nicht auffindbar. Vergewaltigung und Folter waren oft Begleitumstände der Haft. Sebastian wurde immer verzweifelter. «Am zweiten Tag sagte mein Mann, daß er vor der Kirche gekreuzigt werden wollte... Er bat die Priester, ihn ans Kreuz zu nageln..., aber sie taten es nicht. So setzte sich Sebastian Acevedo um vier Uhr am dritten Tag vor der Kirche selbst in Brand.»[18] Er starb noch in der gleichen Nacht.

Die Sebastian-Acevedo-Bewegung gegen Folter wurde international bekannt für ihre gewaltlosen Gruppen der direkten Aktion in Chile. Maria spielte eine aktive Rolle. Ihr Sohn und ihre Tochter wurden 1987 freigelassen.

In El Salvador gibt es *CoMadres*, das Komitee von Müttern und Verwandten politischer Gefangener, Verschwundener und Ermordeter in El Salvador. Inspiriert wurde es von den Großmüttern Argentiniens. *Co Madres* erhielt 1984 den Robert F. Kennedy-Memorial-Menschenrechtspreis für die Arbeit im Interesse der Verschwundenen und politischen Gefangenen in El Salvador. Seit dem 24. Dezember 1977 demonstrieren sie beständig, protestieren, legen Zeugnis ab und weigern sich, hinzunehmen, daß ihre Kinder, Gatten, Freunde und Angehörigen weder tot noch lebendig sind, sondern «verschwunden».

Der Zeuge ist einer, der hinsieht, sich nicht abwendet, der nicht verzweifelt oder aufgibt, der sich anrufen läßt, der öffentlich Rede steht und bezeugt, der einen Eid leistet, der sich selbst gegenüber der Gemeinschaft an die Wahrheit bindet: «So wahr mir Gott helfe!» denn ohne Zeugen kann es keine Gemeinschaft geben. – Langsam begreife ich, wieviel Kraft es kostet, auch nur den ersten Schritt zu tun, sehen und hören zu wollen, selbst wenn es erschreckend ist. Es scheint, daß man nichts tut.

In diesen Frauen sehe ich mehr und mehr das Antlitz der Maria.

# 15. Lech Walesas Gebet zur Madonna

*Gdansk, Polen, Oktober 1988*

*Kalifornien, September 1988*

Ich kam aus Texas mit diesen Geschichten zurück, die mich nicht losließen. Es sind ja noch viel mehr, als ich hier wiedergegeben habe. Ich wachte nachts mit ihnen auf und ging mit ihnen in den Morgen. Ich konnte sie nicht vergessen. Wie soll man mit dieser Art Wissen fertigwerden? Die Mütter der Verschwundenen und die *Casa de la Merced,* das Haus der Barmherzigkeit, bedeuteten für mein ruhiges Leben eine große Herausforderung. Meine Bewunderung für Menschen wie Schwester Marian Strohmeyer und Schwester Alberta nahm zu. Sie lebten jeden Tag mit einer Bewußtheit, von der ich nur einen Bruchteil hatte.

Es war leicht, über das Gesehene und Gehörte empört zu sein, und doch wußte ich in aller Deutlichkeit, daß Zorn zum Problem gehörte, es aber nicht löste. Das Problem sind letztlich nicht «sie» – sei es die Regierung, der INS, der Kongreß, etwas oder jemand Objektiviertes, separat und außenstehend. Die Schwierigkeit liegt in der drohenden Verhärtung meines Herzens, sie liegt in meinem Denken, das sich einzubilden wünscht, es gäbe einen «anderen», den Feind außerhalb von mir. Wenn nur «sie» sich änderten, würde alles gut sein. Nein. Nur wenn ich mich änderte, würde alles gut sein – das muß meine Grundhaltung sein. Das heißt nicht, Ungerechtigkeit zu tolerieren oder zu schweigen. Es will ganz einfach besagen: die Lösung fängt damit an, daß ich über meine Rolle nachdenke. Möge die Veränderung, die ich für so dringlich halte, bei mir beginnen!

Es war nicht leicht, die Bewußtheit und die spirituellen Belehrungen, die ich erhielt, in die Praxis umzusetzen. Ich versagte oft und versage weiterhin. Ich hatte keine schnellen Antworten auf die komplizierten Probleme des südlichen Texas, aber ich war auf eine neue Art bereit, mit den Fragen zu leben, die es aufwarf. Der größte Trost waren die fortgesetzten Zusammenkünfte des Friedensprojekts. Das gab mir Hoffnung. Genau das war es, was ich um mich haben wollte, ein Kreis junger Menschen, die gemeinsam fragten, was es bedeutet, «Friede zu sein».

Als die Möglichkeit bestand, noch einmal nach Polen zu reisen, sagte ich begeistert zu. Polen hatte auf mein Leben einen nachhaltigen Eindruck gehabt. Ohne die Wallfahrt nach Czestochowa, ohne die Schwarze Madonna, ohne den Blick auf Auschwitz wäre ich nicht zum Friedensprojekt gestoßen, hätte ich nicht in der *Casa de la Merced* im südlichen Texas gewohnt. Ich hätte wohl ein Hotelzimmer bekommen, wäre zur Kirche in San Juan hinausgefahren und aus dem Tal abgereist, zu blind und eingeschüchtert, um mit dem Sehen und Hören anfangen zu wollen, wie ich es nun tat.

Polen befreite sich vom Alptraum des Totalitarismus, in den Amerika offensichtlich aus rein moralischem Verfall hineinzugeraten schien. Ich fühlte mich durch meine Freunde in Polen und die Ereignisse ermutigt. Ich wollte unbedingt Dominik sehen. Nachdem die Wallfahrt und der Besuch in Auschwitz vorüber waren, hatte ich weder Zeit noch Lust gehabt, mich nach der vorchristlichen Kultur in Jasna Góra zu erkundigen. Mein Interesse daran war aber noch immer wach. Ich wollte Lech Walesa erreichen, um ihn nach der Schwarzen Madonna zu fragen. Er trägt überall ein Abzeichen mit ihrem Bild. Die Wallfahrt im vergangenen Sommer war eine große Demonstration des Widerstandes gegen die Behörden und eine Unterstützungsaktion für Solidarność, als die Gewerkschaft noch verboten war. Offensichtlich kannten oder begriffen nur wenige die Beziehung der Schwarzen Madonna zu Polen, Walesa und Solidarność.

Ich trug mich auch mit dem Plan, nach Jugoslawien zu fahren, wo Berichten zufolge jetzt die Jungfrau erscheint, wie vormals in Fatima und Lourdes. Ich wollte jemanden treffen, dem sie erschienen ist und der mit ihr spricht. Die Erscheinungen würden sich nicht unbegrenzt fortsetzen. – Vor allem wollte ich an die Oberfläche kommen. Ich brauchte den freien Blick und frische Luft. Ich war so beklommen, betrübt und verstört über das in Texas Erlebte, daß es nichts änderte, wenn ich die Lage philosophisch betrachtete. Was ich sah und hörte, war falsch und tragisch. Erschüttert packte ich sechs Wochen später die Koffer und fuhr nach Polen.

*Gdansk, Polen, Oktober 1988*

«Ja», sagte Monsignore Jankowsky, «die Schwarze Madonna. Sie wünschen Informationen über die Madonna und Solidarność. Sie ist unsere Schutzherrin, sie ist die Königin der Arbeiter. Es handelt sich um eine ganz besondere Beziehung, eine sehr entscheidende. Die Arbeiter glauben, daß sie in jeder Situation unter ihrem Schutz stehen. Diese Verehrung ist sehr wichtig. Sie ist die Hoffnung der Solidarność-Bewegung, und heute hat angesichts der letzten politischen Entwicklung Polen endlich eine Chance. Nun ist es wichtiger zu handeln statt zu reden. Worte können hier in Polen die Lage nicht verändern», sagt er mir, «es ist jetzt sehr schwierig, aber das polnische Volk ist mächtig.

Geben Sie Polen Ihre moralische Unterstützung. Die Wende ist unvermeidlich. Keiner kann sie aufhalten. Die Madonna von Czestochowa ist ein großartiges Symbol, das uns hilft, hier zu leben. Es ist ein Heiligtum, das Millionen Menschen Schutz gewährt. Hier in Gdansk macht die Kopie der Madonna die Kirche St. Brygid zu einem kleinen Czestochowa-Heiligtum. Wir beziehen unsere Kraft daraus. – Kommen Sie am Donnerstag um halb zwei Uhr, und Sie können direkt mit Walesa darüber sprechen.»

Daß Lech Walesa die Schwarze Madonna verehrte, war in Polen gut bekannt. Ich wollte ihn darüber befragen. Von den Vereinigten Staaten aus sah ich keine Möglichkeit, ein Treffen mit ihm zu vereinbaren. Bei einem polnischen Freund suchte ich Rat. «Geh einfach zur St. Brygid-Kirche in Gdansk», empfahl mir Wiktor Osiantinski. «Du mußt nach Monsignore Jankowsky fragen. Sag ihm, daß Du mit Walesa über die Madonna reden möchtest, und warte ab, was sich machen läßt», sagte er in seiner typischen, lässigen Art. «Du wohnst bei uns in Warschau. Ruf meine Frau Ewa an. Sie ist auch Schriftstellerin, sie kennt jeden. Wenn Dir jemand helfen kann, dann ist sie es. Was Du tun mußt, ist ganz einfach. Fahr nach Gdansk und geh zu St. Brygid, das ist das Hauptquartier von Solidarność, dort frag nach Jankowsky. Vielleicht ist er da, vielleicht auch nicht. Von ihm hängt ab, ob Du Walesa siehst oder nicht.»

Da ich schon in Polen gewesen war, wußte ich, daß er recht hatte. Ich hatte das Gefühl, alles würde sich machen lassen. Die Gastfreundschaft der Polen ist überaus großzügig. Ich wollte Dominik und Freunde in Warschau sehen und unbedingt nach Gdansk fahren. Ob ich Walesa zu sehen bekam oder nicht, war nicht so wichtig.

Fahr hin. Sieh zu, was sich tut. Ich schloß mich auf dem ersten Teil der Reise einer kleinen Gruppe an. Zur selben Zeit, da sich das Leben in Polen mit der zerbröckelnden Regierungsmacht komplizierter gestaltete, wurde es auch offener. Man mußte direkt vorgehen. Es gab keinen langwierigen Briefwechsel im voraus mit Menschen in Polen, keine Vermittlung über Sekretärinnen, Assistenten oder Anrufbeantworter. Telefone, besonders die im Hauptquartier von Solidarność, konnten überwacht sein. Die Post wurde oftmals noch geöffnet. Wiktor hatte recht. Man mußte nach Gdansk fahren und versuchen, den Kontakt direkt herzustellen.

Was in Polen geschah, war ungeheuer. Es glich einem arktischen Gletscher, der sich losreißt und sich hundertmal schneller als gewöhnlich fortbewegt, oder dem drohenden Bersten eines Eisdamms, der tosende Ströme von Wasser, Eisschollen und Schutt durchbrechen läßt. Solidarność, noch immer verboten, saß am Verhandlungstisch zusammen mit der polnischen Regierung unter Rakowski, der in den frühen achtziger Jahren ein Erzfeind von Solidarność war. Man war übereingekommen, Gespräche am runden Tisch zu führen, doch man konnte sich nicht einigen, unter welchen Umständen sie stattfinden sollten. Es war eine atemberaubende Entwicklung.

Gdansk mit seinem *Stare Miasto*, der Altstadt, mit ihren schönen Brunnen und mittelalterlichen Bauwerken, die längs der Weichsel wiederaufgebaut waren, besaß eine große historische Bedeutung. Ich wollte St. Brygid ausfindig machen. Wann immer die Sprache auf Solidarność oder etwas auch nur entfernt Politisches kam, wechselte unser staatlicher Führer das Thema. Am vergangenen Tag in Warschau waren wir an einer großen Demonstration vor dem Rathaus vorbeigekommen. Die Polizei umringte Hunderte von Protestierenden, die Spruchbänder hochhielten, und immer noch drängten Menschen aus den Seitenstraßen nach, um sich der Demonstration anzuschließen. Als wir mit unserem Mercedes-Reisebus durch die von Menschen überfüllte Straße fuhren, versuchte uns unser Führer zu überzeugen, daß es sich um einen Studentenstreich handelte, der als Spaß verstanden werden müßte.

Überall spürte man, wie der Druck zunahm. Das Land stand kurz vor dem Auseinanderbrechen. Die Diskrepanz zwischen dem, was ich mit eigenen Augen sehen konnte und dem offiziellen Kommentar unseres Reiseleiters regte mich auf. Ich verspürte Lust, ihn an den Schultern zu packen und zu sagen: «Bist Du verrückt? Du siehst doch, was hier vorgeht? Glaubst Du, wir sehen es nicht?» Nach außen hin schien es, als sei er nicht imstande, das so Offensichtliche wahrzunehmen. Ich hielt es für das Beste, St. Brygid auf eigene Faust zu suchen, und ging an jenem Nachmittag in Gdansk allein los, ohne mich in der Stadt auszukennen. Jeden, der freundlich aussah, fragte ich: «St. Brygid?» Bald hatte es ein junges Paar mitgehört und brachte mich direkt zur Tür, nur wenige Häuserblocks entfernt vom Markt, wo wir standen.

An der St. Brygid-Kirche spürte man die merkliche Begeisterung an den vielen Menschen, die gingen und kamen. Fahnen flatterten in der Luft, lange Reihen von ihnen hingen von der Kirchturmspitze bis zum Boden wie bei einem ländlichen Messefest oder wie tibetische Gebetsfahnen. Menschen drängten sich vor dem Eingang, während im hinteren Teil der Kirche der Verkauf von Solidarność-Souvenirs lebhaft vonstatten ging. Dort erhielt ich Hinweise, wo ich diesen Monsignore Jankowsky finden könnte.

Ich verließ die Kirche, ging herum zum Pfarrhaus und läutete, ohne zu wissen, was sich ergeben würde. Sogleich wurde ich hereingebeten und hatte zu warten, bis der Hausverwalter jemanden fand, der Englisch sprach. Jemand kam, wir redeten miteinander, ich wartete wieder, dann wurde mir nach einiger Zeit gesagt, daß Jankowsky im Haus sei und mich sehen möchte. Bitte nehmen Sie Platz. Mehr Leute kamen in die Halle. Nach einer halben Stunde wurde ich in den Besucherraum geführt, als drei Männer lächelnd und händeschüttelnd heraustraten.

Monsignore Jankowsky ist ein großer, beleibter Mann mit Goldrandbrille. Er ist sich über den Zweck meines Besuchs nicht im klaren, heißt mich auf einem großen, schwarzen, holzgeschnitzten Stuhl Platz zu nehmen und läßt sich mir gegenüber nieder. Er blickt etwas verwundert drein. In der Vase aus geschliffenem Glas auf dem schwarzen Tisch, an dem wir sitzen, stehen rote und weiße Nelken, die Farben der polnischen Fahne. Er fragt mich, ob ich Deutsch spreche. Nein. Er spricht kaum Englisch. So ist es schwierig, meinen Besuch zu erklären. Ich ziehe Bilder von der Madonna von Jasna Góra heraus, und er lächelt. Worte braucht es nicht. Er versteht jetzt. Er springt auf, verläßt das Zimmer, sagt etwas auf Polnisch und kommt bald mit einem jungen Mann zurück, der besser Englisch spricht und für uns dolmetscht.

Das neue Kabinett soll diese Woche bekanntgegeben werden. Alles ist im Fluß. Überall spricht man von Streiks, gleich ob der Aufruf von Walesa kommt oder nicht. Junge Arbeiter haben es satt. Es ist nicht klar, ob sie Walesa folgen werden. Die Regierung gibt einschüchternde Erklärungen ab, daß sie Anarchie nicht zulassen werde. Die Stimmung in Polen ist brisant. – Ja, Jankowsky verspricht mir, daß ich am nächsten Donnerstag allein mit Walesa fünfzehn, vielleicht zwanzig Minuten sprechen kann. Es ist verabredet. Wenn die Gruppenreise beendet ist, werde ich irgendwie die siebenhundert Kilometer von Warschau nach Gdansk und zurück reisen. Die Telefone in der Kirche funktionieren nicht, und es ist nicht klar, wann sie repariert werden. Sein Dolmetscher erlaubt sich zu sagen: «Die

Regierung? Vielleicht haben sie die Telefonleitungen unterbrochen, vielleicht sind sie nur kaputt. Man kann es nicht wissen. Unmöglich die Verabredung zu bestätigen. Kommen Sie einfach.» Ich danke dem freundlichen Monsignore und seinem Dolmetscher und verabschiede mich. Die Halle ist voller Menschen, die auf Jankowsky warten.

Am nächsten Morgen gingen wir zum Solidarność-Denkmal an der Leninwerft, das zum Gedenken der bei den Streiks in den 1970er und -80er Jahren ums Leben Gekommenen errichtet wurde. In den Wirren vom August 1980 als Ausdruck der Zusammenarbeit zwischen Stahlarbeitern und Werftarbeitern gegründet, war Solidarność nicht einfach eine neue politische Partei.

Um Polen verstehen zu lernen, mußte ich mehr über Solidarność erfahren und wissen, was sie von anderen politischen Bewegungen unterschied. Gleichgültig, was in der Zukunft geschehen würde, Solidarność hatte einen unumkehrbaren Einfluß auf das Land gehabt, und ihr Aufstieg war instruktiv. Jonathan Schells Essay über Solidarność und sein Interview mit Adam Michnik, einem ihrer bedeutendsten Architekten, ist aufschlußreich.[1] Das Erfolgsgeheimnis von Solidarność lag darin, daß sie die Gewaltlosigkeit und das Forum des täglichen Lebens wählte, um gegen die Obrigkeit Widerstand zu leisten, erläutert Schell. Statt den Totalitarismus und die Repression der polnischen Regierung in gleicher Weise mit Gewalt zu bekämpfen, schlug Solidarność im Vergleich zu dem üblichen revolutionären Prozeß einen völlig anderen Weg ein.

Michniks feingeschliffene Philosophie gründete auf seinen eigenen Aktionen. Oft schrieb er aus dem Gefängnis. Die Philosophie, die er formulierte, war geradlinig und freimütig. «... mache von nun an das, was Deiner Ansicht nach getan werden sollte, und sei das, was Deiner Ansicht nach die Gesellschaft werden sollte. Glaubst Du an Redefreiheit? Dann rede offen. Liebst Du die Wahrheit? Dann sprich sie aus. Glaubst Du an eine offene Gesellschaft? Dann handle offen. Glaubst Du an eine anständige und humane Gesellschaft? Dann verhalte Dich anständig und human.»

Als KOR, der Verteidigungsausschuß der Arbeiter und die Speerspitze der demokratischen Opposition, 1976 gegründet wurde, verfaßten Mitglieder eine öffentliche Erklärung über sein Anliegen, das sie mit ihren Namen, Telefonnummern und Adressen unterzeichneten – eine unerhörte Aktion für die Opposition eines totalitären Regimes. Von Anfang an machte KOR Offenheit, Ehrlichkeit und Vertrauen zu seiner Devise. Das war kein naiver Idealismus. Sie wußten, daß in ihrer politischen Situation angesichts der Gefahr von Infiltration durch Spitzel und die Geheimpolizei Furcht und Argwohn ihre Bewegung zerstören würden. Sie entschieden sich für das Vertrauen im Rahmen des gesunden Menschenverstandes als politischem Grundsatz. Aus solchen Bausteinen wurde Solidarność errichtet.

Wiewohl in Polen 1982 das Kriegsrecht verhängt und Solidarność verboten wurde, setzte sich der Widerstand fort und wuchs noch. Als Michnik 1984 aus dem Gefängnis entlassen wurde, fand er seine Träume von einem freien Volk in Polen mehr als verwirklicht, übertroffen, wie er zu Schell sagte. Widerstand und Unterdrückung existierten Seite an Seite. Menschen wurden verhaftet, aber nicht eingeschüchtert. Die Polen wollten sich einfach nicht als von der Regierung Besiegte sehen, trotz gewaltiger Unterdrückung, und so wurden sie nicht besiegt. Diese Bejahung der Autonomie und Anständigkeit angesichts der Unterdrückung war anscheinend entscheidend für das Überleben und die zukünftigen Erfolge von Solidarność, wie auch immer sie aussehen mochten. Dieses Handeln «als ob» sie ein freies Volk wären, trug – gekoppelt mit der strengen Maxime der Gewaltlosigkeit – dazu bei, Solidarność in ihre starke Stellung zu befördern.

Die Politik der Gewaltlosigkeit ermöglichte es auch der Kirche, ihre Unterstützung nicht zu versagen, was für das Überleben der Opposition so ausschlaggebend war, wie mir Jankowsky versicherte. Die Madonna von Czestochowa hatte lange den Triumph eines freies polnischen Geistes symbolisiert, ohne daß Aussicht auf Erfolg bestand. Eine Kopie der Schwarzen Madonna von Czestochowa machte in den Dörfern Polens während des Kriegsrechts die Runde. Sie entzündete soviel Widerstand, daß die Behörden das Gemälde unter Hausarrest stellten. Über das religiöse Symbol hinaus ist die Madonna von Czestochowa ein Archetyp der Freiheit in der polnischen Seele.

Das hiesige Freiheitsgefühl wächst rasch. Ich für meinen Teil fühle mich freier in Polen, weil ich schon einmal hier war. Jede einzelne Situation und Person ist nicht unvertraut. Was aber Polen anbelangt, so tritt etwas anderes zutage, da das Wirtschaftssystem und die Regierungsautorität weiter zusammenbrechen. Eine Mischung aus Begeisterung, Verwirrung, Sorge, Frustration, Erregung, Erschöpfung, Erleichterung, Zynismus und Resignation liegt in der Luft.

Am nächsten Morgen kehrte ich nach Warschau zurück. Spät am Nachmittag besuche ich Professor Janusz Pasierb, einen katholischen Priester und Kunsthistoriker, der mit der Erhaltung der Ikone in Jasna Góra beauftragt ist. Etwas zu früh gekommen, sitze ich vor einer Steinmauer, die an sein Wohnhaus grenzt, und beobachte, wie das Licht des späten Nachmittags weicher und blasser wird und ein milchiges Rosa über die Steinwände dieser Warschauer Straße wirft.

Professor Anna Iracka hatte mich auf Pasierb aufmerksam gemacht. Sie ist Kunsthistorikerin mit besonderem Interesse an Volkskunst und Marienkapellen am Wegrand. Bei Tee und Gebäck erzählt sie mir, daß manche Kunsthistoriker mit der Bezeichnung «Schwarze Madonna» (*Czarna* Madonna) nicht einverstanden seien. Diese Bemerkung überrascht mich total. Sie ist dunkel, richtiger, sie ist dunkelbraun. In den Schwarz-Weiß-Reproduktionen wirkt sie schwarz, doch, ja, aber dennoch billigt nicht jeder den Ausdruck «Schwarze Madonna».

Janusz Pasierb empfängt mich in seiner geräumigen Wohnung, die voller Bücherregale ist. Genau, sagt er mir, Anna Iracka hat recht, der Ausdruck «Schwarze Madonna» ist unrichtig. Es ist eine neuere Bezeichnung, vielleicht ausgelöst von einem populären Lied, das in den sechziger Jahren von einer Nonne gesungen wurde. Er räumt ein, daß der Begriff vielleicht Verbreitung fand, weil er eine linguistische Möglichkeit bot, gegen die Behörden zu opponieren. Der Widerstand unter totalitärer Herrschaft entwickelt sich auf subtile Weise, aber dennoch ist es seiner Meinung nach eine unrichtige Bezeichnung. Schwarz bedeutet in der europäischen Kultur etwas Negatives, erklärt er mir.

«Sie ist nicht schwarz, sie ist von kosmischem Rot, der Farbe des Blutes, des Lebens. Kosmisches Rot stammt von der Intuition des Malers, daß diese Figuren von oben zur Erde herabstiegen, glühend durch die Erdatmosphäre kamen, daher der Name ‹kosmisches Rot›. Kosmisches Rot ist tatsächlich ein tiefes Rotbraun. In der byzantinischen Kunst stellte Rot das Fluidum des Lebens dar. Schwarz wurde auf Ikonen nicht verwendet.»

Rot. Ich bin überrascht, seine Auffassung zu hören. Es ist etwas Wunderbares dabei. Die Schwarze Madonna ist kosmisch rot! Maria, der Stern des Himmels, der glühend durch die Erdatmosphäre dringt und sich jetzt gedunkelt, tief rotbraun, manche sagen versengt, schwarz erhebt. – Die Tara, Morgen- und Abendstern, die aus dem Felsen wächst, hell blutrot gefärbt mit *tika*-Pulver. Glühend und geschmolzen verändert sich das Bild von Schwarz zum dunklen Braunrot der Erde. Schwarz symbolisiert das erste Stadium des alchimistischen Prozesses im Westen, rot den entscheidenden Augenblick der Verwandlung.

Morgen werde ich Lech Walesa interviewen. Bevor ich nach Gdansk aufbreche, besuche ich Dominik im Paulinerkloster in Warschau. Wir sitzen oben in einem großen Empfangsraum. Er hat eine selbstgefertigte Kopie von der berühmten russischen Ikone, *Ikona Wlodzimierska*, mitgebracht, um mir zu zeigen, daß es noch eine andere Dunkle Madonna gibt. Ich wußte nicht, daß Dominik ein ausgezeichneter Maler ist. Die Kopie ist kleinformatig, aber beeindruckend. Wir öffnen die großen Doppelfenster, um die Nachmittagssonne hereinzulassen, so daß wir jedes Detail betrachten können. Die unteren Fenster haben die Farbe von Bernstein und glühen in einem honigfarben herbstlichen Licht.

«Die *Wlodzimierska*-Madonna hat für die Russen denselben Stellenwert wie die Madonna von Czestochowa für die Polen.» Dominik hatte die Erlaubnis erhalten, eines Tages in Czestochowa ganz allein die Madonna zu betrachten. «Habe ich Dir davon erzählt?» fragt er. «Es war wunderbar, wirklich.» Das Bild war zur Restauration aus der Kapelle genommen worden, und man gestattete ihm, es für einige Minuten zu sehen. – «Von Angesicht zu Angesicht, nicht irgendwo hoch oben. Ja, es war eine ganz große Erfahrung, wirklich. Das Bild ist wie die Erde. Sehr merkwürdig, sehr alt, wie jemand mit einem ganz alten Körper voller Narben. Man kann diesem Bild sein Alter ansehen. Es war völlig dunkel. Von meinen Studien weiß ich, daß es an einer bestimmten Stelle grün, an einer anderen rot sein sollte, aber es sah absolut dunkel aus. Dann schaltete der Pater das Oberlicht im Zimmer aus, und es war völlig anders, mysteriös – das Bild wirkte hell! Die Farben schienen sehr hell. Es war wunderbar.

Es fällt mir schwer, Dir zu sagen, wie es aussah. Es ist kein gewöhnliches Bild, nicht einfach Holz und Farbe und Kreide. Es ist etwas völlig anderes. Das Bild ist nicht ein ‹es›, sondern eine Persönlichkeit, verstehst Du mich? Aber damals war ich überrascht. Ich konnte nicht wirklich beten, weißt Du. Ich stand nur da und schaute, denn für mich war meine Anwesenheit das Gebet. Ich dachte, ich sollte beten, vielleicht das ‹Vaterunser› aufsagen, aber ich betete auf meine Art.

Die Wallfahrt, die wir vor einem Jahr zusammen unternahmen, fand am 2. August 1711 zum erstenmal statt. Zwanzig Leute beteiligten sich damals, sie erreichten am 14. August 1711 Czestochowa, vor zweihundertsiebenundsiebzig Jahren. – Die Prozession von Warschau aus war lange die berühmteste, aber das hat sich heute geändert. Seit 1978 kommen die Menschen aus ganz Polen, von überall her. Jede Gruppe trägt die Fahne der Solidarność. Du hast es selbst gesehen. Auf diese Weise zeigen die Menschen indirekt anderen und unserer Regierung, daß Solidarność noch immer besteht, in Polen lebendig ist, wenn sie auch noch immer verboten ist. Solidarność ist in jedem echten Polen, in jedem, der innerlich frei und unabhängig ist.

Auch Walesa hat an dieser Wallfahrt teilgenommen. Ja, Walesas Weg zu Soldarność begann durch seine Beziehung zur Schwarzen Madonna, zu Gott. An einem besonders wichtigen Feiertag geht er jedes Mal nach Jasna Góra und betet zur Schwarzen Madonna. Frage Walesa nach seiner Beziehung zur Schwarzen Madonna. Sie ist für ihn ganz wichtig. Die meisten Ausländer fragen ihn nur nach politischen Angelegenheiten, aber es gibt hier in Polen noch etwas anderes, das mehr wiegt als Politik. Unserer Nation geht es nicht nur um politische Probleme, sondern auch um spirituelle. Wir führen Krieg zwischen der Obrigkeit und dem geistigen Leben.

Wenn ich mich recht erinnere, sprach Walesa folgendes Gebet während des Kriegsrechts, als er verhaftet gewesen war. Im Gefängnis hatte er immer das kleine Abzeichen der Schwarzen Madonna bei sich. Später kam er nach Jasna Góra. Er gab der Schwarzen Madonna eine Plakette mit einem gebrochenen Herzen. Er machte das Geschenk des gebrochenen Herzens, unterstellte sein Leben ganz und gar der Madonna. Sein Gebet lautete immer ‹Mein Leben ist Deines, Du sollst in meinem Leben wirken.›

Das war ein ganz wunderbares Gebet Lech Walesas. Er spendete seinen [Friedens-] Nobelpreis für die Madonna, er ist im Kloster in Jasna Góra. Walesa ist in Polen ein sehr berühmter Mann, aber nicht deshalb sprach er das Gebet. Im Grunde ist es seine Liebe für die Madonna und ihren Geist. Es ist seine Privatangelegenheit, keine Effekthascherei. Er sprach dieses Gebet in Jasna Góra und bat um ihren Schutz für unser Land. – Das Porträt des Arbeiters im Museum in Jasna Góra stellt Lech Walesa dar. Du kannst ihn mit dem kleinen Bild der Schwarzen Madonna über seinem Herzen sehen. Er trägt es bis heute.»

Tomasz Sikorski, der Freund, der mich von Warschau hierherbegleitet, ist Maler. Wir besuchen das archäologische Museum in der Altstadt. Plötzlich ist es Zeit für meinen Termin in der St. Brygid-Kirche, und ich wollte doch noch Blumen für Walesa kaufen. Wir eilen zu Bogdan, der im Taxi schläft, das er abseits des Platzes geparkt hat. In Polen schenkt man bei jeder Gelegenheit Blumen. Frauen schenken sie Frauen, Männer den Frauen, Frauen den Männern, so ist es Brauch.

«Warten Sie hier, dann fahren wir zur Kirche», sagt Tomasz schnell, sich in das Taxi beugend. Ich eile zu einem Blumenstand in der Nähe und kaufe ein Dutzend rote und weiße Rosen, sechs von jeder Sorte, in den Farben der polnischen Fahne. Wir fahren auf den Parkplatz der St. Brygid-Kirche. Bogdan will unbedingt beim Auto bleiben. Mit seiner Taxifahrt von Warschau nach Gdansk verstößt er gegen die Gesetze. Er ist nervös, weil er als Nichtortsansässiger zu erkennen ist. ‹Warszawa› ist auf die Tür seines hellgelben Taxis gemalt. Gerade rechtzeitig für das Interview um halb zwei Uhr treffen wir ein.

Wir gehen über den Hof des Pfarrhauses, als Walesa allein in den Hof einfährt, am Steuer eines neuen, grauen VW-Kombis. Er steigt aus, ein untersetzter Mann mit grauem Schnurbart, rotblondem Haar, staubigen schwarzen Schuhen, einem blauen Hemd und grauen Hosen. Als er auf das Pfarrhaus zugeht, trete ich an ihn heran und überreiche ihm den Rosenstrauß. Er erhält oft Blumen von Fremden, lächelt höflich, dankt mir auf Polnisch und eilt ins Haus. Während wir uns den Weg durch die kleine Gruppe bahnen, die in der Halle auf ihn wartet, ist Walesa mit Jankowsky und anderen in einem Versammlungszimmer verschwunden. Wir warten. Bald ist es 1.45 Uhr, schon später als vereinbart.

Eben stürmt Jankowskys Dolmetscher durch die Vordertür und findet mich. «Ich habe mich verspätet, es tut mir leid. Ich sehe nach dem Monsignore», sagt er, als er vorübereilt, und auch er verschwindet im Versammlungszimmer. Kurz darauf kommt er heraus. «Heute ist es unmöglich. Er kann Sie jetzt nicht empfangen. Die Regierung. Sie haben heute das neue Kabinett bekanntgegeben. In Warschau. Kommen Sie zur Pressekonferenz, die er um zwei Uhr im Kirchturm gibt. Gehen Sie um das Haus herum zur Rückseite. Sie werden dort Gelegenheit haben, ihn zu sehen. Das ist das beste, was sich machen läßt. Leider», bedauert er liebenswürdig und stürzt hinaus. Ich überlege mir, wie ich zu Wort kommen kann unter den verschiedenen erfahrenen und energischen Reportern von Nachrichtenagenturen und Zeitungen, und stelle mir vor, wie ich mit Fernsehteams um einen Platz kämpfe. Der Gedanke, daß ich in der Öffentlichkeit Fragen über die Madonna stellen muß, beunruhigt mich.

Genau um zwei Uhr kommt Walesa aus seiner Versammlung im Pfarrhaus und eilt über den Hof in die Kirche. Eine Gruppe von uns folgt ihm über eine enge Wendeltreppe in ein Turmzimmer. Nachdem jeder Platz genommen hat, sind wir fast dreißig mit ihm im Zimmer. Er sitzt vorn mit seinem Dolmetscher, hinter sich an der Wand auf der Tapete den polnischen Adler. Zu meiner Erleichterung keine Fernsehteams, kein Rundfunk, wenige Reporter. Ich weiß nicht, wer die anderen sind. Sein Dolmetscher nennt einige Grundregeln, fragt, für wie viele von uns er übersetzen muß, dann stellt sich Walesa den Fragen. Im Raum ist es still.

Wird es weitere Streiks geben, was sagt er zu Rakowskis Kabinettsernennungen, was wird aus Polen werden? – Dies sind die Fragen der Stunde. Meine Frage über seine Beziehung zur Schwarzen Madonna erscheint vergleichsweise klein und abstrakt, aber kein anderer wird sie stellen. Sie ist kein Thema für die ‹Nachrichten›. Ob Walesa darüber spricht oder nicht, von meinen Gesprächen mit Pater Dominik und Monsignore Jankowsky weiß ich, daß seine Beziehung zur Madonna, ja eigentlich die von Solidarność zu ihr, viel mit den Vorgängen in Polen zu tun hat. Es mag jetzt schwierig, wenn nicht gar unmöglich sein, dieses Thema anzuschneiden. Dennoch muß ich es versuchen. Schließlich hebe ich die Hand. «Würde Herr Walesa etwas darüber sagen, in welcher Beziehung er und Solidarność zur Madonna stehen?»

Entgegen Jankowskys und Dominiks Bemerkungen läßt mich Walesa sofort wissen, daß seine Beziehung zur Madonna eine persönliche Angelegenheit ist und nichts mit der Bewegung zu tun hat. Aber jene sind Priester, Walesa ist Politiker. Die Frage läßt ihn in die Defensive gehen. Er betont, daß Solidarność viele Mitglieder hat, die glaubenslos sind oder anderen Konfessionen angehören. «Wir sind sehr pluralistisch in unserer Organisation, und wir lassen uns nicht davon leiten, welche Religion einer hat oder nicht hat, solange es um die Gewerkschaften geht. Dies ist eine gesonderte, private Angelegenheit. – Das Abzeichen mit ihrem Bild, das ich trage, gab mir Kardinal Wyszynski während der Wallfahrt der polnischen Arbeiter nach Jasna Góra. Ich war darüber sehr glücklich und trage es seither immer. Das ist eine sehr lange Geschichte und ein kompliziertes Problem», versichert er mir und läßt mich gleichzeitig wissen, daß er nicht darauf eingehen wird.

Einen Augenblick bin ich enttäuscht. Dieses ‹komplizierte Problem› ist genau das, worüber ich ihn reden hören wollte. Es handelt sich hier um eine der international bedeutendsten Bewegungen des Jahrhunderts, eine sanfte Revolution, unbemerkt von den meisten Menschen außerhalb Polens. Doch gerade deshalb wuchs und überlebte sie, weil sie gewaltlos war und weil sie für viele, wenn auch nicht alle, eine spirituelle Dimension besaß. Die Kirche stellte ein Bollwerk der Freiheit dar und war in vielen Fällen ein sicherer Hafen für die Untergrundpresse, die Intelligenz, die Künste, Solidarność und alle Formen des Widerstands gegen die Obrigkeit.

Die Vorgänge in Polen sind überwältigend, ihre Bedeutung reicht weit über die Grenzen des Landes. Man kann das sehen, wenn man hier ist. Naiverweise wünschte ich sein Eingeständnis, daß die Madonna etwas mit dieser Freiheitsbewegung zu tun hat. Aber Walesa ist weder Gandhi noch Martin Luther King oder der Dalai Lama. Er bleibt auf der politischen Seite der sich überschneidenden Richtungen und gibt nur einen kleinen Hinweis auf das, was ich zu erkunden hoffte. Doch alles in allem verhält er sich klug und richtig. Die Überschneidung von Politik und Religion ist auch eine Sache von Fanatikern. Es ist ein gefährliches Terrain. Angesichts des Antisemitismus, der in Polen virulent war, verfolgen Walesa und Solidarność einen besonnenen Kurs, wenn sie die Madonna und Solidarność voneinander trennen, so daß Solidarność nicht zu stark auf die katholische Kirche ausgerichtet wird.

«Polen ist ohne das Problem des Kreuzes und des Glaubens nicht zu verstehen», sagt er jetzt. «Viele Male, besonders in sehr schwierigen Perioden, wurde Polen von der Kirche gerettet, und der polnischen Nation ging es viel besser, weil sie eine Nation von Gläubigen war. Wir glauben an Wunder, und das macht Menschen zu Helden. Manchmal ließ uns *nur* der Glaube an Wunder überleben – besonders in den entscheidenden Phasen unserer Geschichte beim Kampf um die Unabhängigkeit. Wir gehen zur Madonna und bitten um ihre Hilfe, wenn etwas für uns sehr wichtig ist.» Walesa gestikuliert beim Sprechen ausdrucksvoll mit den Händen, er ist ein emphatischer Redner. Klug, diplomatisch, zuversichtlich und so energisch, daß er heute wie elektrisiert wirkt. Weitere Fragen über Streiks und *perestroika* werden gestellt. Seine Stimme hebt sich vor Emotion und Erregung, seine Worte fallen immer schneller. Immer wieder höre ich die Wörter für Pluralismus, Revolution, Reform, Individualismus, effiziente Wirtschaftsreform heraus. Ich brauche nicht Polnisch zu können, um die Forderungen der Solidarność zu verstehen.

«Die Lage in Polen ist besonders schwierig, Streiks liegen hier in der Luft», erklärt er. «Wir sind sehr besorgt. Bis jetzt blieben wir vor explosiven Reaktionen bewahrt, aber die Geduld der Menschen ist überfordert. So kann es wohl nicht weitergehen. Die Verhandlungen verlaufen vielleicht gut, aber was danach kommt, weiß man nicht. Wir versuchen nicht,

*Lech Walesa, Gdansk, Polen.*

die Regierung zu übernehmen. Wir befinden uns in einem kritischen Augenblick. Unsere Probleme werden nicht über Nacht verschwinden. Wir hoffen, daß uns unsere Madonna hilft zu überleben.»

# 16. Das Mysterium der Botschaften Marias

*Medjugorje, Jugoslawien, Oktober 1988*

Es ist fast Mitternacht, als ich aus Gdansk zu Ewa zurückkomme. Es bleiben mir nur noch drei Stunden Schlaf, dann muß ich im Dunklen aufstehen, fertig packen und um fünf Uhr für das Taxi bereit sein. Schlafen würde ich im Flugzeug nach Jugoslawien.

Mein Ziel war das kleine Dorf Medjugorje in der westlichen Herzegowina, wo Berichten zufolge seit 1981 Maria täglich einer Gruppe junger Menschen erschien. Ich hoffte, einen von denen zu treffen, die die Maria gesehen hatten. Wiewohl ich zum erstenmal vor zwei Jahren in der Schweiz von den Vorgängen in Medjugorje gehört hatte, plante ich nicht hinzureisen. Die Beschreibung erinnerte mich an Nachmittagsfilme von Lourdes und Fatima, die uns die Nonnen mit ihren gestärkten Kragen in der Schule der Ursulinerinnen zeigten, wenn wir während eines Gewitters nicht ins Freie durften. Doch nach den Erfahrungen in Polen und Texas fühle ich mich offener und aufgeschlossener, weniger voreingenommen. Aber die Zeit lief mir davon. Zwei aus der ursprünglichen Gruppe von sechs Jugendlichen sahen die Maria nicht mehr.

Janusz, der Taxifahrer, klopfte genau um fünf Uhr sanft an die Wohnungstür. Ich war fast fertig. Ewa goß mir eine Tasse Tee ein, die ich hastig leerte, während Janusz das Gepäck zusammentrug. Die sperrige Tasche mit Kamera und Tonbandgerät hing über meiner Schulter, Ewa küßte mich zum Abschied auf beide Wangen, dann nach polnischer Art noch einmal. Janusz nahm meinen Reisesack, und wir fuhren los. Janusz sprach ein wenig Englisch. «Keine Sorge», sagte er, als wir die Lindenallee zum Flughafen hinausfuhren, «Grenze von Jugoslawien vielleicht geschlossen, aber ist o.k. Sie kommen zurück nach Polen. – Rakowski hat gesagt, Regierung will mit Walesa sprechen, aber nicht vergessen, Regierung ist stark, hat Militär. Nicht Anarchie wie zuvor, sagt er, Regierung macht das nicht mit.»

Englischsprachige Zeitungen waren in Polen nicht zu bekommen, so wußte ich kaum, was in der übrigen Welt vor sich ging. Es gab zwar Gerüchte über einen Bürgerkrieg in Jugoslawien, aber seine Wirtschaft hatte durch die über elf Millionen Pilger, die bisher nach Medjugorje kamen, einen beachtlichen Aufschwung genommen. Medjugorje wäre wahrscheinlich ein Ort in diesem Land, wohin man weiterhin gelangen könnte, was auch immer politisch geschähe. – Auf dem Flug von Frankfurt nach Dubrovnik befanden sich westliche Pilgergruppen, die nach Medjugorje wollten. Sie hatten Namensschilder aus Plastik angesteckt. Mich bewegten viele Fragen. Ich wußte nicht, wie ich nach Medjugorje kommen sollte. Auch konnte ich kein Zimmer im voraus bestellen. Von einer Freundin, die vor zwei Jahren da wohnte, hatte ich den Namen einer Familie, die Pensionsgäste aufnahm, aber ich hatte sie nicht erreichen können.

Ich stellte mich einer Frau hinter mir vor, die eine Reisegruppe führte. Sie wollte ich fragen, wie man von Dubrovnik nach Medjugorje gelangt. «No English», sagte sie mit hartem deutschen Akzent. Dann lacht sie. Sie ist aus den Vereinigten Staaten – aber sie nennt ihren Namen nicht und gibt auch keine Auskunft, sagt mir statt dessen, daß ich auf dem Flughafen in Dubrovnik Informationen bekäme.

In Budapest haben wir fast eine Stunde Aufenthalt. Das Flugzeug wartet vom Terminal entfernt auf dem Boden, und ich darf bis zur untersten Stufe gehen, aber nicht weiter. Am Ende der Gangway hält ein bewaffneter Soldat Wache, wie in Polen. Im Ostblock wurden Soldaten zu einem unauffälligen Teil der Landschaft bis auf Momente wie diesen. Für mich war es ein langer Reisetag – sitzen, sitzen, sitzen. Ich brauchte einen Spaziergang, kann mich jedoch nicht verständigen, und so muß ich bleiben.

Der Tag ist mild, stürmischer Wind heult mir um die Ohren und läßt alle anderen Geräusche verstummen. Ich stehe vom Wind gerüttelt auf der untersten Gangwaystufe, mir wird bewußt, daß ich Heimweh habe. In Frankfurt wurde, gerade als ich meinen Ausgang zum Abflug nach Jugoslawien gefunden hatte, ein Flug nach San Francisco aufgerufen. Ich wünschte, ich hätte mitfliegen können. Das kühle Verhalten der anderen Pilger erinnert mich daran, was es bedeutet, eine Fremde zu sein. Eine weitere Pilgerreise hat begonnen. Anonymität und Einsamkeit sind ihr Preis.

Bis wir auf dem Flughafen in Dubrovnik landen, haben sich andere Pilger meiner angenommen, und das Gefühl der Isoliertheit hat sich gelegt. In der Warteschlange vor dem Zoll fängt ein Ehepaar aus Tennessee ein Gespräch mit mir an. Als ich feststelle, daß es keinen Bus vom Flughafen gibt und der ortsansässige Fahrer für eine Strecke hundertachtzig Dollar verlangt, wende ich mich an die Touristengruppe und frage, ob ich gegen

Bezahlung in ihrem Charterbus mitfahren kann. Jetzt ist die Führerin freundlich, ja, es ist Platz. Zwanzig Dollar sind genug.

Bei der Abfahrt vom Flughafen erkundige ich mich bei dem jugoslawischen Führer, wie ich im Dorf eine Unterkunft finde. Ich zeige ihm die Karte mit dem Namen der mir empfohlenen Familie, bei der ich vielleicht wohnen könnte, und er fängt an zu lachen. Es ist der Name seiner Tante, den ich in der Hand habe. Sie wohnt direkt neben ihm. Er will mich selbst dorthin bringen, nachdem er die Gruppenreisenden vor ihren jeweiligen Unterkünften abgesetzt hat.

Ein Priester, der mit der Gruppe reist, betet mit allen den Rosenkranz. Im Bus sind nur noch Gebete zu hören, und ich freue mich, wieder mit Pilgern zusammenzusein. Dragan, der jugoslawische Führer, erzählt uns einiges über die Geschichte der Erscheinungen in Medjugorje und über das Leben derer, die die Vision hatten. Sechs Bauernkindern sahen Maria zum ersten Mal am 24. Juni 1981 auf dem Podbrdoberg – bekannt als Erscheinungsberg. Seither erschien sie ihnen jeden Tag, doch jetzt ist sie nur noch vieren von ihnen sichtbar. Zwei haben die Botschaft erhalten, die sie ihnen zu geben hatte, und setzen seitdem ihr normales Leben fort. Den übrigen vier erscheint sie weiterhin, täglich mindestens einmal um 17.40 Uhr auf der Empore der Dorfkirche.

Witska, einer von ihnen, hat berichtet, ihre wichtigste Botschaft laute, mehr und mehr zu beten. Dragan versichert uns, daß diese Gläubigen und ihre Familien in seinen Augen aufrichtig sind. Er stammt aus Medjugorje und kennt die Betreffenden seit der Kindheit, lange vor der Marienerscheinung. «Es ist für sie ein sehr hartes Leben», erzählt er uns. «Sie verdienen kein Geld damit. Sie haben überhaupt keine Privatsphäre mehr. Menschen kommen aus der ganzen Welt. Manchmal klopfen die Leute nicht einmal an die Tür, sie gehen einfach in ihre Häuser, um sie zu sehen. Nehmen Sie bitte Rücksicht auf sie. – Die Marienerscheinung kann man so erklären: Wenn Kinder etwas wollen, gehen sie zu ihrer Mutter. Wenn Kinder in Schwierigkeiten sind, kommt die Mutter zu ihnen. Sie ist unsere Mutter, sie kümmert sich um uns. Die Welt steckt in Schwierigkeiten. Sie bringt eine Botschaft der Liebe und Hoffnung. Sie bittet um Friede und Versöhnung. Wir müssen zu ihr beten und auf sie hören.»

Erscheint Maria in Medjugorje, wächst die Tara aus dem Felsen von Pharping? Mein Verstand ist skeptisch. Ich bete für ein offenes Herz und die Bereitschaft zu sehen.

Am nächsten Morgen ist der Himmel grau, kühle Luft streicht über mein Gesicht. Ich wandere ins Dorf zur Kirche, fünf Kilometer entfernt von Dragans Tante und Familie, bei der ich wohne. Die Messe der englischsprechenden Kirchgänger ist noch im Gange, als ich die Kirche erreiche, die mit über zweitausend Menschen gefüllt ist. Mindestens noch einmal Tausend stehen und knien draußen, sie folgen der Messe über Lautsprecher. Während des Tages finden Gottesdienste in verschiedenen Sprachen statt, abends auf Kroatisch, es ist die Messe für die Dorfbewohner. In der Kirche sitzen und stehen die Menschen. Jeder Zentimeter ist besetzt, auch der Fußboden, und es ist ganz schwierig, sich zu bewegen.

Nach der Messe gehe ich zum Pfarrhaus, ich suche einen der Priester. Man sagt mir, daß ich mit Pater Slavko sprechen muß, wenn ich die jungen Leute treffen will, die die Visionen haben. Pater Slavko ist nicht da, aber zum Glück finde ich eine Frau, die Marija Pavlović (die auch die Marienerscheinung hatte) mit betreut, sowie eine andere Frau, Pater Slavkos Assistentin. Pater Slavko ist der Torhüter. Er entscheidet, wer mit den betreffenden Gläubigen zur Stunde der Marienerscheinung um 17.40 Uhr auf der Empore sein darf und wer nicht. Nur einige, etwa zehn jeden Abend, sind zusammen mit ihnen zugelassen.

Ich bin mit Marija verabredet und soll um zwei Uhr nachmittags zu ihrem Haus kommen. Marijas Helferin geht mit mir etwa anderthalb Kilometer durch offene Felder. Wir halten unterwegs an und pflücken frische Tomaten und Paprikaschoten für Marijas Abendessen. – Als wir ankommen, spricht Marija von der Treppe aus zu wenigstens zweihundert Pilgern, die sich vor ihrem Haus versammelt haben, um die Marienbotschaft zu hören. Es ist unmöglich, durch die Menge hindurchzukommen. Ich beschließe, statt dessen den Podbrdoberg gleich hinter Marijas Haus hinaufzugehen, wo Maria den Kindern zuerst erschienen ist. Der Berg ähnelt meinem Hausberg, nur ist er felsiger. Man braucht vielleicht zwanzig Minuten, bis man oben ist, je nachdem, wie oft man stehenbleibt. Ein unablässiger Menschenstrom bewegt sich hinauf und herab und teilt den Weg mit Ziegen und einem gelegentlichen Händler.

Binnen einer Stunde bin ich wieder bei Marija zurück. Ich werde ins Wohnzimmer geführt und warte. Eine andere Pilgergruppe ist gerade nach mir angekommen, und sie ist hinausgegangen, um mit ihnen zu beten und Fragen über die Madonna zu beantworten. Die Begegnung mit Pilgergruppen setzt sich Tag für Tag fort und beansprucht einen großen Teil von Marijas Leben. Ich verstehe, was Dragan meinte, als er von der fehlenden Privatsphäre und der Schwierigkeit ihres Lebens sprach.

Marija ist eine nette, junge Frau mit einem natürlichen, freundlichen Lächeln trotz der quirligen Menschenmenge, von der sie sich ständig umgeben sieht. Sie ist groß und schlank, hat ausdrucksvolle braune Augen, kurzgelockte braune Haare, trägt khakifarbene Hosen und Bluse. Sie wohnt im Haus ihrer Familie, schlicht und einfach. Ihr Lebensstil hat sich wegen der Erscheinungen nicht geändert. An einem anderen Tag sah ich sie, wie sie in einem großen Eimer den Müll hinaustrug. Ihre Mutter hütete die Kuh. Marija ist nicht im geringsten anspruchsvoll.

Mit mir befinden sich noch drei oder vier andere im Wohnzimmer, wo sie mich zu warten bittet. Zwei weitere sind in der Küche eifrig beim Kochen. Eine große, stattliche Frau aus Rom hat sich auf der anderen Seite der Couch neben mir niedergelassen. Sie trägt eine mit künstlichen Steinen besetzte Brille und im Haar einen großen Kamm aus Schildpatt, der mit buntem Glasschmuck verziert ist. Auf dem Stuhl neben mir sitzt ein freundlicher Amerikaner, Terry Colafrancesco, aus Alabama. Er ist Mitte dreißig und mit einem seiner Kinder zu Besuch. Er war schon über ein dutzendmal hier und bietet Hilfe an, wo immer er kann. Enthusiastisch glaubt er an die Realität der Marienerscheinungen in Medjugorje.

«Medjugorje ist ein neues Bethlehem, wenn Sie mich fragen. Noch bis zu meinem siebenten Besuch hier hätte ich jeden für verrückt erklärt, der mir gesagt hätte, was ich jetzt zu Ihnen sage. Aber nun bin ich das vierzehnte Mal hier und fange an zu begreifen, was wirklich unter der Oberfläche vorgeht. Medjugorje wird in die Geschichte eingehen mit Noah und der Sintflut, mit der Flucht aus Ägypten und vielleicht sogar mit der Geburt Christi. Es ist ein Ereignis von dieser Größenordnung», sagt er mir in seinem schleppenden Alabama-Akzent. «Maria lebt praktisch hier, sie kommt jeden Tag hierher. Allein schon die Tatsache, daß sie erscheint und das seit sieben Jahren Tag für Tag, ist eine überzeugende Botschaft. Unsere Liebe Frau war in den Schriften so verborgen, ich denke, unsere Zeit wird sich der Maria weihen, es ist ihre Zeit.»

Überrascht von der Intensität seiner Begeisterung finde ich keine Antwort und kann nur mit einem langen «Hmmmmm» reagieren. Ich mußte meinen Entschluß, hierherzukommen, überdenken. Was mich auf Medjugorje neugierig machte, war der ökumenische Charakter der Marienbotschaft. Brendan O'Reagan, ein Neurochemiker, der an der Fernseh-Dokumentarserie «Der heilende Geist» arbeitet, erzählte mir von seiner Reise nach Medjugorje, wo er medizinische Berichte über Fälle von «Wunderheilungen» überprüfen wollte.[1] Brendans Gespräch mit Ivan, einem der

Jugendlichen, die die Marienerscheinung haben, weckte schließlich mein Interesse für eine Reise. Nach Brendan rief Maria die Menschen zu einem spirituellen Leben auf, nicht unbedingt dazu, Katholiken zu werden. Nicht nur die jugoslawische Regierung wurde durch die Vorgänge in Medjugorje beunruhigt, sondern auch die katholische Kirche. Viele störte der Umstand, daß Maria auf der Achtung für alle Religionen bestand. Darüber hinaus war es zu einer erbitterten Kontroverse zwischen dem Bischof der Diözese und den Priestern der Pfarrkirche gekommen, ob den jungen Menschen zu glauben sei oder nicht.

Ich fragte Terry, ob er Marias Botschaft auch so begriff, wie es mir gesagt wurde – als Aufruf zu einem spirituellen Leben, nicht zu einer bestimmten Religion. Seine Antwort war nicht eindeutig, wie vieles, was ich über Medjugorje hörte und noch erfahren würde. Ja und nein.

Ein Franzose, Cyril Auboyneau, der uns gegenübersaß, beteiligte sich am Gespräch. Er war ein gepflegter, geistreicher Mann von schlanker Gestalt, Anfang vierzig. Seit vier Jahren lebte er in Medjugorje und war gut vertraut mit den Gläubigen, die die Vision haben, den Botschaften und den Vorgängen in Medjugorje. Da er auch Kroatisch sprach, die Sprache der Dorfbewohner, diente er oft als Dolmetscher für Pater Jozo Zavko, den Franziskanerpriester, der als erster den Kindern glaubte und dafür achtzehn Monate in einem jugoslawischen Gefängnis zubringen mußte. Trotz der Anweisung der Behörden weigerte sich Pater Jozo, die Kirche den Tausenden von Menschen zu versperren, die nach Medjugorje zu strömen begannen. Die Staatsverwaltung fürchtete revolutionäre Verschwörungen, die Kirchenbehörden eine Infragestellung ihrer Macht.

Während wir auf Marija warteten, erzählten mir Terry und Cyril noch mehr über die Marienbotschaften in Medjugorje. Cyril sprach über jene, die er für die wichtigsten hielt. – Die Unterhaltung erinnerte mich an Gespräche mit tibetischen Lamas und Freunden der buddhistischen Praktik. Man sprach von Marias Existenz wie dort von den tibetischen Gottheiten mit soviel Überzeugung, wie wir sie haben, wenn wir eine neben uns sitzende Person wahrnehmen. Ihre Realität war nicht in Frage gestellt. Sowohl Maria als auch Jesus gehörten zu den Unterhaltungen in Medjugorje, als ob sie Verwandte seien, die zu Besuch kommen, oder jemand, der gerade das Nebenzimmer betreten hat. Für jene, die glauben, existiert die gewisse intellektuelle Distanz nicht, die ich wohl habe. In Medjugorje zu sein, entsprach der Erfahrung in Katmandu oder Dharamsala oder der mit den Pilgern in Polen. Dies ist die Szenerie des Glaubens. Ich freute mich an den Geschichten der Leute, an ihrem völligen Vertrauen zu Maria, gleich, ob ich ihre Hingabe teilen konnte oder nicht.

«Die wichtigste Botschaft ist beten, beten, beten», versicherte mir Cyril, «beten, um vom Heiligen Geist erleuchtet zu werden, denn wenn Du den Heiligen Geist hast, hast Du alles. Ihre vielleicht bis jetzt bedeutendste Botschaft», fuhr er fort, «übermittelte sie im August 1984. Unsere Liebe Frau bat die Menschen: betet und sagt den Rosenkranz jeden Tag, fastet mittwochs und freitags, am besten bei Wasser und Brot, lest täglich die Bibel und meditiert über sie. Besucht nicht nur die Messe, lebt sie. Lebt das Mysterium der Messe, lebt das Mysterium der Erlösung. Und geht einmal im Monat zur Beichte. Dies sind fünf Dinge, die Unsere Liebe Frau von uns erbittet.»

Hier bringt mich Medjugorje in Verwirrung. Es klingt, als müsse man Katholik sein, um auf Marias Botschaften zu reagieren. Als ich Cyril danach fragte, gab er mir die – wie mir später klar wurde – weiseste Antwort: «Die Botschaften sind ein Mysterium. Man muß beten, um sie verstehen zu lernen.» – Gebet, Fasten und Versöhnung sind herkömmliche spirituelle Praktiken, die unabhängig von der Konfession in der ganzen Welt geübt werden. Dies konnte ich leicht begreifen. Vielleicht war es die Sprache der Kirche von Rom, in die die Botschaften gekleidet waren, was mich zurückstieß, nicht die Botschaften selbst.

«Unsere Liebe Frau möchte, daß wir als eine Familie beten und täglich die Bibel lesen», sagte Cyril. «Sie möchte, daß wir zusammen gehören in Gebet und Kommunion, Brüderlichkeit und Liebe. Seit Juli 1986 handelten viele Botschaften von der Heiligkeit. Sie sagte, daß wir ohne Heiligkeit nicht leben können. Heiligkeit bedeutet, daß wir alle Sünde mit Liebe überwinden, alle Schwierigkeiten mit Liebe überwinden. Sie sagte, daß Gott uns die Gabe der Heiligkeit verliehen hat. Im Jahr 1987 sprach Unsere Liebe Frau zu denen, die sie sahen, über die Rettung der Welt durch Medjugorje. Sie ermutigte sie, mehr zu beten, um Gottes Plan zu verstehen, der sie als Werkzeug zur Rettung der Welt benutzt.»

Das Wesentliche an dem Gedanken der Rettung der Welt ist die Prämisse, daß diese am Rande der Zerstörung steht. In Medjugorje schwingt ein apokalyptischer Unterton mit, der mir zu denken gibt. Ich wollte mehr darüber wissen, aber jetzt hat Marija Zeit für ein Gespräch. Gerade als wir uns an den Tisch setzen, kommt eine Frau langsam zur Tür, begleitet von Freunden, die sie stützen. Sie sind ganz aufgeregt. Sie will Marija die Geschichte von ihrer Heilung erzählen. «Es war ein Wunder!» rufen sie aus. Kann ich bitte noch etwas warten? Wir ziehen Stühle an den Tisch, um zuzuhören.

Die Frau heißt Nada und ist über vierzig. Sie trägt eine dunkle Brille, die sie abnimmt, als sie sich setzt. Wegen einer Krankheit und den Folgen eines schweren Autounfalls war sie an den Rollstuhl gefesselt und fast die ganzen letzten fünfzehn Jahre nicht imstande, zu gehen. Sie erzählt ihre Geschichte auf schlichte, bewegende Weise. Ihre Hände zittern, als sie spricht. Ihre Heilung ist erst gestern geschehen. Sie war in der Kirche, in der Messe, als der Priester sagte: «Da ist hier jemand im Rollstuhl, der wird jetzt aufstehen und gehen.» Plötzlich stand sie auf den Beinen. Sie erhob sich zitternd, als sie diese Geschichte erzählt. Erregung steigt in mir auf, als sie aufsteht. Ist dies ein Wunder oder Suggestivkraft? War ihre Krankheit psychosomatischer Natur? Es ist unmöglich, das zu erfahren. Es gibt keinen objektiven Zusammenhang. – Keiner konnte glauben, so sagen sie uns, daß Nada aufrecht stand, noch weniger, daß sie zum Altar ging. Ihre Familie und ihre Freunde in der Kirche fingen an zu weinen. Heute ist ihr erster echter «Gang». Sie ist gerade den Podbrdo, den Erscheinungsberg bis oben hinaufgegangen und zurück hierher zu Marijas Haus. Ihr Gesicht ist gerötet.

Als Nada ihre Geschichte beendet, ist es zu spät, um mit Marija zu sprechen. Sie braucht eine kurze Ruhe vor der Nachmittagserscheinung. Wir verschieben unser Gespräch wieder auf morgen.

*16. Oktober 1988*

Heute morgen ist das Wetter schön. Der Himmel ist von einem klaren, kühlen Blau. Frauen in schwarzweißer kroatischer Landestracht kommen zur Sonntagsmesse und schlängeln sich durch die Reihen der Touristen und Bauern in ihrer einfachen Kleidung. Ich habe beschlossen, den Podbrdoberg nur mit meinem Rosenkranz und Kerzen hinaufzugehen. Wie die anderen Pilger will ich die Kerzen oben brennend zurücklassen. Den Fotoapparat werde ich nicht mitnehmen, auch kein Geld für milde Gaben unterwegs, ich will keine Entscheidungen treffen. Ich bin voll freudiger Erwartung.

Der Boden in dieser felsigen Kalksteinregion ist ziegelrot. Die älteren Häuser hat man aus cremefarbenem Kalkstein erbaut, die neueren sind getüncht und von einfacherer Bauweise. Glänzend gelbe und ockerfarbene Kürbisse liegen auf den Feldern. Grüne und rote Paprikaschoten sind jetzt reif zum Pflücken. Weinreben, Kletterrosen, Winden mit rosa und blauen Blüten ranken überall. Hier und da muhen auf den verstreuten Feldern angepflockte Kühe. Auf von Bauern und Pilgern ausgetretenen Pfaden bricht immer wieder das Weiß des Kalksteins, der von den Fußtritten wie poliert ist, durch das dunkle Ziegelrot, das kosmische Rot des Bodens. Als ich den Fuß des Berges erreiche, komme ich an einer Frau vorbei, die eine große runde Backform mit Brotteig trägt.

Am Berg halte ich am ersten Kreuz an. Es ist dort aufgestellt, wo Maria den Kindern zum ersten Mal erschienen ist. Ich verneige mich tief, den Kopf bis zur Erde, zünde eine Kerze an und lasse sie brennend auf der Steinpyramide bei den anderen Kerzen stehen. Wie andere es tun, schreibe ich auf die Rückseite des Holzkreuzes die Namen von Familienangehörigen und Freunden, um einen Segen zu erlangen. Oben auf dem Berg bleibe ich wieder stehen, verbeuge mich tief, zünde eine Kerze an, stelle sie auf eine Steinpyramide, auf der Hunderte von Kerzen stehen, manche noch brennend, andere zusammengeschmolzen. Sie haben die Steine schwarz gefärbt. Ich finde einen geeigneten Stein zum Sitzen und bin still.

Hunderte von Menschen laufen auf diesem felsigen Berg umher, sprechen leise oder gar nicht. Instinktiv lassen sie einander allein. Einige knien, um zu beten, andere sitzen mit geschlossenen Augen, manche weinen, wieder andere stehen und blicken ins Tal, einige starren einfach vor sich hin. Zuweilen kommen auch welche, ohne Gespür für die besondere Atmosphäre, keuchend und laut redend oben an, aber die nachdenkliche Stimmung verfehlt ihre Wirkung nicht, und bald sind auch sie ruhig. Kameras klicken und surren, verschiedene Sprachen hängen in der Luft. Die Leute kommen und gehen, helfen einander auf dem steinigen Weg: Alte, Menschen mit Stock. Schwerbehinderte sind darunter, aber dennoch kommen sie mit Krücken. Ziegen klettern hinauf und herab und suchen nach Abfällen. Kerzenwachs klebt an den Steinen, von denen viele vom Feuer schwarz und verrußt sind. Es herrscht eine friedliche Stimmung hier auf dem Podbrdoberg. Man blickt auf das Tal, die Kirche, die Felder mit Gemüse, Reben und Tabak.

Ich habe die Erlaubnis erhalten, heute abend mit denen auf der Empore zu sitzen, denen die Maria erscheint. Ich bete, daß alle Ansichten und Einwände zerstreut werden, damit ich in der Lage bin, einfach nur präsent zu sein. Viele Menschen sind von Medjugorje tief bewegt. Einige beschreiben es als die Erfahrung einer Bekehrung. Während ich auf diesem Berg sitze, erinnere ich mich an den *converso*, die sinnverändernde Erfahrung, die ich bei Chos Kyi Nyima in Nepal nach meiner ersten Tara-Initiation erlebte. Und wenn ich wohl auch nicht konvertieren werde, wie manch einer in Medjugorje, besitze ich genug Erfahrungen, um bleibenden Respekt für die Gefühle der Menschen hier zu haben.

Während ich dieses Tal betrachte und über Maria und die Tara nachdenke, kommt mir ein Gebet an die Tara in den Sinn, das ich liebe.[2] Darin heißt es, daß sie jeweils die Form annimmt, die jemand braucht, damit sie helfen kann: echtes Mitleid. Die Buddha-Tara, überhaupt alle Buddhas, sollen in Milliarden von Formen emanieren, jeweils in der Form, die für den Betreffenden angemessen ist. Wer vermöchte zu sagen, daß Maria nicht die Tara ist, die in einer für den Westen nützlichen und wahrnehmbaren Form erscheint? Als der ehrwürdige Tara Tulku vor einigen Monaten nach Green Gulch kam, sprachen wir darüber. Aus buddhistischer Sicht kann man nicht sagen, daß dies unmöglich ist, versicherte er mir: «Wenn es jemanden gibt, der entschieden verneint, daß die Madonna eine Emanation der Tara ist, dann hat er die Lehren des Buddha nicht verstanden.» Christus könnte eine Emanation des Buddha sein. Es tröstet mich, wieder daran zu denken. Das besagt nicht, daß Maria die Tara *ist* oder daß Christus der Buddha *ist*. Der Buddhismus gibt mir einen anderen Rahmen, eine andere Möglichkeit, diese Erfahrung zu reflektieren. Solche Gedanken geben mir Raum, bieten mir Weite. Ich ziehe keine Schlüsse.

Ob Maria heute nachmittag auf der Empore erscheint oder die Tara, ob irgend etwas oder irgend jemand tatsächlich erscheint, kann man niemals wissen. Manche halten es für eine Erfindung und tun alles ab. Ich weiß nur: wie ich hier auf dem Berggipfel sitze mit den warmen Sonnenstrahlen auf meinem Gesicht, bin ich getröstet durch die ungeheure Vorstellung, die allem zugrunde liegt – daß wir in Gottes Hand sind –, ob wir verstehen und glauben oder nicht.

Als ich vom Podbrdoberg herunterkomme, sehe ich die junge Frau mit der Brotform wieder. Sie kommt vom Nachbarn zurück, wo sie gebacken hat. Der Duft frischgebackenen Brotes erfüllt die Luft, als wir uns begegnen. – Ich gehe wie geplant zu Marijas Haus zurück, aber heute warten zu viele Pilger davor, sie zu sehen. Sie kann sich jetzt nicht unterhalten. Die Leute sind aus vielen Nachbarorten zur Sonntagsmesse gekommen, dazu noch die übliche Zahl von Touristen aus der ganzen Welt. Sie alle wollen jene sehen, die die Erscheinung haben. Wir treffen eine Verabredung für morgen früh, und ich gehe allein durch Felder und Weingärten. Marija sucht ihr Zimmer auf, um vor der Erscheinung zu ruhen.

Genau um 16.45 Uhr treffe ich Pater Slavko an der Tür zur Empore. Gegen 17 Uhr bin ich in der Kirche oben auf der Treppe vor dem Erscheinungsraum – der Empore. Drei Männer im Treppenaufgang beten den Rosenkranz, und ich schließe mich ihnen an. Minuten später bedeutet uns jemand, hineinzugehen und Platz zu nehmen. Jetzt auf der Empore bete und beobachte ich abwechselnd, nehme möglichst jede Einzelheit mental in mich auf. Ich möchte mir dieses Bild einprägen, die weißen Wände, das große Bild der Maria an einem Ende des Raumes, die Klappstühle. Ivan Dragicević, einer von den jungen Leuten, die die Visionen haben, sitzt am Eingang. Er trägt schwarze Hosen, ein kariertes Sportsakko und eine schwarze Krawatte. Ich sehe Ivan zum erstenmal. Er ist ein attraktiver junger Mann, Anfang zwanzig, mit schwarzen Haaren und hellem Teint, glattrasiert, mittelgroß, völlig normal wirkend.

Ich finde ein Kniepolster aus braunem Leder neben einem Mann, der für das Fernsehen in Atlanta filmt. Da die Empore für die Kirchgänger unten sichtbar ist, werden wir gebeten, uns nicht sehen zu lassen. Man sagte uns, wenn irgend möglich, nicht aufzustehen oder aufrecht zu gehen. Man muß sich ducken und schnell von Platz zu Platz bewegen. Wir flüstern nur. Dem Kameramann und mir wird bedeutet, zu einem Platz an der Seite zu gehen, etwa drei Meter entfernt, wo wir die Marienvisionäre beim Gebet sehen. Sie werden vor dem Bild der Maria kniend beten, vor dem die Vision erscheint.

Der Mann aus Atlanta ist nicht zum erstenmal auf der Empore und ist gelassener. Pater Slavko bat mich, die jungen Leute zu fotografieren, wenn sie die Erscheinung haben. Nervös kontrolliere ich meine Kamera, bekomme eine Belichtungsanzeige, dann beugt sich der Kameramann zu mir herüber und fragt, welche Lichtempfindlichkeit mein Film in der Kamera hat. «Zu hoch», belehrt er mich, «das wird nichts werden. Alle Lichter sind eingeschaltet, wenn die Marienvisionäre hereinkommen. Es wird nicht so dunkel sein.» Ich greife in meine Kameratasche, hole eine Filmrolle heraus, auf die er einen Blick wirft. Er nickt, ja, das würde gehen, und ich wechsele den Film aus. Wieviel Zeit habe ich? Ich versuche, mich wieder zu beruhigen und konzentriere mich aufs Atmen. Es sind noch ein paar Minuten, bis die Erscheinung beginnt. Auf einer Empore in Jugoslawien zu sein und zu warten, daß Maria erscheint, ist sehr merkwürdig und zugleich völlig natürlich.

Der Kameramann und ich halten uns vorn an einer Truhe unter dem Bild der Maria auf. Er sagt mir, daß die sechs großen Plastiksäcke neben der Truhe lauter Bittschriften an Maria von Leuten aus der ganzen Welt enthalten. Zwei Rosenstöcke aus Plastik befinden sich auf der Truhe, einige verstaubte künstliche Blumen aus rosa und blauer Seide sowie kleine Stapel mit weiteren Bittschriften. «Schnell», sagt der Kameramann, «wenn Sie Fotos von Ihrer Familie bei sich haben, schreiben Sie ein Gebet für die Angehörigen auf die Rückseite, und legen Sie die Bilder zu den anderen Bittschriften.» Ich habe immer Fotos von Angehörigen, Freunden und Lehrern auf Reisen dabei. Zum Glück stecken sie im Seitenfach der Kameratasche. Ich hole sie heraus, es sind vielleicht dreißig Bilder. Rasch blättere ich sie durch, um zu sehen, wer darunter ist, und was ich für ihn wünschen könnte. Den ganzen Stoß kann ich nicht durchgehen. Ich kritzele schnell etwas auf die Fotos meiner Kinder und meines Mannes. Glücklicherweise finde ich eine Gruppenaufnahme meiner ganzen Familie in Texas. Damit kann ich gleich für vierzig auf einmal bitten. Würde mein Bruder über mich lachen, oder würde es ihn berühren? – Welche Freunde? Bestimmt Pater Dominik. Was ist mit den Bildern meiner tibetischen Lehrer und des Dalai Lamas? Keine Zeit, lange zu überlegen. Ich stecke sie alle wieder in den Beutel, in dem sie waren, und lege ihn auf die Truhe. Dort, vermute ich, werden sie genau unter Marias Füßen liegen. So, das wär's.

Unter uns und draußen vor der Tür beten die Besucher den Rosenkranz. Auf einem Plastiksack voller Gebete steht «Für Dich persönlich». Durch die Tür sehe ich über zwei Meter hoch aufgestapelt sehr pralle Müllsäcke, die mit weiteren Bittschriften gefüllt sind. Unten werden Fotos mit Blitzlicht gemacht. Wir sind etwa zehn in dem schwächer werdenden Licht der Empore. Es ist bald soweit.

Plötzlich wird das Licht eingeschaltet. Marija kommt herein. Sie und Ivan sind heute nachmittag die beiden einzigen Marienvisionäre, die in der Empore sein werden. Marija trägt einen blau und weiß gestreiften Pullover und einen blauen Rock. Weder nach rechts oder links schauend gehen sie direkt auf ihre Plätze vor dem Bild, knien auf dem Boden nieder und beginnen zu beten. Wir in der Empore knien mit ihnen. Die Fernsehkamera surrt leise.

Marija und Ivan beten anfangs laut, ich kann sie noch hören, dann spüre ich, wie erregt ich bin, und höre sie nicht mehr. Sie schauen nach oben, ganz gespannt, offensichtlich auf dieselbe Stelle. Jetzt bewegen sich ihre Lippen nicht mehr. Sie nicken mit dem Kopf, als ob sie zeigen wollten, daß sie verstehen, was ihnen gerade gesagt wurde. Ivan stellt anscheinend eine Frage, aber kein lautes Wort fällt. Marija nickt. Ich mache schnell eine Aufnahme, möchte aber nicht abgelenkt werden. Ohne Zweifel ist etwas über sie gekommen, doch kann ich nichts von dem sehen oder auch nur spüren, was ihnen widerfährt. In diesem Augenblick zweifle ich nicht daran, daß sie Maria sehen. Ich bin anwesend und in nächster Nähe – bei einem außergewöhnlichen Ereignis und sage Dank. Ich stelle die Kamera neben mir auf den Boden und verbeuge mich tief. Meine Stirn berührt respektvoll den Boden, dann knie ich mit ihnen, bis die Vision vorbei ist, vielleicht fünf Minuten. Danach machen sie das Kreuzeszeichen, erheben sich, kommen wieder zu sich und brechen auf.

Marija und Ivan stehen leise sprechend an der Tür. Ich gehe dorthin, wo sie knieten, um eine Aufnahme von dem Marienbild zu machen. Ein Japaner sitzt laut weinend da. Ich lege die Hand auf seine Schulter, um ihn zu trösten, und bin mir plötzlich bewußt, wie glücklich ich mich fühle, wie unbeschwert und fröhlich.

Dann wird das Licht ausgemacht, und Ivan bedeutet uns, daß wir gehen müssen. Ich lege die Kamera in meine Tasche, nehme den Stapel Fotos von der Truhe und steige hinter den anderen die metallene Wendeltreppe des Turmes hinunter. Ivan und Marija treten beiseite und lassen uns, die wir mit auf der Empore waren, zuerst hinausgehen. Es ist früher Abend. – Als ich schließlich aus der Kirche trete, fühle ich mich schutzlos ausgeliefert. Eine riesige Menge wartet. Jetzt verstehe ich, warum Marija und Ivan anderen den Vortritt ließen. Wir müssen durch ein langes Spalier von Menschen, die sich auf jeder Seite zehn Reihen tief drängen. Sie haben gewartet, um einen Blick auf Marija und Ivan zu werfen oder mehr noch, sie zu berühren. Der Gedanke verschlägt mir den Atem, daß sie Tag für Tag, Jahr für Jahr immer im Brennpunkt stehen.

Ich gehe rasch durch die Menge und suche einen freien Platz auf dem Rasen, wo ich mich hinsetzen und sammeln kann. Aber ehe ich mich setzen kann, kommt einer der Männer, die mit mir auf der Empore waren, zu mir herüber und möchte reden. Mir fehlen die Worte für diese Erfahrung, und ich will gar nicht erst versuchen, sie jetzt zu finden. Sie werden mir später einfallen. Jetzt ist es wichtig, zu schweigen. Es ist erst sechs Uhr abends, und ich habe den Eindruck, eine Ewigkeit sei vergangen. Der Mond geht im Süden über dem mit einem Gipfelkreuz gekrönten Krizevacberg auf, auf dem ein Feuer brennt. Kirchenglocken läuten, viele Menschen stellen sich auf dem Kirchweg für die Beichte an, die auf Italienisch, Englisch, Kroatisch, Französisch und Deutsch abgenommen wird. Ich breite in respektvoller Entfernung meinen Schal auf dem Gras aus und setze mich, um diese Erfahrung zu verarbeiten.

Ich sah Marija und Ivan die ganze Zeit, während sie die Erscheinung hatten. Ich beobachtete sie von Anfang an genau. Marija ist aufrichtig und fest. Ja, sie sehen wohl etwas, warum könnte es nicht Maria sein? Was vielen weit hergeholt scheint, halte ich für möglich. Ich bin dankbar, daß ich in die Anwesenheit der Mutter Gottes oder Gott als Mutter, wie ich sie mir vorstelle, vorgelassen wurde, aber wir leben immer in dieser Präsenz. Nur selten werden wir uns dessen bewußt.

Jetzt werden alle Türen der Kirche geöffnet, und die Messe beginnt. Viele Leute strömen heraus auf den Weg. Die Menschen singen die Messe auf Kroatisch, es ist der unvertraute schwermütige Wohlklang Osteuropas. Draußen werden immer noch Beichten geflüstert. Der reuige Sünder kniet auf Steinen des Kirchwegs neben den Priestern, die auf Klappstühlen sitzen. Sünden schweben und schwinden in der leichten Abendbrise.

Als ich am nächsten Morgen zu Marija gehe, können wir uns endlich wie verabredet treffen. Marija sitzt an der Schmalseite eines langes Eßtischs und schält eine Mandarine. Sie bietet Nives Jelich, die dolmetscht, und mir eine Scheibe an. Nebenan in der Küche steht ihre Mutter und kocht. Noch drei Leute sitzen auf der Couch und warten auf Marija. Dragan, der Reiseführer, steckt seinen Kopf zur Tür herein: Könnte Marija einen Augenblick herauskommen, um mit seiner Pilgergruppe zu beten? Am Telefon wird Marija verlangt. Sie nimmt den Anruf entgegen, redet einen Moment, dann legt sie die Mandarine hin und entschuldigt sich höflich, daß sie jetzt mit den Pilgern betet. Sie wirkt unbeschwert inmitten einer beständigen Unruhe, der, wie ich meine, viele nicht gewachsen wären. Die Gelassenheit und Fröhlichkeit, die Maria in dieser dauernden Hektik ausstrahlt, ist für mich vielleicht der sicherste Beweis, daß alles authentisch ist, was mit ihr vor sich geht. Die Erscheinungen sind seit sieben Jahren jeden Tag gekommen.

Nachdem die Pilger gegangen sind, reden wir weiter. Ich frage Marija, welche Bedeutung es für die Leute hat, Medjugorje begreifen zu lernen. Sie spricht leise, aber lebhaft. «Fasten, Gebet, Friede, Bekehrung und Messe – das ist die wichtigste Botschaft Unserer Lieben Frau», sagt sie. «Die innigste Verbindung mit Unserem Herrn entsteht durch die Messe. Unsere Liebe Frau betont nachdrücklich, daß der Mittelpunkt unseres Lebens die heilige Messe ist.»

«Aber Marija», frage ich, «was ist mit Menschen anderen Glaubens?» – «Unsere Liebe Frau hat gesagt, daß sie die Mutter aller Kinder ist und andere Konfessionen hierherkommen. Wir vermögen nicht, sie zu trennen. Sie lädt jeden ein. Wir haben den freien Willen. Es liegt an uns, ob wir es wollen oder nicht... Sie sagt nicht, daß Dein Glaube nicht gut ist, weil Du nicht in der Messe bist, aber sie gibt uns eine Möglichkeit, das Beste zu haben.»

Nives, die für uns übersetzt, ist eine gläubige Katholikin. Ich kann nicht erkennen, ob «das Beste» Marias oder Marijas Wort ist oder von Nives gewählt wurde, und sehe auch keine Möglichkeit, es herauszufinden. Während der letzten beiden Tage haben Besucher von Medjugorje häufig gesagt, daß es fünf Hauptpunkte oder Prinzipien in den Botschaften gibt. (Diese sind zu unterscheiden von Marias fünf Bitten, die Cyril am ersten Tag in Marijas Haus erklärt hatte.) Ich möchte gern Genaueres über die mir genannten Prinzipien wissen, die Maria dargelegt hat.

«Marija, hat Maria gesagt, ‹Gott schuf nicht die Religion› oder ‹Gott schuf nicht die Trennung in der Religion›? Was ist richtig?» frage ich. – «Gott teilte die Menschen nicht nach verschiedenen Religionen. Er wollte, daß es für uns nur eine geben sollte», entgegnet sie.

«Doch welche? Das sollten wir in Erfahrung bringen», wirft Nives schnell ein.

«Laß mich sie nach dem zweiten Prinzip fragen, Nives, wie ich es verstehe. ‹Welches Bekenntnis die Menschen auch haben, sie sollten es mit völliger Hingabe ausüben.› Stimmt das, Marija?» – «Das hat Unsere Liebe Frau nicht gesagt», beginnt sie, dann sprechen sie und Nives miteinander auf Kroatisch.

«Ich hörte, daß Ivan das sagte – zu einem Mann, der ohne Vorbehalte mit ihm sprach. Auch andere haben mir das erzählt. Was sagt Unsere Liebe Frau, daß die Leute auf diesen Gedanken kommen?» – «Sie erinnert sich nicht daran», erklärt Nives.

Ich fahre fort. «Das dritte lautet: ‹Es ist der Fehler der Christen, auf Menschen anderen Glaubens herabzuschauen.›» – «Ja, das stimmt. Unsere Liebe Frau hat das gesagt. Sie sagte, wir müssen jeden als Person, als menschliches Wesen achten. Wir dürfen nicht auf andere Bekenntnisse herabschauen.»

Es beruhigt mich, daß ich dies richtig verstanden habe. Ich hatte gehört, Maria habe bei ihren Erscheinungen gesagt, daß es eine Heilige bei ihnen im Dorf gäbe, die sie als Vorbild nehmen sollten.[3] Als sie fragten, wer diese sei, war die von Maria bezeichnete Frau zu ihrem Erstaunen Pasha, eine Muslimin.

«Das vierte: Gott wirkt in verschiedenen Religionen, aber nicht jede Religion hat das gleiche Maß an Gnade?» – «Unsere Liebe Frau hat das nicht gesagt. Nach den Erscheinungen überlegte die Gruppe gemeinsam, was Maria gesagt hat. Sie entschieden als Gruppe, daß der katholische Glaube über die meiste Gnade verfügt.» – Angesichts der Tatsache, daß sie alle katholisch sind, ist das nicht überraschend. Es ist gut zu wissen, daß Maria dies nicht selbst gesagt hat, sondern die Gruppe eine Reihe ihrer Botschaften ausgedeutet hat.

«Das fünfte Prinzip besagt, daß Maria nicht zufällig in einer katholischen Kirche erscheint. Was kann Marija dazu sagen?» – Ihre Antwort ist unklar. Lag es an der Übersetzung oder an der Frage? Ich weiß es nicht. Marija schweift offensichtlich ab und erklärt, daß die Muslims Marias Auftreten hier nicht zurückweisen, denn sie hatten eine Erscheinung von Maria, Unserer Lieben Frau, als Mutter Jesu, den sie als Propheten betrachten.

Ich komme auf die *Geheimnisse* zu sprechen. Diesen Aspekt der Botschaften von Medjugorje kann ich am wenigsten verstehen: die zehn Geheimnisse. Angeblich erhält jeder, der die Vision hat, zehn Geheimnisse von Maria. Nach der Übermittlung der Geheimnisse haben sie keine Erscheinungen mehr, außer vielleicht noch einmal im Jahr. Dies hat sich bisher bei zweien von ihnen bewahrheitet.

Das wenige, das ich über die Geheimnisse weiß, betrifft die Zukunft und die Folgen, wenn die Menschen Marias Bitten um Gebet, Fasten und Bekehrung nicht nachkommen. – Der apokalyptische Unterton früherer Marienerscheinungen ist in Medjugorje besonders ausgeprägt. Nach Mary Craigs Bericht hörte Mirjana Dragicević, die die Visionen hatte und der Maria nun nicht mehr erscheint, das zehnte und letzte Geheimnis am Weihnachtstag 1982. Einige Monate darauf:

«wurde sie tief pessimistisch. Die Welt würde drei Warnungen in Form dreier furchtbarer Ereignisse erhalten, bevor das sichtbare Zeichen erschiene; und drei Tage vor der ersten Warnung würde Mirjana ihr Bevorstehen einem Priester ihrer Wahl ankündigen. Die kurzen Zeiträume zwischen den drei Warnungen würden, wie sie sagte, ‹eine Periode der Gnade› sein, aber wenn die Welt bei Erscheinen des großen Zeichens sich nicht Gott zuwendete, würde die Strafe folgen. Es hatte keinen Sinn, zu erwarten, daß die ganze Welt bekehrt würde, räumte sie ein, aber Gebet könnte das Ausmaß der Strafe verringern. Das siebente Geheimnis wurde schon aufgehoben. Aber: ‹Das achte Geheimnis ist schlimmer als die sieben davor. Ich bat inständig, es weniger streng zu machen. Jeden Tag flehte ich die Madonna an, es zu mildern, und schließlich sagte sie, daß es abgewendet werden könnte, wenn jeder bete. Aber dann sagte sie mir das neunte Geheimnis, und das war noch schlimmer. Was das zehnte betrifft, so ist es schrecklich, und nichts vermag es zu ändern. Es wird geschehen.›»[4]

Die einzige Vorbereitung, die die Menschen treffen könnten, müßte spiritueller Art sein, sie müßten ihr Leben Gott geben, sagte Mirjana ihr beim Interview. Die Madonna habe ihr gesagt, dies sei das letzte Mal, daß sie oder Christus auf Erden erschienen. Nach Medjugorje gäbe es keine Erscheinungen mehr.

«Marija, es ist etwas Apokalyptisches um Medjugorje, eine Unterstellung, daß wir alle vernichtet werden, wenn die Welt nicht auf Marias Botschaften und Bitten eingeht. Ich kann kaum glauben, daß ein liebender Gott und Maria uns so bedrohen. Ich dachte, Marias Botschaft sollte unseren Herzen Frieden bringen, Frieden unseren Familien und der Welt. Ich glaubte, das Ziel wäre, friedlich und fröhlich zu sein. Wie paßt das zu Andeutungen über die Zerstörung der Welt?»

«Unsere Liebe Frau sagt, daß Fasten und Gebet sogar die Kriege beenden werden. Unser Herr gibt uns Liebe und Friede, uns zu helfen. Er will uns nicht vernichten. *Wir* treffen die Wahl. Gott ist der Gott der Liebe. Unsere Liebe Frau möchte, daß wir beten und fasten, nicht ihretwegen. Sie liebt uns, sie möchte, daß wir glücklich sind. Sie möchte, daß der Heilige Geist über uns kommt. Sie kommt, weil sie uns liebt, aber die Entscheidung liegt bei uns. Möge jeder, der dies liest, erkennen, daß Unsere Liebe Frau unsere Mutter ist.»

Durch die Ankunft einer weiteren Pilgergruppe, die Marija sehen will, wird unser Gespräch vorzeitig abgebrochen. Ich will Pater Jozo treffen und muß auch bald aufbrechen. Marija geht wieder hinaus, um mit den Pilgern zu beten und Fragen zu beantworten. – Auch ich bin noch voller Fragen. Ich spreche mit einer Freundin von Marija, die in den letzten Jahren viel mit ihr zusammen war. Sie möchte nicht namentlich genannt werden. Die Erklärung der Botschaften, die Marijas Freundin gibt, ist großzügiger. Sie ist westlich eingestellt und spricht Englisch als Muttersprache. Sie hatte viele Auslandsreisen unternommen und in Asien gelebt, ehe sie sich vor Jahren in Medjugorje niederließ. Wir unterhalten uns stehend in der Küche, während Marija draußen bei den Pilgern ist.

«Unsere Liebe Frau hat nie ausdrücklich gesagt, daß unser einziger Weg zurück zu Jesus die katholische Kirche ist. Sie hat gesagt, daß sie die ‹Mutter von allen› ist, und dies mehr als einmal.»

Marijas Freundin erzählt, daß Maria diejenigen, die sie sehen, Tag für Tag lehrt, das Evangelium zu leben. Sie möchte, daß sich die Menschen wieder der frohen Botschaft der Evangelien zuwenden. Sie hat ihnen offenbart, das Evangelium viele Male zu lesen. – Nach Marijas Freundin bedeutet das Wort ‹Bekehrung›, das die Marienvisionäre benutzen, einfach die Entscheidung für Gott. Es meint nicht unbedingt die Bekehrung zu einer bestimmten Religion. Viele Menschen scheuen sich vor Christus, denn sie verknüpfen ihn mit dem Christentum oder der katholischen Kirche, aber das ist eine zu eingeengte Vorstellung.»

«‹Jesus ist das Licht der Welt›, sagt sie. Alle, die das Licht suchen, suchen Jesus, suchen Christus, suchen nach ihrem Gott, suchen nach dieser Verbindung mit ihrem Gott. Ich glaube nicht, daß wir uns darüber Sorgen machen sollten, was sie finden. – Die Menschen sind sich nicht im klaren, daß wir unsere Vorstellungen von Gott zum Gott machen, und dann wird diese Gottesvorstellung ein Problem. Wir denken, daß wir wissen, wer Gott ist, und wissen es nicht.»

Marija gesellt sich zu uns, muß aber immer wieder zwischendurch hinaus, wenn eine weitere Pilgergruppe ankommt. Ich spreche noch eine Zeitlang mit ihrer Freundin Nives in der Küche. Marija lächelt mir freundlich aus der Küche zu, als ich schließlich aufbreche. Ich sehe sie ein letztes Mal, wie sie im Sonnenlicht vor dem Küchenfenster steht, das Licht umrahmt sie, und ich gehe fort.

Als ich Medjugorje verlassen habe, denke ich über die apokalyptische Unterströmung nach. Ob wir in der Endzeit leben oder nicht, mit dieser Art zu denken, kann ich mich aus Vernunftgründen nicht befreunden. Ich kenne nur den gegenwärtigen Augenblick, was kommen wird, kommt aus diesem gegenwärtigen Augenblick. Thich Nhat Hanhs Maxime «Nimm Zuflucht im gegenwärtigen Augenblick» ist mir ein Trost.

Der einfache Aphorismus «Nimm, was Du brauchst, und laß das andere übrig» befreit mich von dem Gedanken, ich müsse die Geschehnisse in Medjugorje analysieren oder verstehen. Bei der Abreise bin ich mir deutlich bewußt, wie verschieden diese Erfahrung von früheren ist. Die Menschen in Medjugorje sind zu sehr auf ihre auserwählte Position fixiert. Man redet von Wundern, und der Satan wird häufiger genannt, als ich es seit Jahren vernommen habe. Doch das ruhige Gefühl von Freude und Glück, das ich auf der Empore erlebte, ist ein klarer Hinweis, daß mir hier etwas Wahres und Gutes widerfahren ist. Viele Erlebnisse haben mich hier bewegt. Einige davon betrachte ich mit Vorsicht.

Nach dem Besuch bei Marija gehe ich zu Pater Jozo und höre ihn in seiner Kirche predigen. An alle richtet er die Worte: «Fürchtet Euch nicht, habt keine Angst.» Selbst seine äußere so fröhliche und liebevolle Erscheinung vermittelt diese Botschaft.

Über die Geheimnisse, die so furchterregend klangen, habe ich nur gelesen und nichts aus erster Hand erfahren. Ich stellte fest, daß Marija nichts bestätigte, was Angst erwecken konnte. Aus Medjugorje nahm ich Cyrils Worte mit: «Die Botschaften sind ein Mysterium, man muß ihnen mit Gebet näherkommen.»

# 17. Wo die Ströme zusammenfließen

*Kalifornien, Juli 1989*

Alles bewegt sich im Kreis. Jene, die fern waren, finden sich in der Nähe ein. Der Dalai Lama kommt nach Los Angeles, um die Initiation ins Kalatschakra zu geben. Vier Tage sind den Lehren und Riten für den Weltfrieden gewidmet. Kalatschakra bedeutet Zeitrad. Ich sehe einige tibetische Mönche wieder, die ich in Indien getroffen hatte. Geshe Champa Lodro und Carol Savvas treffen aus der Schweiz ein. Es ist Geshe Rinpoches erster Besuch in den Vereinigten Staaten.

Als ich während einer Pause am Strand spazierengehe, fällt mir ein, daß ich mit fünf Jahren in Santa Monica schwimmen lernte. Meine Großmutter, die aus Rochester, N. Y., stammt, verbrachte einige Male den Sommer mit ihren sechs Kindern in Kalifornien, um der Gluthitze von Texas zu entgehen. Zumindest einmal war ich dabei. Ein Teil der Familie war vor der Jahrhundertwende nach Kalifornien gezogen, einige in den Süden, andere in den Norden. Ich hatte vergessen, daß ich auch in Kalifornien Wurzeln habe, nicht nur in Texas.

Die Kalatschakra-Zeremonie war fast vollendet. Ein paar von uns blieben im Auditorium oder nahebei, um die zeremonielle Auflösung des Mandalas zu beobachten, die jetzt stattfinden sollte, nachdem die volle Initiation gegeben war. Der Dalai Lama würde zum Auditorium zurückkehren, um die gefärbten Sandkörnchen aus dem Mandala in ein Gefäß zu fegen. Dann würden sie von Seiner Heiligkeit und einer Gruppe von Mönchen mit dem Auto zu einer nahegelegenen Flußmündung in der Bucht gebracht und auf traditionelle Weise den bewegten Wassern zurückgegeben werden.

Ich stand an einer offenen Tür und schaute auf den Rasen. Der Anblick eines Indianers, der allein auf einem metallenen Klappstuhl vor einer grauen Wand saß, fesselte meine Aufmerksamkeit. Das Hemd aus dunkelblauem Samt, die türkisene Halskette, das hellrosa Stirnband um seine grauen Haare und der locker gewebte rote Gürtel hoben ihn von jedem anderen ab. Der untersetzte, ältere Mann kam mir bekannt vor, so bekannt, daß ich zu ihm hinging, ihn höflich fragte, ob ich mit ihm sprechen dürfte und dann sagte: «Sind Sie nicht Thomas Banyacya?» – «Ja», erwiderte er. Er war gekommen, um dem Dalai Lama seine Aufwartung zu machen, dem er schon bei anderen Gelegenheiten begegnet war. Banyacya ist ein Hopi. Die Hopis empfinden eine besondere Affinität zu den Tibetern. Das spirituelle Verständnis ist ähnlich, die Zeremonien sind ähnlich, selbst bestimmte Wörter und Prophezeiungen scheinen verwandt zu sein, meinte Banyacya.

Als der Sechzehnte Karmapa, das Oberhaupt der Ka-rgyudpa-Sekte, eine der vier Hauptschulen des tibetischen Buddhismus, 1974 in die Vereinigten Staaten kam, war eine seiner Stationen das Hopi-Land (Arizona), wo er mit Stammesältesten der Hopis zusammentraf. Manche meinen, daß Tibeter und Hopis miteinander verknüpfte Prophezeiungen haben. Eine tibetische Prophezeiung aus dem zehnten Jahrhundert sagt voraus «Wenn der eiserne Vogel fliegt und Pferde auf Rädern laufen, wird der Dharma (die echte Wahrheit) zum Land des roten Mannes kommen.» In einem Film über den Besuch des Karmapa erfahren wir von einer entsprechenden Hopi-Prophezeiung: «Männer werden kommen mit roten Hüten und sich als Freunde der Hopis zu erkennen geben.»[1] Der Verehrungswürdige Dudjom Rinpoche, das inzwischen verstorbene Oberhaupt der Nyingmapa-Schule, war in den siebziger Jahren auch mit Hopi-Ältesten zusammengetroffen. – Die Hopis kennen eine Prophezeiung über eine Person oder sogar eine Nation mit roten Hüten oder roten Mänteln, die kommen werden. Das erzählte mir Banyacya, als wir dastanden und uns unterhielten. Aber er betonte, daß es verschiedene Auslegungen dieser Prophezeiung gebe. Plötzlich entstand eine geschäftige Unruhe, unser Gespräch brach ab, der Dalai Lama würde gleich kommen. Ich ging hinein.

Am Eingang drehte ich mich um. Banyacya war wieder allein. Der Anblick war auf peinliche Weise symptomatisch. Hier waren Tausende zusammengekommen, um respektvoll die Lehren des verehrtesten tibetischen Lehrers, des Dalai Lama, zu vernehmen, aber die Ältesten unseres eigenen Landes und ihre Deuter, wie Banyacya, ignorieren wir. Er saß allein, ich fühlte, die Verantwortung dafür lag bei uns. – Als ich im Eingang des Auditoriums stand, kam mir der Gedanke, daß wir – ich eingeschlossen – den Tibetern im Kampf gegen die Chinesen zu Hilfe eilen und nicht sehen, daß das, was die Chinesen den Tibetern antun, wir bereits den Indianern angetan haben. Wir haben ihre Menschen vernichtet, ihre Sprachen, haben Verträge gebrochen, Land gestohlen, ihre Ansprüche geraubt, sie vertrieben, eingesperrt, ihnen Alkohol, niedrige Löhne, unsichere Jobs zugemutet, ganz ähnlich, wie die Chinesen die Tibeter behandelten und weiterhin behandeln.

Eine der größten Sorgen des Dalai Lama ist es, daß die Chinesen aus Tibet eine riesige Opferstätte machen. Tibet wird von den Chinesen als Endlager für Nuklearmüll und als Abschußrampe für Atomwaffen benutzt. Die tibetische Umwelt wird zerstört, Tibet seiner Wälder und Bodenschätze beraubt. Das Wild wird dezimiert. Der Fünfpunktefriedensplan des Dalai Lama sieht unter anderem vor, daß Tibet eine Zone des Friedens wird, völlig demilitarisiert, ein riesiger Naturpark zwischen Indien und China.[2]

Die Region Four Corners im amerikanischen Südwesten ist kontaminiert durch Gelände für Nukleartests, radioaktive Abfälle, Tagebaugruben, Abraumhalden und wird zu einer «nationalen Opferstätte» gemacht, so sehr es auch geleugnet wird. Die Wendung «nationale Opferstätte» wurde von der National Academy of Science gebraucht, nachdem sie feststellte, daß dieses aride Land mit so wenig Niederschlägen nur eine geringe oder gar keine Möglichkeit hat, von den Folgen des Tagebaus saniert zu werden.[3] – Die Parallele ist überdeutlich.

Nach meiner Heimreise hielt ich die Verbindung zu Banyacya aufrecht, denn ich wollte die Bedeutung dessen, was er mir bei unserer kurzen Begegnung anläßlich des Kalatschakra sagte, genauer verstehen. – Ich stellte fest, daß sich die Prophezeiungen wohl verschieden auslegen ließen, es aber eine Voraussage gab, auf die sich die geistigen Führer der Hopis 1948 einigten: «Ein Aschenkürbis würde vom Himmel fallen», der würde die Erde vernichten und den Boden für den Anbau unfruchtbar machen.

Als dieses Ereignis eintrat, fühlten sich die Hopis verpflichtet, ihre Stimme zu erheben, damit wir alle – die Erde eingeschlossen – leben können. Im Jahr 1948 beschlossen sie, daß die Zeit gekommen sei, ihre Prophezeiungen der nicht-indianischen Welt mitzuteilen, bevor es – den Prophezeiungen zufolge – zu spät wäre. Für Häuptling Sackmasa und die anderen Führer, die sich 1948 im Pueblo Shungopoy auf Second Mesa trafen, war der «Aschenkürbis» die Atombombe, die nur fünfhundert Kilometer entfernt, 1945 in Alamogordo, New Mexico, gezündet und dann über Hiroshima und Nagasaki abgeworfen wurde.[4]

In den folgenden Beratungen verständigten sich die geistigen Führer über die Bedeutung der Prophezeiungen und die Art und Weise, wie die Welt davon Kenntnis erhalten sollte. – Die Prophezeiungen warnen uns vor der Vergiftung der Erde und drängen jeden von uns, auf seine Weise zum Großen Geist zurückzukehren, wie die Hopis sagen. Wir erfahren, daß auf der Erde das Gleichgewicht wieder hergestellt werden muß, andernfalls wir unter den Folgen leiden werden. Wir müssen heute beginnen, unser eigenes Leben und unsere Umwelt zu reinigen. So sagte es mir Banyacya.

Globale Erwärmung, Verringerung der Ozonschicht, Verschmutzung von Wasser und Land, das Abholzen der Regenwälder, saurer Regen, das Aussterben von Arten, die Zunahme radioaktiver Abfälle bezeichnen nur einige der modernen Schreckensvisionen. Sie sind wohl nur die naturwissenschaftlichen Äquivalente des Westens für die vor langer Zeit ausgesprochenen Prophezeiungen der Hopis.

Zwei Wochen später bin ich wieder zu Hause. Auf dem Eßtisch stehen fünf Statuen der Tara, überhäuft mit Opfergaben: Pyramiden grüner Äpfel, dunkelrote Pflaumen, blasse Pfirsiche, Brotzöpfe, Plätzchen liegen auf weißen Tellern, säuberlich gestapelt. Vor den Statuen in Vasen und Krügen Sträuße frischgeschnittener Gartenblumen – blaue Iris, gelbe Amaryllis, rosafarbene und tiefrote Nelken, dunkelrote und weiße Gladiolen, lavendelfarbener Fingerhut und rote Rosen. Noch mehr Blumen finden sich auf dem Boden vor der rasch drapierten Klavierbank, die jetzt mit dem Eßtisch vorübergehend zu einem Altar wird.

Im Wohnzimmer drängen sich Freunde und Angehörige, sie haben das frische Obst und die Blumen mitgebracht. Yvonne Rand kam mit zwanzig Meditationskissen und weiteren Figuren der Tara. Sie überläßt mir eine, die gesegnet wurde, innen mit Gebeten gefüllt, die Augen ausgemalt, «geöffnet». Die Möbel haben wir gegen die Wand gerückt, und so wurde das Wohnzimmer zu einem kleinen Meditationssaal für eine *puja*: devotionale Zeremonie und Opfer für die Buddha-Tara.

Der Verehrungswürdige Geshe Champa Lodro Rinpoche, mein Lehrer in der Schweiz, ist zu Besuch gekommen. Carol Savvas und seine Nichte begleiten ihn nach der Kalatschakra-Zeremonie. Es sind fast drei Jahre her, daß ich Carol und Geshe Champa Lodro Rinpoche in der Schweiz traf. Jetzt sitzen sie in meinem Wohnzimmer, erzählen die Geschichte der Tara, wie sie ein Buddha wurde. Geshe Rinpoche beginnt auf traditionelle tibetische Art zu erklären, warum wir zur Tara beten und ihr Opfer bringen. «Jeder möchte glücklich sein, keiner will leiden. So gesehen sind wir trotz aller Unterschiede gleich.»

Ich sitze neben meinem Mann Corey. Unsere zweieinhalbjährige Freundin von der anderen Straßenseite sitzt auf seinem Schoß und strampelt mit den Füßen. Sie greift heimlich auf den Tisch und nimmt sich Zuckerplätzchen, jeweils eins, von den Opfertellern. Ich werde nervös und frage mich, ob ich sie davon abhalten soll (ihre Eltern sitzen abseits in der gegenüberliegenden Ecke), doch Geshe Rinpoche schaut nur auf sie, bemerkt, was sie tut, lächelt und redet weiter. «Vor vielen Äonen, als die Tara die Prinzessin Yeshe Dawa war», sagt er, «sammelte sie viel Verdienst und Weisheit an. Ihr Name Yeshe Dawa bedeutet Weisheit – Mond.» Obwohl ich die Geschichte von ihrem Gelübde, nur in einem Frauenkörper erleuchtet zu werden, schon viele Male gehört hatte, scheint es mir jetzt, als würde sie mir zum erstenmal erzählt.

Die lebhafte Runde, die Heimkehr, die Harmonie, der Aufenthalt meines wichtigsten Lehrers in meinem Haus, der meine Kinder, meinen Mann, meine Freunde, den Sangha kennenlernt und segnet, stimmen mich nachdenklich: was für ein weiter Bogen um den Erdball, den ich von Kalifornien aus schlug, von der Green Gulch Farm, wo ich zuerst das Fragment der Tara-Geschichte hörte, das mich zu Bergen aufbrechen ließ, die ich nie erreichte. Freunde aus Green Gulch sind heute abend hier, Wiedersehen nach langer Abwesenheit. Jetzt nach dieser langen Reise, nachdem ich von all dieser Sehnsucht befreit bin, sehe ich in eine Dunkelheit, die nicht vom Licht getrennt ist. Die Wurzel der Schwärze leuchtet.

«Die Tara kommt immer zu uns, können wir zu ihr kommen?» fragt Geshe Rinpoche. «Die Buddha-Tara kommt zu uns. Manchmal kommt sie als Mann, manchmal als Frau. Sie hat viele Formen, unzählige Formen. Sie schickt viele Emanationen aus, um uns zu helfen. Die Tara hat die Kraft, alle Wesen aus der Welt des Leidens, aus dem *samsara*, zu befreien. – In Indien war sie besonders dafür bekannt, daß sie uns vor den Acht Großen Gefahren bewahrt.[5] Manchmal heißen sie die Sechzehn Gefahren, aber in Wahrheit sind es ungezählte Gefahren, vor denen sie uns schützt. Ihre Fähigkeit, uns zu helfen, kennt keine Grenzen. Die Tara hat die Kraft, alles zu gewähren. Wenn wir Gebete an sie richten und sich keine Wirkung zeigt, liegt es nur an unserer mangelnden Anstrengung, nicht an ihrer. – Da die Tara der Buddha ist, ist sie vollkommen erleuchtet. Es gibt keine größeren Vervollkommnungen als die ihre. Wir sind gekommen, um der Tara zu begegnen. Wenn wir dies tun und Zuflucht bei ihr suchen, können wir gewiß das Glück der Befreiung finden», versichert er uns.

Wir singen auf Tibetisch, so gut wir können, die Einundzwanzig Lobpreisungen und wiederholen sie dreimal:[6] «Die Augen der Tara sind wie

*Weiße Tara (unbekannter Künstler).*

ein Blitz, ihr Gesicht ist aus hundert Herbstvollmonden geformt und leuchtet wie tausend Sterne. Ein Stampfen ihres Fußes, und ganze Welten erzittern, nur um daran zu erinnern, daß ihre Schönheit Schutz und Panzer ist.»

Ist es Geshe Champa Lodro, der hier spricht, oder ist es die Tara, die ihre Lehre verkündet? Meinen ganzen Körper durchströmt es warm, als wir die Lobpreisungen auf Tibetisch wiederholen. Ungeheure Konzentration ist gefordert. Stelle ich mir vor, daß diese Puja die Kraft besitzt, die sie für mich hat, oder ist es die Lehre – das Träumen, die Beschwörung der Tara? Die Tara in den Westen bringen, die Buddha-Tara. Wenn wir sie rufen, wird sie gewiß kommen.

Vor über einem Jahr baute ich auf dem Schreibtisch im Zimmer meines Sohnes einen zweiten Altar auf, den ich jetzt verwende. Auf diesen kleinen Altar stellte ich ein Bild der Grünen Tara, das einer der Studenten von Geshe Rinpoche mir in der Schweiz zum Geburtstag geschenkt hatte. Ich hatte den Abend mit Carol, Geshe Rinpoche und seinen Studenten im Yiga Chözin Center in Zollikon verbracht.

Jetzt rezitiert Geshe Champa Lodro Gebete und segnet meinen ältesten Sohn in dem Zimmer, in dem ich den kleinen Altar für die Grüne Tara aus der Schweiz aufbaute. Niemals hätte ich mir vorstellen können, daß er mich einmal besuchen würde. Jetzt kann meine ganze Familie mit Geshe Rinpoche zusammensein. Vor seiner Ankunft hängte ich ein Foto tibetischer Mönche über sein Bett. Auf dem 360°-Rundbild wurden in den achtziger Jahren Mönche aus dem Sera-Kloster bei Lhasa aufgenommen.[7] Zweihundert Mönche sind vor den Überresten eines Klosters fotografiert, in dem einst sechstausend lebten. Sera war eines der vier Hauptklöster in Tibet. Als ich Geshe Rinpoche sein Zimmer zeigte, freute er sich sehr und zeigte auf das Bild, damit wir es alle anschauen sollten. Geshe Rinpoche war als Achtjähriger in das Kloster eingetreten.

Der Kreis schließt sich weiter. – Als ich im Sonnenlicht zur Berghöhe hinaufsteige, weht der Wind heftig und kühl. Ich wickle den Schal fest um meinen Hals und ziehe die Strickmütze über beide Ohren.

Beim Gehen denke ich an all die verschiedenen Ströme, die zusammenkommen, um dieses Wesen namens Maria zu formen.

Polen war ein Strom der Maria, gespeist aus verborgenen Quellen. Einige sind schon lange zugedeckt, aufgestaut, andere so angeschwollen, daß sie jederzeit durchbrechen könnten. Manche sind nur noch ein Rinnsal und stagnieren, andere fließen unterirdisch noch stark und speisen diesen Strom der Mutter, aus dem ich nicht genug zu trinken bekommen kann. Ich wollte tiefer gehen. Ich hatte nicht den Leib Christi gesucht, aber den Leib der Maria, ihre geheimnisvolle, dunkle, schwer faßbare, facettenreiche Gestalt. Dies war der Leib, den ich als Speise brauchte, der Wein, den ich trinken wollte.

Der byzantinischen Kirche entstammend, wo die Ikone ein Ausdruck der Gottheit selbst ist, stellt die Maria in Jasna Góra die Theotokos, die Mutter Gottes dar. In der byzantinischen Kirche entstand die große Hagia Sophia (ca. 535 n. Chr.), die Kirche der Heiligen Weisheit, der Höhepunkt der byzantinischen Baukunst. Die Heilige Weisheit ist auch mit Isis verknüpft. Sophia, Weisheit, ist auch ein alter Name für die Mutter und war der Heilige Geist für die frühen jüdischen Christen. Die Schwarze Madonna in Jasna Góra, Unsere Liebe Frau von Czestochowa, schöpft auch aus der Quelle der Sophia, der Weisheit. Vom unterirdischen Strom von Ephesos stammen die Theotokos, die Mutter Gottes, und die schwarze Artemis/Diana, die vor ihr kam. Und vor Artemis/Diana wurde die Diopetes, «die vom Himmel Gefallene», ein Meteorit, in Ephesos verehrt. Ephesos lag am Ende der aus China kommenden Seidenstraße und der Karawanenstraße aus Indien, die durch das Partherreich nach Westen führten. Ich habe auf den Vorbergen des Himalaya im nordindische Dharamsala gestanden und nach Westen geblickt über die Ebenen, die Alexander der Große durchquerte. Die Grenzen zwischen Ost und West, an die ich mich von Schulkarten her erinnerte, zerbrachen. In der Alten Welt gab es einen dynamischen Austausch zwischen Alexandria und Indien.

Konnten die Ströme Tara und Maria zusammenfließen? Peter Lindegger schrieb, daß Astar ein mögliches Verbindungsglied zur Tara im Raum zwischen dem alten Persien und Indien darstellt. Einige Religionshistoriker glauben, daß sie das Vorbild für die Tara ist. Astar oder Astarte sei einer der Ursprünge für Maria, sagte er mir vor einiger Zeit. Konnte sie die gemeinsame Quelle sein? Einen solchen Gedanken zu Ende zu verfolgen, würde sich wohl als schwierig, wenn nicht unmöglich erweisen.

Von oben aus dem ägyptischen Afrika flossen die Wasser. In der Sakristei des Klosters Jasna Góra befindet sich das Gemälde der Heiligen Sarah, der Ägypterin, die sich als Einsiedlerin zu einem Leben der Buße in die Wüste zurückzog. Die heilige Sara der Camargue gelangte aus Ägypten in die Tradition von Les Saintes-Maries-de-la-Mer. Der heilige Paulus, der erste Eremit, Schutzherr des Paulinerordens, der Jasna Góra verwaltet, der

Einsiedler in der ägyptischen Wüste, wurde auf wunderbare Weise von einem Raben ernährt, der ihm jeden Tag Brot brachte. Paulus, 233 n. Chr. im oberägyptischen Theben geboren, floh in die Wüste, um Verfolgungen zu entgehen, und verweilte dort über neunzig Jahre.[8] Es heißt, zwei Löwen gruben sein Grab, als er mit 113 Jahren dort starb.

Die Marien der Camargue werden in der Kirche von Les Saintes-Maries-de-la-Mer mit einer Statue verehrt, die sie in einem Schiff stehend zeigt. Isis wird mit einem Schiff in Verbindung gebracht. Die Tara wird als Bootsführerin beschrieben, «die uns hinübersetzt», eine Bezeichnung, die ihre Entsprechung in der *Hodegetria* hat, «die uns den Weg führt.» Die Tara ist auch das Fahrzeug selbst, «das vollkommene Schiff, um die große Last der Wesen zu tragen» hinüber zu den Gestaden des Friedens.[9]

Das Siegel vom Kloster Jasna Góra – die von Löwen flankierte Palme – ist ein Zeichen der Großen Mutter. In anderen Wiedergaben ist auch ein Rabe auf der Spitze der Palme zu erkennen. Und der Rabe ist ein Symbol der Großen Mutter.[10] Der Rabe, die *nigredo*, ist die erste Phase des alchimistischen Prozesses; die beiden Raben des heiligen Meinrad in Einsiedeln fallen einem ein, der ikonographische Code.

Eine Kopie der spanischen Schwarzen Madonna von Montserrat, *La Morenata*, steht hoch oben über einer Tür in der Sakristei von Jasna Góra gegenüber dem Raum mit dem Gemälde der heiligen Sara. Viele Einflüsse wirkten auf die Madonna von Jasna Góra ein. *Matka Boskies Zielnes* ist ein weiterer Beiname der Madonna von Jasna Góra und bedeutet ‹Mutter der guten Ernten›. Ihr bringen die Gläubigen als Opfergaben Mitte August Roggen, Weizen und Kräuter. Sie ist die Schutzherrin des Getreides in christlicher Form. Mitte August feierte man auch das Fest der Artemis/Diana.

Der Kult der Großen Mutter blühte im alten Europa 7000 bis 3500 v. Chr. Die Ethnologin Marija Gimbutas sagt mir, daß man nicht zum Mittelmeer oder anderswohin zu schauen braucht. «Die Schwarze Madonna ist eine Göttin des alten Europa, die Erdmutter.» Schwarz bedeutete Fruchtbarkeit, und weiß bedeutete Tod in dieser vorindoeuropäischen Kultur.[11] Von Jugoslawien bis Frankreich fand man in Europa Figuren der Göttin, die über dreißigtausend Jahre alt sind.

In Les Saintes-Maries-de-la-Mer in der Camargue sind die vorchristlichen Elemente, die die Kirche übernahm, deutlich sichtbar, wie auch in St. Victor, der ältesten Kirche in Marseille, mit ihrer aus dunklem Holz geschnitzten Madonna *Notre Dame de Confession* in der Krypta. Es heißt, daß in Marseille ein Isistempel erstmalig für die Verehrung der Madonna umfunktioniert wurde. – Die Wahrzeichen der Camargue sind der Stier und die Stute, die aus verborgenen Quellen stammen und mit der Energie vorchristlicher Kulte befrachtet sind wie die Raben von Einsiedeln, wie Jasna Góras Palme mit den Löwen und dem Raben.

Die Artemis von Ephesos war die Schutzherrin und das Orakel der frühen Zinnhändler aus Griechenland, die die Schwarze Artemis im sechsten Jahrhundert v. Chr. nach Gallien mitbrachten. Dies mag erklären, warum an der Route des Zinnhandels Boulogne – Marseille Schwarze Madonnen vorkommen.[12] An Orten, wo diese alten Figuren «wunderbarerweise» gefunden wurden, entstanden oft Kultstätten. Zu den berühmtesten dieser Schwarzen Madonnen gehört die *Vierge Noire* in Le Puy, zu der Jeanne d'Arcs Mutter betete, als ihre Tochter zum König von Frankreich ritt, um mit ihm zu verhandeln. Auch unter den Schätzen von Chartres befindet sich eine Schwarze Madonna. – In Südfrankreich begegnen wir Schwarzen Madonnen in den Legenden über Magdalena, die nach einigen mittelalterlichen Überlieferungen den Heiligen Gral, das Kind von Jesus, von Jerusalem nach Frankreich brachte.[13]

*La Divina Pastora*, die Göttliche Hirtin, heißt die Marienstatue in Trinidad, die auch *Soparee Kay Mai*, das heißt Mutter Kali, genannt wird. Nach Eduardo Galeano ist die Schwarze Madonna in Regla, die Schutzherrin der Bucht von Havanna, auch die afrikanische Yemaya, «die versilberte Göttin der Meere».[14]

Wohin ich auch blicke, Maria hat einen älteren nichtchristlichen Ursprung, der ihr eine Tiefe und Fülle gibt, wie sie sie im Schmuck ihrer Geschmeide in der Kirche nie erreicht. Es ist eine tiefe Befriedigung, all diese Ströme in ihr zu sehen, wie frisches Wasser nach großem Durst.

Der geschlossene Kreis birgt in sich die Fülle, die ich zu Hause finde. Ich mußte fortgehen, um mir dessen bewußt zu werden. In meinem Zimmer stoße ich auf das Tonband, das ich im Kloster von Chos Kyi Nyima Rinpoche besprechen ließ. Darauf finden sich auch unübersetzt die Kommentare seiner Mutter. Ich lasse sie übersetzen und stelle fest, daß sie mir vor Jahren Geschichten von Yeshe Tsogyel und Machig Labdron, den großen tibetischen Meisterinnen, erzählt hatte.[15] Beide waren Frauen, die für eine Familie sorgten. Um solche Geschichten hatte ich gebeten. Ferner fand ich heraus, daß Chos Kyi Nyima Rinpoches Mutter Kunsang Dechen eine hochgeachtete Lehrerin der chöd-Praktik in Katmandu ist. Sie selbst verkörperte diese Art Frau, nach der ich suchte, wenngleich ich das damals nicht begriff. Nun wird mir klar, daß sie vor Jahren viele meiner Fragen beantwortete und mir sagte, daß es keinen Grunde zur Mutlosigkeit gäbe, den Körper einer Frau zu haben. Sie versicherte mir auch, daß es in der Vergangenheit schon viele Meisterinnen gegeben hätte.

«Man kann die Praktiken mit großem Erfolg ausüben, gleich ob man nun verheiratet ist, Kinder hat oder eine Nonne ist. Es macht nichts aus – verheiratet, unverheiratet, Kinder – das ist nicht ausschlaggebend», sagte sie. «Es ist Dein Geist, der den Erfolg bewirkt und wie oft Du die Praktiken ausübst. – Solange man danach strebt, zum Wohle aller Wesen erleuchtet zu werden *(bodhicitta)*, kann der Körper einer Frau für spirituelle Praktiken besser sein als der eines Mannes. Dies sagte Padmasambhava zu Yeshe Tsogyel, als sie sich bei ihm beklagte, daß sie den Körper einer Frau habe. Das war vor über tausend Jahren, denk daran, man sollte nie bedauern, als Frau geboren zu sein.»

*Termas* sind verborgene tibetische Lehren, versteckt – in einem Felsen, einem See, im Himmel oder sogar im Geist –, bis die Zeit reif ist, sie zu enthüllen oder bis es einen Schüler gibt, der sie empfangen soll. Dies waren Kunsang Dechens Worte. Endlich erfuhr ich ihren Namen, ließ ihre Kommentare übersetzen und konnte sie lesen.[16] Dann wurde mir bewußt, daß mir Frauen nahestanden, die ernsthaft spirituelle Praktiken ausübten und zugleich Familie haben oder hatten. Einige von ihnen lehren auch heute.

Der ideale Rahmen für spirituelle Praktiken war zu lange das Kloster. Man «verließ die Welt», um ins Kloster zu gehen, war man nun Christ oder Buddhist. Man mußte die Familie aufgeben, den Zölibat ausüben. Familie, Verwandtschaft, namentlich Kinder wurden zu lange als Hindernisse angesehen, die der engagierte Mensch verschwinden lassen mußte, wenn er sich ernsthaft Gott, dem Dharma, dem Weg oder Geist oder wie immer es hieß, verschrieben hatte.

Das hat sich geändert. Spirituelle Praktik für den Alltag, Laienpraktik – mit oder ohne Familie – kommt jetzt allmählich zu ihrem Recht. Wir sind nicht länger auf den Zölibat, das klösterliche Modell beschränkt. Ich hege großen Respekt für das klösterliche Leben, doch jetzt ist es Zeit, das Familienleben nicht als «das kleinere Übel» anzusehen, sondern als eine gleich anspruchsvolle, wenn auch unterschiedliche Möglichkeit zu spiritueller Praktik. Das Reich des Heiligen wird im Haus zu neuem Leben erweckt. Einen Altar zu besitzen, Zeit für spirituelle Lesungen, für Meditation und/oder das Gebet mit unserer Familie und unseren Freunden zu haben, sind Praktiken, wie ich sie von Medjugorje bis Dharamsala beobachten konnte. Sie erinnern uns an das, was wir bereits wissen. Das Heilige ist eine Dimension des alltäglichen Lebens und nicht etwas davon Getrenntes.

Ich gehe die Liste der Frauen durch, die ich in meinem begrenzten Erfahrungsbereich kenne oder in jüngster Zeit unterrichten hörte. Alle sind sie Frauen, die Kinder aufzogen oder noch aufziehen. Manche sind verheiratet, einige sind es nicht. Sie haben erwachsene Kinder, Teenager, Kleinkinder. Ihre Bedeutung liegt in dem Umstand, daß wir hier die Stimmen von lehrenden Müttern hören, was uns neue Möglichkeiten eröffnet.

Die Zen-Meisterin Maurine Stuart Roshi, Präsidentin der Cambridge Buddhist Society, kam nach Green Gulch, um Vorlesungen zu halten und eine Meditationszuflucht, *sesshin*, zu leiten. Ich ging tiefbewegt zu der Vorlesung dieser Meisterin ins *zendo*, wo ich als Studentin angefangen hatte.[17]

Einige Frauen im Zen-Center, sowohl ältere Studentinnen wie Priesterinnen mit Familie, hatten mit Vorlesungen und Seminaren begonnen, während mein Interesse in eine andere Richtung ging.[18] Wendy Johnson, Leiterin des Green Gulch Garden, arbeitet zusammen mit anderen Zen-Studenten und Eltern, besonders Müttern, an einem Buch mit dem Titel *Simple Treasures* (Einfache Schätze): Wege, um spirituelle Praktik in das Familienleben mit Arbeit, Partnern und Kindern einzubringen. Thich Nhat Hanh gab den Anstoß zu dieser Forschung. Die Buddhist Peace Fellowship fördert Tage der Familienpraktik in der Green Gulch Farm. Thich Nhat Hanhs Meditationszufluchten beziehen auch die Kinder ein, die ausdrücklich eingeladen werden. Er hat eine besondere Begabung für die phantasievolle Anwendung alter Praktiken. Zum Beispiel gibt er einem Kind eine «Achtsamkeitsglocke» zu läuten, wenn zu Hause Streit aufkommt, damit sie uns mahne, aufzuhören, innezuhalten, zu atmen und wieder zu uns zu kommen.

Yvonne Rand, die zur Tara *puja* kam, empfing volle Dharma-Übertragung von dem japanischen Soto Zen-Meister Katagiri Roshi in Minneapolis, Minnesota. Obgleich Yvonnes Hauptinteresse dem Zen galt, brachten uns die tibetischen Unterweisungen wieder zusammen.

Ihre Heiligkeit, die Sakya Jetsunma Chime Luding, auch unter dem Namen Jetsun Kushola bekannt, kam in das Tibetan Buddhist Center, Ewam Choden, in Berkeley, um Initiationen und Unterweisungen zu geben, darunter die Initiation der Weißen Tara für langes Leben und Heilung.[19] Ihr Zentrum befindet sich im kanadischen Richmond, British Columbia, und sie ist wahrscheinlich die ranghöchste Lehrerin des tibetischen Buddhismus im Westen.

Lama Inge Sandvoss war der erste weibliche Lama, den der verehrungswürdige Chagdud Tulku Rinpoche ordinierte, als er in den Westen kam. Ich traf Lama Inge in Chagdud Rinpoches Meditationszentrum in Napa, Kalifornien, wo sie die treibende Kraft der Zuflucht war. In Spokane, Washington, hat sie ihr eigenes Zentrum, Padma Amrita, wo sie lehrt.

Zu den Lehrern, die Chagdud Rinpoche ausbildeten, gehörte seine leibliche Mutter, Dawa Drölma, die als eine der Meisterinnen ihrer Generation in Tibet anerkannt war. Nach seiner Flucht aus Tibet 1959 verbrachte Chagdud Rinpoche wie so viele tibetische Meister längere Zeit in Indien, bis er vor zehn Jahren in die Vereinigten Staaten kam. Mit Jane Trogme, einer Frau aus dem Westen verheiratet, hat Chagdud Rinpoche auch Kinder aufgezogen. Die Hauptübung der Schüler von Chagdud sind die Rote Tara und Tröma, die schwarze chöd dakini, die eine schreckliche Form der Tara darstellt. Die Tara in ihren vielen Aspekten wie auch andere tibetische Gottheiten werden an seinem Buddhistischen Center Rigdzin Ling in den nordkalifornischen Trinity Alps studiert.

Ich begann mit dem Studium der Roten Tara. Ihre rubinrote Farbe versinnbildlicht den Wunsch aller Wesen nach Befreiung. Sie steht auf der Sonnenscheibe, den Vollmond hinter sich. Sie ist vor allem dafür bekannt, daß sie hilft, die Rede zu reinigen.[20] Ich suchte Chagdud Rinpoches Gemeinde auf, die unter anderem wegen der Stärke ihrer weiblichen Mitglieder und des hohen Anteils an Familien bekannt war. Ich wandte mich ihnen verstärkt zu, und Chagdud Rinpoche wurde auch mein Lehrer. – Tsering Everest, den Übersetzer von Chagdud Rinpoche, hatte ich schon vor Jahren kennengelernt. Er war autorisiert, bestimmte Tara-Unterweisungen zu geben und den Traumyoga zu lehren. Auch von Tsering Everest stammen bedeutende Untersuchungen über die Tara.

Von Tröma, der schrecklichen, schwarzen Form der Tara, erfuhr ich wenig, da ihre Praktiken für fortgeschrittenere Schüler als mich vorgesehen waren. Aber soviel erklärte Tsering: schwarz kann auch die *Leere* darstellen, die völlige Besiegung der Unwissenheit, die in der falschen Wahrnehmung der Realität, in der Illusion des Dualismus, des Verschiedenseins aller Dinge besteht. – Die Leere, das wahre Wesen der Tara, der Ursprung der Erleuchtung, kann symbolisch als Dunkelheit oder als Farbe schwarz verstanden werden. Die Leere ist nicht *nichts*. Dies ist der große begriffliche Fehler, den viele im Westen machen. Die Leere bezieht sich auf die grundlegende Einsicht des Buddha vor fünfundzwanzig Jahrhunderten, die den Buddhismus von den meisten Glaubenssystemen unterscheidet – es gibt kein individuell existierendes, unabhängig entstehendes, getrenntes Selbst. Alles, was ist, ist in beständigem Fluß, steigt und sinkt in Beziehung zu und mit etwas anderem.

Das ist Dunkelheit für den denkenden Verstand, für das Ich, das sich daran klammert, daß es so etwas wie «das Meine» gibt. Das führt über den denkenden Verstand, über die Erscheinungswelt hinaus in die große unmittelbare Seinserfahrung. Es ist das nicht die gewöhnliche Realität. Es ist das Schwarz der sternenlosen Mitternacht, das *nahe Bevorstehen*, das vor der Dämmerung der Erleuchtung kommt, das «helle Licht», ein Zustand der Durchsichtigkeit und Transparenz, der jenseits von Hell und Dunkel liegt.[21] Das ist ein strahlendes Schwarz. – So kann man sagen, daß die Leere für uns dunkel oder schwarz ist. Das ist der Urgrund der Erleuchtung. Das ist Weisheit. Das ist die Mutter aller Buddhas, das ist die Tara.

Als ich bergauf wandere, denke ich über die Tara nach, über ihre Erscheinungsform und die Geschichten, die ich über sie las, wie sie als fröhliches, fast schelmisches Mädchen von sechzehn Jahren jemanden ausschilt, dessen Leben sie gerade gerettet hatte oder retten würde, wenn dieser nicht zu ihr gebetet hatte. Die furchtlose Tara, die Dämonen mit dem Runzeln ihrer Brauen, mit dem Blitzen ihrer Augen tötete. Ihr Lachen allein bringt die Welt mitsamt den Dämonen in ihre Gewalt. Ich merke plötzlich, daß ich lächle, wenn ich an sie denke.

Aber wo ist die fröhliche Maria? Auf meinem Weg spüre ich die kalte Luft im Gesicht, erste Ahnung vom Herbst, doch die Sonne scheint warm. Als ich an die prächtige griechische Ikone *Jungfrau Kardiotissa*[22] denke, stelle ich mir plötzlich Maria lächelnd vor. Das Jesuskind hat seine Arme hoch um den Hals der Mutter gelegt, seinen Kopf in fröhlicher, liebevoller Hingabe zurückgeworfen, die Sandale baumelt von seinem linken Fuß, als wäre es gerade vom Spielen in ihre Arme gelaufen. Und Maria lächelt diesem Kind zu, das aussieht, als wäre es dabei, den Schleier von ihrem Kopf zu ziehen.

Wenn ich dieses Bild sehe, erkenne ich ihren Ausdruck, und mich überkommt wieder die süße Freude empfundener Unschuld, die reine, unerklärliche Freude, die die Mutterschaft durchdringt, das besondere Geräusch eines neugeborenen Babys, das an deiner Brust saugt, das Gefühl, wie sich die Gebärmutter beim Säugen zusammenzieht – das wachsende viszerale Verständnis, daß der Körper wie die Erde eine Intelligenz besitzt, die soviel größer und strukturierter ist als unsere eigene – und dann jener Augenblick, in dem du ein Kind zur Welt bringst, über die Wehen hinaus, der ganze Körper überwältigt, und der Augenblick, wenn du in eine elektrisierende orgastische Freude gerissen wirst, die jede Trennung zwischen dem sexuellen und dem lebenschenkenden Körper aufhebt und für jenen Moment alles Sein in Seligkeit auflöst. Ein neues Leben ist auf die Welt gekommen. Ein neues Leben!

# 18. Auf dem Berg

*Der Dalai Lama in Kalifornien, Oktober 1989*

Der Dalai Lama sitzt auf dem kleinen Podium auf dem Gipfel des Mount Tamalpais. Er stützt sich auf die Lehne eines Seidenbrokatsessels und beantwortet Fragen von Reportern. Durch die Verleihung des Friedensnobelpreises ist Tenzin Gyatso, der Vierzehnte Dalai Lama, in den Blickpunkt des internationalen Interesses gerückt, doch er bleibt wie er war: natürlich, ungezwungen und hellwach. Aus dem ganzen Land wurde plötzlich die Presse eingeflogen. Sie sollte anwesend sein, wenn er den Lahsang, die tibetische Zeremonie zur Reinigung und Heilung der Erde, durchführte. Der Lahsang ist auch eine Zeremonie für den Weltfrieden und Teil der weltweiten Pilgerfahrt des Zwölften Tai Situpa für Aktiven Frieden, an der der Dalai Lama teilnimmt.

Der Mount Tamalpais, vom Küstenstamm der Miwok-Indianer verehrt, die ihn manchmal «Koyotenzwinger» nennen, bietet einen eindrucksvollen Rahmen für die Zeremonie, als wir rund achthundert Meter über einer vom Nebel verhüllten Welt sitzen. Der Pazifische Ozean, die Bucht von San Francisco, die Halbinsel Point Reyes – sie alle bleiben unten unsichtbar. Hier auf dem Westgipfel, dem höchsten Punkt des Berges, ist der Himmel klar und strahlend blau, die Sonne scheint warm. Raben krächzen und fliegen über Heidekraut und Kiefern, blaue Häher kreischen und Eichhörnchen schimpfen. Alle tragen sie dazu bei, daß die sonst übliche Stille des Berges gestört wird.

Ich befinde mich wenige Meter vom Podium, eingezwängt zwischen Photographen, Fernsehleuten und Reportern. Kameras klicken wie leichtes Maschinengewehrfeuer. – Zwei Fragen werden immer wieder gestellt: Welchen Eindruck hat der Nobelpreis auf ihn gemacht, und was wird die Zukunft für Tibets Kampf um Unabhängigkeit von China bringen?

Die deutlichste, unverblümteste Antwort auf alle Fragen ist der Dalai Lama selbst. Seine Ausstrahlung ist fröhlich, warmherzig und natürlich. «Ich bin nur ein einfacher buddhistischer Mönch, nicht mehr und nicht weniger», beginnt er, «daran hat sich nichts geändert. Menschliche Zuwendung und Mitleid, das ist meine persönliche Religion, vielleicht ist es

*Tenzin Gyatso, der 14. Dalai Lama, in Kalifornien.*

die Universalreligion. – Ich bin immer Optimist. Es gibt etwas im Blut der Menschen, das Freiheit braucht. Ein Unterdrückungssystem ist gegen die menschliche Natur. Es funktioniert auf die Dauer nicht. Der menschliche Geist kann die negativen, bösen Kräfte der Unterdrückung nicht ertragen.

Dieses zwanzigste Jahrhundert ist vielleicht das wichtigste Jahrhundert der menschlichen Geschichte. Viele traurige Dinge ereignen sich, aber der positive Aspekt dabei ist: wenn die Dinge so schrecklich, so gefährlich werden, wachen die Menschen auf. Die nukleare Bedrohung ist so furchtbar, so gewaltig, daß sie den Wunsch nach Weltfrieden weckt.» Er fügt mit Nachdruck hinzu: «Es gibt also Hoffnung. Wir müssen sie haben. Den Mut zu verlieren, bringt keinen Nutzen», bemerkt er pragmatisch, gleichgültig wie schlimm die Weltlage erscheint. Die tibetische Einstellung ist gleichbleibend positiv. «Jeder einzelne muß Verantwortung für die große Völkerfamilie übernehmen. Wenn wir das Unglück und Leiden der anderen nicht beseitigen können, so können wir es wenigstens verringern. Unser individuelles Heil ist genau dies, nämlich individuell, aber das Heil der Gesellschaft ist Sache eines jeden. Eine echt altruistische Einstellung ist der Keim für eine glückliche Zukunft. Wir müssen Geduld haben.

Gewalt ist nichts Beständiges. Revolutionen können zwar mit Gewalt ein bestehendes System stürzen, aber sie haben kaum etwas zu bieten, was zu einer neuen, sinnvollen Lebensweise führt. Der Grund dafür ist für mich ziemlich eindeutig. Die revolutionären Bewegungen, die Gewalt anwenden, sind vom Haß getragen, nicht von der Liebe. Ja, es gibt einiges Mitgefühl, ein gewisses Interesse an den weniger Privilegierten, an den Nöten der Menschen, das ist sehr gut: aber wenn man die Motivation durch Liebe mit der Motivation durch Haß vergleicht, macht die Gewalt des Hasses vermutlich siebzig Prozent der Motivation aus. Eine solche Gewalt kann nicht lange währen, sie erzeugt nur mehr aus sich selbst. Auf die Dauer ist die einzige Motivation, die Stabilität und bleibende Veränderung hervorbringt, liebevolle Wärme, Mitleid, Gewaltlosigkeit und der altruistische Wunsch, anderen zu helfen. Das sind die Antworten.»

Erst vor wenigen Tagen war ich ihm im Auditorium in San Jose begegnet, wo er Dzogchen-Unterweisungen gab, dann traf ich ihn bei der Kalatschakra-Zeremonie in Los Angeles, aber jetzt sehe ich ihn unter den Zwängen der Politik, im Blickpunkt der Öffentlichkeit, und dennoch verhält er sich nicht anders. Das Engagement an dem Weg der Freundlichkeit, des Mitleids, des Altruismus und der Gewaltlosigkeit wird von ihm in vollkommener Weise verkörpert.

Die Unterdrückung der Tibeter durch die Chinesen hat sich seit meiner ersten Begegnung mit ihm in Indien 1986 verschärft. Im März 1989 verhängten die Chinesen in Tibets Hauptstadt Lhasa das Kriegsrecht, nachdem die gewaltlosen Demonstrationen gegen deren Herrschaft zugenommen hatten. Die Tibeter forderten immer wieder die Unabhängigkeit von China. Gewalttätigkeiten waren die Folge, und es verstärkte sich der Druck auf den Dalai Lama, bewaffneten Widerstand und Revolution zu befürworten. Er tat es nicht. Hunderte von Tibetern wurden getötet, Tausende mehr eingesperrt, und die internationale Presse des Landes verwiesen.[1]

Drei Monate nach Verhängung des Kriegsrechts in Tibet sah die Welt aus nächster Nähe, daß die chinesische Regierung vor nichts zurückschreckte, um die Kontrolle zu behalten. Die Göttin Demokratie regierte den Platz des Himmlischen Friedens einen unvergeßlichen Augenblick lang, bevor die Staatsmacht einschritt und Hunderte, wenn nicht Tausende ihrer eigenen Bürger niedermetzelte. Die genauen Zahlen werden sich nie feststellen lassen. Die mit Benzin übergossenen Leichen der Demonstranten wurden an Ort und Stelle angezündet.

Wie Gandhi vor ihm lehnt es Tenzin Gyatso ab, sich der Brutalität zu beugen oder gegen die Chinesen Feindseligkeit zu hegen. Er spricht von der Not der Tibeter, doch verachtet oder verurteilt er nie das chinesische Volk. Er legt weiterhin seinen Fünfpunktefriedensplan vor und tritt immer wieder für Vernunft, Liebe und Mitleid ein.[2]

Jetzt hängt der süßliche Duft von Wacholderweihrauch in der Luft, eine Opfergabe der Lahsang-Zeremonie. Der Dalai Lama sitzt hier lächelnd, die Haare seitlich kurzgeschnitten, die Brille mit den getönten Gläsern ist ein wenig von der Nase gerutscht, und die Augen schauen darüber hinweg. Eine Hand stützt das Kinn, wenn er nachdenkt, über einer Schulter liegt die rote Robe, er bewegt sich vor und zurück, wenn er auf dem Gipfel dieses Berges spricht, auf dem ich fast täglich wandere. Dieser Berg, in dessen Schatten ich meine Kinder aufzog, auf dem wir kletterten, spielten, schliefen, zeichneten, malten und liebten. Auf diesem Berg, den ich auf meinen Wanderungen grüße und verehre, sitzt jetzt der Dalai Lama und spricht. Er erinnert die Welt an das, was wir schon wissen – entscheidet Euch für Liebe, menschliche Wärme, Gewaltlosigkeit, arbeitet zum Nutzen aller –, er füllt den Schatz an Weisheit und Mitleid für die gesamte menschliche Familie wieder auf.

Einige Monate, bevor ich vom Kommen des Dalai Lama erfuhr, hatte ich auf meinen Wanderungen begonnen, mich vom etwas tiefer gelegenen Kamm aus vor dem Mount Tamalpais zu verbeugen. Zuerst schaute ich mich befangen um, um sicherzugehen, daß ich allein war, dann kniete ich mich auf den Pfad, berührte die geliebte Erde mit meinem Kopf und sprach ein kurzes Gebet. Ich verbeugte mich zuerst vor dem Berggipfel im Norden, dann erhob ich mich und verbeugte mich nach jeder der anderen Himmelsrichtungen: Osten, Süden und Westen.

Mit der Zeit wurden diese Verbeugungen zur festen Gewohnheit, wenn ich den Bergkamm erklomm. Es war eine Möglichkeit, dieser Gegend meine Reverenz zu erweisen. Die Himmelsrichtungen erhielten allmählich ihre besonderen Bedeutungen. Mount Tamalpais im Norden ist der Genius dieses Orts, der Osten meine Familie und Gemeinde, der Westen draußen über dem Ozean der Tod, der bald zu meinem Großvater kommt und eines Tages auch zu mir. Ich grüße ehrerbietig und hoffe, daß ich ihm so gelassen begegne, wie mein Großvater es tut. Ich weiß noch nicht, was der Süden darstellt.

Am nächsten Morgen gehe ich sehr früh auf einer verschlammten Brandschutzstraße an der Bergflanke. Ich sehe nach Osten, als ich mich fast noch im Dunkel heimwärts wende. Die Dämmerung setzt gerade erst ein, ein ganz leichter Schein schimmert perlweiß am Horizont.

Ich bin verblüfft über die winzigen flackernden Lichter über dem Boden, sie erinnern mich an angezündete und wieder ausgeblasene Streichhölzer. Dann stelle ich fest, daß die Flügel von Vögeln aufblinken, wenn sie von Busch zu Busch jagen und auf dem Boden auf- und abhüpfen. Die Dämmerung ist noch so nachttrunken, daß ich die Vögel nicht entdecken kann, bis sie ihre Flügel ausbreiten. Dabei erhascht das ganz schwache Gegenlicht die Umrisse und zeigt mir im Aufblitzen nicht den Vogel, aber den ausgebreiteten Flügel.

# Anmerkungen

## *1. Der Buddha und die Buddha-Tara*

1 Walpola Rahula, *What the Buddha Taught*, New York: Grove Press 1974, S. 61.
2 Ebenda. Rahula bemerkt (S. XII), daß der Therawada vor allem in den Ländern Südostasiens praktiziert wird, zum Beispiel in Sri Lanka, Birma, Thailand, Kambodscha, Laos, während der Mahayana Buddhismus später in Tibet, der Mongolei, China und Japan entwickelt wurde.
3 Berkeley: University of California Press 1978.
4 Siehe hierzu: M. Pema-Dorje, TARA. Weiblich-göttliche Weisheitskraft im Menschen, Walter-Verlag 1991.
5 Für diese Version der Durga-Geschichte beziehe ich mich vor allem auf David Kinsley, *Hindu Godesses*, Berkeley: University of California Press 1986, = *Indische Göttinnen*, Insel-Verlag 1990, und Ajit Mookerjee, Kali: *The Feminine Force*, New York: Destiny Books 1988.
6 Kinsley, S. 96.
7 Ebenda, S. 118.
8 Margaret und James Stutley, *Dictionary of Hinduism*, San Francisco: Harper & Row 1977, S. 137.
9 Auch bekannt als *Mahanirvana Tantra*, ins Englische übersetzt von Arthur Avalon, New York: Dover 1972, S. 50. «Arthur Avalon» war der britische Rechtsanwalt Sir John Woodroffe, der im 19. Jahrhundert in Indien lebte.
10 Erschienen unter dem Titel: *Sky Dancer: The Secret Life and Songs of the Lady Yeshe Tsogyel*, London: Routledge & Kegan Paul 1984.
11 Mookerjee, S. 28.
12 Anne Fausto-Sterlin, «Society Writes Biology/Biology Constructs Gender», *Daedalus*, 116 (Herbst 1987), S. 64.
13 Das Wort «zornig» wird oft in Übersetzungen verwendet, um die Form einer Gottheit zu beschreiben, die ich lieber als «grimmig» bezeichne. Ich lehne den allgemein üblichen Gebrauch von «zornig» ab, da «Zorn» zwangsläufig «Wut» beinhaltet, und von diesen Gottheiten, zumindest in der tibetischen Tradition, kann in keiner Weise behauptet werden, daß sie «wütend» seien, trotz der Wildheit oder Grimmigkeit ihres Gesichtsausdrucks oder ihrer allgemeinen Haltung. Man könnte auch die Worte «furchterregend» oder «schrecklich» verwenden.
Die Grimmigkeit der Tara und anderer Gottheiten wird oft verglichen mit dem Verhalten und dem Ausdruck einer Mutter, die versucht, ihr einziges Kind vor einem schnell heranrasenden Auto zu bewahren. Dem Kind mag die Mutter «grimmig» oder «wütend»

erscheinen, tatsächlich war die Motivation der Mutter Liebe und Mitgefühl. Das macht den wesentlichen Unterschied aus – die Motivation.

14 Arthur Avalon (Sir John Woodroffe), Übersetzer, *Hymn to Kali (Karpuradi-Stotra)*, Madras: Ganesh & Co. 1965, zitiert das Yogini-Tantra. «Die Erwähnung eines Unterschieds zwischen ihnen hat Anlaß zu verschiedenen Mantras gegeben» (S. 34). Vidya ist eine Form von Mahadevi oder der Großen Göttin.

15 Leonard Nathan und Clinton Seely, Übersetzer, *Grace and Mercy in Her Wild Hair. Selected Poems to the Mother Godesses by Ramprasad Sen*, Boulder, Colorado: Great Eastern 1982, S. 27.

16 *Tara, Durga, Kali, Mutter, die Große Devi* – Ramprasad besang sie immer wieder in seinen erstaunlichen Gedichten. «Höre diese Geschichte an, Mutter Tara», verlangte er in einem Gedicht, in einem anderen rief er: «Tara, Tara... Du bist die Mutter von allen...» Ramprasad sagte: «Du wirst [die] Mutter/ in jedem Haus finden/ ...sie ist Mutter, Tochter, Ehefrau, Schwester/ Jede Frau in Deiner Nähe.»

## 2. *Unter der Oberfläche*

1 Für weitere Ausführungen zu diesem Thema siehe die Arbeit von Christina und Stanislav Grof, M. D., *The Stormy Search for the Self*, Los Angeles: Tarcher, 1990. = *Die stürmische Suche nach dem Selbst*, Kösel-Verlag, 1991.

2 *Briefe*, herausgegeben von Aniela Jaffe mit Gerhard Adler, Walter-Verlag 1972, zitiert in Anonymus, *Pass It On*, New York: World Services, 1984, S. 684–685.

3 Siehe Ernest Kurtz, *Not God*, Center City, Minn.: Hazelden 1979, S. 8–9.

4 *The National Council on Alcoholism*, 1944 gegründet, hat angegliederte Vereinigungen in beinah 100 Städten der USA. Sie stellen Informationsmaterial zur Verfügung und geben Hinweise über Alkoholismus und seine Behandlung für den lokalen wie nationalen Bereich.
Die Anonymen Alkoholiker, gegründet 1935, sind eine internationale Vereinigung von Frauen und Männern, die ihre Erfahrung, Kraft und Hoffnung miteinander teilen, um ihr gemeinsames Problem zu lösen und anderen zu helfen, vom Alkohol loszukommen. Zahllose andere Selbsthilfegruppen haben erfolgreiche Programme nach den zwölf Stufen der AA entwickelt.
AA ist eine weltweite Organisation, die in jedem Telefonbuch zu finden ist.

## 3. *Tara und Schwarze Madonna*

1 Leonard W. Moss und Stephen C. Cappannari in James J. Preston, Hg., *Mother Worship*, Chapel Hill, N. C.: University of North Carolina Press 1982, S. 53–74.

2 *Newsweek* magazine, Juli 1984

3 New York: Vintage 1981, S. XVI. Siehe auch Paul F. Rudolf, *Jesus und Qumran. War der Nazarener ein Essener?*, Walter-Verlag 1993.

4 *The Secret Book of Revelation*, New York: McGraw-Hill. Siehe auch: Gilles Quispel, *Gnosis als Weltreligion*, Origo-Verlag, 1979, S. 120.

5 Ebenda, S. 133.
6 Ebenda, S. 15.
7 Elaine Pagels, *The Gnostic Gospels*, New York: Vintage 1981, S. XVI, = *Versuchung durch Erkenntnis*, Suhrkamp-Verlag 1987. Eine ausgezeichnete Quelle für die Gnostiker.
8 Marina Warner, *Alone of All Her Sex*. = *In weiblicher Gestalt*, Rowohlt-Verlag 1989. Warner bemerkt, daß im Hebräischen der Geist Gottes feminin war, die *Shekinah*, «Neutrum im Griechischen, *pneuma*, feminin als *sophia* (Weisheit), stets Femininum im Syrischen, aber im Lateinischen wurde es unverständlich maskulin: *spiritus sanctus*» (S. 39).
9 Eleanor Munro, *On Glory Roads. A Pilgrim's Book about Pilgrimaga*, New York: Thames and Hudson 1987, S. 145. Ephesus gehört heute zum Westen der Türkei.
10 *The Secret Book of Revelation*, S. 12.
11 Joseph Jablonski, *Free Spirits. Annals of the Insurgent Imagination*, San Francisco: City Lights 1982.
12 Der Orden der Frau in der Wüste von Johann Kelpius wird als eine der frühen utopischen Gemeinschaften in Amerika beschrieben in: Delores Hayden, *Seven American Utopias*, Cambridge, Mass.: MIT Press 1977. Ausführlicher behandelt den Orden Friedrich Sachse in seinem Kapitel «The Hermits on the Wissahickon» in: *The German Pietists of Provincial Pennsylvania 1694–1708*.
13 Juliane von Norwich, *Showings*, übersetzt und eingeleitet von Edmund Colledge O. S. A. und James Walsh, S. J., The Classics of Western Spirituality, New York: Paulist Press 1978, S. 298–299. Ebenso in: Anne Bancroft, *Mystiker, Wegweiser für die Zukunft*, Walter-Verlag 1992, S. 67–98.
14 Martin Buber, *Ecstatic Confessions*, 1909, S. 110.

### 4. *Wo die Tara im Felsen auftaucht*

1 Stefan Beyer, *The Cult of Tara*, Berkeley: University of California Press, 1978, S. 4.
2 Zu jener Zeit leitete Tara Doyle das Antioch College Buddhist Studies Program in Bodh Gayā, Indien.
3 Professor Robert Thurman wies darauf hin.
4 John Blofeld hat sich klar zu diesem Thema geäußert in *The Tantric Mysticism of Tibet*, Boston: Shambala Publications 1987, S. 199. Viele Beschreibungen der tatsächlichen Praktiken, *sadhanas*, werden selten dargelegt, außer in ganz allgemeiner Weise, schreibt er. Bei Blockdrucken und Handschriften, die die Lamas privat aufbewahren, dürften sogar gewisse Absätze chiffriert oder gar ausgelassen sein, so daß der Nichtinitiierte sie ohne richtige Führung nicht benutzen kann.

### 5. *Auf den spirituellen Pfad katapultiert*

1 Mit «in meiner Nähe» meine ich die Region der Bucht von San Francisco. Lehrerinnen gingen aus dem Durcheinander einiger Zen-Gemeinden an der Ostküste und in Los Angeles hervor, doch 1985 hatte ich mich dem Studium des tibetischen Buddhismus zugewandt, wo es weniger Lehrerinnen gab.

2 Boston: Routledge & Kegan Paul 1984; deutsch: *Tibets weise Frauen*, Capricorn ²1987.
3 Ebenda, S. 52–54. Alliones Erörterung des *delog* bezieht sich auf Mircea Eliades *Shamanism* und Giuseppe Tuccis *Religions of Tibet*. Siehe auch: Roger n. Walsh, *Der Geist des Schamanismus*, Walter-Verlag 1992.

*6. Gespräch mit dem Dalai Lama*

1 John F. Avedons Buch *In Exile from the Land of the Snows. The First Full Account of the Dalai Lama and Tibet Since the Chinese Conquest*, New York: Knopf 1984 ist das grundlegende Werk zu diesem Thema.
2 Ithaca N. Y.; Snow Lion Publications 1985. – Siehe auch: Dalai Lama, *Eine Politik der Güte*, Walter-Verlag 1992, und: Dalai Lama / Eugen Drewermann, *Der Weg des Herzens*, Walter-Verlag 1992.

*7. Grün symbolisiert Aktivität*

1 «Grün» kann im Tibetischen auch *dunkel* oder *schwarz* bedeuten. Vergleiche Martin Willson, *In Praise of Tara. Songs to the Saviouress*, London: Wisdom Publications 1986. «*sNgo sangs = śyama*», was jede dunkle Farbe bedeuten kann – schwarz, dunkelblau, -braun, -grau, -grün – aber das allgemein gebräuchliche Wort für die Farbe der Grünen Tara (Ĺyama-Tara) ist (S. 402, Anm. 82).
2 Ebenda, Elefanten und Dämonen, S. 304–306.
3 Als menschliche Inkarnation der Tara angesehen, wurde die gegenwärtige Inkarnation von Dorje Phagmo von den Chinesen speziell ausgewählt, was ihre Authentizität verdächtig macht. Die Tibeter, mit denen ich in Dharamsala sprach, hatten wenig Vertrauen in sie.
4 Ich verdanke Professor Robert Thurman das Verständnis dafür, wie erstaunlich reich und wie verschiedenartig die indisch-tibetische Ansicht von der westlichen ist. Lama Anagarika Govindas *Foundations of Tibetan Mysticism*, New York: Samuel Weiser 1977, S. 99–110, macht die spirituelle Grundlage des buddhistischen Bildes von Gottheiten in der Vereinigung noch klarer, die dem ungeübten westlichen Auge als rein sexuell erscheinen mag.
4a Eine genaue Erklärung und Anwendung findet sich in: M. Pema-Dorje, *TARA. Weiblich-göttliche Weisheitskraft im Menschen*, Walter-Verlag 1991.
5 Boston: Shambhala Publications 1987, S. 84 ff.
6 Tulku Chagdud Rinpoches ausgezeichnete Beschreibung.
7 Ebenda, S. 85. Blofeld zitiert Edward Conzes *Buddhism*, Oxford: Bruno Cassirer ²1953; deutsch: *Der Buddhismus*, Stuttgart: Kohlhammer 1953.
8 Karma Lekshe Tsomo, *Sakyadhita: Daughters of the Buddha*, Ithaca N. Y.: Snow Lion Publications 1989, Herausgeberin der Protokolle und Gespräche der Bodh Gayā Konferenz. Deutsch: *Töchter des Buddha. Leben und Alltag buddhistischer Frauen in heutiger Zeit*, Diederichs-Verlag 1991.
9 Die Komplexität dieses Themas erörtert Dr. Judith Simmer-Browns Artikel in *The*

*Vajradhatu Sun*, «Mahaprajapati's Daughters: The Restoration of the Bikshuni Order in Tibetan Buddhism,» Bd. 10, Nr. 5 (Juni–Juli 1988), S. 8–28.

10 Karma Lekshe Tsomo, «Tibetan Nuns and Nunneries» in *Tibet Journal*, Bd. 10, Nr. 4 (Winter 1987). Nachdruck in *Feminine Ground: Essays on Women and Tibet*, hg. von Janice D. Willis, Ithaca N. Y.: Snow Lion Publications 1987.

11 Ich habe Lekshes Erzählung ergänzt mit Material aus Susan Murcotts «Women Who Have Grown Old With Knowledge», ihrer neuen Übersetzung der *Therigatha.* (Unveröffentlichtes Manuskript, Marblehead, Mass. 1985)

12 Siehe Helen Tworkow, *Zen in America*, Berkeley: North Point Press 1989.

13 Siehe Hopkinson, Hill und Kiera, Hg., *Not Mixing up Buddhism* sowie die Arbeit von Professor Anna Carolyn Klein «Gain or Drain? Buddhist and Feminist Views on Compassion» in *Spring Wind*, Bd. 6, Nr. 1, 2 und 3 (1986), die Schriften von Professor Rita Gross und anderen, die ich erst später entdecken sollte.

*8. Die Schwarze Madonna*

1 Ean Beggs *The Cult of the Black Virgin*, Boston: Arkana 1985, enthält hinten ein nützliches Ortsverzeichnis, das viele der Schwarzen Madonnen in Europa und auf der ganzen Welt lokalisiert und beschreibt.

2 Dora Kalff starb am 15. Januar 1990 in Zollikon, Schweiz.

3 C. G. Jung und C. Kerenyi, *Essays on a Science of Mythology*, Princeton N. J.: Princeton University Press, Bollingen Paperback, 1973, S. 73.

4 Ebenda, S. 79.

5 Kulturelles Aufgehen war verbreiteter, als viele es wahrhaben wollen. In Ägypten und Syrien feierte man den 25. Dezember als Geburt des Sonnengottes, der von der Jungfrau zur Welt gebracht wurde, vor der Geburt Christi. «Zweifellos war die Jungfrau, die so empfing und am 25. Dezember einen Sohn gebar, die große orientalische Göttin, die die Semiten die Himmlische Jungfrau nannten ... eine Form der Astarte», schreibt Sir James Frazer, *The Golden Bough*, New York: Macmillan 1967, S. 416; deutsch: *Der goldene Zweig*, Rowohlt 1989.

6 Das erste Buch der Könige, 11,5.

7 Das heutige Syrien und Irak bis zum Niltal.

8 Die Verschmelzung der Elemente verschiedener Kulturen heißt in der Religionssoziologie «Synkretismus». Es handelt sich um einen dynamischen, logischen, fortlaufenden Prozeß. Wie Dr. Lindegger zeigte, wurden viele Kirchen an der Stätte früherer heidnischer Tempel erbaut.

Die Anthropologen Leonard W. Moss und Stephen C. Cappannari geben in ihrem Essay «Auf der Suche nach der Schwarzen Jungfrau» eine der klarsten Beschreibungen dieses Prozesses, wenn sie Papst Gregor den Großen zitieren, der 601 an seine Priester schrieb: «Wir müssen es unterlassen, die Götzentempel zu zerstören. Es ist nur notwendig, die Idole zu zerstören und Weihwasser in selbigen Tempeln zu versprengen, selber Altäre zu bauen und heilige Reliquien hineinzustellen. Wenn der Bau dieser Tempel fest, gut und nützlich ist, werden sie vom Dämonenkult zum Dienst am wahren Gott übergehen. Denn es wird soweit kommen, daß die Menschen, die das Fortbestehen ihrer alten Kultstätten sehen, aus Gewohnheit bereit sein werden, dorthin zu gehen.» Zitiert in James J. Preston, Hg., *Mother Worship*, Chapel Hill, N.C.: University of North Carolina Press 1982, S.71. Gregors Priester hatten Mühe, Konvertiten zu gewinnen. Deshalb sein Rat, die bereits als heilig betrachteten Stätten zu benutzen, um die Bekehrung annehmbarer zu machen.

Moss und Cappannari erwähnen ein Beispiel dieser kulturellen Öffnung – den Fall einer Kirche in Enna auf Sizilien. Das auf einem steilen Berg in Sizilien gelegene Enna war ein Ort, der der Ceres und Proserpina geweiht war. Dies waren die römischen Namen für Demeter, die Große Muttergöttin der Erde, und ihrer Tochter Persephone, der Königin der Unterwelt. (In der älteren griechischen Sage hieß Persephone «Retterin» wegen ihres alljährlichen Todes und Wiederaufstiegs. In der römischen Version des Mythos glaubt man, daß Proserpinas Entführung durch Pluto am Ufer des Ennasees stattfand. «In Enna auf Sizilien findet man die interessanteste Adaption des heidnischen Symbolismus durch die römisch-katholische Kirche: bis zur Mitte des neunzehnten Jahrhunderts wurden die Figuren der Ceres und der Proserpina in der Kirche als Jungfrau und Jesuskind verwendet, obwohl *Proserpina weiblichen Geschlechts* ist! Aufgrund einer päpstlichen Verfügung von Pius IX. brachte man die heidnischen Figuren in ein nahegelegenes Museum, das aus gewissem Grund nie für die Öffentlichkeit zugänglich ist.» Ebenda S.61.

Ceres hatte einen schwarzen Aspekt wie die Demeter Melaina, die Schwarze Demeter. Beide waren Erdgöttinnen, Quellen der Fruchtbarkeit und – mit Ishtar, Inanna, Kybele, Isis, Artemis, Diana und anderen Vorläuferinnen der Schwarzen Madonna.

9 Trägt nach Dr. Lindegger heute den Namen *Monte San Guiliano*.

10 Ich beziehe mich weitgehend auf Gustafsons Forschungsarbeit über die Madonna von Einsiedeln (siehe Anm. 11). Das Kloster veröffentlicht ebenfalls darüber Versionen, doch seine Arbeit ist detaillierter und kritischer. Die in englischer Sprache erhältlichen Klosterbücher sind vor allem chronologische Geschichtsdarstellungen. Gustafson bringt das auch und geht darüber hinaus. Seine Arbeit wurde gründlich revidiert und als Buch umgeschrieben: *The Black Madonna*, Boston: Sigo Press 1990.

11 Fred Gustafson, «The Black Madonna of Einsiedeln. A Psychological Perspective», Essay, Jung-Institut, Küsnacht, Schweiz, S.4.

12 Ebenda, S.5.

13 Ebenda, S.13.

14 Ebenda.

15 Ebenda, S.14.

16 Der Engel Gabriel sagte zur Jungfrau Maria: «Der heilige Geist wird über Dich kommen, und die Kraft des Höchsten wird Dich überschatten; darum wird auch das Heilige, das von Dir geboren wird, Gottes Sohn genannt werden.» (Lukas 1,35)

17 Ean Begg, *The Cult of the Black Virgin*.

18 James Trefil, *The Dark Side of the Universe*, New York: Anchor Books 1988.

19 Siehe Virginia Trimble, Professor der Physik an der University of California, Irvine: «The Search for Dark Matter», Teil zwei von «Our Cosmic Origins» in *Astronomy*, Bd.16, Nr.3 (März 1988), S.18–23.

20 Marcia Bartusiak zitiert Forscher in: «Wanted: Dark Matter» in *Discover* (Dezember 1988), S.63–69.

21 Erich Neumann, *The Great Mother*, übersetzt von Ralph Manheim, Princeton N.J.: Princeton University Press 1974, S. 165. Originalausgabe: *Die große Mutter*, Walter-Verlag 1974.

22 *Atlas of the World*, Washington D.C.: National Geographic Society, $^{3}$1970 rev., S. 156–157.

23 Vgl. Joseph Campbell und Bill Moyers, *The Power of Myth*, deutsch: *Die Kraft der Mythen. Bilder der Seele im Leben des Menschen*, Artemis-Verlag; Ean Begg, *Cult of the Black Virgin*, Ivan van Sertima, Hg., *Black Women in Antiquity*; Geoffrey Ashe, *The Virgin*, u.a.

24 *Original Blessing*, Santa Fe, N.M.: Bear & Co. 1985. Siehe auch: Anne Bancroft, *Mystiker, Wegweiser für die Zukunft*, Walter-Verlag 1992.

25 Elisabeth Schüssler-Fiorenza, *Bread not Stone: The Challenge of Feminist Biblica*; Brot statt Steine. Die Herausforderung der feministischen Interpretation der Bibel, Edition Exodus. *Interpretation*, Boston: Beacon 1985.

25a Siehe: Caitlin Matthews: *Sophia – Göttin der Weisheit*, Walter-Verlag 1993.

26 *The Mother's Songs. Images of God the Mother*, New York: Paulist Press, 1986.

27 Pagels arbeitete an ihrem letzten Buch *Adam, Eve and the Serpent*, New York: Random House 1988, als wir im Januar 1987 davon sprachen.

28 Geshe Champa Lodro Rinpoche gab eine Erklärung der Tara, die wesentliche Punkte aus dem Bericht des tibetischen Jo-nang Lamas Taranatha (16. Jahrhundert) enthielt. In seinem Text *Der Goldene Rosenkranz* erhellte er den Ursprung des Tara-Tantra. Eine Version des Textes ist unter dem Titel *The Origin of the Tara Tantra* ins Englische übersetzt und herausgegeben von David Tempelman, Dharamsala: Library of Tibetan Works and Archives 1981. Geshe Champa Lodro hatte sein eigenes Zentrum im Rige Champa Chöling in Adligenswil. Er lehrte auch am Yiga Chözin, wo ich ihn traf.

28a M. Pema-Dorje, *TARA. Weiblich-göttliche Weisheitskraft im Menschen*, Walter-Verlag 1991.

29 Er erklärte, daß es mehr als 21 Taras gibt.

### *9. Der Weg nach Polen*

1 Nagarjuna schrieb für diese Form der Tara einen bekannten «Lobpreis auf die Khadiravani Tara». Siehe Martin Willson, *In Praise of Tara. Songs to the Saviouress*, London: Wisdom Publications 1986, S. 282–285.

### *10. Die polnische Schwarze Madonna*

1 Marian Zalecki, O.S.P., *Theology of a Marian Shrine. Our Lady of Czestochowa*, Marian Library Studies, Bd. 8, Dayton, Ohio: University of Dayton 1976.

2 Janusz S. Pasierb, *The Shrine of the Black Madonna at Czestochowa*. Fotografien von Janusz Rosikon, Chris Niedenthal, Josef Jurkowski, Warschau: Interpress Publishers 1985, S. 6.

3 Ebenda, S. 75.

*13. Die Jungfrau von Guadalupe*

1 Thich Nhat Hanh wurde von Martin Luther King [jun.] für seine Arbeit als Vorsitzender der vietnamesisch-buddhistischen Friedensdelegation während des Krieges für den Friedensnobelpreis vorgeschlagen. Er ist Dichter und Zen-Meister und Verfasser zahlreicher Bücher, darunter *Being Peace*, Berkeley: Parallax Press 1987. Parallax veröffentlicht die meisten von Thich Nhat Hanhs Werken: P.O. Box 7355, Berkeley, Ca. 94707.

2 Die vierzehn Regeln des Order of Interbeing in gekürzter Form:

1. Sei nicht abgöttisch hingegeben oder gebunden an eine Doktrin, Theorie oder Ideologie, auch nicht an eine buddhistische. Alle Systeme des Denkens sind Anleitungen; sie sind nicht absolute Wahrheit.

2. Glaube nicht, daß Dein Wissen unveränderliche, absolute Wahrheit ist... Wahrheit findet sich im Leben und nicht nur im begrifflichen Wissen...

3. Zwinge nicht andere, auch nicht Kinder, mit welchen Mitteln auch immer, Deine Ansichten anzunehmen...

4. Meide nicht das Leid oder schließe nicht Deine Augen vor dem Leid...

5. Häufe nicht Reichtum an, während Millionen hungern... Lebe einfach und teile Zeit, Energie und materielle Güter mit denen, die in Not sind.

6. Sei nicht zornig oder haßerfüllt...

7. Verzettele Dich nicht und verliere Dich nicht an Deine Umgebung. Lerne zu atmen, um Körper und Geist wieder zu beherrschen...

8. Sage nichts, was Zwietracht sät und das Zusammenleben bedroht. Setze alles daran, jeden noch so kleinen Konflikt zu lösen.

9. Sage nicht die Unwahrheit... Sage nichts, was Spaltung und Haß verursacht... Sprich immer aufrichtig und konstruktiv. Habe den Mut, über Ungerechtigkeiten zu sprechen, selbst wenn dadurch Deine eigene Sicherheit bedroht ist.

10. Eine religiöse Gemeinschaft sollte eine klare Stellung gegenüber Unterdrückung und Ungerechtigkeit beziehen und sollte eine Änderung der Lage anstreben, ohne an Parteienkonflikten teilzunehmen.

11. Lebe nicht von einem Beruf, der den Menschen und der Natur schadet... Wähle einen Beruf, der Dein Mitleidsideal verwirklichen hilft.

12. Töte nicht. Laß andere nicht töten. Finde alle vorhandenen Mittel, um Leben zu schützen und Krieg zu verhindern.

13. Besitze nichts, das anderen gehören sollte...

14. Mißhandle nicht Deinen Körper. Lerne respektvoll mit ihm umzugehen... Zum Ganzen siehe: Thich Nhat Hanh, *Interbeing: Commentaries on the Tiep Hien Precepts*, ed. Fred Eppsteiner, Berkeley, Parallax Press 1987.

3 New York: Pantheon Books 1985, S. 84.

4 Victor und Edith Turner, *Image and Pilgrimage in Christian Culture: Anthropological Perspectives*, New York: Columbia University Press 1978, S. 47.

5 Zsolt Aradi, *Shrines to Our Lady Around the World*, New York: Farrar, Straus & Young 1054, S. 155–156.

## 14. *Das Antlitz der Madonna*

1 Victor und Edith Turner, *Image and Pilgrimage in Christian Culture: Anthropological Perspectives*, New York: Columbia Press 1978, S. 100

2 Als ich im August 1988 das Tal besuchte, stieg die Zahl der Flüchtlinge ständig an und erreichte im folgenden Winter kritische Ausmaße. Genaue Zahlen sind schwer zu ermitteln. Sie sollten nicht nur die Asylbewerbungen des INS-Distriktes einschließen, sondern auch die Festnahmen durch die Grenzkontrollen und die unbekannte Zahl derer, die – freiwillig oder unfreiwillig – bei keiner Bundesbehörde vorstellig wurden. Ab Oktober, November, Dezember 1988 bewarben sich pro *Tag* 450 Menschen (beinah 10000 im Monat) um politisches Asyl beim Direktor des INS, wie mir der stellvertretende Leiter des Brownsviller INS berichtete.
Von Januar 1990 an kam es nach der Rebellenoffensive von 1989 zu einem dramatischen Anstieg an Salvadoranern in Südtexas. Am 7. Februar 1990 führte der INS die Internierungspolitik wieder ein und errichtete erneut zirkusgroße Zelte, um des Zustroms Herr zu werden. Der INS sagte, er könne bis zu 10000 Menschen in dem Internierungslager unterbringen.

3 Die Sanctuary-Bewegung ist eine Gruppe von Glaubensgemeinschaften – Kirchen, Tempeln –, die sich selbst zu Zufluchtsstätten machten, zu sicheren Häfen für Flüchtlinge ohne Ausweise aus den Kriegsgebieten Mittelamerikas, die Zuflucht suchten. Im Gegensatz zu der begrenzten Auslegung der Refugee Act von 1980, wie sie die Vereinigten Staaten vornahmen, helfen die teilnehmenden Kongregationen, Nahrung und Unterkunft zu beschaffen und die Anträge auf Ausweise und den angemessenen Rechtsstatus zu stellen.

4 Charles Lane, «The War That Will Not End» in *The New Republic*. 16. Oktober 1989, S. 23. Lane berichtet über Mittelamerika für das Magazin *Newsweek* und lebt in San Salvador.

5 «Vor 1975 lehnte das Department of Justice der Vereinigten Staaten weniger als 200 politische Asylfälle im Jahr ab. 1989 gibt es mehr als 50000 Anträge, die bei Einwanderungsgerichten anhängig sind. Der Zustrom mittelamerikanischer Flüchtlinge in den achtziger Jahren wurde einfach nicht vorausgesehen.» Mittelamerikaner und Haitianer stellen die größte Zahl an schwebenden Verfahren. Aurora Camacho De Schmidt, «United States Refugee Policy and Central America» in *Christianity and Crisis*, Bd. 49, Nr. 12, 25. September 1989, S. 284.

6 Im Juli 1989 begann die Amerikanische Anwaltsvereinigung (American Bar Association) ein Programm *pro bono* für Asylbewerber in Harlingen Texas, genannt ProBar. Nachdem sie mit den Mitarbeitern von *Poyecto Libertad* zusammentrafen und die Flüchtlingskrise studierten, verurteilten sie den Mangel an Rechtsberatung und gründeten ProBar, um den Flüchtlingen bei der angemessenen Vertretung von Asylansprüchen zu helfen.

7 Turner und Turner, *Image and Pilgrimage*, S. 51.

8 *The New York Times*, 7. Januar 1989, «Suit Attacks Policy of Keeping Aliens in Texas», Peter Applebome.

9 *Morazon* gegen *Thornburgh*, Civil Action No. B-89-002 (S. D. Tex. 1989).

10 Ich sprach mit Bischof Fitzpatrick im Mai 1989. Wichtiges Hintergrundwissen über dieses Thema vermittelt Penny Lernoux, *People of God*, New York: Viking 1989, *Cry*

*of People*, New York: Penguin 1982 und Renny Golden und Michael McConnell, *Sanctuary: The New Underground Railroad*, Maryknoll, N.Y.: Orbis Books 1986. Die Verlautbarung der texanischen Konferenz der Kirchen und Bischöfe wurde am 20. Februar 1989 herausgegeben.

11 Im Finanzjahr 1988 genehmigten die Distriktdirektoren des INS 75 % der iranischen Anträge auf politisches Asyl, 77 % der äthiopischen, 53,7 % der polnischen, 5 % der guatemaltekischen und 2,7 % der salvadorianischen.

12 Robert Kahn, *Brownsville Herald*, 2. Mai 1989. Befunde kamen von *Orantes-Hernandez* gegen *Meese*, 685 F. Supp. 1488 (C.D.Cal. 1988), im folgenden zitiert als *Orantes-Hernandez* gegen *Thornburgh*.

13 Der INS wurde beschuldigt, die dauernde Verfügung des Bundesdistriktrichters David V. Kenyon zu verletzen, die anordnete, daß der INS die Salvadorianer über ihr Recht informiert, einen Antrag auf politisches Asyl zu stellen.

14 Die Vereinigten Staaten, ein von Flüchtlingen und Einwanderern gegründetes Land, muß sich wenigstens nach den internationalen Normen richten und das UN-Protokoll achten, dem wir 1968 zustimmten. Siehe Helsinki Watch Report, *Detained, Denied, Deported, Asylum Seekers in the United States*, Juni 1989, New York: Helsinki Watch Committee 1989.

15 480 U.S. 421 (1987)

16 Zitiert in *Sanctuary*, S. 72.

17 Über ein Jahr später las ich am 10. Oktober 1989 im *San Francisco Examiner* einen Artikel von Larry D. Hatfield über den Erzbischof Prospero Penados del Barrio aus Guatemala. Penados, Präsident der mittelamerikanischen Bischofskonferenz und Mitglied der Kommission für Länder der dritten Welt von Papst Johannes Paul, hatte dazu aufgerufen, daß die Vereinigten Staaten und die Sowjetunion ihre Unterstützung für Lateinamerika beenden. Wie Erzbischof Romero vor ihm hatte Erzbischof Penados zahlreiche Todesdrohungen erhalten, weil er ein freimütiger Anwalt der Massen geworden war. Penados ist verantwortlich für den umstrittenen Hirtenbrief «A Cry for Land» (Ein Ruf nach Land), in dem die guatemaltekischen Bischöfe «die Verteilung des Reichtums in ihrer verarmten Nation als sündhaft anprangerten.» Es ist allgemein bekannt, daß er ein mögliches Ziel der rechtsradikalen Todesschwadronen ist. Er nahm in San Francisco den Preis für Menschenrechte der Erzdiözese San Francisco entgegen und sprach zur über 30000 Mitglieder zählenden guatemaltekischen Flüchtlingsgemeinde der Region San Francisco.

18 Matt Meyer, «Women in Chile Demand Justice» in *The Non Violent Activist*, The Magazine of the War Resisters League, April/Mai 1989, S. 5.

### *15. Lech Walesas Gebet zur Madonna*

1 «Reflections on an Better Today» in *The New Yorker*, 3. Februar 1986. Ein großer Teil der Vorarbeit für Solidarność wurde von KOR geleistet, dem 1976 gegründeten Verteidigungskomitee der Arbeiter. Statt sich an die Regierung zu wenden, bot KOR seinen Mitgliedern konkrete Hilfe bei den Schwierigkeiten des Alltags an – Rechtsbeistand, Essen, Finanzhilfe, alles was zur Unterstützung von Mitgliedern erforderlich war, die unter der Unterdrückung durch die Regierung gelitten hatten.

*16. Das Mysterium der Botschaften Marias*

1 Die Dokumentation entwickelte sich aus Brendans Projekt «Die inneren Mechanismen des Heilungsresponses» am Institut für noetische Wissenschaften in Sausalito, Kalifornien, an dem O'Reagan auch Vizepräsident für Forschung ist. Das Institut hat die größte Datenbank im Land über medizinisch dokumentierte Fälle spontaner Besserungen.
2 «Prayers of Request to the Lady Tara» *Transformation into the Exalted State*, übersetzt von Carol Savvas, Opuscula Tibetana, Rikon, Schweiz: Tibet Institut, Juni 1987, Fasc. 18, S. 21.
3 Mary Craig, *Spark from Heaven: The Mystery of the Madonna at Medjugorje*, Notre Dame, Indiana: Ave Maria Press 1988; deutsch: *Das Geheimnis der Madonna von Medjugorje*, Styria-Verlag. S. 81. Craig hatte 1986 einen Dokumentarfilm über Medjugorje für das BBC-Fernsehen gemacht. Aufgrund ihrer Arbeitserfahrung schrieb sie ihren ausgewogenen Bericht.
4 Ebenda, S. 107.

*17. Wo die Ströme zusammenfließen*

1 *The Lion's Roar*, Center Productions 1985, ein Film zum ehrenden Gedenken an den verstorbenen Gyalwa Karmapa.
2 Der Fünfpunktefriedensplan des Dalai Lama wurde im September 1987 formuliert und ist dem europäischen Parlament in Straßburg vorgelegt worden.
1. Verwandlung von ganz Tibet in eine Zone des Friedens.
2. Einstellung von Chinas Politik der Bevölkerungsverschiebung, die die vitale Existenz des tibetischen Volkes bedroht.
3. Achtung der fundamentalen Menschenrechte und der demokratischen Freiheiten des tibetischen Volkes.
4. Wiederherstellung und Schutz der natürlichen Umwelt Tibets. China muß damit aufhören, Tibet für die Herstellung von Nuklearwaffen und die Deponierung von Atommüll zu verwenden.
5. Beginn ernsthafter Verhandlungen über den zukünftigen Status Tibets und der Beziehungen zwischen dem tibetischen und dem chinesischen Volk.
In weiterentwickelter Form vom Dalai Lama selbst vorgelegt in: Dalai Lama, *Eine Politik der Güte*, Walter-Verlag 1992.
3 Studienkomitee über das Potential zur Sanierung von Tagebau-Kohlengruben in den westlichen Vereinigten Staaten, *Rehabilitation Potential of Western Coal Lands*, Cambridge, Mass.: Ballinger 1974.
Konflikte über das Gebiet «Four Corners» dauern an. Banyacya kam zu spät zum Kalatschakra wegen seiner Tätigkeit in der Big Mountain Region von Black Mesa, dem heiligen Land zwischen den Four Sacred Mountains der Dineh (Navajo) und Hopi, einem Territorium, das Arizona, Utah, New Mexico und Colorado überlappt. Jetzt gehen die Kämpfe in den Gerichten der Vereinigten Staaten weiter. Hier erwarten die einheimischen Indianer die Urteile verschiedener Prozesse und Revisionsverfahren, die sie führen, um der Umsiedlung ihrer Menschen Einhalt zu gebieten.

4 Peter Matthiessen, *Indian Country*, New York: Viking 1984, S. 78, bringt einen Bericht dieser historischen Versammlung. Banyacya trug zur kulturellen Erneuerungsbewegung der Indianer bei, die aus diesen Versammlungen erwuchs. Vier Dolmetscher wurden ausgewählt, um 1948 die Hopi-Prophezeiung der weißen Welt mitzuteilen. Nur Bayacya ist noch da.

5 Siehe Kapitel 7, S. 83.

6 Es gibt mehrere verschiedene Versionen der Lobpreisung an die Tara. Diese Lobpreisung geht zurück auf «A Short Tara Puja» (Kagyu Shenpen Kunchab, 751 Airport Road, Santa Fe, N.M. 87501). Es ist der Text, den wir für die Tara-puja verwendeten.

7 George C. Berticevich, «Sera Monastery, Near Lhasa, Tibet», April 1985 (Sausalito, Cal.)

7aSiehe: Caitlin Matthews, *Sophia – Göttin der Weisheit*, Walter-Verlag 1993.

8 Siehe Janusz S. Pasierb und Jan Samek, *The Shrine of the Black Madonna at Czestochowa*. Fotografien von Janusz Rosikon, Chris Niedenthal, Josef Jurkowski, Warschau: Interpress Publishers 1985, S. 5

9 Nagarjuna, «Praise of Khadiravani Tara» in Martin Willson, *In Praise of Tara. Songs of the Saviouress*, London: Wisdom Publications 1986, S. 284.

10 Erich Neumann, *The Great Mother*, übersetzt von Ralph Manheim, Princeton, N.J.: Princeton University Press 1974, S. 165. Originalausgabe: *Die große Mutter*, Walter-Verlag 1974.

11 Gespräch mit Marija Gimbutas; siehe auch ihr Buch *The Gods and Goddesses of Old Europe*, Berkeley: University of California Press 1982.

12 Emile Saillens, *Nos vierges noires, leurs origines*, Paris: Les éditions Universelles 1945, nach dem Zitat bei Moss und Cappannari in James J. Preston, Hg., *Mother Worship*, Chapel Hill, N.C.; University of North Carolina Press 1982, S. 68.

13 Gespräch mit Ean Begg. Sein Buch *The Cult of the Black Virgin*, Boston: Arkana 1985, untersucht die Schwarzen Jungfrauen und bietet ein wertvolles Ortsverzeichnis der Schwarzen Madonnen auf der ganze Welt.

14 *A Memory of Fire I: Genesis*, übersetzt von Cedric Belfrage, New York: Pantheon Books 1985, S. 277.

15 Ugyen Chudon übersetzte die Bandaufnahme.

16 Kunsang Dechen, auch Yum Kusho genannt, erzählte eine Reihe von Geschichten über tibetische Meisterinnen, von denen Yeshe Tsogyel im achten Jahrhundert und Machig Labdron im elften Jahrhundert die beiden bedeutendsten waren. Machig hatte Tausende von Schülern, von denen einige aus Indien nach Tibet kamen, um ihre Lehre zu hören. Sie war verheiratet, hatte Kinder, von denen eines, ein Sohn, als ihr Student die Erleuchtung erlangte. Machig gilt als Urheberin der *chöd*-Praktik in Tibet, der besonderen Form der Meditationspraktik, die Kunsang Dechen lehrt. Caral Savvas übersetzt Machigs Biographie und schreibt über die Entwicklung der *chöd*-Praktik unter der Anleitung von Geshe Champa Lodro Rinpoche.

17 Maurine Stuart Roshi starb am 26. Februar 1990.

18 Die Geschichte der wachsenden Zahl von Lehrerinnen des Buddhismus in den Vereinigten Staaten und auf der ganzen Welt wird von anderen dokumentiert. Die wenigen, die ich erwähne, dürfen keineswegs als die einzigen, als die bedeutendsten oder typischsten aufgefaßt werden. Es sind Lehrerinnen, mit denen ich in Verbindung stand, und die ich

als zuverlässig kenne. Es gibt viele andere gute Lehrerinnen, von denen ich hörte, die ich aber noch nicht kennenlernen konnte.

Siehe auch die Vierteljahrschrift *Newsletter on International Buddhist Women's Activities*, NIBWA (c/o Dr. Chatsumarn Kabilsingh, Faculty of Liberal Arts, Thammasat University, Bangkok 10200, Thailand), eine wichtige Publikation, die die schnell sich ändernde Rolle der Frauen im Buddhismus auf der ganzen Welt dokumentiert.

19 Jetsun Kushola ist Tibeterin, Schwester des Sakya Trizin, dem Haupt einer der vier großen Richtungen des tibetischen Buddhismus. Jetsun Kushola wurde von ihrem elften Lebensjahr an mit ihrem Bruder ausgebildet und lehrt seit ihrem 12. Lebensjahr.

20 Jane Tromge, Tara. *Instructions for the Short Red Tara Practice According to the Teachings of Chagdud Tulku Rinpoche* (Box 387, Junction City, CA. 96048).

21 Professor Robert Thurmans Übersetzung der Stadien der Erleuchtungserfahrung. Vier im tibetischen System genau bezeichnete Stadien kann der Geist beim Tod in gewöhnlicher Erfahrung oder während der Erleuchtungserfahrung durchlaufen. Diese Stadien und die mit ihnen verbundenen Farben werden verschieden übersetzt.

Weiß ist die erste Farbe, der man – nach Thurman – in den Schichten des subtilen Geistes begegnet. Dies ist das Stadium des *Leuchtens*, von den Tibetern als Mondschein beschrieben. Dann folgt rot, das *Strahlen*, als Sonnenlicht beschrieben; danach schwarz, das er als *imminence* (nahes Bevorstehen) übersetzt. Es wird als die sternenlose Mitternacht vor der Erleuchtung beschrieben. Erleuchtung wird als «klares Licht» erwähnt, übersetzt mit Durchsichtigkeit oder Transparenz, die kurz vor der Morgendämmerung kommt und jenseits der Farben ist, jenseits von Hell und Dunkel.

22 Von Angelos, 16. Jahrhundert, nach dem Ausstellungsgegenstand und Buch *Holy Image, Holy Space, Icons and Frescos from Greece* (Griechisches Ministerium für Kultur, Byzantinisches Museum Athen 1988) #44, S. 125.

## *18. Auf dem Berg*

1 Bezeugte Berichte an Amnesty International enthüllten die weit verbreitete Anwendung von Folter. Tibetische Nonnen wurden von chinesischen Soldaten mit elektrischen Viehstacheln vergewaltigt, Mönche umgekehrt aufgehängt und mit nägelbesetzten Holzlatten geschlagen. Die Liste der Mißhandlungen und Menschenrechtsverletzungen ist sehr groß.

Amnesty International ist eine wichtige Informationsquelle für Menschenrechtsverletzungen in Tibet. Ausführlichere Information über Tibet stammt aus Quellen wie dem U.S. Tibet Committee in New York, der International Campaign for Tibet und *Tibet Watch* in Washington D.C., Humanitas International in Menlo Park und *News Tibet*, veröffentlicht vom Office of Tibet, 107 East 31st Street, New York 10016. *Snow Lion* Mitteilungsblatt und Katalog (P.O. Box 6483, Ithaca, New York 14851) ist eine hilfreiche Informationsquelle für die Lage in Tibet, den tibetischen Buddhismus und die tibetische Exilgemeinde.

2 Siehe die Erklärung des Dalai Lama selbst in: Dalai Lama, *Eine Politik der Güte*, Walter-Verlag 1992.